신토익 출제경향 100% 반영한
새 토익에 맞는 NEW 공부법

키新토익
RC PART 5·6

DAILY
TRAINING
BOOK

언제나 답은 영어다

토익 전면 개정 소식에 많은 사람이 불안해한 것은 첫째, 시험이 더 어려워질 거라는 예상과, 둘째, 그동안 공부해왔던 교재에는 없던 새로운 문제 유형 탓에 토익 공부를 처음부터 새로 해야 하는 것은 아닌가 하는 걱정 때문이었을 것입니다.

하지만 토익은 문제 유형이 변수가 되는 시험이 아니며, 기초부터 탄탄히 다져진 영어 실력이 관건이 되는 또 하나의 '영어시험'이라는 사실을 생각하면, **토익이 바뀌어도 변하지 않는 핵심은 단연 '영어를 공부하는 방법'이라는 것**이 분명해집니다.

EFL(English as a Foreign Language) 환경에서 가장 효율적으로 영어를 공부하는 방법에 대해 오랫동안 연구해온 키출판사는 그간의 노하우를 바탕으로 가장 효과적인 '영어 학습법'에 초점을 맞춘 교재를 기획했습니다. 이 교재는 Part 5&6의 문제들을 기본 유형부터 실전문제까지 단계적으로 학습하고 체계적으로 푸는 연습을 할 수 있도록 합니다.

新토익을 준비하기 위한 정답은, 결국 영어입니다.
키출판사 키 영어학습방법연구소만의 영어 학습법으로 이제 토익이라는 허들을 뛰어넘으십시오. 생각했던 것보다 쉽게 뛰어넘을 수 있게 된 것을 깨닫고 깜짝 놀랄 것입니다.

교재의 특징과 활용법

 Before the Step

문법 영역에서는 해당 유닛의 대표 유형을 맛보고, 품사에 따라 어휘가 다양하게 쓰일 수 있음을 예시를 통해 보면서 본격적인 토익 문법을 학습하기 위한 준비를 하는 단계입니다.
어휘 영역에서는 주요 빈출 어휘를 사전식 나열이 아닌 실제 구문과 문장을 통해 보다 자연스럽게 습득할 수 있게 하는 단계입니다.

 Step 1 유형별 대표 문제, Step 2 연습문제

토익에는 어떤 문제가 출제되는지 유형별로 접하는 단계입니다. 또한, 이 대표 유형을 어떻게 해결해야 하는지 체계적인 접근 방법을 연습합니다. 유형별로 학습한 내용은 Step 2 연습문제로 다시 한 번 확인하면서 실전문제에 대비합니다.

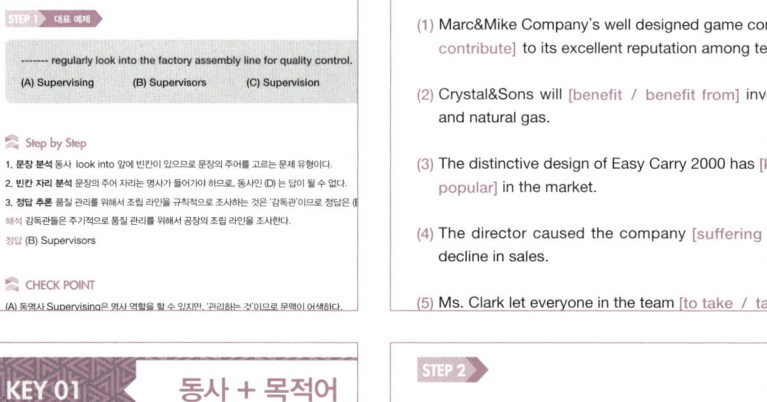
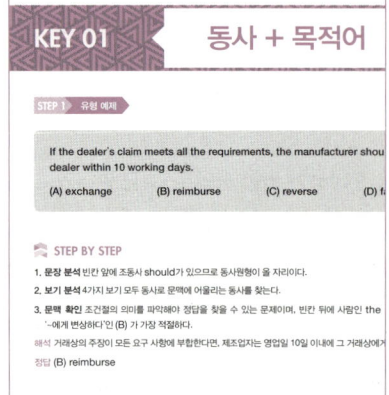
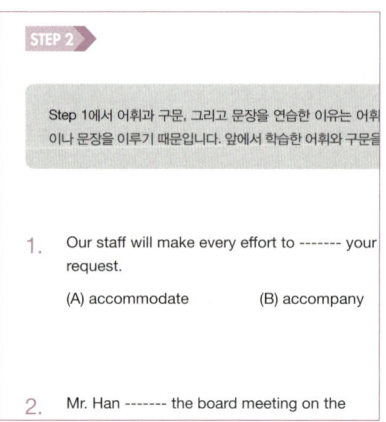

교재의 특징과 활용법

 Step 3 실전문제

해당 유닛에서 배운 내용을 기반으로 토익 출제 경향을 반영한 Step 3를 통해 실전 토익에 대비합니다. 오른쪽 Step by Step 코너를 활용하여 체계적인 문제 풀이를 연습해 보세요. 틀린 문제는 이 코너에 바로 오답 노트를 작성해 두고 복습할 때 활용합니다.

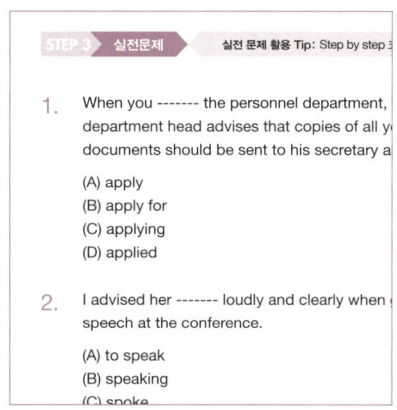 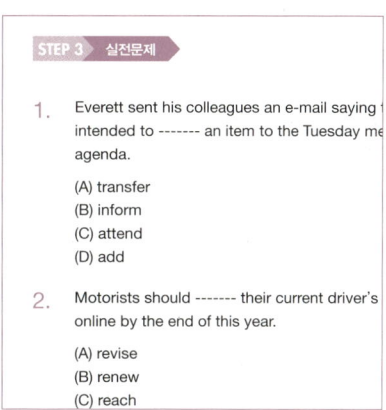

 One more Step으로 Unit의 마무리까지

One more Step으로 문법 영역에서는 해당 유닛에서 배운 핵심 내용을 정리합니다. 학습한 내용을 확인하면서 배운 내용을 체계적으로 정리하면서 학습 효과를 보다 오래 유지할 수 있습니다.
어휘 영역에서는 해당 유닛에서 배운 표제어들의 파생어와 유의어 및 반의어를 학습하면서 어휘 실력을 한 단계 업그레이드할 수 있습니다.

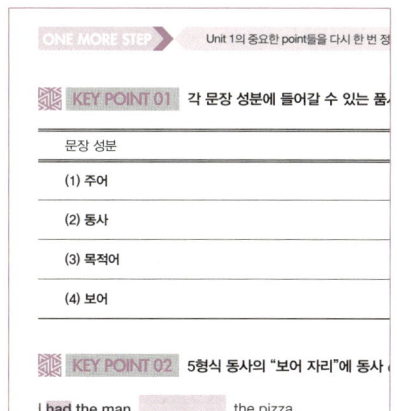

GRAMMAR 목차

CHAPTER 1 　　　　　　문장의 구조

UNIT 1 　　　　　　　　문장의 구조
KEY 01　문장의 주어　　　　　　　　24
KEY 02　문장의 동사와 목적어　　　26
KEY 03　문장의 보어　　　　　　　　28
KEY 04　자동사 VS 타동사　　　　　32

CHAPTER 2 　　　　　　　　　동사

UNIT 2 　　　　　　　　　　수 일치
KEY 05　수식어 거품이 있는 주어　　44
KEY 06　특별한 수 일치 공식　　　　46

UNIT 3 　　　　　　　　능동과 수동
KEY 07　능동과 수동 구분하기　　　56
KEY 08　수동태의 종류와 특징　　　58

UNIT 4 　　　　　　　　　　　시제
KEY 09　시제를 나타내는 단서　　　70
KEY 10　시제 일치의 예외　　　　　72

CHAPTER 3 　　　　　　　　준동사

UNIT 5 　　　　　　　　　to부정사
KEY 11　to부정사의 용법 1　　　　　84
KEY 12　to부정사의 용법 2　　　　　86
KEY 13　to부정사 관용 표현　　　　88

UNIT 6 　　　　　　　　　　동명사
KEY 14　동명사의 역할　　　　　　　98
KEY 15　to부정사 VS 동명사　　　　100
KEY 16　동명사 관용 표현　　　　　102

UNIT 7 　　　　　　　　　　　분사
KEY 17　형용사 역할을 하는 분사　　112
KEY 18　감정을 나타내는 분사　　　114
KEY 19　분사구문　　　　　　　　　116

CHAPTER 4 　　　　　　　　　품사

UNIT 8 　　　　　　　　　　　명사
KEY 20　문장에서 명사의 위치　　　128
KEY 21　가산명사 VS 불가산명사　　130

UNIT 9 　　　　　　　　　　대명사
KEY 22　대명사의 종류　　　　　　　140
KEY 23　부정대명사　　　　　　　　142

UNIT 10 　　　　　　　　형용사와 부사
KEY 24　형용사 VS 부사 1　　　　　152
KEY 25　형용사 VS 부사 2　　　　　154
KEY 26　수량 형용사　　　　　　　　156
KEY 27　주의해야 할 부사　　　　　158

CHAPTER 5	접속사

UNIT 11   명사절 접속사

KEY 28 명사절 접속사   170
KEY 29 주의해야 할 명사절   172

UNIT 12   부사절 접속사

KEY 30 부사절 접속사   182
KEY 31 접속사와 다른 품사   184

UNIT 13   형용사절 접속사

KEY 32 관계대명사   194
KEY 33 관계부사   196
KEY 34 주의해야 할 관계사   198

CHAPTER 6	가정법과 특수구문

UNIT 14   가정법과 특수구문

KEY 35 가정법   210
KEY 36 도치   212
KEY 37 비교급과 최상급   214

VOCABULARY 목차

UNIT 1   동사 1

KEY 01 동사 + 목적어   230
KEY 02 동사 + 목적어 + 전치사   232

UNIT 2   동사 2

KEY 03 동사 + 전치사   244
KEY 04 동사 + that   246

UNIT 3   명사

KEY 05 문맥에 어울리는 명사   260
KEY 06 의미나 형태가 유사한 명사   262

UNIT 4   형용사 1

KEY 07 문맥에 어울리는 형용사 1   276
KEY 08 문맥에 어울리는 형용사 2   278

UNIT 5   형용사 2

KEY 09 형용사 역할을 하는 분사   290
KEY 10 형용사를 포함하는 숙어   292

UNIT 6   부사

KEY 11 문맥에 어울리는 부사   306
KEY 12 정도를 나타내는 부사   308

UNIT 7   부사와 전치사구

KEY 13 혼동하기 쉬운 부사   320
KEY 14 문맥에 어울리는 전치사구   322

新토익이란?

TOEIC은 Test Of English for International Communication (국제 의사소통을 위한 영어 시험)의 약자로, 영어가 모국어가 아닌 학습자를 대상으로 일상생활 또는 비즈니스 상황에서 필요한 실용영어 능력을 평가하는 시험으로 2016년 5월 29일 정기시험부터 일부 문항이 업데이트되어 시행됩니다.

1. 新TOEIC 시험 구성

토익은 총 200문제로 구성되어 있으며, Listening Comprehension 100문제, Reading Comprehension 100문제로 구성되어 있습니다.

영역	파트	문제 유형	문항수		시간	점수
Listening Comprehension	Part 1	사진 묘사	6	100	45분	495점
	Part 2	질문-대답	25			
	Part 3	짧은 대화	39			
	Part 4	설명문	30			
Reading Comprehension	Part 5	단문 공란 채우기	30	100	75분	495점
	Part 6	장문 공란 채우기	16			
	Part 7	단일 지문	29			
		복수 지문	25			
Total				200문제	120분	990점

총 문항 수와 문제 풀이 시간, 점수는 이전 토익과 그대로이지만 파트별 구성이 변경되었습니다.

2. 출제 범위 및 주제

구분	상세
전문적인 비즈니스	계약, 협상, 마케팅, 세일즈, 비즈니스 계획, 회의
제조	공장 관리, 조립라인, 품질관리
금융과 예산	은행, 투자, 세금, 회계, 청구
개발	연구, 제품개발
사무실	임원회의, 위원회의, 편지, 메모, 전화, 팩스, E-mail, 사무 장비와 가구
인사	구인, 채용, 퇴직, 급여, 승진, 취업 지원과 자기소개
주택 / 기업 부동산	건축, 설계서, 구입과 임대, 전기와 가스 서비스
여행	기차, 비행기, 택시, 버스, 배, 유람선, 티켓, 일정, 역과 공항 안내, 자동차 렌트, 호텔, 예약, 연기와 취소

3. Part 5&6 어떻게, 얼마나 바뀌었나?

기존 토익 ➡ 新토익

Part 5 단문 공란 메우기
총 40문항

Part 5 단문 공란 메우기
총 30문항

Part 6 장문 공란 메우기
총 12문항 (한 지문 당 3문제 출제, 총 4지문)

Part 6 장문 공란 메우기
총 16문항 (한 지문 당 4문제 출제, 총 4지문)

(1) Part 5의 **문항 수** 감소

단문에서 빈칸을 채우는 Part 5의 비중이 줄어든 반면 지문이 주어지는 Part 6과 7의 비중이 늘어났습니다. Part 5의 출제 유형은 新토익이라고 해서 크게 달라지지 않습니다. 기존과 동일하게 문법과 어휘 문제로 구성되며 어휘 문제의 비중이 다소 감소할 것으로 보입니다.

그러나 문항 수가 줄어 들었더라도 Part 5&6을 기존 토익에서와 동일하게 최대한 빠른 시간에 정확하게 해결하고 Part 7을 시작할 수 있어야 합니다. 이를 위해서는 체계적인 문제 해결 능력과 실전문제 대비 훈련이 필요합니다. 단순히, '(A)가 답인 것 같아!'라고 풀기보다는 왜 (A)가 답일 수 밖에 없는지를 설명할 수 있다면 토익 성적의 향상은 물론이고 영어 실력까지 향상시킬 수 있습니다.

(2) Part 6에서의 **새로운 유형** 출제

지금까지 Part 6은 Part 5와 동일하게 빈칸에 들어갈 적절한 어휘나 문법 요소를 고르는 영역이었습니다. Part 5와 다르게 앞뒤 문맥을 고려해야 풀 수 있는 문제가 간혹 출제되기도 했지만 문제의 성격은 Part 5의 단문 공란 채우기와 크게 다르지 않았습니다.

그러나 新TOEIC에서는 새로운 문제 유형인 빈칸에 적절한 문장을 고르는 문제가 등장하면서 지문의 흐름을 파악하는 독해 능력이 보다 중요해졌습니다. 이 유형을 해결하기 위해서는 빈칸 앞뒤 문장에 단서가 있으므로 이를 반드시 확인해야 합니다. 결과적으로, 이전보다 많은 내용을 읽어야 문제를 정확히 해결할 수 있게 된 만큼 어휘와 구문을 중심으로 한 탄탄한 독해 실력이 필요합니다.

4. TOEIC 시험 준비 사항

- **시험 준비물**: 규정 신분증(주민등록증, 운전면허증, 기간 만료 전의 여권, 공무원증), 연필, 지우개, 손목시계(아날로그)
- **입실 시간**: 9:20am까지 입실(오전시간일 경우 / 9:50am 이후 절대 입실 불가)
- **성적 확인**: 시험일로부터 약 19일 후 온라인과 ARS로 성적 확인이 가능합니다.

Part 5&6 자세히 뜯어보기

1. Part 5 문법

> 101. The meeting was held in the conference room, and extra small rooms had to be opened to -------- all of the employees.
> (A) accommodate
> (B) accommodates
> (C) accommodation
> (D) accommodating

- 101번부터 130번까지는 Part 5 영역으로 크게 문법 문제와 어휘 문제로 나눌 수 있습니다. 두 영역의 출제 비중은 거의 비슷하지만 신토익에서 어휘 문제의 비중이 조금 감소할 예정입니다. 구체적인 문항 수는 매 정기 시험마다 변화가 있습니다.

- 해당 유형이 문법을 묻는 문제인지 어휘를 묻는 문제인지는 보기를 보면 알 수 있습니다. 문법 문제의 보기는 주로 '품사가 다른 어휘들'로 이루어져 있습니다. 혹은 전치사 자리인지 접속사 자리인지를 묻기 위해 '의미는 유사하지만 품사만 다른 어휘'가 보기로 제시되는 경우도 있습니다.

2. Part 5 어휘

> 102. The renovation of Smith Opera Center is especially complex because of the ------- requirements for the performance hall.
> (A) previous
> (B) important
> (C) precise
> (D) preventive

- 어휘 문제의 보기는 '품사는 동일하지만 그 의미가 다른 어휘들'로 이루어져 있어 해석을 통해 문맥에 어울리는 어휘를 골라야 합니다. 의미가 유사하지만 그 쓰임이 다르거나, 철자가 유사한 어휘들을 보기로 사용하는 경우도 있으므로 주의가 필요합니다.

3. Part 6

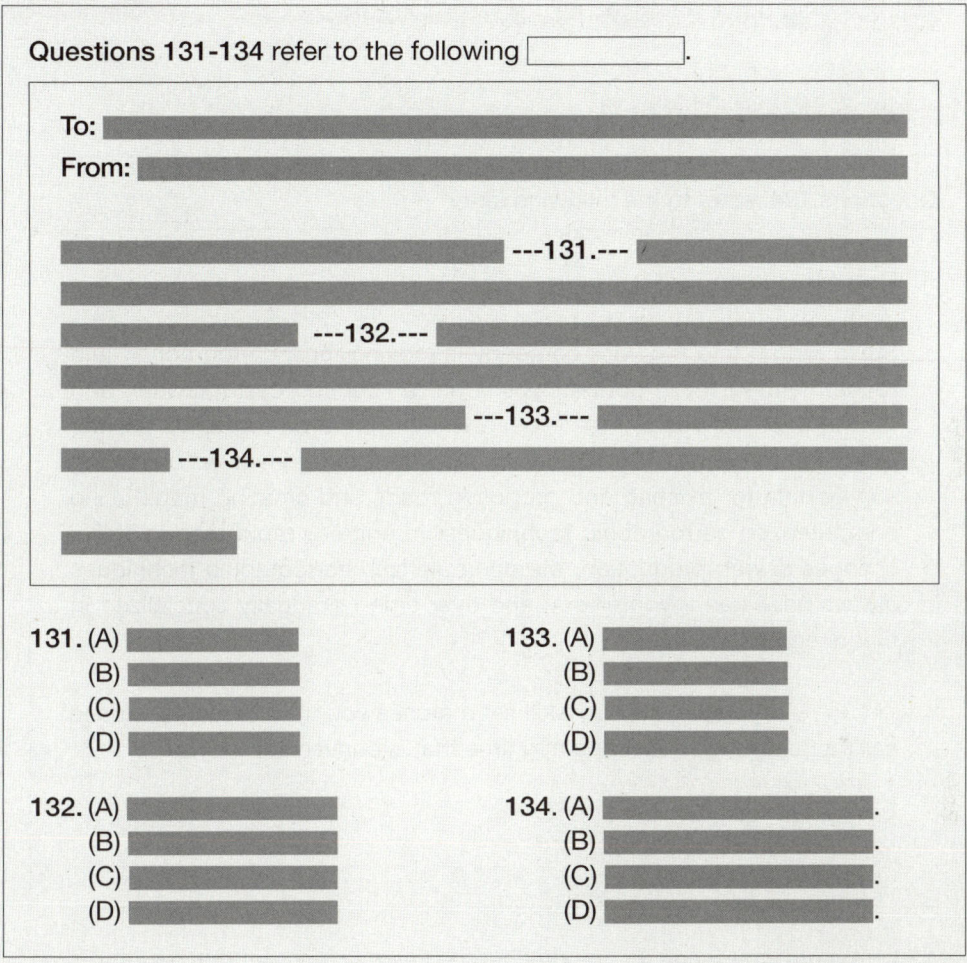

- 131번부터는 Part 6 영역이 시작됩니다. 한 문장이 아닌 글 전체가 지문으로 제시됩니다. 각 지문당 4문제씩 출제되며 문제 유형은 Part 5와 마찬가지로 어휘를 묻는 문제, 문법을 묻는 문제가 있으며, 신토익에서 새롭게 추가된 문제 유형으로 주어진 위치에 적절한 문장을 고르는 독해 문제도 포함되어 있습니다.

※ Part 5를 시작하기 전에 Reading Test가 시작되었음을 알려주는 지시문은 전체 제한 시간을 알려주며 각 영역을 시작하기 앞서 제시되는 지시문은 문장 혹은 지문을 읽고 주어진 4개의 보기 중 가장 적절한 것 1개를 고르라는 내용으로 항상 고정되어 있으니 별도로 읽을 필요는 없습니다.

Part 5&6의 기본 쌓기

新토익의 Part 5&6영역을 잘 하기 위해 먼저 우리가 기억해야 할 원칙들이 있습니다. 다음의 원칙들을 읽어보면서 토익을 어떻게 준비해야 할지 그 기본 원칙들을 확인하세요.

1. Part 6 新유형 접근하기

Questions 134 refers to the following letter.　　　新 TOEIC 유형+

Dear Mr. Hutson,

Steve Moore told me your company is looking for a cartographer, and recommended that I contact you. I am a licensed cartographer, and for the past ten years, I have been working as a cartographer for the Ohio Department of Transportation. My work there involved collecting survey data for existing and proposed roads and creating maps using computerized cartographic techniques. In spite of rapid technological changes in web production, the computerized cartographic techniques always have had my interests, and over time I gradually specialized in that direction.

---134.--- If you feel that my skill set matches your requirements, please call me to arrange a meeting at a time that is convenient for you.

Sincerely,
John Cooper

134. (A) I am wondering if you could let me know how I correct a few errors on your drawing of Ohio.
(B) I have enclosed my resume, which details my experience and back ground, along with a list of my accomplishments.
(C) The Ohio Department of Transportation has a plan to collect improved data to update their map.
(D) As an experienced cartographer, I recommended that you review all your existing data before computerizing.

● Part 6에서는 종전 토익과 다르게 한 지문 당 4문제가 출제됩니다. 3문제는 이전과 동일한 유형으로 빈칸에 적절한 어휘를 고르거나, 문법을 묻는 문제입니다. 새롭게 추가된 유형은 빈칸에 올 가장 적절한 문장을 고르는 유형으로 글의 흐름을 이해하고 있는지를 묻는 독해 문제에 속합니다.

Part 5&6의 기본 쌓기

허드슨 씨에게,

스티브 무어가 제게 귀사에서 지도 제작자를 찾고 있다고 알려 주면서 제게 귀사에 연락해 보라고 권했습니다. 저는 공인 지도 제작자로서, 지난 10년간 오하이오 주 교통부의 지도 제작자로 근무해 왔습니다. 그곳에서 제 일은 기존 도로와 예정된 도로의 조사 자료를 수집하고 컴퓨터화된 지도 제작 기술을 이용하여 지도를 만드는 것이었습니다. 웹 제작의 빠른 기술 변화에도 불구하고 컴퓨터화된 지도 제작 기술은 항상 제 관심사였으며 시간이 지나면서 그 방향으로 전문가가 되었습니다.

134. (B) 제가 달성한 성과 목록 및 경력과 배경을 상술한 이력서를 동봉합니다. 제 기술이 귀하의 요구 정보에 부합한다고 생각되시면 귀하에게 편리한 시간에 만날 수 있는 날을 정할 수 있도록 제게 전화를 주십시오.

존 쿠퍼 올림

1. **문맥 파악** 보기에 문장들이 주어져 있다면 이는 새로운 유형 '빈칸에 알맞은 문장 넣기'이므로 빈칸 앞뒤를 읽으면서 빈칸에 올 문장에 대한 단서가 있는지를 확인해야 한다.
2. **단서 분석** 빈칸이 있는 위치는 편지의 맺음말 부분으로 글을 마무리하는 부분이다. 첫 번째 문단에서는 편지를 쓴 목적과 자신의 경력을 설명하였고, 빈칸 다음의 문장에서는 자신이 조건에 맞는다면 연락을 달라고 하고 있다.
3. **정답 추론** 지원을 위한 서류를 보냈다고 하고 있는 **(B)**가 오는 것이 가장 자연스럽다.

CHECK POINT

(A) 오하이오 지도의 몇 가지 오류들을 어떻게 수정해야 할 지 알려주실 수 있으신지 알고 싶습니다.
(C) 오하이오 교통국에서는 지도를 업데이트하기 위해 최신 정보를 모을 계획을 갖고 있습니다.
(D) 숙련된 지도 제작자로서 저는 귀하께서 컴퓨터화하시기 전에 모든 자료를 검토하실 것을 권고합니다.

 빈칸 앞뒤 문장에서 빈칸에 올 문장에 대한 단서를 확인한다.

2. 문제 풀이 순서 원칙   문제를 푸는 효과적인 순서가 있다.

4개의 보기 확인 → **문제 확인** → **빈칸 앞뒤 단서 찾기** → **문맥 및 해석 고려**

(1) 문제 유형 파악
주어진 4가지의 보기를 확인하면 이 문제가 어떤 것을 묻고자 하는 것인지 알 수 있습니다. 예를 들어 품사가 모두 동일하고 의미가 다른 어휘들로 이루어져 있다면 어휘를 묻는 문제이므로 해석을 통해 문맥에 가장 잘 어울리는 보기를 골라야 합니다.

- 단문 빈칸 채우기인 Part 5 문제 유형으로는 2가지가 있습니다.

    ① 빈칸에 적합한 문법 요소 고르기
    ② 빈칸에 적절한 어휘 고르기

- 한 지문 내에 4개의 빈칸을 제시하고 각 빈칸에 4개의 보기 중 하나를 고르는 장문 빈칸 채우기인 Part 6 문제 유형으로는 세 가지가 있습니다.

    ① 빈칸에 적합한 문법 요소 고르기
    ② 빈칸에 적절한 어휘 고르기

  위 두 가지는 기본 토익과 동일하며 여기에 새롭게 하나의 문제 유형이 추가되었습니다.

    ③ 빈칸에 알맞은 문장 넣기

(2) 문제 확인
보기를 통해 무엇을 묻는 문제인지 확인했다면, 이제 지문을 읽고 빈칸에 가장 적절한 어휘를 골라야 합니다. 빈칸이 있더라도 그 앞이나 뒤에 가장 적절한 어휘를 고를 수 있는 단서가 제시되어 있습니다.

(3) 빈칸 앞뒤 단서 찾기
① 문법을 묻는 문제의 경우 중 하나인 시제 문제를 예로 들어 보면, 문장 맨 뒤에 시간을 나타내는 부사인 ago, since, lately, shortly 등이 제시될 것이고 이 부사와 가장 잘 어울리는 동사의 시제를 고르게 됩니다.
② Part 6의 경우, 빈칸이 있는 문장만이 아니라 그 앞뒤 문장에 단서가 있는 경우도 있으므로, 빈칸이 있는 문장에 단서가 없다면 앞뒤의 문장을 참고합니다.
③ Part 6에 새롭게 추가된 유형인 빈칸에 알맞은 문장을 넣는 문제가 대표적인 예입니다. 주어진 위치에 어떤 문장이 들어갈 것인지 알기 위해서는 글의 흐름을 파악할 수 있어야 하므로 앞뒤 문장을 반드시 읽어야 문제를 풀 수 있습니다.

(4) 정답 고르기
단서를 통해서도 답을 고를 수 없다면 해석을 통해 가장 문맥에 어울리는 어휘를 고릅니다.

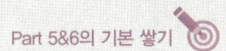

3. 복습의 원칙   틀린 문제를 다시 보지 않는다면 또 틀리게 된다.

채점 → 오답 분석 → 정답 근거 단서 비교 → 문장 분석

(1) 정답 확인 후 채점
문제를 푼 후, 정답을 확인하고 채점을 합니다.

(2) 오답 분석
틀린 문제는 왜 틀렸는지 고민해 보고 그 이유를 구체적으로 적어봅니다. 다음에 유사한 문제를 만났을 때 틀리지 않도록 대비를 하기 위해 꼭 필요한 과정입니다.

(3) 정답 근거 단서 비교
문제를 풀면서 표시해 두었던 본인의 'Step by Step(단계별 문제 해결 전략)'이 맞는지 확인해 봅니다. 정답과 해설을 활용하여 책의 전략과 나의 전략을 비교해 봅니다. 답이 맞았더라도, 문제를 해결하는 전략이나, 빈칸 자리 분석, 오답 분석 과정에 틀린 부분이 있다면 반드시 표시해 두고, 복습하도록 합니다.

(4) 문장 분석
문제로 주어진 문장을 문장 구성 성분 단위로 분석해 봅니다. 문제에서 묻고 있는 문법 외에 다른 문법이 포함되어 있는지도 확인하여 분석해 보는 적극적인 학습 방법을 활용한다면 보다 효과적으로 복습을 할 수 있습니다. 보기에 모르는 어휘가 있거나, 보기가 비슷한 의미나 형태로 이루어져 있다면 이 부분도 학습하면서 본인이 가지고 있는 어휘 실력을 한 단계 업그레이드해 보세요.

4. 시험장 당일의 Tip   시험장에서는 어떻게 해야 할까?

(1) 집중력 유지는 필수
Part 5&6은 듣기 영역을 마친 이후에 만나는 첫 독해 영역입니다. Part 7 독해 영역을 풀기 위해서는 이 영역을 짧은 시간(16분) 내에 정확하게 풀고 넘어가야 하기 때문에 이 시간 동안 최대한 집중하여 실수하는 일이 없도록 해야 합니다.

(2) 시간 분배는 항상 기억할 것
총 46문항인 Part 5&6을 풀 수 있는 시간은 약 16분 내외입니다(마킹 시간 5분 Part 7 54분 기준). 그 말은 즉, 대략 한 문제를 30초 내외에 풀어야 한다는 뜻입니다. Part 7이 가장 마지막에 배치되어 있고 후반부에는 이중지문과 삼중지문이 있어 뒤로 갈수록 더 많은 풀이 시간이 필요하므로 Part 5&6에서 필요 이상의 시간을 소비하지 않도록 주의해야 합니다.

(3) 자신에게 맞는 문제 풀이 순서를 파악할 것
Part 5&6를 먼저 풀고 Part 7을 푸는 방법과, Part 7을 먼저 풀고 Part 5&6를 푸는 방법이 있는데 어떤 방법이 더 효과적인지는 개인에 따라 다르기 때문에 실제 토익을 치르기 전에 연습을 통해 자신에게 맞는 방법을 찾는 것이 좋습니다.

Part 5&6의 실전

Part 5&6 독해의 기본 원리를 실제문제에 어떻게 적용하면 좋을지 연습해 보세요.

● Part 5

101. In his new role, Mr. Geisler will remain in Houston and will assume full ------- for all contract and project work in Alaska.

(A) responsibly
(B) responsible
(C) responsive
(D) **responsibility**

[해석] 가이슬러 씨는 새로 맡은 임무로 해서, 휴스턴에 남아 알래스카의 모든 계약 및 프로젝트 작업에 대한 책임을 전적으로 떠맡을 것이다.

(A) 책임감 있게
(B) 책임이 있는
(C) 관심을 보이는
(D) 책임

Think Aloud!

① 보기를 확인하니 어근은 모두 동일한데 품사만 다른 어휘들로 이루어져 있네. 그럼 이 문제는 문법을 묻는 문제구나.

② 빈칸 앞에는 형용사가 있고, 뒤에는 전치사구가 있네. 형용사 full 앞에 동사 assume은 있는데 동사의 목적어가 없구나.

③ 빈칸은 명사자리구나! 보기중에 명사는 (D) 하나 밖에 없으니까 정답은 (D)야.

④ 문맥상으로도 '전적인 책임을 떠 맡는다'니까 역시 정답은 (D)야!

102. All consumers could visit www.oprah.com, where for the next 24 hours they were supposed to be able to download a ------- for a free meal.

(A) sale
(B) **coupon**
(C) warranty
(D) profit

[해석] 모든 소비자들은 이후 24시간 동안 무료 식사 쿠폰을 다운받을 수 있는 www.oprah.com을 방문할 수 있다.

(A) 판매(매출)
(B) 쿠폰
(C) 품질 보증서
(D) 이익, 이윤

Think Aloud!

① 보기를 확인하니 모두 명사로만 이루어져 있네. 그럼 문맥에 가장 어울리는 명사를 고르는 어휘 문제군!

② 동사 download를 보니, 홈페이지에서 다운받을 수 있는 어떤 것이고, 빈칸 뒤의 '무료 식사를 위한'이라는 전치사구의 수식을 받을 수 있어야 해.

③ 그럼 가장 잘 어울리는 건 (B)야!

④ 보기에 있는 다른 어휘들의 의미도 알아둬야지!

Part 6

Questions 131-134 refer to the following memo.

To: All staff members
Date: May 30, 2016

In honor of her 30 years of continuous service to the company, we are organizing a retirement banquet for Alison Neuman, the managing director. Since she joined Alpha Industries as a sales representative when the company was in its initial years, she has positively ---131.--- towards the success of this company. ---134.---- The party will be held at Rose Dining Hall of Sky Hotel on 16 June at 7 o'clock. Please RSVP by next Tuesday to William of the personnel department at william@alpha.com.

131. (A) contribute
     (B) contributed
     (C) contributing
     (D) contribution

134. (A) We are confident that you will enjoy the new facilities once they are finished.
     (B) I have attached a copy of your report with my comments to this e-mail.
     (C) The board of directors cordially invites you to attend the party and celebrate her retirement.
     (D) I was wondering if you could answer a few questions about your resignation.

[해석] 그녀의 30년 동안의 근무를 기리기 위해, 저희는 상무이사인 앨리스 뉴먼의 은퇴 기념 행사를 열고자 합니다. 그녀는 회사의 초창기에 알파 산업의 판매 사원으로 입사를 한 이래로, 회사의 성공에 긍정적인 기여를 해 왔습니다. 이사회는 여러분께서 이 파티에 참석하셔서 그녀의 은퇴를 축하해주실 수 있게 초대하고자 합니다. 이 파티는 6월 16일 7시에 스카이 호텔의 로즈 다이닝 홀에서 열릴 것입니다. 인사부의 윌리엄에게 william@alpha.com로 다음 주 화요일까지 참석가능 여부를 답장으로 보내 주십시오.

Think Aloud!

① 보기를 확인하니 어근은 모두 동일한데 품사만 다른 어휘들로 이루어져 있네. 그럼 이 문제는 문법을 묻는 문제구나.

② 빈칸 앞에는 부사가 있고, 그 앞에는 has가 있네. 문장 맨 앞에 since(~이래로)가 있으니 현재완료시제구나!

③ has는 일반동사가 아니고, has와 함께 현재완료시제를 이루는 구문이니까 과거분사인 (B)가 정답이네!

④ 문맥상으로도 '그때 이후로 긍정적으로 기여해 왔다.'니까 역시 정답은 (B)야!

Think Aloud!

① 이 문제는 4개의 문장이 주어진 걸 보니 새로운 유형인 빈칸에 가장 알맞은 문장을 찾는 문제네! 그럼 먼저, 빈칸이 있는 앞뒤 문장부터 보자.

② 빈칸 다음에 파티가 있을 장소와 시간을 알려주고 있는 걸 보니, 일단 먼저 초대를 했을 것 같은데 보기 중에서 초대하는 내용이 있는지 찾아볼까?

③ 역시 (C)를 보니 참석해서 축하해 달라고 초대하고 있구나. (C)가 정답이야.

④ (D)는 이 메일을 받는 사람이 사임을 하는 거니까 어울리지 않는 문장이야. (A)는 시설에 대한 이야기를 하고 있으니까 전혀 상관이 없는 문장이지. (B)도 보고서에 대한 코멘트를 준다고 하니 상황과 전혀 어울리지 않아.

어휘 & 구문 자가 진단 테스트

자가 진단 테스트로 자신의 현재 독해 실력을 가늠해보고, 그에 맞는 학습플랜을 선택하세요.

- **진행방법:** 다음 단어 및 구문을 눈으로 빠르게 훑어보며 '모르는 단어'에 체크(✓)하세요.
  (2초 이내에 단어의 의미가 떠오르지 않으면 '모르는 단어'로 간주합니다.)
- **제한시간:** 2분

☐ abandon	☐ abundant	☐ employee productivity
☐ acceptable	☐ accelerate	☐ expiration date
☐ accompany	☐ accomplished	☐ feasible study
☐ acquisition	☐ acquaintance	☐ fuel consumption
☐ affordable	☐ agreeable	☐ full refund
☐ alternate	☐ alternatively	☐ installment payment
☐ beneficial	☐ beneficent	☐ job description
☐ comment	☐ commence	☐ occupancy rate
☐ comprehensive	☐ comprehensible	☐ office supplies
☐ competent	☐ competitive	☐ overtime allowance
☐ considerable	☐ considerate	☐ service charge
☐ confident	☐ confidential	☐ work performance
☐ dependable	☐ dependent	☐ quality management
☐ favorite	☐ favorable	☐ accordingly
☐ informative	☐ informed	☐ in favor of
☐ impressive	☐ impressed	☐ on behalf of
☐ moderate	☐ modest	☐ payment due
☐ operating	☐ operational	☐ redeemable
☐ respective	☐ respectable	☐ shortly
☐ resemble	☐ assemble	☐ simultaneously
☐ recession	☐ accessible	☐ thoroughly
☐ moderate	☐ modest	☐ timely
☐ lately	☐ late	☐ ultimately
☐ hardly	☐ hard	☐ unmatched
☐ still	☐ yet	☐ virtually

체크된(✓) 모르는 단어 개수를 세어 보세요.   모르는 단어 개수 _____ 개

어휘 & 구문 자가 진단 테스트 결과

| 모르는 단어 0~5개 | 단어, 구문 실력과 문법에 대한 기본 지식이 갖추어져 실전에 대비할 준비가 충분히 된 학습자입니다. 제한 시간에 맞춰 정확하고 빠르게 문제를 풀이하는 연습이 필요합니다. | 하루에 Key 3개씩 학습하면서 주요 문법의 원칙들을 체계적으로 정리하고 토익에 자주 출제되는 문제 유형을 익히며 실전 토익에 대비하세요. |

| 모르는 단어 6~19개 | 기본 어휘와 문법은 알고 있으나, 충분하지 않고 정확성이 부족하여 실수가 잦은 유형의 학습자입니다. 이 단계에서는 주요 문법을 다시 한 번 학습하여 기본을 확실히 하고 문법을 체계적으로 정리하는 것이 중요합니다. 이 책의 3단계 접근을 통해 문제를 체계적으로 해결하는 연습이 필요합니다. | 스케줄표에 따라 하루에 Key 2개씩 공부하면서 문법에 대한 기본 지식을 쌓고, 이를 문제에 적용해 보면서 실전 토익 유형에 친숙해 질 수 있도록 노력하세요. |

| 모르는 단어 20개 이상 | 기본이 되는 어휘, 구문의 양이 제한적이며 기본 문법이 부족하여 문제를 푸는 데 어려움이 있는 학습자입니다. 이 단계에서는 Part 5&6 문제 풀이의 기본이 되는 문법의 기본을 쌓고, 어휘와 구문을 최대한 반복적으로 접하여 익숙해지는 것이 중요합니다. 이 책의 모든 어휘, 구문과 문법을 섭렵한다는 목표를 가지고 학습하세요. | 하루에 Key 1개씩 공부한 이후에, 다시 한 번 처음부터 Key 2개씩 2회독을 하여 어휘, 구문 실력을 탄탄하게 쌓도록 합니다. |

KEY 新토익 Daily Training Book 스케줄표

매일매일 학습한 양을 스케줄표에 체크하며 진도를 확인하세요.

	Day 1	Day 2	Day 3	Day 4	Day 5	Day 6	Day 7
Week 1	☐ Key 01-02	☐ Key 03-04	☐ Review Day	☐ Key 05-06	☐ Key 07-08	☐ Key 01-02	☐ Key 03-04
Week 2	☐ Key 09-10	☐ Review Day	☐ Key 11-12	☐ Key 13	☐ Key 14-15	☐ Key 05-06	☐ Review Day
Week 3	☐ Key 16	☐ Key 17-18	☐ Key 19	☐ Review Day	☐ Key 20-21	☐ Key 07-08	☐ Review Day
Week 4	☐ Key 22-23	☐ Key 24-25	☐ Key 26-27	☐ Review Day	☐ Key 28-29	☐ Key 09-10	☐ Key 11-12
Week 5	☐ Key 30-31	☐ Key 32-33	☐ Key 34	☐ Key 35-36	☐ Key 37	☐ Key 13-14	☐ Review Day
SUBJECT	GRAMMAR					VOCABULARY	

기본 5주 과정이지만, 실력에 따라 하루에 Key 3개씩 학습한다면 보다 빨리 끝낼 수 있습니다. 모든 페이지, 섹션을 소홀히 하지 말고, 특히 체계적으로 문제를 푸는 것을 게을리 하지 마세요. 책을 끝낸 후 한 번 더 학습하여 2회독을 한다면 훨씬 효과적입니다.

- 문법과 어휘 영역은 매일 일정한 양을 꾸준히 학습하는 것이 중요합니다.
- '복습의 원칙'을 활용한 복습과 문장 분석을 잊지 마세요.
- 5주간의 학습이 끝난 후, 실제 시험이라 생각하고 Actual Test에 도전해 보세요.
- Review Day에는 그동안 학습한 어휘와 구문을 다시 암기하고, '복습의 원칙'을 활용한 복습과 오답 분석을 해 보세요.

문장의 구조

CHAPTER 1

GRAMMAR

Unit 1 문장의 구조

CHAPTER 1 문장의 구조

UNIT 1
문장의 구조

GRAMMAR

대표예제

The company ------- employees with the opportunity to attend a safety course.

(A) providing (B) provides (C) providers (D) provision

KEY POINT

문장의 핵심 성분 "주어, 동사, 목적어, 보어" 자리에는 어떤 문장 성분이 들어가는가?

Before the Step

이 문제를 해결하기 위해서는 문장을 이루고 있는 구성 성분인 주어와 동사, 목적어 그리고 보어를 구별하고, 품사에 따라 각 어휘들이 다른 문장 성분으로 쓰이는 것을 이해할 수 있어야 한다.

provide	동 제공하다	_____ service	서비스를 제공하다
provide A with B	A에게 B를 제공하다	_____ employees with service	직원들에게 서비스를 제공하다
provider	명 (서비스) 제공업자	the service _____ replied to it	서비스 공급업체가 답변했다
provision	명 공급	housing _____	주택 공급
provided	접 ~라면	_____ that you have the money	당신이 돈이 있다면

Q 다음 구문의 빈칸에 알맞은 품사의 어휘를 위 표에서 골라 써 보세요.

1. _____ room service 룸 서비스를 **제공하다**
2. an Internet service _____ 인터넷 서비스 **공급업체**
3. _____ of health care 의료 **제공**
4. _____ that you give me a discount 할인을 **해준다면**
5. _____ employees with the opportunity 직원들에게 기회를 **제공하다**

대표예제 정답 (B) provides

KEY 01 문장의 주어

STEP 1 대표 예제

------- regularly look into the factory assembly line for quality control.

(A) Supervising   (B) Supervisors   (C) Supervision   (D) Supervised

 Step by Step

1. **문장 분석** 동사 look into 앞에 빈칸이 있으므로 문장의 주어를 고르는 문제 유형이다.
2. **빈칸 자리 분석** 문장의 주어 자리는 명사가 들어가야 하므로, 동사인 (D)는 답이 될 수 없다.
3. **정답 추론** 품질 관리를 위해서 조립 라인을 규칙적으로 조사하는 것은 '감독관'이므로 정답은 (B)이다.

해석 감독관들은 주기적으로 품질 관리를 위해서 공장의 조립 라인을 조사한다.

정답 (B) Supervisors

 CHECK POINT

(A) 동명사 Supervising은 명사 역할을 할 수 있지만, '관리하는 것'이므로 문맥이 어색하다.
(C) Supervision은 명사이긴 하지만, '관리, 감시'라는 뜻이므로, 마찬가지로 문맥이 어색하다.
(D) 빈칸은 명사 자리이기 때문에 과거동사나 동사의 과거분사가 들어갈 자리가 아니다.

 주어 자리에는 "명사"가 들어간다.
보기에 명사가 다수 있을 경우에는 "해석"을 하자! (문맥 파악!)

POINT 1 — 주어 자리에는 명사가 나온다.

- 주어 자리에 나올 수 있는 성분은 **명사 역할**을 하는
  ① 명사 ② 대명사 ③ 명사구(동명사구, to부정사구) ④ 명사절(that, whether, 의문사절) 이다.

  Ex <u>Making our customers</u> stay faithful for a long time is one of our primary goals.
  동명사 주어
  우리 고객들을 오랫동안 신뢰할 수 있게 하는 것이 우리의 주요 목표 중 하나이다.

POINT 2 — 가짜 주어가 나올 수 있다.

- 주어가 길 경우에 진짜 주어를 뒤로 보내고, 주어 자리에는 가짜 주어 **it**을 쓴다.

  Ex 【To obtain seating at the popular restaurant on the weekends】 is difficult.
  주말에 인기 있는 음식점의 자리를 얻는 것은 어렵다.

  → It is difficult 【to obtain seating at the popular restaurant on the weekends】.
  가주어 it   진주어(to부정사구)
  : to부정사가 문장의 주어 자리에 나와서 길어지는 경우에는, 이를 뒤로 보내고 가짜 주어 It을 앞으로 보낸다. 이때, 진주어의 형태를 물어보는 문제가 자주 출제되므로 잘 정리해 두자.

- 가짜 주어 **There** 구문은 There + 동사 + 진짜 주어의 형태이다.

  Ex ***There*** <u>are</u> <u>some pictures of John when he was young</u>. 존의 어렸을 때 사진들이 있다.
  동사   주어
  : There + 동사 + 진짜 주어의 어순을 물어보는 문제가 출제되므로 잘 정리해 두자.

PRACTICE 1

Alternative ------- have been introduced for those who are not eligible for quarterly bonuses, which include extra days off, free gifts, and so forth.

(A) rewards   (B) rewarded

PRACTICE 2

------- designed for the biannual conference were built to take security into account, the foremost factor since meetings were to be frequently held there.

(A) Spaces   (B) Spacing

정답 1. (A) 2. (A)

KEY 02 문장의 동사와 목적어

STEP 1 대표 예제

> Travelers from Asia ------- the ancient city and explore its diverse tourist attractions of tourist interest.
>
> (A) visit (B) visiting (C) to visit (D) visitation

Step by Step

1. **보기 분석** 보기가 동사와 동사가 아닌 것이 모두 있으므로 빈칸이 동사 자리인지 여부를 확인한다.
2. **문장 분석** 문장의 주어는 travelers(여행객들)이며 from Asia(아시아에서 온)는 이 주어를 설명하는 수식어구로 그 뒤에 들어갈 동사를 찾는 문제이다.
3. **정답 추론** 보기 중에서 동사 형태는 (A) 밖에 없으므로 (A)가 정답이다.

해석 아시아에서 온 여행객들은 고대 도시를 방문하여 관광객들의 관심 대상이 되는 다양한 관광지를 돌아다닌다.

정답 (A) visit

CHECK POINT

(B) 는 동명사, (C) 는 to부정사로, 동사 자리에 들어갈 수 없다.
(D) visitation은 '방문'이라는 명사이므로, 동사 자리에 들어갈 수 없다.

 빈칸이 "동사 자리"일 때, 동사 자리에 들어갈 수 있는 것을 찾자.

POINT 1 — 동사 자리에 나올 수 있는 형태

- 동사 자리에는 ① 일반동사 ② 조동사 + 동사원형의 형태가 나올 수 있다.

  Ex Customers <u>should pay</u> the full price for shipping and handling.
  고객들은 배송에 대해 모든 금액을 지불해야 한다.

- 동사 자리에는 to부정사나 동명사(~ing) 형태는 나올 수 없다.

  Ex The company ~~to provide~~(···provided) employees the opportunity to attend a safety course last week.
  회사는 지난 주에 직원들에게 안전 수업을 들을 기회를 제공했다.
  : 동사 자리이므로, to provide 를 동사의 형태인 provided 로 바꾸어야 한다.

- 명령문은 문장의 맨 앞에 동사가 나온다.

  Ex If you have any further questions or comments, <u>please do not hesitate</u> to call me.
  질문이나 의견이 더 있으시면, 주저말고 제게 연락 주세요.
  : please + 명령문의 형태로, 명령문은 긍정일 때는 일반동사로 시작하고, 부정의 명령문 일 때는 Don't 로 시작한다.

POINT 2 — 목적어 자리에 나올 수 있는 형태: "명사"

- 목적어 자리에는 "명사"가 나온다.
  ① 명사 ② 대명사(목적격) ③ 명사구(to부정사, 동명사구) ④ 명사절(that절, whether절, 의문사절)
- 형용사나 부사는 목적어 자리에 나올 수 없다.

PRACTICE 3

Management processes in the company ------- defined as the function of converting organizational inputs into qualified outputs.

(A) being   (B) are

PRACTICE 4

Please ------- over your application carefully before submitting it to the personnel department.

(A) look   (B) looking

정답 3. (B) 4. (A)

KEY 03 문장의 보어

STEP 1 대표 예제

> IWB Inc. encourages its employees ------- creative ideas.
>
> (A) to suggest   (B) suggesting   (C) to suggesting   (D) suggested

 Step by Step

1. **보기 분석** 동사와 명사가 섞여 있는데, 어떤 문장 성분이 적절한지 찾아야 한다.
2. **문장 분석** encourage가 5형식 동사이므로, 목적격 보어 자리가 빈칸이 된다. encourage는 목적격 보어 자리에 to부정사를 취하는 동사이다.
3. **정답 추론** 따라서 to부정사인 (A) 가 정답이다.

해석 IWB 주식회사는 직원들이 창의적인 아이디어를 제안할 것을 격려했다.
정답 (A) to suggest

 CHECK POINT

(B) encourage는 보어 자리에 동명사가 아니라 to부정사를 취하므로 정답이 될 수 없다.
(C) 전치사 to + 동명사 구조이다. to부정사는 to + 동사원형 형태가 와야 한다.
(D) 노동자들이 창의적인 아이디어를 제안하는 것은 능동이므로 과거분사는 정답이 될 수 없다.

 빈칸이 "보어 자리"일 때, 명사와 형용사가 나올 수 있다.

POINT 1   보어 자리에 나올 수 있는 것들

● 보어 자리에는 **명사와 형용사**가 나올 수 있다.

● 보어 자리에는 동사, 부사는 나올 수 없다.

✳ 오답 POINT

2형식 동사 + 부사

POINT 2   2형식의 보어 자리

● 2형식의 보어 자리를 물어보는 문제가 다양하게 출제될 수 있기 때문에, 2형식의 동사의 종류는 암기해 두도록 하자.

2형식 동사의 종류

❶ be 동사	
❷ become 동사	go, come, get, grow, run, turn
❸ 상태, 유지 동사	keep, remain, stay, lie, stand
❹ 감각 동사	look, sound, taste, feel, smell
❺ 판단, 판명 동사	seem, appear, prove, turn out

POINT 3   5형식의 보어 자리

● 5형식의 보어 자리는 시험에서 자주 출제되는 중요한 포인트이다.

5형식은 주어(S) + 동사(V) + 목적어(O) + 목적격 보어(O.C)인데, 목적격 보어는 목적어를 보충하는 관계이고, 이 둘의 관계는 주어와 술어의 관계가 성립한다. *이때, 목적어와 목적격 보어의 관계가 능동의 관계인지, 수동의 관계인지에 따라서 목적격 보어의 형태가 달라지게 된다.*

PRACTICE 5

The recent bankruptcy forced most of the employees working at SD Bank -------.

(A) to leave   (B) left

PRACTICE 6

The volunteers from a local software company helped students ------- how the computer works.

(A) understanding   (B) to understand

정답 5. (A) 6. (B)

SPECIAL STEP

5형식 동사의 종류		목적격 보어의 형태
call, appoint, make, render, leave, keep		명사, 형용사
believe, consider, declare, find, prove, think, feel		(to be) 명사 (to be) 형용사
[원하다] ask, desire, expect, want, would, like [부추기다] encourage, persuade, cause, require [강요하다] force, compel, oblige, press, order	목적어-목적격 보어 관계가 능동	to+동사원형
[허락하다] allow, permit, enable, entitle [알려주다] remind, warm, advise	목적어-목적격 보어 관계가 수동	to+be+과거분사
[지각동사] see, look at, watch, witness, hear, listen to, feel, notice, perceive	목적어-목적격 보어 관계가 능동	① 원형 부정사 ② ~ing
	목적어-목적격 보어 관계가 수동	과거분사
[사역동사] have, make, let	목적어-목적격 보어 관계가 능동	원형 부정사
	목적어-목적격 보어 관계가 수동	과거분사 (be+과거분사)
[사역동사] get	목적어-목적격 보어 관계가 능동	to부정사
	목적어-목적격 보어 관계가 수동	과거분사
[준사역동사] help	목적어-목적격 보어 관계가 능동	① 원형 부정사 ② to부정사
	목적어-목적격 보어 관계가 수동	과거분사

5형식 동사의 종류

PRACTICE
동사에 따라 달라지는 문장의 구조를 확인해 보세요.

(1) I *consider* him *a hero*. 나는 그를 영웅이라고 생각한다.
: 목적격 보어 자리에 명사가 나왔다.

(2) The song always *makes* me *sad*. 그 노래는 항상 나를 슬프게 만든다.
: 보어 자리에는 부사(sadly)가 아니라 형용사(sad)가 나와야 한다.

(3) They *find* most statistics in the reports *incorrect*.
그들은 보고서에 있는 대부분의 통계수치가 잘못되었다고 생각한다.
: 목적격 보어 자리에 형용사(incorrect)가 올 수도 있다.

(4) I *want* the toys *picked up* right now. 나는 지금 당장 장난감을 사오기를 원한다.
: 목적어(toys)와 목적격 보어(pick up)의 관계를 보면, 장난감은 구매되는 것이므로 과거분사가 적절하다.

(5) I *saw* him *crying / cry* outside. 나는 그가 밖에서 우는 것을 보았다.
: 목적어(him)과 목적격 보어(cry)의 관계가 능동이므로, 현재분사(crying)가 보어 자리에 나왔다. 지각동사이 므로 원형 부정사(cry)가 나와도 된다.

(6) I *had* my car *repaired*. 나는 내 차 수리를 맡겼다.
: had가 사역동사이며, 목적어(my car)와 목적격 보어(repair)의 관계가 수동이므로 보어 자리에는 과거분사 (repaired)가 나와야 한다.

KEY 04 자동사 VS 타동사

STEP 1 대표 예제

> The analyst ------- the survey results to those who were working on the project.
> (A) was talking about (B) talking about (C) was talking (D) talked

 Step by Step

1. **문장 분석** 빈칸은 주어 뒤이므로 동사 자리의 알맞은 형태를 물어보는 문제이다.
2. **보기 분석** 보기에서 동사가 아닌 형태가 있으므로 제외하고, 자동사 talk의 성질에 따라 나머지 정답을 제외한다.
3. **정답 추론** talk는 자동사이므로, 목적어를 쓰기 위해서는 전치사 about을 함께 써야 한다. 따라서 정답은 (A) 이다.

해석 그 분석가는 프로젝트에 참여하고 있는 사람들에게 그 설문 조사 결과에 대해 이야기했다.

정답 (A) was talking about

 CHECK POINT

(B) ~ing 는 동사 형태가 아니므로 동사 자리에 올 수 없다.
(C), (D) 동사 talk는 자동사이므로 전치사 about을 써야 목적어를 가질 수 있으므로 정답이 될 수 없다.

 ① 빈칸이 동사 자리인지 확인하고, ② 자동사와 타동사를 구별한다.

POINT 1　문장의 5형식

- 1형식 : 주어(S) + 동사(V)
- 2형식 : 주어(S) + 동사(V) + 주격 보어(S.C)

자동사
주격 보어의 형태를 묻는 문제가 출제된다.

- 3형식 : 주어(S) + 동사(V) + 목적어(O)
- 4형식: 주어(S) + 동사(V) + 간접 목적어(I.O) + 직접 목적어 (D.O)
- 5형식: 주어(S) + 동사(V) + 목적어(O) + 목적격 보어(O.C)

타동사
간접 목적어와 직접 목적어의 어순을 묻는 문제와 목적격 보어의 형태를 묻는 문제가 자주 출제된다.

POINT 2　자동사 VS 타동사

자동사	타동사
자동사 + 전치사 + 목적어	타동사 + 목적어

(1) 자동사는 목적어를 쓰기 위해서는 반드시 전치사를 써야 한다.

Ex The analyst was <u>talking about</u> the survey results to those who were working on the project.
분석가는 설문 조사 결과를 그 프로젝트에 참여한 사람들에게 이야기하고 있다.

Ex The consultant will <u>account for</u> his mistake to his client at the meeting tomorrow.
상담가는 내일 있을 회의에서 그의 실수에 대해 고객에게 설명할 것이다.

(2) 반면에 타동사는 전치사 없이 바로 목적어를 써야 한다.

Ex Ms. Kelly who has worked at SPK will <u>join</u> ~~to~~ our company next month.
SPK사에서 일하는 켈리 씨가 다음 달에 우리 회사에 입사할 것이다.

Ex He plans to <u>attend</u> ~~to~~ this year's employee award banquet.
그는 올해의 직원 시상식 연회에 참석할 계획이다.

PRACTICE 7

No one working at the factory ------- the benefits that it provides.

(A) relies　　　(B) relies on

PRACTICE 8

The keynote speaker ------- the sound system in the auditorium.

(a) complained about　　　(b) complained

정답 7. (B) 8. (A)

SPECIAL STEP

자동사와 타동사

● 타동사로 착각하기 쉬운 **자동사**

respond to	~에 대해 응답하다	object to	~을 반대하다
account for	~을 설명하다	sympathize with	~을 동정하다
contribute to	~에 기여하다	compensate for	~을 보상하다
count on ≒ rely on ≒ depend on	~에 의존하다	conform to	~에 순응하다
		succeed in	~을 성공하다
		deal with	~을 다루다, 처리하다

● 자동사로 착각하기 쉬운 **타동사**

marry with	~와 결혼하다	approach to	~에 접근하다
date with	~와 데이트하다	comprise of	~으로 구성되다
resemble with	~와 닮다	greet to	~에게 인사하다
mention about	~을 언급하다	bother with	~을 괴롭히다
describe about	~에 대해서 묘사하다	oppose to	~을 반대하다
follow with	~을 따르다	accompany with	~을 동반하다

💡 TIP! 자동사와 타동사 구분하기

대부분의 동사는 자동사와 타동사 역할을 모두 할 수 있다. 따라서 둘을 구분하려면 문맥을 봐야 한다. 직접적으로 행동하고 작용할 구체적인 대상이 필요하면 타동사이고, 그렇지 않으면 자동사다. 간단하게 예를 들어보자.

It smells _____.
(A) like an orange (B) an orange

(A) It smells like an orange. 오렌지 같은 냄새가 나.
(B) It smells an orange.
그것은 오렌지를 냄새 맡는다. (코를 대고)

I kicked _____.
(A) at the ball (B) the ball

(A) I kicked at the ball. 나는 공을 향해 발길질을 했다.
(맞았는지 안 맞았는지 모른다)
(B) I kicked the ball. 나는 공을 찼다.

: (B)에서 smell과 kick은 타동사로 행동의 직접적인 대상이 되는 구체적인 목적어가 반드시 필요하다. 다른 무엇이 아닌 '오렌지' 냄새를 맡고, 다른 무엇이 아닌 '공'을 차야 하기 때문이다.

반면 (A)에서 smell과 kick은 자동사이며 목적어 없이도 완벽한 문장을 이룬다. like an orange, at the ball은 냄새가 나는데 '어떤 냄새인지', 발길질을 '어디에 하는지' 등의 정보를 추가할 뿐 행동의 직접적인 대상이 되지 못한다.

STEP 2 연습문제

1. 다음 중 올바른 형태를 고르세요.

(1) Marc&Mike Company's well designed game consoles [contributing / contribute] to its excellent reputation among teenagers.

(2) Crystal&Sons will [benefit / benefit from] investment in crude petroleum and natural gas.

(3) The distinctive design of Easy Carry 2000 has [kept popular it / kept it popular] in the market.

(4) The director caused the company [suffering / to suffer] from the rapid decline in sales.

(5) Ms. Clark let everyone in the team [to take / take] a day off after completing the exhausting task.

2. 다음 문장에서 틀린 부분을 찾아 바르게 고쳐보세요.

(1) The marketing campaign is considered a successful as the sales report shows.

(2) Candidates interested in the position should talked with our human resources department head in person.

(3) We always make sure that our customer service representatives respond promptly any requests.

(4) If you plan to attend to this year's employee award banquet, put your name on the guest list at least three days prior to the event.

(5) You can refer the attached manual I sent via e-mail two days ago.

STEP 3 실전문제

1. When you ------- the personnel department, the department head advises that copies of all your documents should be sent to his secretary as well.

   (A) apply
   (B) apply for
   (C) applying
   (D) applied

2. I advised her ------- loudly and clearly when giving her speech at the conference.

   (A) to speak
   (B) speaking
   (C) spoke
   (D) to speaking

3. The new production schedule should be posted on the board at the entrance to let the entire staff ------- it.

   (A) reading
   (B) read
   (C) be read
   (D) be reading

4. The interviewer did not ------- Mr. Lee's educational background important to the position.

   (A) considering
   (B) consider
   (C) considered
   (D) to consider

5. The manager expects every employee ------- the meeting every day.

   (A) attending
   (B) to attend to
   (C) attended
   (D) to attend

6. Ms. Jennifer asked her secretary to ------- the pamphlets into three categories.

   (A) separate
   (B) separation
   (C) separately
   (D) separated

   ≋ Step by Step
   ① 보기 분석:
   ② 빈칸 자리 분석:

   정답 _____

7. Retailers are becoming more ------- about the amount of merchandise they are ordering now than before.

   (A) care
   (B) carefulness
   (C) careful
   (D) carefully

   ≋ Step by Step
   ① 보기 분석:
   ② 빈칸 자리 분석:

   정답 _____

8. Dealers of office supplies are keeping their prices -------, as raw material prices have gone down worldwide.

   (A) stably
   (B) stable
   (C) stabilize
   (D) stability

   ≋ Step by Step
   ① 보기 분석:
   ② 빈칸 자리 분석:

   정답 _____

9. To guarantee ------- for all clients, the accounting company created task force teams led by senior accountants with over 15 years' experience.

   (A) qualify
   (B) quality
   (C) qualified
   (D) qualifying

   ≋ Step by Step
   ① 보기 분석:
   ② 빈칸 자리 분석:

   정답 _____

10. In his new role, Mr. Geisler will remain in Houston and will assume full ------- for all contract and project work in Alaska.

    (A) responsibly
    (B) responsible
    (C) responsive
    (D) responsibility

    ≋ Step by Step
    ① 보기 분석:
    ② 빈칸 자리 분석:

    정답 _____

STEP 3

Questions 11-13 refer to the following e-mail.

Dear Mr. Bailey,

This is in response to your application for the post of secretary at AEG Corporation. We were impressed by your prior experience and education. We are pleased to inform you that you have been selected for an interview. The interview will be with Daniel Choi, our HR manager. The interview is on October 22 at 10:30 A.M. Please ---11.--- this email address to confirm that you are able to attend. Prior to the interview we will be contacting your references as written on your application form. If you have stated that you do not want us ---12.--- your current employer, this reference will not be taken up.
There is no need for you to bring a copy of application, résumé or certifications for the interview. ---13.---

Best regards,
Angela Farrel
AEG Corporation

11. (A) reply
    (B) reply to
    (C) response to
    (D) respond

12. (A) contact
    (B) contracting
    (C) to contact
    (D) contacted

13. (A) Thanks again, and I hope to hear from you in the near future.
    (B) We wish you well in your future employment search activities.
    (C) They will be required after the results of the interview are declared.
    (D) I've attached a completed job application and certification.

ONE MORE STEP
Unit 1의 중요한 point들을 다시 한 번 정리해 보자.

KEY POINT 01 각 문장 성분에 들어갈 수 있는 품사는?

문장 성분	품사
(1) 주어	
(2) 동사	
(3) 목적어	
(4) 보어	

KEY POINT 02 5형식 동사의 "보어 자리"에 동사 deliver를 빈칸에 알맞은 형태로 변형해 보세요.

I had the man _____ the pizza.
(능동관계)

I had the pizza _____ by the man.
(수동관계)

KEY POINT 03 자동사 VS 타동사: 다음 동사들을 자동사와 타동사로 구별하고, 자동사의 경우에는 어떤 전치사가 필요한 지 써 보세요.

apologize 사과하다
proceed ~을 진행하다
result ~을 일으키다
approach ~에 접근하다
benefit ~에서 이익을 얻다
comprise ~으로 구성되다
object ~을 반대하다
consist ~으로 구성되다
attend ~에 참석하다
specialize ~을 전문으로 하다

자동사

타동사

동사

CHAPTER 2

GRAMMAR

Unit 2　　수 일치

Unit 3　　능동과 수동

Unit 4　　시제

CHAPTER 2 동사

UNIT 2
수 일치

GRAMMAR

대표예제

There ------- credit card rewards programs that allow you to earn points every dollar you spend on the credit card.

(A) is   (B) are   (C) has been   (D) have

KEY POINT

"수 일치"를 알면 "동사"의 형태를 알 수 있다.

Before the Step

이 문제를 해결하기 위해서는 품사에 따라 각 어휘들이 어떻게 다른 문장 성분으로 쓰이는지 이해할 수 있어야 한다.

reward	명 보상	a financial _____	재정적 보상
reward	동 보상하다	_____ yourself	자신에게 보상하다
reward for	~에 대해 보상하다	_____ _____ his efforts	그의 노력에 대해 보상하다
reward with	~로 보상하다	_____ _____ a cash bonus	현금 보너스로 보상하다
rewarding	형 수익이 많이 나는	_____ occupation	수익이 좋은 직업

Q 다음 구문의 빈칸에 알맞은 품사의 어휘를 위 표에서 골라 써 보세요.

1. a monetary _____ 금전적인 **보상**
2. _____ _____ her services 그녀의 서비스**에 대해 보상하다**
3. _____ _____ gifts 선물로 **보상하다**
4. _____ them $500 그들에게 500달러를 **보상하다**
5. _____ overseas market **수익이 좋은** 해외시장

대표예제 정답 **(B)** are

KEY 05 수식어 거품이 있는 주어

STEP 1 대표 예제

All workers in the Sales Department ------- eligible for membership at the fitness club beginning next week.

(A) is   (B) are   (C) being   (D) have been

Step by Step

1. **보기 분석** 보기는 be동사의 형태를 물어보는 문제이므로, (C) 는 제외되고, 나머지 수 - 태 - 시제를 따진다.
2. **문장 분석** 주어는 All workers in the Sales Department인데, in the Sales Department는 수식어 거품이므로 주어는 All workers이다.
3. **정답 추론** 그리고 시제상으로 현재의 사실을 언급하고 있으므로, 현재완료는 적절하지 않다. 따라서 정답은 (B) 이다.

해석 판매 부서의 모든 직원들은 다음 주부터 시작하는 피트니스 클럽의 멤버쉽 자격이 있다.

정답 (B) are

CHECK POINT

(A) All workers가 주어이므로 is는 수 일치가 잘못되었다.
(C) 빈칸은 동사 자리이므로 동명사인 being은 정답에서 제외한다.
(D) have been은 수 일치는 맞지만, 시제상 현재완료의 근거(과거부터 현재까지의 일)가 없으므로 정답에서 제외한다.

Critical KEY 수식어 거품을 덜어내고 진짜 주어를 찾아라.

POINT 1   주어 – 동사의 수 일치

● 동사의 형태는 주어에 따라 달라진다.

	be동사	일반동사
단수주어	am / is / was	동사원형 -s / -es
복수주어	are / were	동사원형

● 주어의 수를 나타내는 표현에 따라 주어와 동사의 수가 달라진다.

a / an (1개), one (1개), each (각각), every (매, 모든)	단수명사	단수동사
two, three… (개수), few (소수의), a few (약간 있는), all (모든), many (여러), a lot of (많은), a number of (많은), a variety of (여러 가지의), a series of (일련의), a range of (다양한)	복수명사	복수동사
the number of (~의 수), one of the (~중 하나), each of the (~중 각각)	복수명사	단수동사

POINT 2   수식어 거품이 있는 주어의 수 일치

● 주어 뒤에서 주어를 수식하고 있는 부분이 있는 경우 주어와 동사의 관계를 파악하기 어려울 수 있으므로 **수식어구를 제외한 문장의 진짜 주어와 동사를 찾는 연습이 필요하다.**

● **There / Here** 구문의 경우, be동사 뒤에 있는 것이 주어이므로 그 수에 일치를 시켜야 한다.

PRACTICE 1

The numbers in the report ------- based on the most conclusive data available and are always reviewed in advance.

(A) are   (B) is

PRACTICE 2

Spaces designed for the biannual conference ------- built to take security into account, the foremost factor since meetings were to be frequently held there.

(A) was   (B) were

KEY 06 특별한 수 일치 공식

STEP 1 대표 예제

> Some of the companies ------- so convinced that blogging benefits their customer relationships, so they permit employees to participate.
>
> (A) is   (B) are   (C) to be   (D) being

Step by Step

1. **보기 분석** 보기가 동사와 동사가 아닌 것이 모두 있으므로 빈칸이 동사 자리인지 여부를 확인한다.
2. **지문 분석** 주어가 Some of the companies인데, Some은 단수, 복수를 판단할 수 없는 대명사이므로, the companies를 기준으로 한다.
3. **정답 추론** the companies는 복수명사이므로 어울리는 동사는 (B) 이다.

해석 일부 회사들은 블로그 활동이 고객 관계 개선에 도움이 된다고 확신하기 때문에, 직원들에게 참여를 시킨다.

정답 (B) are

CHECK POINT

(A) companies가 복수명사이므로 is는 정답에서 제외한다.
(C), (D) to부정사와 동명사는 동사가 아니므로 정답에서 제외한다.

 Critical KEY 수 일치와 관련된 특별한 공식을 외워두도록 하자!

POINT 1　항상 단수로 취급하는 주어

- 명사구(to부정사구, 동명사구)
- 명사절(that, whether, 의문사절)
- 고유명사: 학문이름 economics(경제학), physics(물리학), statistics(통계학)
  　　　　 병 이름 diabetes(당뇨병), measles(홍역)
- 가격, 시간, 거리, 무게의 통합 단위: fifty dollars, twenty years, ten thousand miles, sixty kilograms 등

POINT 2　상관 접속사의 수 일치

both A and B	A와 B(복수)	neither A nor B	B에 수 일치
A or B	B에 수 일치	not only A but also B	B에 수 일치
either A or B	B에 수 일치	not A but B	B에 수 일치

POINT 3　A of B의 수 일치

- 원칙적으로 of B는 전치사구, 즉 수식어 거품으로 묶이므로, A가 주어가 된다.

  Ex <u>One</u> (of the city's newest businesses) <u>specializes</u> in creating efficient websites for small businesses.
  도시의 새로운 사업들 중 하나는 소기업을 위한 효율적인 웹사이트 제작을 전문으로 한다.

  TIP! Some은 왜 단수, 복수를 판단할 수 없는 명사일까?

  Ex Some + **students** ⋯ are
  　 Some + **water** ⋯ is

  : Some은 복수가산명사인 students와도 결합할 수 있고 불가산명사 water와도 결합이 가능하므로, Some만으로는 단수, 복수를 판단할 수 없다.
  따라서 some of + 명사의 형태는 ⋯ 명사가 주어가 된다.

PRACTICE 3

Although neither the CEO nor the executives who implemented a series of measures to cope with the recurrent recession ------- ready to make an effort, the company avoided bankruptcy.

(A) was　　　　(B) were

PRACTICE 4

All of the office workers ------- encouraged to use public transportation when they come to work.

(A) are　　　　(B) is

SPECIAL STEP

A of B의 수 일치 더 자세히 보기

▶ 예외적으로 A에 나오는 명사가 수 일치를 판단할 수 없는 성격의 명사가 나올 경우가 있는데, 이 경우에는 B가 문장의 주어가 된다. 예컨대, Some of the students와 Some of the water가 주어일 때, some만으로는 수 일치를 판단할 수 없다. 왜냐하면 some은 students (복수가산명사)와 water (불가산명사) 모두 결합이 가능하기 때문이다. 따라서 B에 나오는 명사가 Some of the students이면 복수동사와 결합하고, Some of the water이면 단수동사와 결합한다.

● 예외적으로 B에 수 일치하는 경우

① 부정 수량 공통 대명사	all, some, any, most, enough, more	+ of + 단수명사 → 단수 취급
② 부분 표시어	분수표현(half, three fourths 등), 퍼센트(20 percent), the rest(나머지), the majority(대다수)	+ of + 복수가산명사 → 복수 취급

Ex All of [the information] that you have <u>was</u> needed to apply for a loan.
당신이 가진 모든 정보는 대출을 신청하기 위해 필요하다.

Ex All of [the employees] <u>were</u> faced with an equal number of obligations to meet.
모든 직원들은 충족 시켜야 할 같은 수의 의무를 가지고 있었다.

:이렇게 *A of B* 에서 예외적으로 B가 문장의 주어가 되는 경우를 꼭 외워두도록 하자.

● the number of VS a number of

	의미	수 일치
① the number of + 복수명사	~의 수	단수 취급
② a number of + 복수명사	많은	복수 취급

STEP 2 연습문제

1. 주어진 동사를 알맞은 형태로 바꿔 써 보세요.

(1) Many corporate businesses generally holds strict dress codes to create uniformity.

　⋯▶ _____

(2) We were really happy when the instructor informed us that the results of the evaluation was excellent.

　⋯▶ _____

(3) We provides employees with the opportunity to attend a safety course.

　⋯▶ _____

(4) Travelers from Asia visits the ancient city.

　⋯▶ _____

2. 다음 문장에서 틀린 부분을 찾아 바르게 고쳐 보세요.

(1) Visitor staying at Niagara Falls Hotel are able to use complimentary trolley service.

　⋯▶ _____

(2) There were a successor ready to implement future tasks that I could not handle myself.

　⋯▶ _____

(3) Workers who are pressured with their tasks depends heavily on smoking to alleviate stress.

　⋯▶ _____

(4) In our competitive world, the need for each of us to develop ourselves and maximize our potential on the job are critical.

　⋯▶ _____

(5) The facts that was previously taken into account did not influence the committee's decision to expel Mr. Benson.

　⋯▶ _____

STEP 3 실전문제

실전 문제 활용 Tip: Step by Step 코너에 문제 해결 과정을 쓰면서 문제를 풀어보세요.   정답과 해설 p. 9

1. Please ------- photocopies of all relevant documents to this office ten days prior to your performance review date.

   (A) submission
   (B) submitting
   (C) submit
   (D) submitted

   Step by Step
   ① 보기 분석: 동사와 동사가 아닌 것
   ② 빈칸 자리 분석: 동사
   _____
   정답 _____

2. All staff members of the company ------- recently received the mail containing their PINs and instructions for using the intranet.

   (A) has
   (B) have
   (C) are
   (D) to be

   Step by Step
   ① 보기 분석:
   ② 빈칸 자리 분석:
   _____
   정답 _____

3. When purchasing less than three items from the vendor, customers should ------- the full price for shipping and handling.

   (A) pay
   (B) pays
   (C) paid
   (D) paying

   Step by Step
   ① 보기 분석:
   ② 빈칸 자리 분석:
   _____
   정답 _____

4. The generation of power from the power plant ------- not a problem but its proper distribution was the actual issue that can cause customers to suffer.

   (A) was
   (B) were
   (C) does
   (D) being

   Step by Step
   ① 보기 분석:
   ② 빈칸 자리 분석:
   _____
   정답 _____

5. Coupons for food and household goods ------- in the local newspaper every Wednesday.

   (A) is featured
   (B) features
   (C) are featured
   (D) featuring

   Step by Step
   ① 보기 분석:
   ② 빈칸 자리 분석:
   _____
   정답 _____

6. The new device with GPS ------- minutes to initialize and required a fairly strong signal to work accurately.

   (A) take
   (B) took
   (C) taken
   (D) taking

   ☞ Step by Step
   ① 보기 분석:
   ② 빈칸 자리 분석:

   정답 _____

7. At a wine tasting event, which is limited to 16 people, the chef will ------- a few small courses to accompany the wines.

   (A) provide
   (B) provides
   (C) provided
   (D) be provided

   ☞ Step by Step
   ① 보기 분석:
   ② 빈칸 자리 분석:

   정답 _____

8. Some companies ------- so convinced that blogging benefits their customer relationships, so they permit employees to participate.

   (A) is
   (B) are
   (C) to be
   (D) being

   ☞ Step by Step
   ① 보기 분석:
   ② 빈칸 자리 분석:

   정답 _____

9. There ------- rewards credit cards and cash back credit cards that allow you to earn points or cash back on every dollar you spend on the credit card.

   (A) is
   (B) are
   (C) has been
   (D) have

   ☞ Step by Step
   ① 보기 분석:
   ② 빈칸 자리 분석:

   정답 _____

> **STEP 3**

Questions 10-13 refer to the following e-mail.

To: Jack Hughman, President
From: Harry Dunkan, Sales Manager

Sales figures for this quarter were a bit disappointing, as very few wholesale merchants ---10.--- willing to stock and push our products.

As the margin available to them has been kept ---11.---, they have had no incentive to make the effort necessary to push the product. Consequently, our success and failure rate ---12.--- upon the efforts of our door-to-door salesmen. They focus on universities around the country. They are, however, dependent upon a fleet of company cars that is becoming increasingly unreliable. ---13.---

10. (A) is
    (B) are
    (C) have
    (D) being

11. (A) lower
    (B) lowly
    (C) lowness
    (D) low

12. (A) rest
    (B) rests
    (C) have rested
    (D) to rest

13. (A) We need to launch new product lines to appeal to the university students.
    (B) Most people in their twenties cannot afford to purchase our luxury items.
    (C) We have clients interested in buying new cars.
    (D) If we supply our salespeople with new, reliable cars, a sales increase may result.

ONE MORE STEP
Unit 2의 중요한 point들을 다시 한 번 정리해 보자.

KEY POINT 01 표의 빈칸에 알맞은 동사의 형태를 써 보세요.

	be동사	일반동사
단수주어		동사원형
복수주어		동사원형

-s / -es
am / is / was
are / were

KEY POINT 02 빈칸에 알맞은 be동사를 써 보세요.

A number of people _____ waiting in line at the bank yesterday.

Everyone in the organization _____ asked to submit the document by this Friday.

KEY POINT 03 단수명사 VS 복수명사: 다음 주어의 수를 나타내는 표현들을 단수명사와 복수명사로 구별해 보세요.

three opinions 세 개의 의견
a lot of people 많은 사람들
each part 각 부분
all colors 모든 색깔
one of the subjects 주제 중 하나
a man 남자
a few pencils 연필 몇 개
every month 매 달
one group 한 무리
an angle 각도

_____ 단수명사 _____

_____ 복수명사 _____

CHAPTER 2 동사

UNIT 3 능동과 수동

GRAMMAR

대표예제

Employees ------- by a manager or assistant manager to satisfy the customer requirements.

(A) supervise   (B) supervised   (C) are supervised   (D) supervising

KEY POINT

동사가 설명하고 있는 행동의 주체가 누구인지에 따라 동사의 형태가 달라진다.

Before the Step

이 문제를 해결하기 위해서는 품사에 따라 각 어휘들이 어떻게 다른 문장 성분으로 쓰이는지 이해할 수 있어야 한다.

employ	동	고용하다	_____ a lot of people	많은 사람들을 고용하다
employee	명	사원, 직원	hired a new _____	새 직원을 고용했다
employer	명	고용주	former _____	전 고용주
employment	명	고용, 직장	find _____	직업을 얻다
employed	형	취직하고 있는	_____ lawyer	고용된 변호사

Q 다음 구문의 빈칸에 알맞은 품사의 어휘를 위 표에서 골라 써 보세요.

1. an office _____ 사무**직원**
2. _____ more workers 더 많은 근로자들을 **고용하다**
3. _____ bodyguards **고용된** 경호원들
4. an application for _____ **입사**지원
5. _____'s premises **고용주**의 부지

대표예제 정답 (C) are supervised

KEY 07   능동과 수동 구분하기

STEP 1   대표 예제

> Coupons for food and household goods are ------- in the local newspaper every Wednesday.
>
> (A) feature   (B) featured   (C) features   (D) featuring

Step by Step

1. **보기 분석** 빈칸에 적절한 품사의 어휘를 고르는 문제이다.
2. **빈칸 자리 분석** 빈칸 앞에 be동사가 있고 뒤에는 부사구가 있다.
3. **정답 추론** 주어인 Coupons는 어떤 동작을 수행할 수는 없고 '다루어지는' 대상이므로, 수동태를 구성할 수 있는 과거분사인 (B) 가 답으로 알맞다.

해석 식품 및 가정용품용 쿠폰이 매주 수요일 지역 신문에서 크게 다루어진다.

정답 (B) featured

CHECK POINT

(A) 명사는 be동사 뒤에서 보어 역할을 할 수 있으나 주어와 수가 일치하지 않으며 feature(특징)은 문맥상 적절하지 않다.
(C) 복수명사로 be동사 뒤에서 보어 역할을 할 수 있으며 수도 일치하지만 문맥상 적절하지 않다.
(D) 주어가 동작을 행할 수 있는 주체가 아니므로 현재진행의 능동태는 사용할 수 없다.

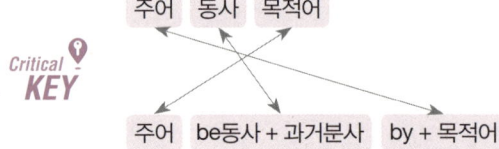

POINT 1 능동 VS 수동

Ex Ms. Goodwin announces a new policy. 굿윈 씨는 새로운 정책을 발표한다.
··→ A new policy is announced by Ms. Goodwin.
새로운 정책이 굿윈 씨에 의해 발표된다.

- Ms. Goodwin이 새로운 정책을 발표한 것 → 능동의 관계인데, 이것을 수동태로 바꾸면
  ① 목적어인 a new policy가 주어가 되고
  ② 'be동사 + 동사의 과거분사' 형태를 갖는다.
  ③ 동사 뒤에 'by + 목적격'으로 동작의 주체를 나타낼 수 있는데 이는 그 앞에 수동태가 사용되었음을 알리는 단서가 되기도 한다.

POINT 2 수동태가 될 수 없는 동사

- 능동태 문장의 목적어가 수동태에서는 주어로 사용되기 때문에 목적어를 가질 수 없는 자동사는 수동태로 사용할 수 없다.

remain	arrive	depart	emerge	work	seem
남아있다	도착하다	출발하다	나타나다	일하다	~인 것 같다
consist	last	participate	appear	exist	happen
구성되다	지속되다	참여하다	나타나다	존재하다	일어나다
occur	rise	proceed	disappear	account for	deal with
일어나다	오르다	진행되다	사라지다	~을 설명하다	~을 다루다
refer to	agree on	rely on	carry out	take place	comply with
~을 참고하다	~에 동의하다	~에 의존하다	~을 수행하다	발생하다	~을 따르다

PRACTICE 1

To ensure that the work ------- by the deadline, I recommend hiring a part-time assistant for Ms. Marshall.

(A) completes   (B) is completed

PRACTICE 2

The company is located in a developed country with a great social infrastructure, where a very favorable business background is -------.

(A) creating   (B) created

KEY 08　수동태의 종류와 특징

STEP 1　대표 예제

> Because of the current remodeling in the airport, passengers ------- arrive early for flights.
>
> (A) advise to　　(B) are advised to　　(C) is advised to　　(D) are advised

Step by Step

1. **보기 분석** advise 동사의 형태를 물어보는 문제이다.
2. **지문 분석** (C) 는 is이므로 주어인 passengers의 수와 일치하지 않는다. passengers가 조언하는 것이 아니라, ~하라고 조언 받는 입장이므로, 수동태인 (B) 와 (D) 가 정답후보이다.
3. **정답 추론** advise는 5형식 동사이며, 목적격 보어 자리에 to부정사를 취하는 동사이다. advise A to B의 형태이므로, 이를 수동태로 바꾸면 be advised to부정사가 정답이다.

해석 현재 공항의 리모델링 작업 때문에, 고객들은 비행시간에 맞춰 일찍 도착하라는 요청을 받았다.

정답 (B) are advised to

CHECK POINT

(A) passengers가 advise되는 입장이므로, 능동태는 정답에서 제외된다.
(C) is는 passengers와 수 일치가 안된다.
(D) advise는 목적격 보어 자리에 to부정사를 취하므로, are advised 수동태가 된 이후에도 목적격 보어 자리에 to부정사를 취해야 한다. 따라서 정답에서 제외된다.

문장의 구조가 다양한 만큼 수동태 문장의 구조도 다양하다.

POINT 1   능동사 VS 수동태

- 3형식의 수동태는 앞서 Key 07에서 설명했듯이,
  ① 주어와 동사의 관계를 "해석"을 통해서 구별하거나
  ② 동사 뒤에 "목적어의 유무"로 능동태와 수동태를 구별할 수 있다.

  Ex Ms. Seinfield at the accounting department ***promoted*** / [***was promoted***]
  to a management position.
  회계부서의 사인필드 씨는 관리직으로 승진되었다. (승진시켰다)

  <u>promote (타동사)</u> ~을/를 승진시키다   promote + 목적어: 능동(~을/를 승진시키다)
                                           be promoted: 수동(승진하다)

  ⋯▸ 동사 뒤에 전치사구 to a management position만 있을 뿐, 목적어는 존재하지 않으므로 수동태이다.

- 중요한 3형식 동사의 수동태 구문

능동태		수동태
blame A for B	B를 A탓으로 원망하다	A is blamed for B
prevent A from B	A가 B하는 것을 막다	A is prevented from B
rob A of B	A에게 B를 빼앗다	A is robbed of B
remind A of B	A에게 B를 상기시키다	A is reminded of B
ascribe A of B	A를 B의 탓으로 돌리다	A is ascribed of B
accuse A of B	A를 B로 고소하다	A is accused of B
inform A of B	A에게 B를 알리다	A is informed of B
assign A to B	A를 B에게 맡기다	A is assigned to B
credit A with B	B를 A의 공으로 여기다	A is credited with B
notify A of B	A에게 B을 알리다	A is notified of B
attribute A to B	A를 B의 탓으로 여기다	A is attributed to B
commit A to B	A에게 B를 약속하다	A is committed to B
entitle A to B	A에게 B할 권리를 주다	A is entitled to B
equip A with B	A에 B를 갖추다	A is equipped with B
relate A to B	A를 B에 관련시키다	A is related to B
assure A of B	A에게 B를 약속하다	A is assured of B

POINT 2　4형식의 수동태

- 문제는 4형식의 수동태인데, 4형식은 3형식과 달리, 목적어를 2개 가지고 있기 때문에, 수동태의 종류가 2가지가 된다.

    Ex Pat　gave　<u>me</u>　<u>some English books</u>.　팻이 나에게 영어 책 몇 권을 주었다.
    　　　　　　　　간접 목적어　　　직접 목적어

    ⋯▶ <u>I</u> was given some English books (by Pat).

    : 간접 목적어 I가 주어가 되면서, I was given이 되었는데, 목적어가 2개이기 때문에, be 과거분사 + 직접 목적어가 남아 있는 형태이다.

    ⋯▶ <u>Some English books</u> were given to me (by Pat).

    : 직접 목적어 Some English books가 주어가 되면서 be 과거분사 다음에 간접목적어가 남게 되는데, 이 경우 간접 목적어 앞에는 "~에게" 해당하는 전치사 to, for, of 등이 올 수 있다.

💡 TIP!　4형식의 수동태 특징

(1) 4형식은 목적어가 두 개이므로, 수동태가 **_2가지 종류_** 이다.
(2) 간접 목적어가 주어일 경우, I.O + be 과거분사 + **직접 목적어**
　　직접 목적어가 주어일 경우, D.O + be 과거분사 + (전치사) + **간접 목적어**
(3) 따라서 4형식의 수동태는 목적어의 유무로 문제를 풀 수 없으며 "해석"으로 문제를 풀이해야 한다!

주는 것	능동
받는 것	수동

**POINT 3**   **5형식의 수동태**

- 5형식은 S + V + O + O.C 로 구성이 되어 있다. 수동태로 변환하면 S + be 과거분사 + O.C 의 형태가 되는데, 이때 5형식 **수동태의 목적격 보어** 를 추론하는 문제가 많이 출제되므로, 5형식이 수동태가 되었을 때, 목적격 보어 형태를 잘 정리해 두자.

목적격 보어의 형태	5형식 동사의 종류	수동태
명사, 형용사	call, appoint, name, make, render, leave, keep, find, think, believe, declare	be 과거분사 + 명사, 형용사 be called + 명사 be appointed + 명사 be named + 명사 be made + 형용사 be left + 형용사 be kept + 형용사 등등…
원형 부정사	사역동사(have, make, let) (단, 사역동사 have, let은 수동태가 불가능하다) 지각동사(see, watch, hear 등)	be 과거분사 + to부정사
현재분사, 과거분사	지각동사 keep, catch, leave 등	be 과거분사 + ~ing be 과거분사 + 과거분사
to부정사	[원하다] ask, desire, expect, want, would, like [부추기다] encourage, persuade, cause, require [강요하다] force, compel, oblige, press, order [허락하다] allow, permit, enable, entitle [알려주다] remind, warm, advise	be 과거분사 + to부정사

* 능동태 문장에서 지각동사나 사역동사는 목적격 보어 자리에 "원형 부정사"를 취하는데, 이것이 수동태 문장에서는, "to부정사"로 전환되어야 한다.

POINT 4   by 이외의 전치사와 결합하는 수동태

● 동사가 동작의 주체를 나타낼 때에는 전치사 by를 사용하지만 동사에 따라 다양한 전치사를 사용한다. 이는 숙어처럼 외워두도록 하자.

be acquainted with	be associated with
~을 알고 있다	~과 관련되어 있다
be committed to	be dedicated to
~에 헌신하다	~에 헌신하다
be engaged in	be equipped with
~에 종사하고 있다	~을 갖추고 있다
be known as	be known for
~으로 알려지다	~때문에 알려지다

be based on	be composed of
~에 기초하고 있다	~로 이루어져 있다
be devoted to	be divided into
~에 헌신하다	~로 나눠지다
be faced with	be involved in
~에 직면하다	~에 관련되어 있다
be known to	be limited to
~에게 알려지다	~으로 제한되다

TIP! 수동태 문제 풀이

① 해석을 통해서 문제를 해결한다.
② 목적어의 유무로 문제를 해결한다.

목적어 존재 O	능동태
목적어 존재 X	수동태

PRACTICE 3

Because Aaron Co. is committed ------- employee safety, the company provides employees the opportunity to attend a safety course.

(A) of   (B) to

PRACTICE 4

The corporation will be ------- to many privileges and rights never before imagined.

(A) eligible   (B) entitled

정답 3. (B) 4. (B)

1. 다음 중 올바른 형태를 골라보세요.

(1) A new policy [has been announced / has announced] by Ms. Goodwin.

(2) It was inevitable that Ms. Finch became [persuaded / persuasive] by the board members.

(3) The rate of economic growth [is influenced / is influencing] by natural resources and human resources.

(4) Documents such as the fiscal data of the year 2011 and some statistical paperwork [were including / were included] with regard to the project.

2. 다음 문장에서 틀린 부분을 찾아 바르게 고쳐 보세요.

(1) The street sweeping will begin at 9 A.M., and residents ask to keep their cars off the street until 7 A.M.

⋯▸ _____

(2) A job fair is to be holding to promote a thorough understanding of the job world in reality.

⋯▸ _____

(3) Construction on the project schedules to begin this month, with the work being carried out by Dan Excavating Co.

⋯▸ _____

(4) Ms. Field was forcing to quit her job because the documents she submitted in advance proved to contain false information.

⋯▸ _____

(5) An estimated number of 30 million people laid off against their own will during the unprecedented, long-term economic recession.

⋯▸ _____

STEP 3 실전문제

1. Although a master's degree -------, candidates with substantial experience will be considered.

   (A) require
   (B) required
   (C) requiring
   (D) is required

2. While his flight had ------- by almost an hour, Mr. Spencer nonetheless arrived for his speech on time.

   (A) delay
   (B) delayed
   (C) been delayed
   (D) delaying

3. All employees in our company will ------- in activities including beach cleaning, wall painting, and blood donation.

   (A) involve
   (B) be involved
   (C) involving
   (D) involvement

4. According to the site manager, the exterior and interior renovations to the restaurant will ------- by September.

   (A) complete
   (B) completed
   (C) completing
   (D) be completed

5. Employees are not ------- to refund customer purchases unless supervised by a manager or assistant manager.

   (A) allow
   (B) allowing
   (C) allowed
   (D) to allow

6. The incentive program ------- customer service and sales performance throughout the approximately 550 Rally's branded restaurants nationwide.

   (A) promotes
   (B) is promoted
   (C) promotion
   (D) promoting

   ≈ Step by Step
   ① 보기 분석: _____
   ② 빈칸 자리 분석: _____
   ③ 능동인가 수동인가: _____
   정답 _____

7. After working several years in the consulting industry, he felt that whatever advice he was giving clients, it was more ------- to generate business for him.

   (A) incline
   (B) inclined
   (C) inclining
   (D) inclination

   ≈ Step by Step
   ① 보기 분석: _____
   ② 빈칸 자리 분석: _____
   ③ 능동인가 수동인가: _____
   정답 _____

8. Because of the current remodeling in the airport, passengers are ------- to arrive early for flights in anticipation of possible crowds.

   (A) advice
   (B) advisory
   (C) advisable
   (D) advised

   ≈ Step by Step
   ① 보기 분석: _____
   ② 빈칸 자리 분석: _____
   ③ 능동인가 수동인가: _____
   정답 _____

9. Our recent achievement would never have ------- without the valuable contribution of our dedicated colleague, Mr. David, in the research department.

   (A) to happen
   (B) happened
   (C) happening
   (D) been happened

   ≈ Step by Step
   ① 보기 분석: _____
   ② 빈칸 자리 분석: _____
   ③ 능동인가 수동인가: _____
   정답 _____

STEP 3

Questions 10-12 refer to the following e-mail.

Beverage Services, Tangata Restaurant
DESCRIPTION OF SERVICES (Based on 3 hours):

Three hours of any bar service ---10.--- when the reception ends and extends for three hours thereafter. Staff will tray pass wine during the cocktail reception and pour at tables during dinner service. Wine and beer are included with dinner packages. You and your guests may bring no food or beverage onto the premises. Tangata will provide all food and beverages. An exception may be made in advance for bottled wine and champagne. Corkage fees of $15 per bottle ---11.--- for consuming or opening brought bottled wines and champagnes.

Tangata Restaurant reserves the right to refuse alcohol to any guest. Any guest appearing to be under the age of 20 will be required to provide proper proof of age. ---12.--- No exceptions will be made.

10. (A) begins
    (B) beginning
    (C) is begun
    (D) has been begun

11. (A) would apply
    (B) is applying
    (C) are applied
    (D) were applied

12. (A) Failure to provide proof of age will result in refusal of alcohol service.
    (B) We sincerely apologize for unavoidable disruption during the period.
    (C) If you would like to reserve a table, it will be better to contact us in advance.
    (D) Please do not provide your personal information if not asked.

ONE MORE STEP
Unit 3의 중요한 point들을 다시 한 번 정리해 보자.

KEY POINT 01 다음 문장을 미래형으로 바꿔 써 보세요.

(1) The company notified them of inevitable downsizing.

→ _____

(2) The boss credited him with sales figures that skyrocketed.

→ _____

KEY POINT 02 다음 문장을 현재형으로 바꿔 써 보세요.

(1) The decision was made by the boss.

→ _____

(2) They asked residents to keep their cars off the street.

→ _____

KEY POINT 03 빈칸에 알맞은 전치사를 써 보세요.

(1) The apartment is equipped _____ expensive furniture.
그 아파트는 비싼 가구를 갖추고 있다.

(2) The class was divided _____ two groups.
반은 두 개의 그룹으로 나뉘어 졌다.

(3) She was involved _____ the science project.
그녀는 과학 숙제에 참여하고 있었다.

(4) This story is based _____ a true story.
이 이야기는 실제 이야기에 근거하고 있다.

(5) Sometimes, you have to face _____ difficult problems.
때때로, 너는 어려운 문제들을 직면해야 한다.

CHAPTER 2 동사

UNIT 4
시제

GRAMMAR

대표예제

China ------- moving to introduce competition against state-controlled firms like China Mobile in recent years.

(A) will begin   (B) is beginning   (C) has begun   (D) had been begun

KEY POINT

사건이 발생한 시점에 따라 다양한 시제로 이를 나타낼 수 있으며 이는 동사의 형태로 구분할 수 있다.

Before the Step

이 문제를 해결하기 위해서는 품사에 따라 각 어휘들이 어떻게 다른 문장 성분으로 쓰이는지 이해할 수 있어야 한다.

compete	동 경쟁하다	_____ for a prize	상품을 차지하기 위해 경쟁하다
compete with	~와 겨루다	_____ _____ others	다른 사람들과 겨루다
competitor	명 경쟁자	outsmart a strong _____	강한 경쟁자를 앞지르다
competitive	형 경쟁력 있는, 경쟁심이 강한	_____ prices	경쟁력 있는 가격
competition	명 경쟁, 대회	win the _____	대회에서 우승하다

Q 다음 구문의 빈칸에 알맞은 품사의 어휘를 위 표에서 골라 써 보세요.

1. _____ hard for a gold medal   금메달을 따기 위해 열심히 **경쟁하다**
2. playing sports is very _____   스포츠는 매우 **경쟁이 높다**
3. fierce _____   치열한 **경쟁**
4. _____ _____ other companies   다른 회사들**과 경쟁하다**
5. defeat a _____   **경쟁자**를 물리치다

대표예제 정답 (C) has begun

KEY 09   시제를 나타내는 단서

STEP 1   대표 예제

> Ms. Seinfield at the accounting department ------- to a management position a little more than a month ago.
>
> (A) promotes   (B) will be promoted   (C) is promoted   (D) was promoted

Step by Step

1. **보기 분석** 적절한 품사의 어휘를 고르는 문제이다.
2. **문장 분석** 빈칸 뒤에 to a management position이 있는 것으로 보아 주어인 사인필드 씨가 '승진된' 것이므로 우선 능동태인 (A)는 답에서 제외한다.
3. **정답 단서 찾기** 문장 끝에 '과거의 때'를 나타내는 ago(~전에)가 있으므로 과거시제인 (D)가 정답이다.

해석 회계부의 사인필드 씨는 한 달여 전에 관리자 직책으로 승진되었다.

정답 (D) was promoted

CHECK POINT

(A) 주어인 사인필드 씨가 '승진된' 상황이므로 능동태는 답이 될 수 없다.
(B), (C) 과거를 나타내는 'ago'라는 표현이 있으므로 미래시제인 (B), 현재시제인 (C)는 둘 다 답이 될 수 없다.

- **과거완료시제**(had + 과거분사): 기준이 되는 과거의 사건이 있고, 그 사건보다 먼저 일어난 일을 언급할 때 과거완료시제를 사용한다.

Ex   Russ Johnson <u>had traveled</u> to New York at his own expense and <u>had</u> 7 to 10 short meetings.
                       과거 완료(두 사건 중 더 먼저 일어난 일)   과거

     루스 존슨은 자비로 뉴욕에 출장을 가서 7회에서 10회의 짧은 회의를 가졌다.

Critical KEY   특정 시제를 암시하는 단서가 있는지 확인한다.

POINT 1　현재시제의 단서

- 습관이나 규칙적으로 발생한 일, 사실을 나타낼 때 현재시제를 사용한다.

always	usually	regularly	commonly	normally
항상	보통	규칙적으로	보통	보통
routinely	periodically	every / each	typically	consistently
일상적으로	주기적으로	매, ~마다	보통	지속적으로

POINT 2　과거시제의 단서

- 명백한 과거시제를 나타내는 표현이 나오는 경우에는 과거시제를 사용한다.

ago	last	yesterday	in + 과거 시점
전에	지난	어제	~에

POINT 3　미래시제의 단서

next	soon	tomorrow	shortly	in + 기간
다음	곧	내일	곧	~ 후에

POINT 4　현재완료시제(has / have + 과거분사)의 단서

- 경험과 같이 과거의 특정 시점부터 현재까지 영향을 미치는 것을 나타낼 때 사용한다.
- since(~이후로) + 과거 시점이 나오면, 주절에서는 과거부터 현재까지를 의미하는 현재완료시제가 사용된다.
- recently, lately(최근에)는 현재완료시제와 과거시제에 모두 사용할 수 있다.

for / during	over	since + 과거	until now	so far
~동안	~동안	~이후로	지금까지	지금까지
already	just	never	ever	yet
이미	지금 막	~한 적 없는	~한 적 있는	아직

PRACTICE 1

Best Drive-in Restaurants, Inc. ------- 20 new vehicles to the top-performing store managers over the past 12 months.

(A) awarded　　(B) has awarded

PRACTICE 2

Before the social networking sites -------, the Internet was a very anonymous service.

(A) will be introduced　　(B) were introduced

정답 1. (B) 2. (B)

KEY 10　시제 일치의 예외

STEP 1　대표 예제

> The executive recommended that the new employees ------- a training course beforehand to cope with difficulties arising during work.
>
> (A) are taking　　(B) took　　(C) have taken　　(D) take

 Step by Step

1. **보기 분석** 알맞은 시제의 동사를 찾는 문제이다.
2. **문장 분석** that절의 동사 형태를 묻고 있는데, 주절의 동사가 **recommend**이므로 that절의 동사는 주어와는 상관없이 동사원형이 사용되어야 한다.

해석 경영진은 신입사원들이 근무 중 발생하는 어려움을 극복하도록 사전에 훈련과정을 수강할 것을 권하였다.
정답 (D) take

 CHECK POINT

(A), (C) 주어인 신입 사원들(new employees)와 수는 일치하지만 시제가 일치하지 않으므로 답이 될 수 없다.
(B) 주절의 동사와 일치하는 시제인 것처럼 보이지만, 이 문장은 시제 일치의 예외에 해당하므로 과거시제가 아닌 현재시제를 사용한다.

 주장, 제안, 요구, 명령의 동사 / 의무의 형용사
+ that + 주어 + (should) + 동사원형

POINT 1   시간 – 조건 부사절에서는 현재시제가 미래시제를 대신한다.

● 부사절과 주절의 시제는 일치해야 한다.

> **Ex** When my Internet connection <u>was</u> still down,   ] 부사절 – 과거
> I <u>called</u> again and <u>reached</u> yet another agent.   ] 주절 – 과거
> 제 인터넷 연결이 여전히 끊긴 상태로 있어, 다시 전화했고 또 다른 담당자와 연결되었습니다.

● 그러나, 시간과 조건의 부사절에서는 미래시제가 올 수 없다.
따라서 시간과 조건의 부사절에서는 현재시제가 미래시제를 대신한다.

> **Ex** Mr. Green <u>will give</u> you a call to arrange a meeting   ] 주절 – 미래
> when he ~~will come~~ (→**comes**) to town next week.   ] 부사절 – 현재
> 그린 씨는 다음 주에 시내에 오면 만날 약속을 잡기 위해 당신에게 전화할 것입니다.

● 시간과 조건의 부사절 접속사

시간의 부사절	when, as soon as, by the time, while, before, after
조건의 부사절	if, unless, once, in case, as long as

POINT 2   주장, 명령, 요구, 제안의 동사 혹은 의무의 형용사가 있는 that절의 시제 일치 예외

● 주장, 명령, 요구, 제안의 동사 혹은 의무의 형용사가 있는 that절에서는 S + V 에서, that절의 동사는 수 일치와 시제와 관계없이 should + 동사원형의 형태가 나오는데, 이 때 should는 생략할 수 있다.

PRACTICE 3

If a domain ------- after its termination in about 75 days, it will be expired in accordance with our company regulations.

(A) is not registered
(B) will not be registered

PRACTICE 4

It is imperative that we ------- strategic alliances among industry leaders, in order to expand into the European market.

(A) establish   (B) established

시제와 관련된 예문 더 살펴보기

1. 현재, 현재완료시제

(1) 현재

Ex The harsh winters **always** put a stop to any building going on.
_{겨울마다 발생하는 일 - 현재시제}

혹독한 겨울에는 항상 건설이 중단된다.

Ex **Currently**, I start my first shift at 7 A.M. and finish this shift at 1 P.M.
_{현재의 규칙적인 일정 - 현재시제}

현재 저는 오전 7시에 첫 교대를 시작해서 오후 1시에 끝납니다.

(2) 현재완료

Ex Tourism in the country has developed enormously **since** 1998.
_{현재완료 / since + 과거시점 / 특정 시점 이후로 지금까지 일어나는 일 - 현재완료}

그 나라의 관광 산업은 1998년 이후로 크게 발전해 왔다.

Ex Many of you have probably **already** heard of our firm, Sysinter.
_{경험 - 현재완료}

여러분 대부분은 아마도 우리 회사인 시스인터를 들어보셨을 것입니다.

2. 시제 일치의 예외가 되는 동사와 형용사

ask	demand	insist	order
요청하다	요구하다	주장하다	명령하다
request	require	recommend	propose
요청하다	요구하다	제안하다	제안하다
important	imperative	essential	compulsory
중요한	반드시 해야 하는	필수적인	의무적인
necessary	vital	obligatory	urgent
필수적인	중요한	의무적인	중요한

Ex You will be able to ask that your file be transferred to the Customer Committee.
_{요청하다(동사) / 주어 뒤의 should be transferred에서 should가 생략되고 동사원형만 남게 된다}

귀하의 파일이 고객 위원회로 전송되도록 요청하실 수 있음을 알려 드리고자 합니다.

Ex It is essential that every candidate submit all relevant information before the interview.
_{필수적인(형용사) / should submit에서 should는 생략되고 동사원형만 남게 된다}

모든 후보자들은 면접 이전에 모든 관련된 정보를 제출해야 한다.

1. 다음 중 올바른 형태를 고르세요.

(1) As soon as you [confirm / will confirm] the details, you will be taking over the responsibilities for the project.

(2) When the firm [was / had been] open for business, many other firms had already started business.

(3) It is crucial that he [maintain / maintains] his overall personnel ratings at a high level.

(4) There [are / will be] no problems with security as long as you immediately discard the documents without photocopying them at all.

2. 다음 문장에서 틀린 부분을 찾아 바르게 고쳐 보세요.

(1) The numbers in the report is based on the most conclusive data available and are always reviewed in advance.

⋯▸ _____

(2) By the time he is promoted, a series of tremendous barriers had been set up before him.

⋯▸ _____

(3) Steve Moore told me your company was looking for a cartographer, and recommended that I contacted you.

⋯▸ _____

(4) Circulation increased 6 percent since last year, showing that more people use the public library in tough economic times.

⋯▸ _____

(5) This new structure will benefit you most when you will increase the sales you make on a much wider range of items.

⋯▸ _____

STEP 3 실전문제

실전 문제 활용 Tip: Step by Step 코너에 문제 해결 과정을 쓰면서 문제를 풀어보세요. 정답과 해설 p. 18

1. Your company will receive subsidies from the government from the next quarter on in case it ------- a prize in the Creative Business Contest intended to foster unique business ideas.

   (A) won
   (B) wins
   (C) will win
   (D) is winning

   Step by Step
   ① 보기 분석: 동사와 동사가 아닌 것
   ② 빈칸 자리 분석: 동사
   ③ 정답 단서 찾기: 접속사 in case
   정답 _____

2. Distinctive remarks will be made at the annual conference with regard to current trends in biotechnology if the speakers ------- sharp and alert.

   (A) will remain
   (B) remains
   (C) remained
   (D) remain

   Step by Step
   ① 보기 분석:
   ② 빈칸 자리 분석:
   ③ 정답 단서 찾기:
   정답 _____

3. Mr. King ------- better than any other ones, considering his brilliant abilities to recognize numbers.

   (A) performs
   (B) performed
   (C) will perform
   (D) will have performed

   Step by Step
   ① 보기 분석:
   ② 빈칸 자리 분석:
   ③ 정답 단서 찾기:
   정답 _____

4. Founded ten years ago, the Youth Media Network ------- the leading source of print and broadcast news for adolescents.

   (A) become
   (B) becomes
   (C) becoming
   (D) has become

   Step by Step
   ① 보기 분석:
   ② 빈칸 자리 분석:
   ③ 정답 단서 찾기:
   정답 _____

5. China, where private enterprise is thriving, ------- moving to introduce competition against state-controlled firms like China Mobile in recent years.

   (A) will begin
   (B) is beginning
   (C) has begun
   (D) had been begun

   Step by Step
   ① 보기 분석:
   ② 빈칸 자리 분석:
   ③ 정답 단서 찾기:
   정답 _____

6. Mr. Compton has suggested that his assistant ------- a more creative business model in order to gain competence at the upcoming start-up fair.

   (A) devises
   (B) devise
   (C) devised
   (D) devising

   ≋ Step by Step
   ① 보기 분석:
   ② 빈칸 자리 분석:
   ③ 정답 단서 찾기:
   정답 _____

7. The newly established corporation ------- to meet the needs of international exporters ever since its birth in 2012.

   (A) has been endeavoring
   (B) was endeavoring
   (C) had been endeavoring
   (D) is endeavoring

   ≋ Step by Step
   ① 보기 분석:
   ② 빈칸 자리 분석:
   ③ 정답 단서 찾기:
   정답 _____

8. Since Mr. Spinwall started a business on his own, you ------- him with your own knowledge and years of related experience from now on.

   (A) will assist
   (B) would assist
   (C) would have assisted
   (D) will have assisted

   ≋ Step by Step
   ① 보기 분석:
   ② 빈칸 자리 분석:
   ③ 정답 단서 찾기:
   정답 _____

9. It is essential that employees ------- break regulations very carefully to avoid disadvantages regarding employee welfare.

   (A) abides by
   (B) abide by
   (C) abided by
   (D) abiding by

   ≋ Step by Step
   ① 보기 분석:
   ② 빈칸 자리 분석:
   ③ 정답 단서 찾기:
   정답 _____

> **STEP 3**

Questions 10-12 refer to the following article.

Cell Phones

Consumers in the US ---10.--- more than 900 million cell phones over the next five years, creating huge piles of waste containing dangerous pollutants, according to a report by Green Watch, a non-profit environmental research group. Cell phones ---11.--- large amounts of polluting metals including lead solder used on the internal circuit boards as well as arsenic and cadmium. They also use flame retardants that create toxic dioxins when incinerated in garbage dumps.

Cell phones, though smaller than computers, are made from many of the same materials, and because of their size, are commonly tossed into the garbage when they are no longer needed, warned George Sharpe, the report's author. "The proliferation of cell phones in recent years has not really hit the waste stream yet," said Sharpe. "But by our estimates, cell phones will be discarded at a rate of 130 million per year over the next five years. We urge manufacturers to find ways of recycling cell phones as soon as possible. ---12.---"

10. (A) discard
    (B) will discard
    (C) discarded
    (D) has discarded

11. (A) contain
    (B) will contain
    (C) contained
    (D) has contained

12. (A) The manufacturer has faced 30% decline in sales.
    (B) However, the industry has been flourishing.
    (C) The microchip was necessarily rooted in computer technology.
    (D) Otherwise, we're going to create enormous mountains of toxic waste.

ONE MORE STEP — Unit 4의 중요한 point들을 다시 한 번 정리해 보자.

| regularly | ago | shortly | already |
| since | last | always | in |

KEY POINT 01 빈칸에 현재시제에 어울리는 부사를 보기에서 찾아 써 보세요.

Have your eyesight tested _____.

Ms. Andriski _____ leaves the office at 5 P.M.

KEY POINT 02 빈칸에 과거시제에 어울리는 부사를 보기에서 찾아 써 보세요.

_____ year, we analyzed the data of observations.

The subway departed 5 minutes _____.

KEY POINT 03 빈칸에 미래시제에 어울리는 부사를 보기에서 찾아 써 보세요.

The results will be announced _____.

Our client will be arriving here _____ a few minutes.

KEY POINT 04 빈칸에 현재완료시제에 어울리는 부사를 보기에서 찾아 써 보세요.

The group completed the task _____.

I've been waiting for a parcel _____ last week.

준동사

CHAPTER 3

GRAMMAR

Unit 5   to부정사

Unit 6   동명사

Unit 7   분사

CHAPTER 3 준동사

UNIT 5
to부정사

GRAMMAR

대표예제

The overall objective ------- you an overview of the decision-making process to assist you with an effective implementation of the tasks.

(A) was to give   (B) is to give   (C) is given   (D) gave

KEY POINT

to부정사는 to와 동사원형이 결합한 형태로 문장에서 명사, 형용사, 부사 역할을 할 수 있다.

Before the Step

이 문제를 해결하기 위해서는 품사에 따라 각 어휘들이 어떻게 다른 문장 성분으로 쓰이는지 이해할 수 있어야 한다.

effective	형 효과적인	_____ method	효과적인 방법
effective on / from	~부터 유효한	_____ next month	다음 달부터 유효한
effect	명 영향, 효과	butterfly _____	나비효과
effectiveness	명 효율성, 효능	the _____ of the medicine	약의 효능
effectively	부 효과적으로	work _____	효과적으로 일하다

Q 다음 구문의 빈칸에 알맞은 품사의 어휘를 위 표에서 골라 써 보세요.

1. the _____ of pollution on health   환경오염이 건강에 미치는 **영향**
2. find _____ solutions   **효과적인** 해결책을 찾다
3. _____ _____ March 1   3월 1일**부터 유효한**
4. spend time more _____   시간을 좀 더 **효과적으로** 보내다
5. the _____ of the computers   컴퓨터의 **효율성**

대표예제 정답 **(B) is to give**

KEY 11 to부정사의 용법 1

STEP 1 대표 예제

It is mandatory for all employees ------- in their time cards by this Wednesday, or else you will have to wait until next Wednesday to receive your checks.

(A) turn   (B) turned   (C) turning   (D) to turn

 Step by Step

1. **보기 분석** 빈칸에 적절한 품사의 어휘를 고르는 문제이다.
2. **문장 분석** 문장이 it으로 시작하고 있고, 그 뒤에 for + 목적격이 있으므로 문장의 진주어인 to부정사가 길어지면서 문장 뒤로 이동하고 가주어 it이 사용된 문장임을 알 수 있다.
3. **정답 추론** 의미상의 주어 뒤에는 진주어인 to부정사가 와야 하므로 (D)가 적절하다.

해석 모든 직원은 근무 시간 기록표를 이번 주 수요일까지 제출해야 하는데, 그렇지 않으면 급여 수표를 받으려면 다음 주 수요일까지 기다려야 한다.

정답 (D) to turn

 CHECK POINT

(A) 문장의 동사인 be동사 is가 이미 있으며 전치사 for 뒤이므로 동사는 적절하지 않다.
(B) 과거분사인 turned와 (C) 현재분사인 turning은 형용사 역할을 하므로 문장의 진주어 자리에 올 수 없다.

 출제 POINT 전치사 to VS to부정사

to부정사	to + 동사원형
전치사 to	to + 명사 / ~ing

 to부정사가 명사 역할을 하는 경우 문장의 구조를 이해한다.

POINT 1　to부정사의 기본 형태

- to부정사의 기본 형태는 to + 동사원형이다. 이때, to부정사를 부정할 때 not의 위치는 to부정사 앞에 위치한다.

  Ex I tried **not to be** late.　나는 늦지 않으려고 노력했다.

POINT 2　to부정사의 명사적 용법

- to부정사는 to + 동사원형의 형태로 명사 역할을 하면서 문장 내에서 주어, 목적어와 보어로 사용할 수 있다. (TOEIC RC에서 to부정사를 주어로 하는 문장은 출제빈도가 아주 낮다. 보통 가주어 it과 진주어 to부정사 구문이 시험에서 출제되는 편이다.)

- to부정사는 동사적 특징을 지니므로 동작의 주체인 주어가 있기 마련인데, 이를 to부정사의 의미상의 주어라고 한다. 일반적으로 to부정사의 의미상의 주어는 **『for + 목적격』**을 쓴다.

- [예외] 단, to부정사 앞에 인간의 성격, 성질을 나타내는 인성형용사가 나올 경우에는 **『of + 목적격』**을 쓴다.
  (bad, clever, cruel, foolish, stupid, good, kind, nice, rude, considerate) + of목적격 + to부정사

  > **Ex** **It** is necessary **for us to rethink** our brand name.
  > 　　　가주어　　　　　　　의미상주어　　진주어
  >
  > 우리의 브랜드명을 다시 생각해 봐야 할 필요가 있다.
  >
  > 브랜드명을 다시 생각하는 것(진주어)의 주체가 우리(us)임을 의미상의 주어가 설명하고 있다

  > **Ex** *Keep-in-Touch* makes **it** easy **for you to stay** informed and up-to-date.
  > 　　　　　　　　　　　　　가목적어　　　의미상주어　진목적어
  >
  > 킵인터치로 지속해서 최신 정보를 쉽게 받으시게 됩니다.
  >
  > 최신 정보를 받는(진목적어) 주체가 귀하(you)라는 것을 설명하고 있다

  > **Ex** **It** is kind **of you to** offer me this expensive present.
  > 　　　가주어　　　　의미상주어 진주어
  >
  > 내게 이런 비싼 선물을 주다니 정말 친절하구나.
  >
  > 이때, 형용사가 kind - 인성형용사이기 때문에 of you가 쓰였다

PRACTICE 1

When you receive your order, always keep the paperwork that is included with it in case you wish ------- or exchange an item.

(A) return　　　　　(B) to return

PRACTICE 2

After the annual general shareholder meeting, the company decided ------- its dividends to shareholders next year.

(A) increasing　　　　(B) to increase

정답 1. (B) 2. (B)

KEY 12 to부정사의 용법 2

STEP 1 대표 예제

> The company will hold the annual shareholder meeting ------- the distribution of last year's profit at Seaside Hotel.
>
> (A) discuss (B) discussion (C) to discuss (D) is discussing

Step by Step

1. **보기 분석** 빈칸에 적절한 품사의 어휘를 찾는 문제이다.
2. **문장 분석** 문장의 동사(will hold)가 있고 the annual shareholder meeting이 그 동사의 목적어이므로 빈칸은 주어, 동사나 목적어가 아닌 다른 품사여야 한다.
3. **정답 추론** 부사 역할을 하는 '~하기 위해서'라는 의미인 to부정사 (C) 가 적절하다.

해석 그 회사는 전년도 이익 배당에 관해 논의하기 위해 시사이드 호텔에서 연례 주주총회를 열 것이다.

정답 (C) to discuss

CHECK POINT

(A) 문장의 동사가 이미 있으므로 동사는 올 수 없다.
(B) 빈칸 앞과 뒤가 모두 명사이므로 명사는 적절하지 않다.
(D) 문장의 동사가 이미 있으므로 be동사 + 현재분사인 (D) 는 적절하지 않다.

Critical KEY to부정사는 형용사나 부사 역할을 할 수도 있다.

POINT 1 to부정사의 형용사적 용법

- to부정사는 앞에 오는 명사를 수식하는 형용사 역할을 할 수 있다. 이 때 to부정사를 취하는 명사가 정해져 있으므로, 기억해 두도록 하자.

- to부정사를 취하는 명사들

ability to	~할 능력	right to	~할 권리
chance to	~할 기회	time to	~할 시간
effort to	~하려는 노력	plan to	~하려는 계획
failure to	~하지 못함	way to	~하는 방법

POINT 2 to부정사의 부사적 용법

- to부정사의 부사적 용법은, 전체 문장을 수식하거나 동사 혹은 형용사를 수식하는 역할을 한다.

- 목적을 나타내는 to부정사: in order to / so as to로 바꾸어 쓸 수 있다.

    Ex I plan to visit San Francisco next month in order to meet executives of some companies.
    만나기 위해서: 동사(visit) 뒤에서 동사의 목적을 설명

    저는 다음 달 몇몇 회사의 경영진을 만나기 위해 샌프란시스코 방문을 계획하고 있습니다.

- 원인, 이유를 설명하는 to부정사

    Ex We are pleased to see you are considering using Evercalm Cruise Lines for your vacation.
    감정을 나타내는 분사형 형용사(pleased) 뒤에서 감정의 원인을 설명

    휴가 때 에버캄 크루즈 라인 이용을 고려하고 계신다니 우리는 기쁘게 생각합니다.

PRACTICE 3

Organizers of the conference on environmental issues were delighted ------- that 200 individuals had pre-registered.

(A) seeing (B) to see

PRACTICE 4

------- its own productivity, the company will upgrade its facilities to adopt more efficient systems, particularly in the Asian region.

(A) Boosting (B) To boost

정답 3. (B) 4. (B)

KEY 13　to부정사 관용 표현

STEP 1　대표 예제

> The programs aim to impart mastery of the most advanced reading materials likely ------- up in high school, as well as to build a solid set of writing skills.
>
> (A) come　　　(B) has come　　　(C) to come　　　(D) came

 Step by Step

1. **보기 분석** 빈칸에 적절한 형태의 동사를 고르는 문제이다.
2. **문장 분석** 빈칸은 앞의 likely와 함께 읽기 자료(reading materials)를 수식하는 동사가 올 자리로 be likely to (~하는 경향이 있다) 구문의 일부이므로 to부정사인 (C) to come이 올 자리이다.

해석 프로그램은 실질적인 쓰기 기술을 쌓을 뿐 아니라, 고등학교에서 다룰 것 같은 최고급 읽기 자료의 숙달에 목표를 두고 있습니다.

정답 (C) to come

 CHECK POINT

(A), (B) 빈칸 앞에 형용사인 likely가 있으므로 동사는 올 수 없다.
(D) 문장의 시제가 현재시제이므로 과거시제인 came은 올 수 없다.

 to부정사가 포함된 어구들은 문장의 구조와 함께 암기해 두는 것이 좋다.

POINT 1   to부정사와 관련된 관용 표현

- to부정사와 결합되어 시험에 자주 나오는 표현들을 정리해 두도록 하자. 관용 표현은 미리 익혀두면 빨리 답을 찾는 데 도움이 된다.

A is enough to부정사	A는 ~하기에 충분하다	be willing / ready / eager to부정사	기꺼이 ~하다
too A to부정사	~할 수 없을 만큼 너무나 A한	be unwilling to부정사	~를 마음 내켜 하지 않다
it takes (사람) + 시간 / 거리 + to부정사	~하는데 ~의 시간 / 거리가 걸리다	be available to부정사	~을 이용할 수 있다
have no choice but to부정사	~하지 않을 수 없다	be about to부정사	막 ~하려 하다
feel free to부정사	마음껏 ~하다	be reluctant / hesitant / to부정사	~을 꺼려하다
be apt / likely / liable to부정사	~하는 경향이 있다	would like to부정사	~하고 싶다

POINT 2   의문사 + to부정사

what to do 무엇을 하는지	when to do 언제 ~하는지	who to do 누가 ~하는지
where to do 어디서 ~하는지	how to do 어떻게 ~하는지(~하는 방법)	whether to do = whether or not to do ~할지 안 할지

Ex My boss didn't mention <u>when to start</u> the project.
사장님은 프로젝트를 언제 시작할지 언급하지 않았다.

Ex The manager knows <u>how to solve</u> the problem.
매니저는 문제를 해결하는 방법을 알고 있다.

Ex They didn't know <u>whether to believe</u> what they had heard.
그들은 예전에 들었던 것을 믿어야 할 지 알 수 없었다.

PRACTICE 5

All department heads will be available to ------- any concerns and to answer any questions you may have.

(A) address   (B) be addressed

PRACTICE 6

Your company, on the other hand, is large enough to ------- him room for advancement.

(A) provide   (B) provision

정답 1. (A) 2. (A)

SPECIAL STEP

to부정사와 문장의 구조

to부정사를 목적어, 혹은 목적격 보어로 취하는 동사들이 시험에서 출제되므로 꼭 외워두도록 하자.

● **to부정사를 목적어로 취하는 동사들**

주로 미래의 계획이나 아직 하지 않은 일을 나타낸다.	
❶ 원하다	care, desire, wish ~을 바라다 / expect 예상하다 / hope 희망하다 need ~을 필요로 하다 / want, would like ~을 원하다 / endeavor 노력하다
❷ 계획, 결심하다	aim 작정하다 / decide 결정하다 / dare 감히 ~을 하다 determine, resolve 결심하다 / plan 계획하다
❸ 제안, 약속, 동의, 거절	ask, seek 바라다 / offer 제안하다 / demand 요구하다 / choose 결정하다 promise, swear 약속하다 / propose 제안하다 / agree, consent, assent 동의하다 / refuse(=decline) 거절하다 / hesitate 주저하다
❹ 기타	afford ~할 여유가 있다 / serve ~에 도움이 되다 / pretend ~인 체하다 manage 어떻게든 ~하다 / tend ~하는 경향이 있다 / threaten 위협하다 bother 괴롭히다 / fail ~하지 못하다 / happen(=chance) 우연히 ~하다 deserve ~할 만하다

● **to부정사를 목적격 보어로 취하는 동사들**

❶ 원하다	ask, beg, desire, expect, want, would like, intend, trust
❷ 부추기다	encourage, motivate, persuade, convince, cause, require, invite, urge
❸ 강요하다	force, compel, get, oblige, order, tell, press
❹ 허락하다	allow, permit, enable, entitle
❺ 알려주다	remind, warn, advise
❻ 기타	forbid, promise, fear

1. 다음 중 올바른 형태를 고르세요.

(1) We are pleased [to see / see] you are considering using Evercalm Cruise Lines for your vacation.

(2) All employers are officially invited [attending / to attend] a meeting concerning employee welfare.

(3) [Acknowledge / To acknowledge] your efforts all these years, we are granting you a pay increase.

(4) You can ask Ms. Greene for an official proof of employment in order [to be entitled / to entitle] to health benefits.

2. 다음 문장에서 틀린 부분을 찾아 바르게 고쳐 보세요.

(1) You and your business colleagues need getting away from the office for a while.

⋯▸ _____

(2) Ensure that the work is completed by the deadline, I recommend hiring a part-time assistant.

⋯▸ _____

(3) It is possible for workers to getting legal advice for free.

⋯▸ _____

(4) The company will hold the annual shareholder meeting discussed the distribution of last year's profit.

⋯▸ _____

(5) The disagreement is becoming hard to resolving.

⋯▸ _____

STEP 3 실전문제

실전 문제 활용 Tip: Step by Step 코너에 문제 해결 과정을 쓰면서 문제를 풀어보세요.   정답과 해설 p. 23

1. The meeting was held in the conference room, and extra smaller rooms had to be opened to ------- all of the employees.

    (A) accommodate
    (B) accommodates
    (C) accommodation
    (D) accommodating

    Step by Step
    ① 보기 분석: 동사와 동사가 아닌 것
    ② 빈칸 자리 분석: 동사구를 수식
    ③ 전치사 to VS to부정사:
    정답 _____

2. Ms. Jennifer asked her secretary to ------- the pamphlets into three categories.

    (A) separate
    (B) separation
    (C) separately
    (D) separated

    Step by Step
    ① 보기 분석:
    ② 빈칸 자리 분석:
    ③ 전치사 to VS to부정사:
    정답 _____

3. The newly built railway will enable commuters to move from one region to another at more ease to ------- them with an alternative to the current traffic congestion.

    (A) provide
    (B) provides
    (C) providing
    (D) provided

    Step by Step
    ① 보기 분석:
    ② 빈칸 자리 분석:
    ③ 전치사 to VS to부정사:
    정답 _____

4. It is absolutely important for you to ------- your sales plan on time to give it a full appreciation.

    (A) completion
    (B) completed
    (C) completing
    (D) complete

    Step by Step
    ① 보기 분석:
    ② 빈칸 자리 분석:
    ③ 전치사 to VS to부정사:
    정답 _____

5. The massage machine I spotted on the internet is supposed ------- in two days.

    (A) to be delivered
    (B) to deliver
    (C) to be delivering
    (D) to have delivered

    Step by Step
    ① 보기 분석:
    ② 빈칸 자리 분석:

    정답 _____

6. Mr. Graham was discovered to have spent the allocated budget for his personal uses and to have fabricated the consumption records ------- conceal his wrongdoing.

    (A) so long as to
    (B) even as to
    (C) not so much as to
    (D) so as to

    ≋ Step by Step
    ① 보기 분석:
    ② 빈칸 자리 분석:

    정답 _____

7. The overall objective of this workshop ------- you an overview of the company's decision-making process.

    (A) was to give
    (B) is to give
    (C) is given
    (D) gave

    ≋ Step by Step
    ① 보기 분석:
    ② 빈칸 자리 분석:

    정답 _____

8. The concert hall opened last year allowed more people to ------- the shows in a more convenient and comfortable location.

    (A) viewing
    (B) viewed
    (C) viewable
    (D) view

    ≋ Step by Step
    ① 보기 분석:
    ② 빈칸 자리 분석:
    ③ 전치사 to VS to부정사:

    정답 _____

9. The company would like ------- its production and optimize the working time, and to do this it is looking for innovative technologies.

    (A) improve
    (B) to improve
    (C) improvement
    (D) improving

    ≋ Step by Step
    ① 보기 분석:
    ② 빈칸 자리 분석:

    정답 _____

STEP 3

Questions 10-13 refer to the following letter.

Dear Mr. Davis,

We acknowledge the receipt of your complaint received at our office on July 20. A review of your complaint has been ---10.--- to our enterprise's complaint examiner. In accordance with our complaint examination policy, we will inform you in writing of our final position concerning your complaint within 30 days. In the meantime, we may need to contact you in order ---11.--- additional information. We also wish to ---12.--- you that if you are dissatisfied with our examination of your complaint or the outcome of this examination, you will be able to ask that your file be transferred to the Customer Committee. ---13.---

10. (A) entrust
    (B) entrusted
    (C) entrusting
    (D) to entrust

11. (A) obtain
    (B) obtained
    (C) to obtain
    (D) obtaining

12. (A) inform
    (B) be informed
    (C) information
    (D) informative

13. (A) This is our last and final reminder on this matter.
    (B) Please ensure that we take no responsibility for any interruption you caused.
    (C) You may contact the main office to balance sensitivity and professionalism.
    (D) To do so, you will have to wait for the expiration of the time limit set to obtain our final answer.

ONE MORE STEP
Unit 5의 중요한 point들을 다시 한 번 정리해 보자.

KEY POINT 01 빈칸에 to부정사를 목적어로 취하는 부사를 보기에서 찾아 써 보세요.

| would like | swear | decided | hesitated | deserves |

(1) I __swear__ to keep your secret.
네 비밀을 지킬 것을 **맹세한다**.

(2) He __deserves__ to win the game.
그는 경기에서 이길 **자격이 있다**.

(3) The company __decided__ to hire more employees.
회사는 직원을 더 고용하기로 **결정했다**.

(4) I __would like__ to visit all tourist attractions.
나는 모든 여행지를 방문해 **보고 싶다**.

(5) Tom __hesitated__ to answer the question for a minute.
톰은 잠깐 그 질문에 대답하는 것을 **주저했다**.

KEY POINT 02 빈칸에 to부정사와 관련된 관용 표현을 써 보세요.

(1) It __takes a__ long time to finish the task.
과제를 끝내는 데는 긴 시간이 **걸린다**.

(2) The weather is __too__ cold to go to the beach.
해변에 가기에는 날씨가 **너무** 춥다.

(3) The amount of food was __enough__ for all of us to share.
음식의 양은 우리모두가 나누기에 **충분했다**.

(4) The cashier was __about to__ close the counter.
계산원은 계산대를 **막** 닫으려고 **했다**.

CHAPTER 3 준동사

UNIT 6
동명사

GRAMMAR

대표예제

It goes without ------- that our new smartphone will be more powerful compared to the former.

(A) say   (B) said   (C) to say   (D) saying

KEY POINT

동명사는 동사원형에 -ing 어미를 붙인 형태로 명사 역할을 할 수 있어 주어, 목적어와 보어로 쓰인다.

Before the Step

이 문제를 해결하기 위해서는 품사에 따라 각 어휘들이 어떻게 다른 문장 성분으로 쓰이는지 이해할 수 있어야 한다.

compare	동	비교하다	_____ the prices	가격들을 비교하다
compare with / to		~와 비교하다	_____ _____ other people 다른 사람들과 비교하다	
comparison	명	비교	_____ between A and B	A와 B의 비교
comparable	형	비슷한, 비교할만한	_____ quality	비슷한 품질
comparative	형	비교의, 비교적	_____ research	비교연구

Q 다음 구문의 빈칸에 알맞은 품사의 어휘를 위 표에서 골라 써 보세요.

1. _____ the process   과정을 **비교하다**
2. _____ to previous product   기존의 상품과 **비교할만한**
3. _____ _____ last year   작년**과 비교하다**
4. _____ between summer and winter   여름과 겨울의 **비교**
5. live in _____ comfort   **비교적** 안락하게 살다

대표예제 정답 **(D) saying**

KEY 14 동명사의 역할

STEP 1 대표 예제

Management took financial factors into account when making its decision to delay ------- the new software system into the company.

(A) integrate (B) integrated (C) integration (D) integrating

 Step by Step

1. **보기 분석** 빈칸에 적절한 어휘의 품사를 고르는 문제이다.
2. **문장 분석** 결정을 연기하기 위해(to delay) 뒤이므로 연기하는 대상이 될 목적어가 들어갈 자리이다.
3. **정답 추론** 명사와 동명사 모두 목적어 자리에 올 수 있으나 빈칸 뒤에 명사가 있으므로 동명사인 (D) 가 적절하다.

해석 경영진은 새 소프트웨어 시스템을 회사에 통합하는 것을 연기하기로 결정할 때 재정적인 요소를 고려에 넣었다.

정답 (D) integrating

 CHECK POINT

(A) 문장의 동사가 이미 있으므로 동사는 빈칸에 올 수 없다.
(B) 동사의 과거형은 동사가 이미 있으므로 올 수 없으며 과거분사로 보는 경우에도 동사의 뒤, 관사의 앞에 올 수 없으므로 적절하지 않다.
(C) 빈칸 뒤에 명사가 있으므로 명사는 적절하지 않다.

 동명사가 문장 내에서 어떤 역할을 할 수 있는지 파악한다.

POINT 1 동명사의 역할과 형태

- 동명사는 동사원형에 –ing 어미가 결합된 형태로 명사 역할을 하므로 주어, 목적어와 보어로 사용할 수 있으며 동사처럼 목적어와 보어를 가질 수 있다. 동명사의 부정은 동명사 앞에 not을 쓴다.
- 동명사가 전치사의 목적어로 쓰이는 경우가 시험에서 자주 출제된다.

주어	**Ex** <u>Choosing</u> between the two of you <u>was</u> a difficult decision. 주어(선정하는 것) / be동사 단수 두 사람을 놓고 선정하는 것은 어려운 결정이었습니다.
목적어	**Ex** I suggest <u>restructuring</u> the shifts to one longer shift per employee per day. 목적어(재편해 주는 것) 교대 조를 직원 1명당 하루에 더 긴 근무 교대 1회로 재편해 주기를 제안합니다. **Ex** We look forward to <u>seeing</u> you at the Frankfurt International Trade Fair. 전치사 to 뒤에서 전치사의 목적어 프랑크푸르트 국제 무역 박람회에서 귀하를 뵙기를 고대하겠습니다.
보어	**Ex** The new president's suggestion is <u>implementing</u> revised commission policy. 보어(시행하는 것) 새로운 사장의 제안은 개정된 수수료 정책을 시행하는 것이다.

POINT 2 동명사의 의미상의 주어

- 문장에서 주절의 주어와 일치하거나, 일반인일 경우에는 의미상의 주어를 쓸 필요가 없지만, 주절의 주어와 일치하지 않아, 동명사의 의미상의 주어를 표시할 때는 동명사 앞에 **소유격**으로 나타낸다.

Ex I am sure that he gets accepted to the college.
나는 그가 대학에 합격한다고 확신하고 있다.

I am sure of 【　his　】【　getting　】 accepted to the college.
　　　　　　　　의미상 주어　　전치사 of의 목적어: to부정사는 나올 수 없다

- to부정사의 의미상 주어는 to부정사 앞에 **for + 목적격** 혹은 **of + 목적격**으로 쓴다.

PRACTICE 1

The street sweeping will begin at 9 A.M., and residents are asked ------- their cars off the street until 7 A.M.

(A) to keep　　　　(B) keeping

PRACTICE 2

The latest hearing aids actually work ------- the ear to reach directly into the brain.

(A) by pass　　　　(B) by passing

정답 1. (A) 2. (B)

KEY 15   to부정사 VS 동명사

STEP 1   대표 예제

> The Chicago-based publisher is looking at ------- the frequency of the monthly magazine, as well as cutting circulation and ad rates.
>
> (A) reduce   (B) reducing   (C) reduction   (D) to reduce

Step by Step

1. **보기 분석** 빈칸에 적절한 품사의 어휘를 고르는 문제로 동사가 이미 있으므로 동사 자리는 아니다.
2. **빈칸 자리 분석** 전치사 뒤 빈칸이므로 동명사와 명사가 모두 올 수 있다.
3. **문장 분석** 빈칸 뒤에 명사 있으므로 명사를 목적어로 가질 수 있는 동명사 (B) 가 정답이다.

해석 시카고에 근거지를 둔 출판사가 유통 부수 및 광고비 삭감뿐 아니라 월간 잡지의 발행 주기도 줄일 것을 고려하고 있다.

정답 (B) reducing

CHECK POINT

(A) 문장의 동사가 이미 있으며 전치사 뒤이므로 동사는 적절하지 않다.
(C) 명사는 목적어를 가질 수 없으므로 빈칸에 올 수 없다.
(D) to부정사는 명사를 목적어로 가질 수는 있으나 전치사 뒤에 올 수는 없다.

동사에 따라 목적어의 형태가 달라질 수 있음을 이해한다.

POINT 1   동명사를 목적어로 취하는 동사들

완료	abandon, give up, quit 그만 두다 / finish 끝내다
회피. 연기	avoid, evade 회피하다 / mind 꺼리다 / miss ~할 뻔하다 postpone, delay, defer, put off 연기하다
좋음. 싫음	enjoy 즐기다 / favor 찬성하다 / dislike 싫어하다
시인. 부인	allow, permit 허락하다 / admit, acknowledge 인정하다 deny, resist 저항하다
후회. 용서	resent 분노하다 / forgive 용서하다
기타	contemplate 심사숙고하다 / consider, suggest 제안하다 imagine 상상하다 / recall 회상하다 / appreciate 감사하다 risk 위험을 무릅쓰다 / involve 연루시키다 / keep (on) 계속 ~을 하다 recommend 충고하다 / practice 연습하다 / advise 충고하다

POINT 2   to부정사와 동명사를 모두 취할 수 있는 동사들

● to부정사와 동명사를 모두 목적어로 취하며, 의미상의 변화가 없는 동사

begin	commence	continue	cease	prefer
시작하다	시작하다	계속되다	중단되다	선호하다

● 목적어로 어느 것이 오는지에 따라 의미가 달라지는 동사

remember to	~할 것을 기억하다	forget to	~해야 할 일을 잊다
remember ~ing	~했던 것을 기억하다	forget ~ing	(과거) ~했던 것을 잊어버리다
regret to	~하게 되어 유감이다	try to	~하려고 노력하다
regret ~ing	(~했던 것을) 후회하다	try ~ing	시험 삼아 ~해보다
stop to	~하기 위해 멈추다	mean to	~할 작정이다
stop ~ing	~하던 것을 멈추다	mean ~ing	~을 의미하다

PRACTICE 3

They often wait a month or two after acquiring the firm in order to ensure that the media has stopped ------- close attention to them.

(A) paying   (B) to pay

PRACTICE 4

Our sales representatives get a 5% commission on sales of $200 or more, a policy that is meant ------- them to sell big ticket items.

(A) encouraging   (B) to encourage

KEY 16 동명사 관용 표현

STEP 1 대표 예제

> Harding Consulting is an organization committed ------- companies to invest in the rapidly growing Asian stock market.
>
> (A) assist (B) to assist (C) to assisting (D) assisting

Step by Step

1. **보기 분석** 보기에 동사원형, 동명사와 to부정사 등이 혼합되어 있다.
2. **빈칸 자리 분석** 빈칸 앞에 be committed이 있으므로, 동사인 (A) 는 답이 될 수 없다.
3. **문장 분석** (be) committed to + 명사 / 동명사 (~에 전념, 몰두하다) 구문이므로 전치사 to + 동명사로 이루어진 (C) 가 정답이다.

해석 하딩 컨설팅은 급속히 성장하고 있는 아시아 주식 시장에 투자하려는 기업들을 돕는 조직입니다.

정답 (C) to assisting

CHECK POINT

(A) 빈칸 앞에 이미 동사가 있으므로 동사는 답이 될 수 없다.
(B) be committed to 구문의 to는 전치사이므로 동사원형과 결합할 수 없다.
(D) be committed to 구조이므로 전치사 없이 바로 동명사가 올 수는 없다.

💡 TIP! 혼동하기 쉬운 관용 표현

used to + 동사원형	~하곤 했다
be used to + 동사원형	~하기 위해 사용되다
be used to + ~ing	~에 익숙해지다

 Critical KEY 동명사를 포함하고 있는 숙어와 관용어구의 구조를 파악한다.

POINT 1 동명사의 관용 표현

- 동명사와 관련된 관용 표현을 잘 정리해 두자. 동명사도 to부정사와 마찬가지로 출제 비중이 높지는 않다. 주로 관용 표현이 시험에서 출제되므로, 문제 풀이 시간을 단축하기 위해서는 미리 표현들을 잘 익혀두도록 하자.

feel like ~ing	~하고 싶다	be busy (in)	~하느라 바쁘다
come / go near ~ing	~할 뻔하다	It goes without saying that	~은 말할 것도 없다
(up)on ~ing	~하자마자	There is no ~ing	~은 불가능하다
make a point of ~ing	~을 원칙으로 삼다	It is no use / no good ~ing	~해 봤자 소용없다
far from / above	결코 ~하지 않다	be worth ~ing	~할 가치가 있다
have trouble ~ing = have difficulty ~ing = have a hard time ~ing = have a difficult time ~ing			~하느라 어려움을 겪다
cannot help ~ing = cannot but + 동사원형 = have no choice but to부정사 = have no alternative but to부정사 = have no other way but to부정사 = cannot choose but 동사원형			~하지 않을 수 없다

- 전치사 to + 동명사의 관용 표현은 to부정사와 헷갈리지 않게 잘 정리해 두자! to부정사는 【to + 동사원형】, 전치사 to는 【to + 명사 / ~ing】 가 나오므로, 시험에서 빨리 답을 찾기 위해서는 to가 전치사로 쓰이는 경우를 외워 두어야 한다.

contribute to	~에 기여하다	be devoted to	~에 헌신하다
lead to	~의 원인이 되다	be dedicated to	~에 전념하다
object to	~에 반대하다	be committed to	~에 몰두하다
look forward to	~을 기대하다	be accustomed to	~에 익숙해 지다
when it comes to	~에 관한 한	be opposed to	~에 반대하다
pertaining to	~에 관하여	be subject to	~에 달려있다

PRACTICE 5

Jeff Giles knows the projects as well as I do, and will have no trouble ------ any questions or concerns you have about them.

(A) handling   (B) to handle

PRACTICE 6

The manager is very busy ------- for the press release, so she is not expected to attend Dr. Saver's retirement banquet.

(A) prepare   (B) preparing

SPECIAL STEP — 동명사와 다른 품사 비교하기

	전치사 뒤	목적어 앞	한정사 뒤	관사 뒤	형용사 뒤
동명사	O	O	X	X	X
to부정사	X	O	X	X	X
명사	O	X	O	O	O

(1) 동명사, to부정사는 모두 명사 역할을 할 수 있으므로 명사처럼 목적어 자리에 올 수 있다.

(2) 동명사와 명사는 전치사의 목적어로 사용할 수 있다.

> **Ex** I would be greatly interested <u>in collaborating</u> with you <u>on an analysis</u> of the effects of zoo design.
> 전치사 + 동명사 / 전치사 + (관사) + 명사
> 동물원의 디자인이 미치는 영향에 관한 분석에 당신과 함께 협력하는 데 지대한 관심을 가지고 있습니다.

(3) 동명사와 to부정사는 동사의 성격을 갖기 때문에 목적어를 가질 수 있으나 명사는 목적어를 가질 수 없다.

> **Ex** We should institute a new method for <u>motivating</u> employees to close more deals.
> 뒤에 목적어(employees)가 있으므로 명사인 motivation은 올 수 없다
> 우리는 직원들이 더 많은 거래를 성사시킬 수 있도록 자극할 새로운 방식을 제시해야 한다.

(4) 동명사와 to부정사는 관사나 한정사, 형용사 뒤에 사용할 수 없다.

> **Ex** We are confident that you will enjoy <u>the new facilities</u> once they are finished.
> 관사 + 형용사의 뒤이므로 to부정사 to facilitate 혹은 동명사 facilitating은 올 수 없다
> 일단 완공되면 새 시설을 좋아하시리라 확신합니다.

> **Ex** The company will cover the cost of tickets for <u>any employee</u> who signs up.
> 한정사 any 뒤이므로 동명사(employing), to부정사(to employ)는 올 수 없다
> 등록하는 직원의 표 값은 회사에서 부담할 것이다.

● 자주 출제되는 전치사와 함께 쓰이는 동명사

by ~ing	except ~ing	instead of ~ing	in ~ing	on(upon) ~ing
~함으로써	~을 제외하고	~하는 대신에	~하는 데 있어	~하자마자

> **Ex** You have proven your commitment <u>by working</u> overtime when necessary.
> 전치사 by의 뒤이므로 to부정사 to work는 올 수 없다
> 당신은 필요할 때 초과 근무를 함으로써 헌신적임을 입증해 왔습니다.

1. 다음 중 올바른 형태를 고르세요.

(1) The A.I. is very smart when it comes to [carry / carrying] out certain tasks.

(2) As you know, we will be expanding the complex by [build / building] a new wing on the south side.

(3) They may not be accustomed to [drive / driving] in the cold and snowy weather.

(4) To ensure that the work is completed by the deadline, I recommend [to hire / hiring] a part-time assistant for Ms. Marshall.

2. 다음 문장에서 틀린 부분을 찾아 바르게 고쳐 보세요.

(1) I also enjoyed to meet the faculty whose courteous, thought-provoking discourse I found very insightful.

⋯▸ _____

(2) If you put off to start a family, you can make your eventual benefits bigger by about 8% for every year you delay.

⋯▸ _____

(3) We urge cell phone industry to finding an innovative way of recycling cell phones as soon as possible.

⋯▸ _____

(4) Most refugees feel that they have no other way but fleeing from their countries to protect the lives of their children.

⋯▸ _____

(5) Management took financial factors into account when making its decision to delay to integrate the new software system into the company.

⋯▸ _____

STEP 3 실전문제

실전 문제 활용 Tip: Step by Step 코너에 문제 해결 과정을 쓰면서 문제를 풀어보세요.

정답과 해설 p. 28

1. It is difficult ------- seating at the enormously popular restaurant on the weekends without a reservation.

   (A) obtain
   (B) to obtain
   (C) obtained
   (D) to obtaining

   Step by Step
   ① 보기 분석: 동사와 동사가 아닌 것
   ② 빈칸 자리 분석: 진주어
   ③ 동명사 to VS to부정사

   정답 _____

2. Your decision to give employees the option of ------- overtime worked as time off later has been widely misinterpreted.

   (A) take
   (B) to take
   (C) taken
   (D) taking

   Step by Step
   ① 보기 분석:
   ② 빈칸 자리 분석:

   정답 _____

3. To prevent carbon monoxide gas from ------- the living areas, the heating system should be professionally checked regularly.

   (A) enter
   (B) entrance
   (C) entering
   (D) entered

   Step by Step
   ① 보기 분석:
   ② 빈칸 자리 분석:

   정답 _____

4. The research shows that ownership can be extremely stressful when it comes to ------- or selling big-ticket items.

   (A) buy
   (B) buying
   (C) bought
   (D) buys

   Step by Step
   ① 보기 분석:
   ② 빈칸 자리 분석:

   정답 _____

5. When purchasing less than three items from the vendor, customers should pay full price for ------- and handling.

   (A) ship
   (B) shipped
   (C) shipping
   (D) to ship

   Step by Step
   ① 보기 분석:
   ② 빈칸 자리 분석:

   정답 _____

6. I look forward to the prospect of meeting with you and ------- the future our two companies may share.

   (A) discuss
   (B) discussion
   (C) discussing
   (D) to discuss

   ≋ Step by Step
   ① 보기 분석: _____
   ② 빈칸 자리 분석: _____
   _____
   정답 _____

7. All members of the organization are expected to contribute ------- a breakthrough in a cancer research.

   (A) find
   (B) finding
   (C) to find
   (D) to finding

   ≋ Step by Step
   ① 보기 분석: _____
   ② 빈칸 자리 분석: _____
   _____
   정답 _____

8. We are still in the preliminary stages of planning and have not even begun ------- the layout of the offices and cubicles.

   (A) discuss
   (B) discussion
   (C) to discussing
   (D) discussing

   ≋ Step by Step
   ① 보기 분석: _____
   ② 빈칸 자리 분석: _____
   _____
   정답 _____

9. It goes without ------- that our new smartphone will be more powerful compared to the former, as it will run on the newly developed operating system.

   (A) say
   (B) said
   (C) to say
   (D) saying

   ≋ Step by Step
   ① 보기 분석: _____
   ② 빈칸 자리 분석: _____
   _____
   정답 _____

> **STEP 3**

Questions 10-13 refer to the following letter.

Shipping Policy & Guarantee Clause

Thank you for ---10.--- your new furniture item from Fine Wood Furniture. The purchase you made today, whether it is a desk, a chair, a table, a bed or a closet, is carefully handmade by one of our professional woodcrafters using only the finest natural wood. Every furniture item we sell is custom ordered. And therefore, all our ---11.--- are final. Our customers can customize their orders by choosing different kinds of wood, nuts and bolts, as well as the design. It takes up to a month ---12.--- the item and another week to deliver it to your home address. There will be no returns or exchanges except for product defect. ---13.---

10. (A) purchase
    (B) to purchase
    (C) purchasing
    (D) purchaser

11. (A) sale
    (B) sales
    (C) sell
    (D) are sold

12. (A) manufacture
    (B) manufacturer
    (C) to manufacture
    (D) is manufactured

13. (A) We do not give a full refund on the items purchased on sale in any cases.
    (B) The item comes with a 1-year guarantee for defects not caused by the customers.
    (C) We are planning to implement new marketing campaign to promote sales.
    (D) The item you ordered two days ago has been sent with the receipt.

ONE MORE STEP Unit 6의 중요한 point들을 다시 한 번 정리해 보자.

KEY POINT 01 빈칸에 알맞은 동사를 보기에서 찾아 써 보세요.

> commence   admit   forgot   regrets   enjoys

(1) She _____ to submit an assignment by midnight.
그녀는 자정까지 과제를 제출하는 것을 잊어버렸다.

(2) The suspect did not _____ committing the crime.
그 용의자는 범죄를 저지른 것을 인정하지 않았다.

(3) The first semester of the university will _____ on Monday.
대학의 첫 학기가 월요일에 시작할 것이다.

(4) He _____ not taking the offer.
그는 그 제안을 받아들이지 않은 것을 후회한다.

(5) A freshman _____ taking core classes.
신입생은 핵심 수업들을 듣는 것을 즐긴다.

KEY POINT 02 빈칸에 동명사와 관련된 관용 표현을 써 보세요.

(1) I _____ having a beef steak with mashed potatoes.
으깬 감자와 쇠고기 스테이크가 먹고 <u>싶다</u>.

(2) He's _____ logging on to his email account.
그는 자신의 이메일 계정으로 로그온하는 데에 <u>어려움을 겪고 있다</u>.

(3) The company was _____ to launch their new product.
회사는 신제품을 출시하는 데에 <u>전념했다</u>.

(4) I _____ keep listening to this song.
이 노래를 계속 듣지 <u>않을 수 없다</u>.

CHAPTER 3 준동사

UNIT 7
분사

GRAMMAR

대표예제
Salespersons have often formed close relationships with their better customers because the close interaction can create ------- customers.

(A) satisfy   (B) satisfying   (C) satisfied   (D) to satisfy

KEY POINT
분사는 현재분사와 과거분사로 두 가지로 형용사 역할을 할 뿐 아니라 문장 맨 앞에 분사가 남은 형태인 분사구문도 자주 출제된다.

Before the Step

이 문제를 해결하기 위해서는 품사에 따라 각 어휘들이 어떻게 다른 문장 성분으로 쓰이는지 이해할 수 있어야 한다.

satisfy	동	만족시키다, 충족시키다	_____ all the requirements 모든 요구사항들을 충족시키다
satisfying	형	만족스러운 (만족감을 주는)	a _____ dinner 만족스러운 저녁
satisfied	형	만족스러워하는	a _____ customer 만족스러워 하는 고객
satisfactory	형	만족스러운	a _____ conclusion 만족스러운 결론
satisfaction	명	만족	great _____ 큰 만족감

Q 다음 구문의 빈칸에 알맞은 품사의 어휘를 위 표에서 골라 써 보세요.

1. gain _____ from eating a good meal   맛있는 식사를 먹는 것에서 **만족감**을 얻다
2. _____ their customers   그들의 고객들을 **만족시키다**
3. _____ with the hotel's service   호텔의 서비스에 **만족하다**
4. the movie was not _____   영화는 **만족스럽지** 않았다
5. his answer was _____ to interviewers   그의 회답이 면접관들은 **만족스러**웠다

대표예제 정답 (C) satisfied

KEY 17　형용사 역할을 하는 분사

STEP 1　대표 예제

> The food company says its core business continues to be solid and the recently ------- coffee business has exceeded its expectations.
>
> (A) add　　(B) addition　　(C) adding　　(D) added

Step by Step

1. **보기 분석** 빈칸에 적절한 품사의 어휘를 고르는 문제이다.
2. **빈칸 자리 분석** 관사와 명사 사이에 빈칸이 있으므로 동사는 올 수 없으며, 부사 뒤이므로 부사의 수식을 받는 형용사 자리이다.
3. **문장 해석** 수식을 받는 대상이 커피 사업이므로 문맥상 '추가된'의 의미인 (D) 가 적절하다.

해석 그 식품 회사는 핵심 사업이 여전히 견고하며 최근에 추가된 커피 사업도 예상을 뛰어넘었다고 전하고 있다.

정답 (D) added

CHECK POINT

(A) 동사는 관사와 명사 사이에 올 수 없다.
(B) 명사는 부사의 수식을 받을 수 없으며 복합 명사 앞에 명사가 올 수 없으므로 적절하지 않다.
(C) 현재분사는 형용사 역할을 하므로 명사 앞에서 수식을 할 수 있지만 '커피 사업'은 '추가하는' 동작을 할 수 없으므로 문맥상 적절하지 않다.

　분사는 형용사 역할로 명사를 수식하거나 보어로 사용된다.

POINT 1 분사의 종류

- 분사는 동사원형에 ~ing이 결합된 현재분사와 동사의 과거분사형인 과거분사 두 가지가 있다. 현재분사는 ~ing 형태로, 능동과 진행의 의미를 가지고 있으며 과거분사는 보통 ~ed 형태로, 수동과 완료의 의미를 가진다.

POINT 2 분사의 역할 (1): 명사 수식

- 분사는 문장 내에서 형용사 역할을 하기 때문에, 명사를 수식할 수 있다. 이 때, 분사의 위치는 명사 앞에 올 수도 있고, 명사 뒤에 올 수도 있다.

- 기준이 되는 명사와의 관계가 능동인지, 수동인지에 따라 현재분사와 과거분사를 구별한다.

> **Ex** This is a proposal **submitted** to Frump Industries, Inc.
> 바로 앞의 명사를 수식하는 과거분사 (proposal-submit 수동관계: 제안서는 제출되어진 것)
> 이것은 프럼프 산업 주식회사에 제출하는 제안서입니다.

> **Ex** Many **operating** systems have built-in fax programs.
> '운영 체제'는 능동의 의미인 현재분사 (operating-system 능동관계: 운영하는 체제)
> 많은 운영 체제에 내장 팩스 프로그램이 있습니다.

TIP! 분사 문제를 풀이하는 순서

1. 빈칸이 동사 자리인지, 분사 자리인지를 확인한다.
2. 【기준이 되는 명사】를 찾는다.
3. 명사를 기준으로 분사와의 관계가 능동인지 수동인지를 파악한다.
4. 능동 관계 …▶【현재분사】
   수동 관계 …▶【과거분사】

PRACTICE 1

All staff in our company are responsible for performing all work ------- to them to the best of their ability.

(A) assigned   (B) assigning

PRACTICE 2

Visitors ------- at Niagara Falls Hotel will be able to take advantage of complimentary trolley service.

(A) stay   (B) staying

정답 1. (A) 2. (B)

KEY 18 감정을 나타내는 분사

STEP 1 대표 예제

Air travel has always been highly related to overall economic activity, so it is not ------- that individuals have begun cutting back on travel these days.

(A) surprises (B) surprising (C) surprised (D) surprisingly

 Step by Step

1. **보기 분석** 빈칸에 적절한 품사의 어휘를 고르는 문제이다.
2. **빈칸 자리 분석** be동사 뒤 보어 자리이므로 형용사 역할을 할 수 있는 분사가 올 자리이다.
3. **문장 해석** it은 가주어이고 that 이하에 있는 진주어를 보면 '최근 여행 경비를 줄이기 시작한 것'이 주어임을 알 수 있다. 이는 감정을 불러일으키는 사물주어에 해당하므로 정답은 (B) 이다.

해석 항공 여행은 항상 전체적인 경제 활동과 연관성이 높아 왔으므로, 사람들이 요즘 여행 경비를 줄이기 시작한 것은 놀라운 일이 아니다.

정답 (B) surprising

 CHECK POINT

(A) be동사 뒤 보어 자리이므로 동사는 올 수 없다.
(C) 사물 주어는 감정을 불러일으키는 것이므로 과거분사와 함께 쓰이지 않는다.
(D) 보어가 올 자리이므로 부사는 적절하지 않다.

 분사는 형용사 역할로 명사를 수식하거나 보어로 사용된다.

POINT 1   분사의 역할 (2): 보어 역할

- 분사는 문장 내에서 형용사 역할을 하기 때문에, 보어 역할을 할 수 있다. 이 때 감정을 나타내는 동사의 분사 형태가 보어 자리에 나오는 경우가 시험에서 자주 출제된다.

- 현재분사는 감정의 원인을 나타내는 사물 주어와, 과거분사는 사람의 감정을 나타내는 사람 주어와 함께 쓰인다.

감정 동사의 과거분사형		감정 동사의 현재분사형	
interested	흥미 있어 하는	interesting	흥미로운
satisfied	만족을 느끼는	satisfying	만족감을 주는
impressed	감동받은	impressing	감동시키는
alarmed	걱정하는	alarming	걱정스러운
attracted	매료된	attracting	마음을 끄는
disappointed	실망한	disappointing	실망시키는
annoyed	짜증난	annoying	짜증스러운
overwhelmed	압도된	overwhelming	압도적인

> **Ex** I was greatly **impressed** with its beauty and sense of history.
> 사람인 주어의 감정을 나타내는 과거분사
> 저는 그 아름다움과 함께 역사적인 분위기에 깊은 인상을 받았습니다.

> **Ex** The meeting was **uninteresting** and ineffective due to the lack of planning and organization. 감정을 일으키는 주체를 설명하는 현재분사
> 회의가 기획과 구성이 부족하여 지루하고 무익했다.

- 뒤에 오는 명사를 수식하는 분사

현재분사 + 명사 (사물)	과거분사 + 명사 (사람)
disappointing result	disappointed candidate
결과가 실망스러운 것 → 실망을 시키는 것(사물을 수식)	지원자가 실망스러워진 것 → 실망하게 된 것(사람을 수식)

PRACTICE 3

Kafed Consulting is ------- to announce that Mr. Chan has become the newest member.

(A) pleasing   (B) pleased

PRACTICE 4

Most participants complained the meeting was ------- and ineffective due to the lack of planning and organization.

(A) uninteresting   (B) uninterested

정답 3. (B) 4. (A)

KEY 19 　분사구문

STEP 1　대표 예제

Circulation has increased 6 percent since last year, ------- that more people use the public library in tough economic times.

(A) be showing　　　(B) being shown　　　(C) shown　　　(D) showing

Step by Step

1. **보기 분석** 서로 다른 품사의 보기들이 제시되어 있으므로 문법을 묻는 문제이다.
2. **빈칸 자리 분석** 완전한 문장 뒤에 콤마(,)가 있고 접속사나 부사 없이 불완전한 문장의 일부가 오고 있으므로 분사구문이다.
3. **문장 분석** 주절의 문장 전체(대출 부수가 증가한 것)이 that 이하의 내용을 보여주고 있는 상황이다.
4. **문장 해석** 능동의 의미를 나타내는 현재분사인 (D) 가 적절하다.

해석 대출 부수가 작년 이후 6퍼센트 증가했는데, 이는 힘든 경제 시기에 더 많은 사람들이 공공 도서관을 이용하고 있음을 나타내고 있다.

정답 (D) showing

CHECK POINT

(A) 분사구문을 만들 때에는 be동사를 생략한다.
(B) 수동의 의미일 때 being shown을 사용할 수 있으나 being은 생략하는 경우가 많다.
(C) 수동의 의미일 때 과거분사로 시작할 수 있으나, 이 문장은 능동의 의미이므로 (C) 는 적절하지 않다.

출제 POINT 　현재분사구문 VS 과거분사구문 비교

(1) 주절의 주어와 능동관계 → 뒤에 목적어가 존재	(2) 주절의 주어와 수동관계 → 뒤에 목적어가 아예 없거나 또는 부사나 전치사
현재분사가 정답	과거분사가 정답

Critical KEY 　분사구문의 형태는 시제와 태에 따라 달라진다.

POINT 1   분사구문의 기본 개념: 부사절 접속사

- 현재분사나 과거분사로 시작하는 어구가 부사절을 대신하는 경우가 있는데, 이를 분사구문이라고 한다.
- 이는 <접속사 + 주어 + 동사>의 부사절을 분사가 이끄는 부사구로 간결히 축소한 형태이므로 접속사에 따라 때, 시간, 이유, 조건, 동시동작 등의 다양한 의미를 나타낸다.

POINT 2   분사구문 만드는 방법

(1) 접속사를 생략한다. (단, 접속사는 생략하지 않는 경우도 있다.)

> **Ex** After <u>making</u> my purchase, I would like to offer your readers some advice.
> 접속사 + 현재분사구문의 형태: 분사구문에서 접속사 After를 생략하지 않은 경우이다
>
> 구매를 한 후에, 당신의 독자들에게 몇마디 충고를 하고 싶습니다.

(2) 주어를 생략한다. (단, 주어가 같을 때만 생략할 수 있다 ⋯▸ 주어가 다를 경우, 문장 맨 앞에 남겨둔다.)

> **Ex** It being rainy, we stayed at home yesterday.
> 주절의 주어는 we이고 분사구문의 주어는 It이므로, 분사구문 앞에 It이 남겨진 형태이다
>
> ⋯▸ Because it was rainy, we stayed at home yesterday.
> 비가 와서 어제는 집에 있었습니다.

(3) 동사를 "동사원형"으로 바꾼 후, ~ing을 붙인다. (단, 시제와 태를 고려해야 한다.)

	시제일치	시제불일치
능동	~ing	having 과거분사
수동	(being) 과거분사	(having been) 과거분사

*시제불일치란?
접속사절(분사구문)의 동작이 주절보다 먼저 일어난 경우

(4) 분사구문의 부정 (not의 위치는?) ⋯▸ 분사구문의 not은 ~ing 앞에 와야 한다.

> 💡 **TIP!** 분사 문제를 풀이하는 순서
>
> ❶ 분사구문 자리인지 확인한다
>
> ❷ 【분사구문의 주어】를 찾는다 ⋯▸ 주절의 주어와 비교
>
> ❸ 【주어와 동사의 "태"】를 확인한다 ⋯▸ 능동 VS 수동
>
> ❹ 【분사구문의 "시제"】를 확인한다 ⋯▸ 시제가 일치 VS 불일치

POINT 3   분사구문의 태와 시제

● 분사구문의 태

Ex Approved by the board of directors, the marketing department will recruit additional staff in a week. 이사회의 승인을 받아, 마케팅 부서는 일주일 후에 추가인원을 채용할 것이다.
마케팅 부서는 이사회의 승인을 받은 것이므로, 수동의 관계이다. 따라서 Approving이 아닌, Approved가 올바른 형태이다

⋯▶ As the marketing department was approved by the board of directors, ~

● 분사구문의 시제

Ex I am also fluent in Japanese, having been born and raised in Japan.
저는 또한 일본에서 태어나고 자라서 일본어에 능통합니다.

⋯▶ ~, because I was born and raised in Japan.
부사절의 시제가 주절보다 과거인 경우 having 과거분사, 수동이면 having been 과거분사 구조를 갖는다

● 관용적으로 쓰이는 분사구문

generally speaking	일반적으로 말해서	strictly speaking	엄격하게 말해서
roughly speaking	대략적으로 말해서	frankly speaking	솔직히 말해서
speaking of	~얘기가 나왔으니 말인데	judging from	~으로 판단하건대
taking ~into account	~을 고려하면	considering	~을 감안하면
based on	~에 근거를 두고	compared with	~와 비교하여
depending on	~에 따라	given that	~을 고려해 볼 때
		provided(=providing)	만약 ~라면

PRACTICE 5

------- ten years ago, the Youth Media Network has become the leading source of print and broadcast news for adolescents.

(A) Founding   (B) Founded

PRACTICE 6

When ------- less than three items from the vendor, customers should pay full price for shipping and handling.

(A) purchased   (B) purchasing

정답 5. (B) 6. (B)

1. 다음 중 올바른 형태를 고르세요.

(1) We apologize in advance for any disruption [causing / caused] during the renovation period.

(2) We also provide a wide selection of beverages, including Californian and [importing / imported] fine wines.

(3) The faxes sent will actually look better when [printing / printed] off of the recipient's fax machine.

(4) We are the world's largest ESL organization, [supplying / supplied] classrooms across Asia with ESL teachers for almost two decades.

2. 다음 문장에서 틀린 부분을 찾아 바르게 고쳐 보세요.

(1) The client can specify desiring changes to materials before the plans are drafted.

⋯▸ _____

(2) All employees in our company will be involved in activities include beach cleaning, wall painting, and blood donation.

⋯▸ _____

(3) The programs aim to impart mastery of the most advance reading materials likely to come up in high school.

⋯▸ _____

(4) Air travel has always been highly related to overall economic activity, so it is not surprised that individuals have begun cutting back on travel these days.

⋯▸ _____

(5) The food company says its core business continues to be solid and the recently add coffee business has exceeded its expectations.

⋯▸ _____

STEP 3 실전문제

실전 문제 활용 Tip: Step by Step 코너에 문제 해결 과정을 쓰면서 문제를 풀어보세요.   정답과 해설 p. 33

1. Many executives are working through their lunch about three days a week, according to a survey of 500 randomly ------- business leaders.

   (A) select
   (B) selected
   (C) selecting
   (D) selection

   Step by Step
   ① 보기 분석: 동사와 동사가 아닌 것
   ② 빈칸 자리 분석: 뒤에 오는 명사 수식
   ③ 수동 VS 능동: 수동
   정답 _____

2. Thanks to the ------- popularity of the compact game devices, the company's annual profits have risen by 30%.

   (A) continue
   (B) continuity
   (C) continued
   (D) continuing

   Step by Step
   ① 보기 분석:
   ② 빈칸 자리 분석:
   ③ 수동 VS 능동:
   정답 _____

3. ------- the exhibits, patrons can also grab a bite of festival food at the food court.

   (A) View
   (B) Views
   (C) Viewing
   (D) Viewed

   Step by Step
   ① 보기 분석:
   ② 빈칸 자리 분석:
   ③ 수동 VS 능동:
   정답 _____

4. Salespersons have often formed close relationships with their better customers because the close interaction can create ------- customers.

   (A) satisfy
   (B) satisfying
   (C) satisfied
   (D) to satisfy

   Step by Step
   ① 보기 분석:
   ② 빈칸 자리 분석:
   ③ 수동 VS 능동:
   정답 _____

5. ------- working in the property industry for 21 years, Tony Brazier finally established a real estate company specializing in the sale of rental property.

   (A) After
   (B) Within
   (C) When
   (D) Prior

   Step by Step
   ① 보기 분석:
   ② 빈칸 자리 분석:
   ③ 문맥 확인:
   정답 _____

6. With Japan heavily reliant on exports, economists said a ------- recovery will depend on how soon the global economy recovers.

   (A) last
   (B) latest
   (C) be lasted
   (D) lasting

   Step by Step
   ① 보기 분석: _____
   ② 빈칸 자리 분석: _____

   정답 _____

7. Under the agreement, the company has 18 months to plan for construction of an ------- $1 million parking facility.

   (A) estimate
   (B) estimation
   (C) estimated
   (D) estimating

   Step by Step
   ① 보기 분석: _____
   ② 빈칸 자리 분석: _____
   ③ 수동 VS 능동: _____

   정답 _____

8. The newly ------- hotel has a restaurant, fitness center and outdoor pool with a public playground nearby.

   (A) renovate
   (B) renovating
   (C) renovated
   (D) renovation

   Step by Step
   ① 보기 분석: _____
   ② 빈칸 자리 분석: _____
   ③ 수동 VS 능동: _____

   정답 _____

9. Full-time applicants to the MBA program for fall 2010 must submit their ------- application by April of 2010.

   (A) complete
   (B) completed
   (C) completing
   (D) completion

   Step by Step
   ① 보기 분석: _____
   ② 빈칸 자리 분석: _____
   ③ 수동 VS 능동: _____

   정답 _____

STEP 3

Questions 10-13 refer to the following letter.

To: All Sales Personnel

Re: Commission Policy Change

The ---10.--- commission policy for Big Mart will be changing effective July 1. The commission rate will be reduced from 5% to 4%. To compensate for this, however, commission will now ---11.--- on all sales over $50, rather than only on sales over $200. This should result in a roughly equal take-home pay for all sales staff, ---12.--- sales remain at current levels. If the sales increase, so too will the pay as usual. As a result, you will benefit from this new structure most, increasing the sales you make on a much wider range of items. ---13.--- Good luck.

Graham Takanora

10. (A) revise
    (B) revising
    (C) revised
    (D) revision

11. (A) earn
    (B) earning
    (C) earned
    (D) be earned

12. (A) assume
    (B) assumed
    (C) assuming
    (D) to assume

13. (A) The new policy will provide the same commission rate as before.
    (B) We're not going to consider any kinds of wage freeze if the recent economic downturn recovers.
    (C) We hope these changes will inspire you to scale to ever greater heights of salesmanship.
    (D) The commission rate changes are temporary, not permanent.

ONE MORE STEP
Unit 7의 중요한 point들을 다시 한 번 정리해 보자.

KEY POINT 01   빈칸에 관용적으로 쓰이는 분사구문을 써 보세요.

> based on   frankly speaking   speaking of   depending on   compared with

(1) The company's income increased by 20 percent _____ last year.
작년과 비교하면 회사의 수입이 20% 증가했다.

(2) _____ Kelly, she's resigning from her position.
켈리 이야기가 나왔으니 말인데, 그녀는 회사를 그만 둘 예정이야.

(3) The research was _____ the theories about art history.
그 연구는 예술사에 관한 이론에 근거를 두고 있다.

(4) We will commit to the plan _____ the outcome.
우리는 결과에 따라 그 계획을 실행할 것이다.

(5) _____, I'm not certain whether she's invited.
솔직히 말하면, 그녀가 초대를 받았는지 확신할 수 없다.

KEY POINT 02   빈칸에 감정 동사의 과거분사형 또는 현재분사형을 써 보세요.

(1) I was _____ by the loud noise. (annoy)
시끄러운 소음에 **짜증이 났다**.

(2) She was _____ for John's health. (alarm)
그녀는 존의 건강을 **걱정했다**.

(3) The advertisement was _____ consumers. (attract)
광고는 소비자의 발길을 **끌어들였다**.

(4) Most students thought his lecture was _____. (interest)
대부분의 학생들은 그의 강의가 **흥미롭다고** 생각했다.

품사

CHAPTER 4

GRAMMAR

Unit 8   명사

Unit 9   대명사

Unit 10   형용사와 부사

CHAPTER 4 품사

UNIT 8 명사

GRAMMAR

대표예제

We are planning to market ourselves as a local ------- to better known national brand names.

(A) alteration   (B) alternate   (C) alternative   (D) alternately

KEY POINT

문장에서 명사의 역할을 이해하고 다른 품사와의 상대적인 위치를 파악한다.

Before the Step

이 문제를 해결하기 위해서는 품사에 따라 각 어휘들이 어떻게 다른 문장 성분으로 쓰이는지 이해할 수 있어야 한다.

alternative	명 대안	plenty of _____s	많은 대안
alternate	형 번갈아 생기는, 하나 거르는	on _____ days	격일로
alternatively	부 그 대신에	_____ we caught a bus	대신에 우리는 버스를 탔다
alteration	명 변화, 변경	a minor _____	약간의 변경
alternation	명 교대, 교체	_____ of the seasons	계절의 교체

Q 다음 구문의 빈칸에 알맞은 품사의 어휘를 위 표에서 골라 써 보세요.

1. make an _____ 변경하다
2. _____ lines of yellow and green 노란색과 초록색이 번갈아 나오는
3. _____ of generations 세대교체
4. _____, you can bring your own food. 대신에 자기 음식을 가져올 수 있다.
5. have no _____ 다른 대안이 없다

대표예제 정답 **(C) alternative**

KEY 20 — 문장에서 명사의 위치

STEP 1 대표 예제

In his new role, Mr. Geisler will remain in Houston and will assume full ------- for all contract and project work in Alaska.

(A) responsibly (B) responsible (C) responsive (D) responsibility

 Step by Step

1. **보기 분석** 빈칸에 알맞은 품사의 어휘를 고르는 문제이다.
2. **빈칸 자리 분석** 빈칸 앞에는 형용사가 있고 뒤에는 전치사구가 이어지는 것으로 보아, 빈칸에는 문장의 동사 assume의 목적어가 필요하다.
3. **정답 추론** 목적어 자리에 올 수 있는 것은 명사이므로 (D) responsibility가 정답이다.

해석 가이슬러 씨는 새로 맡은 임무로 해서, 휴스턴에 남아 알래스카의 모든 계약 및 프로젝트 작업에 대한 책임을 전적으로 떠맡을 것이다.

정답 (D) responsibility

CHECK POINT

(A) responsibly(책임감 있게)는 부사, (B) responsible(책임감 있는)은 형용사로 동사의 목적어가 없는 불완전한 문장이 되므로 이는 적절하지 않다.

(C) responsive(반응하는)는 다른 3개의 보기와 형태는 유사하지만 의미는 다른 형용사로 (B) 와 동일하게 수식하는 대상이 없으며 동사의 목적어가 없는 불완전한 문장이 되므로 적절하지 않다.

Critical KEY 명사는 문장에서 목적어 역할을 할 수 있으며 형용사의 수식을 받을 수 있다.

POINT 1 명사의 위치와 역할

1. 관사(a, an, the) + 명사

   Ex <u>A tax expert</u> will visit our company to respond to any concerns you may have.
   여러분이 가진 관심사에 답을 주기 위해 세금 전문가가 우리 회사를 방문할 것입니다.

   Ex <u>The concert hall</u> allowed people to view the shows in a comfortable location.
   콘서트 홀 덕분에 사람들이 보다 편안한 곳에서 공연을 볼 수 있게 되었다.

2. 관사 + 형용사 + 명사

   Ex <u>The interior renovation</u> to the restaurant will be completed by September.
   식당의 내부 공사가 9월까지 끝날 것이다.

   Ex Sales figures for <u>this quarter</u> were a bit disappointing.
   이번 분기의 매출은 다소 실망스럽다.

   관사는 생략될 수도 있으며 this, that과 같은 지시 형용사도 명사 앞에 올 수 있다

3. 소유격 + 명사

   Ex The new vice president applied <u>his extensive knowledge</u> to the company.
   신임 부사장은 회사를 위해 자신의 해박한 지식을 활용했다.

   Ex Travelers visit the ancient city and explore <u>its diverse tourist attractions</u>.
   여행객들은 고대 도시를 방문하여 다양한 관광지를 돌아다닌다.

4. 전치사 + 명사

   Ex Dealers <u>of office supplies</u> are keeping their prices stable.
   상인들은 가격을 안정적으로 유지하고 있다.

   Ex Construction <u>of the new road</u> is scheduled to begin this month.
   새 도로 공사가 이달에 시작될 예정이다.

PRACTICE 1

Russ Johnson had traveled to New York at his own expense and had 7 to 10 short ------- with finance industry contacts.

(A) met   (B) meetings

PRACTICE 2

We would like to thank Mr. Holmes for his ------- and wish him success in his future endeavors.

(A) contributing   (B) contribution

정답 1. (B) 2. (B)

KEY 21　가산명사 VS 불가산명사

STEP 1　대표 예제

The hotel offers 81 rooms, a deluxe continental breakfast, and complimentary wireless Internet ------- and newspapers.

(A) access　　(B) accesses　　(C) accessed　　(D) accessible

 Step by Step

1. **보기 분석** 빈칸에 알맞은 품사의 어휘를 찾는 문제이다.
2. **문장 분석** 호텔이 제공하고 있는 것들을 나열하고 있는 문장이므로 명사가 들어갈 자리이다.
3. **정답 추론** access(접근)은 셀 수 없는 명사로 –es로 끝나는 복수명사를 만들 수 없으므로 단수인 (A) 가 정답이다.

해석 그 호텔은 81개의 방과 고급 유럽식 아침 식사, 그리고 무료 인터넷 접속 및 신문을 제공한다.

정답 (A) access

 CHECK POINT

(B) access(접근)은 불가산명사로 –es를 붙일 수 없으며 동사로 보는 경우에는 어디에 접근하는지 그 대상이 없으므로 역시 적절하지 않다.
(C) 동사로 보는 경우에는 시제가 일치하지 않으며, 과거분사로 보는 경우에는 문맥상 어울리지 않으므로 적절하지 않다.
(D) accessible(접근할 수 있는)은 형용사로 Internet이라는 명사 뒤에서 이를 수식할 수 없다.

 가산명사는 단독으로 사용할 수 없으며 불가산명사는 복수형으로 만들 수 없다.

POINT 1 가산명사

- 가산명사가 단수일 때는 항상 한정사와 함께 사용해야 한다. 명사의 수가 하나 임을 나타내는 한정사는 관사인 a / an, 정관사 the, 소유격, 그 외에 each, every, this 등이 있다.
- 복수일 때는 관사 없이 사용할 수 있다.
- 정관사인 the, 소유격 또는 any 뒤에는 명사의 수에 상관없이 모든 종류의 명사가 올 수 있다.
- 불가산으로 혼동하기 쉬운 가산명사

approach	benefit	circumstance	complaint	complement
접근방법	혜택	상황	불평	칭찬
contribution	deal	decision	price	refund
기여, 기부금	거래	결정	가격	환불

POINT 2 불가산명사

- 불가산명사는 단수로만 사용할 수 있으므로 부정관사(a, an)가 올 수 없으며 어미에 –s나 –es가 붙을 수 없다.
- 자주 출제되는 불가산명사

access	advice	clothing	consent	equipment
접근	충고	의류	허가	장비
furniture	information	knowledge	potential	research
가구	정보	지식	잠재력	연구

PRACTICE 3

After making my purchase, I would like to offer your readers some -------.

(A) advise   (B) advice

PRACTICE 4

Dealers of office supplies are keeping their prices stable, as raw material ------- have gone down worldwide.

(A) price   (B) prices

정답 3. (B) 4. (B)

SPECIAL STEP

가산명사와 불가산명사

● 가산명사와 불가산명사의 비교

가산	employee	employees	an employee	the employee	the employees
	X	O	O	O	O
불가산	information	informations	an information	the information	the informations
	O	X	X	O	X

(1) 단수인 가산명사는 단독으로 사용할 수 없다.
(2) 불가산명사는 단수형태로만 사용하며 관사 없이 단독으로 사용할 수 있다.

● 의미나 형태가 유사한 가산명사와 불가산명사

a product	an approach	an alternative	a permit	a certificate
상품	접근 방법	대안	허가증	자격증
merchandise	access	alternation	permission	certification
상품	접근	교대	허가	자격, 증명

an account	a survey	a description	an estimate	a potentiality
계좌	조사	설명	견적서	잠재력
accounting	research	information	estimation	potential
회계	연구	정보	견적	잠재력

1. 다음 중 올바른 형태를 고르세요.

(1) Our recent [achieve / achievement] would never have happened without your contribution.

(2) He had established a real estate company specializing in the [sale / sell] of rental property.

(3) We or our suppliers won't be liable to collect in any way with regard to such [information / an information].

(4) ChemiTech takes no [responsible / responsibility] for any injuries caused by its solutions through contact with human skin.

2. 다음 문장에서 틀린 부분을 찾아 바르게 고쳐 보세요.

(1) Many outside observers, though, say this is only side benefit.

(2) Still, they're front row orchestra seatings, and I was lucky to get any tickets at all.

(3) We are planning to market ourselves as a local alternation to national brand names.

(4) Charity Organization is urging people to donate old jumpers, hats, gloves, and other warm clothings.

(5) A new study by Matthew McCarter, a professor of the University of Texas, explores how to increase a productivity by stopping using the Internet.

1. Before hiring another worker, an employer must be convinced that the added ------- will exceed the added cost.

   (A) produce
   (B) producer
   (C) producing
   (D) productivity

   Step by Step
   ① 보기 분석: 여러 품사 혼합
   ② 빈칸 자리 분석: 명사
   ③ 오답: (B) producer
   정답 _____

2. For information about requesting ------- to reproduce or distribute materials from the site, please contact us.

   (A) permit
   (B) permission
   (C) permissions
   (D) permitting

   Step by Step
   ① 보기 분석:
   ② 빈칸 자리 분석:
   ③ 오답:
   정답 _____

3. The new vice president applied his extensive knowledge of the Asian ------- to focus on developing some promising opportunities.

   (A) market
   (B) marketer
   (C) marketing
   (D) marketed

   Step by Step
   ① 보기 분석:
   ② 빈칸 자리 분석:
   ③ 오답:
   정답 _____

4. The client shall grant the contractor ------- to the yard and its surroundings during regular business hours and other mutually agreeable times.

   (A) access
   (B) accesses
   (C) accessing
   (D) accessed

   Step by Step
   ① 보기 분석:
   ② 빈칸 자리 분석:
   ③ 오답:
   정답 _____

5. To guarantee ------- for all clients, the accounting company created task force teams led by senior accountants with over 15 years of experience.

   (A) qualify
   (B) quality
   (C) qualified
   (D) qualifying

   Step by Step
   ① 보기 분석:
   ② 빈칸 자리 분석:
   ③ 오답:
   정답 _____

6. Sarah needs to know the number of people who will be attending the lunch meeting on Friday, so let's ask people to confirm their ------- by e-mail by Thursday morning.

    (A) attend
    (B) attendee
    (C) attendance
    (D) attending

7. We are planning to market ourselves as a local ------- to better known national brand names.

    (A) alternation
    (B) alternate
    (C) alternative
    (D) alternately

8. In our competitive world, the need for each of us to develop ourselves and maximize our ------- on the job is critical.

    (A) potent
    (B) potential
    (C) potentate
    (D) potentially

9. We will continue to use our cash wisely where we can get the best and highest long term ------- for our shareholders.

    (A) returns
    (B) to return
    (C) returning
    (D) returned

STEP 3

Questions 10-13 refer to the following memo.

Dear colleagues,

It is with great appreciation that I write this letter of invitation. I am good at my job only because of the ---10.--- I have from others. As many of you know, I'm writing a book for teachers. The premise is that as teachers we have the opportunity to educate and perhaps more importantly, we have the honor to learn. Each and every day presents us with innumerable ---11.--- if only we are present enough in both our profession and our humanity to recognize them.

I write to you today to ask for your help. This book is meant to be a compilation of many voices: students, teachers, mentors, administrators, and parents. I humbly request your voice be ---12.--- to that of the others. Please visit www.whatdotheydo.com to see how to participate. The website will be open for ---13.--- from May 1, 2016 to June 30, 2016.

In gratitude for what you do for me,
Nicole

10. (A) support
    (B) supporting
    (C) supportive
    (D) supporters

11. (A) lesson
    (B) lessons
    (C) advice
    (D) advices

12. (A) add
    (B) adding
    (C) added
    (D) to add

13. (A) submit
    (B) submitted
    (C) submissions
    (D) permissions

ONE MORE STEP
Unit 8의 중요한 point들을 다시 한 번 정리해 보자.

KEY POINT 01
가산명사 VS 불가산명사: 다음 명사들을 가산명사와 불가산명사로 구별해 보세요.

account	alternative	alternation	permit
estimation	certificate	estimate	product
permission	merchandise	certification	accounting

가산명사		불가산명사	

KEY POINT 02
가산명사인지 불가산명사인지에 따라 관사의 쓰임이나 복수형의 형태가 달라집니다. 다음 표현 중 옳은 것은 ○ 틀린 것은 ×로 표시해 보세요.

access	accesses	an access	the access	the accesses
○	×	×	○	×
survey	surveys	a survey	the survey	the surveys
description	descriptions	a description	the description	the descriptions
approach	approaches	an approach	the approach	the approaches
potential	potentials	a potential	the potential	the potentials

CHAPTER 4 품사

UNIT 9 대명사

GRAMMAR

대표예제

If a domain is not registered after its termination in about 75 days, ------- will be expired in accordance with our company regulations.

(A) it   (B) its   (C) this   (D) one

KEY POINT

대명사는 지칭하는 대상에 따라 그 위치와 역할이 달라진다.

Before the Step

이 문제를 해결하기 위해서는 품사에 따라 각 어휘들이 어떻게 다른 문장 성분으로 쓰이는지 이해할 수 있어야 한다.

regulation	명 규정, 규제	follow the _____	규정을 따르다
regulate	동 규제(통제)하다, 조절하다	_____ traffic	교통을 규제하다
regularity	명 정기(규칙)적임	_____ of the heartbeat	심장박동의 규칙성
regular	형 정기(규칙)적인	a _____ job	정규직
regularly	부 정기(규칙)적으로	visit _____	정기적으로 방문하다

Q 다음 구문의 빈칸에 알맞은 품사의 어휘를 위 표에서 골라 써 보세요.

1. exercise with _____ 규칙적으로 운동하다
2. eat _____ meals 규칙적인 식사를 하다
3. _____ the hairstyles of students 학생들의 두발을 규제하다
4. establish safety _____ s 안전규정을 만들다
5. have a meeting _____ 정기적으로 회의를 하다

대표예제 정답 (A) it

KEY 22 대명사의 종류

STEP 1 대표 예제

> Ms. Simpson had thought about starting ------- own business in the past, but it was never something she seriously pursued.
>
> (A) her   (B) herself   (C) she   (D) hers

Step by Step

1. **보기 분석** 빈칸에 알맞은 대명사 어휘를 고르는 문제이다.
2. **빈칸 자리 분석** 빈칸 뒤에 '형용사 + 명사'가 있으므로, 빈칸에는 이것을 수식해 줄 수 있는 소유격인 (A) 가 정답이다.

해석 심슨 씨는 과거에 자기 사업을 시작하는 것에 관해 생각해보았지만, 결코 진지하게 해 보려 했던 것은 아니었다.

정답 (A) her

CHECK POINT

(B) 재귀대명사는 주어와 목적어가 동일한 상황에서 목적어 자리에 사용한다.
(C) she는 주격 대명사로 문장의 주어 자리에 사용한다.
(D) hers는 소유대명사로 소유격 + 명사와 같은 역할을 하는데 이 문장에서는 이미 빈칸 뒤에 명사가 있으므로 적절하지 않다.

 빈칸이 있는 문장 혹은 앞 뒤 문장에서 지칭하는 대상을 찾아 수와 인칭을 확인한다.

POINT 1　대명사의 종류와 특징

● 대명사는 명사의 쓰임과 유사하게 주어, 목적어 및 보어 자리에 올 수 있으며 지칭하는 대상과 성별, 수가 일치해야 한다.

주격	목적격	소유격	소유대명사	재귀대명사
I	me	my	mine	myself
you	you	your	yours	yourself / yourselves
we	us	our	ours	ourselves
he	him	his	his	himself
she	her	her	hers	herself
they	them	their	theirs	themselves
it	it	its	-	itself

(1) 소유격은 명사의 앞에 사용하며, 소유격 + 명사는 소유대명사와 바꾸어 사용할 수 있다.

(2) 재귀대명사는 한 문장에서 주어와 목적어가 같은 대상일 경우에, 목적어 자리에 사용한다. 재귀대명사가 포함된 숙어의 경우 의미가 달라질 수 있는 것에 주의한다.

by oneself	for oneself	of itself
혼자, 다른 사람 없이	스스로	자연히, 저절로

POINT 2　지시대명사 (that / those)

● 지시대명사 that과 those는 대상을 지칭할 때 사용하는 지시대명사이다. 또한 형용사로 쓰여 명사와 결합하기도 한다.

단수 지시대명사	복수 지시대명사
this / that	these / those

● those who는 '~하는 사람들' 이라는 표현으로 관용적으로 people과 유사한 의미로 사용되는 대명사로 출제 빈도가 높다.

PRACTICE 1

A manager must assess the capabilities of team members properly and work to develop ------- to their fullest potential.

(A) them　　(B) themselves

PRACTICE 2

JR Motors Corp has put more effort into an all-electric car instead of expanding ------- hybrid line-up.

(A) it　　(B) its

정답 1. (A) 2. (B)

KEY 23   부정대명사

STEP 1 대표 예제

> Employees who find out they are receiving less compensation than ------- may neglect to consider other factors considered by the employer in making compensation decisions.
>
> (A) other   (B) others   (C) the other   (D) another

Step by Step

1. **보기 분석** 빈칸에 알맞은 대명사 어휘를 고르는 문제이다.
2. **문장 분석** 전치사인 than 뒤에 빈칸이 있으므로, 명사 역할을 할 수 있는 보기인 (B), (C)와 (D) 중 답이 있다.
3. **정답 추론** '~보다 보상을 적게 받는'이라는 문맥이고, 주어가 복수명사(employees)이므로 이와 대등하게 복수여야 한다. 또한 집단의 전체 수가 명확하지 않으므로 (B) 가 정답이다.

해석 다른 사람들보다 적은 보상을 받는다는 것을 알게 된 직원들은 고용주들이 보상에 대한 결정을 내릴 때 고려하는 요인들을 무시하기도 한다.

정답 (B) others

CHECK POINT

(A) other는 형용사로만 쓰인다.
(C) the other는 '나머지 하나'를 지칭할 때 사용한다.
(D) another는 '다른 하나'를 의미하므로 문맥상 적절하지 않다.

출제 POINT

it / one의 구분: it은 앞에 나온 것과 동일한 대상이고, one은 같은 종류의 것을 나타낸다.

Critical KEY 부정대명사란 정해지지 않은 대상을 지칭하는 것으로 상황에 따라 그 쓰임이 달라지므로 비교해서 알아두어야 한다.

POINT 1   부정대명사 비교

(1) some VS any

	some	any
원칙	긍정문 Some of the students attend the meeting. 학생들 몇몇은 회의에 참석한다.	① 의문문 Are any of the tickets left? 표 남은 것 있나요? ② 부정문 I don't have any money. 나는 돈이 전혀 없어. ③ 조건문 If any of these side effects occur, stop using it. 어떤 부작용이라도 일어난다면, 사용을 중단하세요.
예외	권유의 의문문 I've just made pasta. Would you like to taste *some*? 파스타를 만들었어. 좀 먹어볼래?	긍정문(어떤 ~라도) Any of the students can attend the meeting. 어떤 학생이라도 회의에 참석할 수 있다.

(2) one / another / the other / others

● 특정한 순서 없이 여러 개를 나열하거나 할 때 사용하며, 가리키는 대상의 수에 따라 표현이 달라진다.

두 개	one 하나	the other 다른 하나	
세 개	one 하나	another 또 하나	the other 나머지 하나
여러 개	some 약간	others 나머지	*집단의 전체 수가 불명확
	some 약간	the others 나머지	*집단의 전체 수가 명확
	one 하나	others 다른 것들	the others 나머지
	some 약간	others 다른 것들	the others 나머지

PRACTICE 3

Two Republican candidates attacked each ------- harshly during the Thursday night's debate at the public library in Conway.

(A) other   (B) others

PRACTICE 4

If the cars in its ------- market segments are high-quality, chances are good that its small SUV will also be the same.

(A) other   (B) another

SPECIAL STEP

문장에서 대명사의 위치 보기

(1) 주격 + 동사

Ex <u>He knows</u> the projects as well as I do. 그는 그 프로젝트를 저만큼 잘 알고 있습니다.
    주어 + 동사

(2) 소유격 + (형용사) + 명사 // 또는 전치사 + 소유격 + 명사

Ex We wish to publicly acknowledge <u>our sincere thanks</u> for the good work done.
    우리는 그 공적에 뜨거운 감사의 뜻을 공식적으로 표하고 싶다. 소유격 + 형용사 + 명사

: 소유격은 명사의 앞에 사용하며, 소유격 + 명사는 소유대명사와 바꾸어 사용할 수 있다.

(3) 타동사 + 목적격 // 또는 전치사 + 목적격

Ex The Manager sent some mail <u>to me</u>. 관리자가 나에게 메일을 보냈다.
    전치사 + 명사

(4) 재귀대명사가 "강조 용법"일 경우에는 "자신이 직접"이라는 뜻으로 사용되며 문장에서 생략이 가능하다.

① 재귀 용법	타동사나 전치사의 목적어가 주어와 같은 대상일 때 쓴다. Ex I saw <u>myself</u> in the mirror. 나는 내 자신을 거울로 보았다. = 주어와 목적어가 동일
② 강조 용법	~가 직접, ~자신 이라는 뜻으로 쓰이며, 생략해도 문장이 성립된다. Ex I faxed the report to him <u>myself</u>. 나는 내가 직접 보고서를 그에게 보냈다.

(5) 시험에서 출제되는 지시대명사 that과 those는 같은 문장 내에서의 "비교"가 이루어질 때이다.

Ex The climate of Korea is similar to 【that】 of Japan. 한국의 기후는 일본의 기후와 유사하다.

: 기후(climate)가 같은 문장 내에서 비교되고 있으므로, 이때는 지시대명사 that이 정답이다.
 (복수명사라면 those)

● **지시대명사 those는 특정한 사람들을 언급해서, [those who]의 형태가 자주 출제된다.**

those = people의 의미로, 주로 who / 현재분사 / 과거분사 / with 등을 동반한다.

Ex <u>Those who</u> come first can get the ticket. 티켓은 선착순입니다.

: 뒤에 오는 구의 수식을 받아 '먼저 온 사람들'이라는 의미가 된다.

부정 대명사 비교하기

(1) Anyone VS Those
- 최근 시험에서는 anyone과 those를 구분하는 문제가 자주 출제되고 있다.
- Anyone 역시 Those와 마찬가지로 뒤에 who / 현재분사 / 과거분사 / with 등의 수식을 받아 '~하는 사람이라면 누구나'의 의미로 사용된다.

Ex <u>Anyone wishing</u> to attend the workshop should sign up.
워크샵에 참석하기를 원하는 사람은 누구나 등록을 해야 한다.

- 단, 두 개의 차이점은 anyone은 단수 취급, those는 복수 취급하는 것이다.

Those who <u>come</u> first ~	Those who는 "복수 취급"
Anyone who <u>comes</u> first ~	Anyone who는 "단수 취급"

(2) Anyone VS Whoever
- whoever = anyone who로 해석은 비슷하지만, whoever는 주로 바로 뒤에 동사가 오고, Anyone은 그렇지 않을 수도 있다.

Ex <u>Anyone interested</u> in attending the meeting should sign up. 회의 참석에 관심이 있는 사람들은 신청을 해야 합니다.	Anyone (who is) interested in ~ 이므로 who is가 생략되고 바로 과거분사만 남아있는 경우이다.
Ex <u>Whoever is interested</u> in attending the meeting should sign up. 회의에 참석을 원하는 사람은 누구든지 신청을 해야 합니다.	반면, whoever는 anyone who가 합쳐진 것이므로, Anyone who is interested 이다. 따라서 whoever 다음에, 바로 interested가 나올 수 없고, Whoever is interested처럼, 동사의 형태가 나와야 한다.

1. 주어진 어휘의 알맞은 형태를 고르시오.

(1) Any employee who wants to join is welcome regardless of [his / him] or her skill level.

(2) The HR department organized the event to allow new employees to get to know each [other / others].

(3) We are grateful to all [them / those] who worked for the common good.

(4) Most movers only carry your stuff into a truck and drive it from one place to [other / another].

2. 다음 문장에서 틀린 부분을 찾아 바르게 고쳐 보세요.

(1) He knows when to take the lead and when to follow the instructions of other.

⋯▸ _____

(2) The analyst was talking about the survey results to they who are working on the project.

⋯▸ _____

(3) He has a wide network of government and corporate contacts that would make his a great asset to your company.

⋯▸ _____

(4) Ms. Simpson had thought about starting her own business in the past, but it was never something hers seriously pursued.

⋯▸ _____

(5) In him new role, Mr. Geisler will remain in Houston and will assume full responsibility for all contract and project work in Alaska.

⋯▸ _____

STEP 3 실전문제   실전 문제 활용 Tip: Step by Step 코너에 문제 해결 과정을 쓰면서 문제를 풀어보세요.   정답과 해설 p. 42

1. I called your local service engineer, Mr. Rajesh Pawar, and explained to ------- the nature of the problem.

   (A) he
   (B) his
   (C) him
   (D) himself

   Step by Step
   ① 보기 분석: 인칭대명사
   ② 빈칸 자리 분석: to의 목적어
   ③ 정답 추론: 목적격

   정답 _____

2. The CEO announced that the new salary plan could impact every level of his organization from -------, down to part-timers.

   (A) his own
   (B) him
   (C) his
   (D) himself

   Step by Step
   ① 보기 분석:
   ② 빈칸 자리 분석:
   ③ 정답 추론:

   정답 _____

3. If a domain is not registered after its termination in about 75 days, ------- will be expired in accordance with our company regulations.

   (A) it
   (B) its
   (C) this
   (D) one

   Step by Step
   ① 보기 분석:
   ② 빈칸 자리 분석:
   ③ 정답 추론:

   정답 _____

4. Mr. Blackford believes that he has a right to know how employees portray ------- organizations in online social networks.

   (A) they
   (B) their
   (C) them
   (D) themselves

   Step by Step
   ① 보기 분석:
   ② 빈칸 자리 분석:
   ③ 정답 추론:

   정답 _____

STEP 3

Questions 5-7 refer to the following announcement.

Jazz Trio

- 6 March, 4.15 P.M.
- Norcroft Centre

The Chris Trio formed in 2005. Chris Duncan and Nick Johnson have been playing together for many years and ---5.--- Grant Russell at the Royal Northern College of Music in Manchester. Chris and Nick have recently finished ---6.--- studies at University of Bradford and Grant Russell is in his fourth and final year at the college. All three are classically trained and share a mutual passion for jazz and many ---7.--- styles of music including Hip-Hop, Drum & Bass, and Trip-Hop. This is a chance to hear exciting musical fusions performed by three talented young musicians.

Please note that all places need to be booked in advance.

Information: 080-274-2331
E-mail: musicbank@chris.com

---

5. (A) meet
   (B) met
   (C) meeting
   (D) to meet

   ⌃ Step by Step _____
   _____
   ☑ CHECK POINT _____
   정답 _____

6. (A) they
   (B) their
   (C) them
   (D) themselves

   ⌃ Step by Step _____
   _____
   ☑ CHECK POINT _____
   정답 _____

7. (A) other
   (B) others
   (C) another
   (D) any

   ⌃ Step by Step _____
   _____
   ☑ CHECK POINT _____
   정답 _____

ONE MORE STEP — Unit 9의 중요한 point들을 다시 한 번 정리해 보자.

KEY POINT 01 다음 빈칸에 부정대명사인 any 또는 some을 써서 문장을 완성해 보세요.

(1) There was _____ confusion during the process.
   과정에 약간의 혼동이 있었다.

(2) Do you have _____ kind of professional license?
   어떤 종류의 전문 자격증이라도 가지고 계신가요?

(3) _____ of the patients have serious health problems.
   일부 환자들은 심각한 건강 문제를 갖고 있다.

(4) It seems he doesn't recognize _____ of us.
   그는 우리 중 누구도 알아보지 못한 것 같다.

(5) _____ of the employees could volunteer to participate.
   직원들 누구나 참여에 자원할 수 있다.

KEY POINT 02 다음 주어에 알맞은 목적격, 소유격, 그리고 소유대명사를 표에 써서 표를 완성해 보세요.

주어	목적격	소유격	소유대명사
I	me	my	mine
you			
we			
he			
she			
they			
it			

CHAPTER 4 품사

UNIT 10
형용사와 부사

GRAMMAR

대표예제

The city continued to let ------- businesses follow the architectural guidelines to maintain the city's landscape.

(A) local   (B) locate   (C) locally   (D) location

KEY POINT

형용사와 부사 각각의 쓰임을 이해하고 그 차이와 문장에서의 위치를 파악한다.

Before the Step

이 문제를 해결하기 위해서는 품사에 따라 각 어휘들이 어떻게 다른 문장 성분으로 쓰이는지 이해할 수 있어야 한다.

local	형 지역의, 현지의	_____ news	지역 뉴스
locally	부 장소상으로, 가까이에	a _____ grown peach	현지(지역)에서 기른 복숭아
location	명 장소	a new _____	새로운 장소
locate	동 ~의 위치를 찾아내다, 두다	_____ the place on the map	지도에서 장소를 찾아내다
located in	~에 위치해있다	_____ the U.S.	미국에 위치해 있다

Q 다음 구문의 빈칸에 알맞은 품사의 어휘를 위 표에서 골라 써 보세요.

1. state and _____ governments 주정부 및 **지방** 정부
2. find a _____ using GPS GPS를 사용해서 **장소**를 찾다
3. _____ a factory in Rostrevor 로스트레버에 공장을 **두다**
4. their headquarters are _____ _____ London 그들의 본사는 런던**에 위치해 있다**
5. business trade is done _____ 비즈니스 거래는 **지역적으로** 행해졌다

대표예제 정답 **(A) local**

KEY 24　형용사 VS 부사 1

STEP 1 대표 예제

> The event will provide ------- first-class airline travel and a hotel room at Manhattan's Mandarin Oriental Hotel.
>
> (A) free　　(B) freely　　(C) for free　　(D) freedom

 Step by Step

1. **보기 분석** 빈칸에 어울리는 품사의 어휘를 찾는 문제이다.
2. **빈칸 자리 분석** 빈칸은 동사 provide의 뒤이므로 이 동사의 목적어가 필요한 자리이며 빈칸 뒤에는 명사가 있다. 따라서 이 명사를 수식할 수 있는 형용사가 올 자리이다.
3. **정답 추론** 보기 중에 형용사인 (A) 가 정답이다.

해석 그 행사는 일등급 좌석 비행편과 맨해튼의 만다린 오리엔탈 호텔의 방을 무료로 제공할 것이다.

정답 (A) free

 CHECK POINT

(B) 동사의 목적어인 명사를 수식하는 어휘가 필요하기 때문에 동사나 형용사를 수식하는 부사는 적절하지 않다.
(C) '전치사 + 형용사 + 명사' 구조의 전치사구가 되므로 (C) 가 들어갈 경우 목적어가 없는 문장이 된다.
(D) 명사인 어휘로 동사의 목적어가 될 수는 있지만 빈칸 뒤가 '형용사 + 명사'이므로 적절하지 않다.

 형용사는 명사를 수식하며 문장 내에서 보어로 사용된다.
부사는 동사, 형용사, 부사 또는 문장 전체를 수식한다.

POINT 1   형용사 위치와 역할

1. 명사를 수식하는 형용사

   Ex The company will upgrade its facilities to adopt [~~efficiently~~ / efficient] systems.
   회사에서는 효율적인 시스템을 채택하기 위해 설비를 향상시킬 것이다.   형용사 + 명사

   - 형용사는 명사의 앞이나 뒤에서 명사를 수식한다.
   - -one, -body, -thing으로 끝나는 부정대명사는 항상 형용사가 명사 뒤에 온다.

2. 보어 역할을 하는 형용사
   - 형용사는 동사 뒤에서 주어를 설명하거나 목적어 뒤에서 목적어를 설명하는 보어 역할을 한다. 2형식과 5형식 주격 보어로 쓰이는 형용사 자리를 기억해 두도록 하자.

   주어 동사 주격 보어: 형용사

   〈주격 보어에 형용사를 취하는 2형식 동사〉

be	keep	stay	remain
~이다	~한 상태를 유지하다	~상태로 남아있다	~상태로 남아있다
become	look	seem	appear
되다	~한 상태로 보이다	~한 상태인 것 같다	~한 상태인 것 같다

   주어 동사 목적어 목적격 보어: 형용사

   〈목적격 보어에 형용사를 취하는 5형식 동사〉

make	believe	consider	find
~을 ~한 상태로 만들다	~이 ~라고 믿다	~을 ~하다고 간주하다	~이 ~라고 여기다
leave	keep	call	think
~을 ~하게 두다	~을 ~하게 유지하다	~을 ~한 상태로 여기다	~이 ~하다고 여기다

PRACTICE 1

Dealers of office supplies are keeping their prices -------, as raw material prices have gone down worldwide.

(A) stable   (B) stably

PRACTICE 2

The anti-GMO movement would have you believe that any food not made in a ------- way is inherently bad for you.

(A) natural   (B) naturally

정답 1. (A) 2. (A)

KEY 25 　형용사 VS 부사 2

STEP 1　대표 예제

During the flight, cabin crews ------- check on each passenger and ensure that they have everything they need.

(A) continue　　(B) continuity　　(C) continuous　　(D) continuously

 Step by Step

1. **보기 분석** 빈칸에 적절한 품사의 어휘를 고르는 문제이다.
2. **빈칸 자리 분석** 주어와 동사 사이에 빈칸이 있다. 빈칸 뒤를 보면 동사의 목적어가 있고 문장의 구성 성분을 모두 갖추고 있으므로 부사가 오는 자리이다.
3. **정답 추론** 보기 중 부사인 (D) 가 정답이다.

해석 비행 중, 기내 승무원들은 각 승객을 끊임없이 점검하면서 승객들이 필요한 모든 것을 받도록 한다.

정답 (D) continuously

 CHECK POINT

(A) 동사원형으로 주어 뒤에 바로 올 수 있으나 빈칸 뒤에 이미 동사가 있으므로 적절하지 않다.
(B) 빈칸 앞에 주어로 사용할 수 있는 명사가 있다. 명사가 연속으로 두 개 나올 수 없으므로 명사인 (B) 는 답이 될 수 없다.
(C) continuous(연속적인)은 명사를 수식하는 형용사로 주어와 동사 사이에 올 수 없다.

 　형용사와 **부사**의 다른 쓰임을 이해하고 이를 구분할 수 있어야 한다.

POINT 1 부사의 위치와 역할

- 부사는 명사를 제외한 모든 품사의 어휘를 수식할 수 있으므로 형용사, 부사, 동사 또는 문장 전체를 수식하며 문장 내에서 다양한 위치에 사용할 수 있다.
- 문장 구성 성분이 아니므로 부사가 없어도 완전한 문장이 될 수 있다.

형용사, 부사 수식	Labor costs were significantly lower during the last two quarters. 인건비가 지난 2분기 동안 눈에 띄게 낮아졌다.
동사 수식	I greatly appreciate the hard work and commitment you have shown. 당신이 보여 준 근면과 헌신에 대해 크게 감사하고 있습니다. We will also routinely search the Internet for news. 우리는 최신 정보를 정기적으로 인터넷에서 검색해 드릴 것입니다.
문장 전체 수식	Consequently, our success and failure rate rests upon the efforts of our salesmen. 결과적으로 우리 회사의 성공 또는 실패 여부는 영업 사원들의 노력에 달려 있습니다.

POINT 2 접속부사

however	therefore	nevertheless	otherwise	then
그러나	그러므로	그럼에도	그렇지 않으면	그러면

- 절과 절을 연결하는 접속사와 달리 마침표로 끝나는 두 개의 문장을 연결하는 상황에서 단독으로 쓰인다.

PRACTICE 3

Management processes in the company are defined as the function of converting ------- inputs into qualified outputs.

(A) organizational　　　(B) organizationally

PRACTICE 4

It is very important that managers behave ------- and treat the employees with respect.

(A) professional　　　(B) professionally

정답 1. (A) 2. (B)

KEY 26 수량형용사

STEP 1 대표 예제

------- workers in the Sales Department are eligible for membership at the fitness club beginning next week.

(A) Each   (B) Every   (C) All   (D) Much

Step by Step

1. **빈칸 자리 분석** 명사를 수식하는 적절한 수량형용사를 찾는 문제이다.
2. **문장 분석** 빈칸 뒤에 있는 명사인 workers(직원)은 셀 수 있는 명사의 복수형이므로 가산명사 복수형 앞에 올 수 있는 형용사인 (C) All이 적절하다.

해석 모든 직원들은 다음 주에 시작하는 피트니스 클럽의 회원으로 등록할 자격이 있습니다.

정답 (C) All

CHECK POINT

(A) Each(각각)는 가산명사가 단수일 때 사용한다.
(B) Every는 '모두'라는 의미이지만 가산명사 단수일 때 사용하므로 적절하지 않다.
(D) Much는 셀 수 없는 명사가 다수일 때 사용한다.

 출제 POINT 대명사로 쓰일 수 있는 수량 표현: 수량형용사는 대명사로 쓰여 문장의 주어 역할을 할 수도 있다.

every	each	all	another
모든	각자	모든	또 다른

 Critical KEY 한정사를 묻는 경우 뒤에 오는 명사가 가산명사인지 불가산명사인지 파악한다.

POINT 1   수량형용사의 종류와 역할

1. 명사를 수식하는 형용사

a / an	each	every	another	either
하나	각각의	모든	또 하나의	둘 중 하나의

- 단, every / another + 숫자 + 복수명사가 나오는 경우가 있다.

  Ex every 2 <u>hours</u>. 매 2시간마다

  Ex Ticket prices will go up again in another <u>six months</u>.
  6개월 더 있다 가격이 또 오를 것이다.
  another + 숫자 복수명사가 나오면 : 더 (more)의 뜻이 된다

2. 가산 복수명사와 함께 사용하는 표현

many	a number of	numerous	few	a few
많은	많은, 다수의	많은	적은	약간의
a handful of	several	a couple of	a series of	quite a few
소수의	몇몇의	두세 개의	일련의	상당수의

3. 불가산명사와 함께 사용하는 표현

much	a great deal of	an amount of	little	a little
많은	많은	상당한 양의	적은	약간의

4. 가산 복수명사와 불가산명사에 모두 사용하는 표현

a lot of	lots of	all	most	some
많은	많은	모든	대부분의	약간의
other	plenty of	no	any	more
나머지, 다른	많은	~가 아닌	어느, 어떤	더

PRACTICE 5

You will be paid directly into your bank account on the 25th day of ----- month.

(A) all   (B) every

PRACTICE 6

There are only a ----- revisions necessary and a few typos that need correction.

(A) few   (B) any

KEY 27 주의해야 할 부사

STEP 1 대표 예제

> Although labor costs were significantly lower during the last two quarters, the gold mining company ------- failed to show a profit.
>
> (A) already (B) even (C) so (D) still

 Step by Step

1. **빈칸 자리 분석** 문맥에 어울리는 부사를 고르는 문제이다.
2. **문장 분석** 빈칸 뒤에 문장의 본동사가 있으므로, 일단 (A) 와 (D) 가 빈칸에 들어갈 수 있다.
3. **정답 추론** 앞의 부사절과 주절의 '대조'를 이루는 문맥으로 보아, 빈칸에는 '아직, 여전히'의 뜻을 가진 (D) still이 정답이다.

해석 인건비가 지난 2분기 동안 눈에 띄게 낮아졌지만, 금광 채굴 회사는 아직도 이익 실현을 보여 주지 못했다.

정답 (D) still

 CHECK POINT

(A) already(이미)는 동사 앞에 올 수 있는 부사이나 양보의 부사절로 대조의 의미를 나타내는 문맥에는 어울리지 않는다.
(B) even(심지어)은 형용사나 부사 앞에서 그 의미를 강조하는 부사이다.
(C) so(매우)는 형용사 혹은 부사 앞에 온다.

 부사의 종류에 따른 위치와 그 쓰임을 구분할 수 있어야 한다.

POINT 1 강조 부사

- 형용사와 부사의 원급을 수식하는 부사: very, quite, pretty (꽤, 매우)
- 형용사와 부사의 비교급을 수식하는 부사: much, even, still, a lot, far (훨씬)
- ever는 비교급과 최상급을 모두 수식할 수 있으며, 부정어나 조건절에서도 강조의 의미로 쓰인다.
- 강조부사 too는 부정적인 의미로 '너무 ~한'이라는 의미이며, too~ to(너무 ~해서 ~하지 못하다 / ~하기에는 너무 ~하다) 용법으로 많이 쓰인다.
- 형용사나 부사 앞에 so는 '너무, 매우'라는 의미로 쓰이며, so ~ that 구문(너무 ~해서 ~하다)으로 많이 쓰인다.

POINT 1 주의해야 할 부사

- 형용사, 부사 뒤의 **enough** (충분히)

  Ex Your company is large enough to provide him room for advancement.
  앞에 오는 형용사의 의미를 강조

  당신의 회사는 그를 위한 진급 자리를 줄 만큼 규모가 크다.

- 동사와 분사를 수식하는 **well** (잘)

  Ex He is very sociable and works well with others.

  그는 매우 친화력이 있어서 다른 사람들과 함께 일을 잘합니다.

- 부정문과 의문문에서 사용하는 **yet** (아직)

  Ex Delegates who have not yet booked their accommodations should send e-mails.
  부정문에서 사용되는 yet의 위치는 not 뒤에 오거나, 문장 맨 끝에 온다

  아직 숙박을 예약하지 않은 대표자들께서는 이메일을 보내셔야 합니다.

- **still** (아직)

  Ex People still need everyday appliances and other household items.

  사람들은 일상생활의 가전제품이나 기타 가정용 제품은 여전히 필요하다.

  ① 긍정문일 때는 be동사나 조동사 뒤 / 일반동사보다 앞 (빈도부사의 위치와 같음)
  ② 부정문일 때는 부정어보다 앞에 나온다.

PRACTICE 7

There will be a second and final phase of renovations running from early July to ------- August.

(A) late   (B) lately

PRACTICE 8

Even if your first-years are ------- intelligent and thoughtful, I can't wait to meet some of the graduate students.

(A) so   (B) well

정답 7. (A) 8. (A)

자주 출제되는 부사

(1) 빈도부사

빈도부사는 문장에서 나타내는 특정 사건의 '발생 횟수'를 나타내는 부사로 조동사나 be동사 뒤, 일반동사 앞에 온다.

ever	always	usually	frequently	often	sometimes
언제든	항상	보통	자주, 흔히	자주	때때로, 가끔
occasionally	hardly	rarely	scarcely	seldom	never
가끔	거의 ~ 않다	드물게	거의 ~ 않다	거의 ~ 않다	한 번도 ~하지 않다

Ex Our recent achievement would <u>never</u> have happened without his contribution.
<small>조동사와 일반동사 사이</small>

우리의 최근 성과는 그의 공헌이 없었더라면 이루지 못했을 것이다.

(2) 유사한 형태를 갖는 부사 구분하기

형용사와 부사의 형태가 동일한 어휘들이 있다. 부사 어미인 ly를 붙이면 원래의 의미와는 전혀 다른 의미가 되므로 이런 어휘들을 암기하는 것이 필요하다.

hard	close	late	high	near
열심히	가까이	늦게	높게	가까이
hardly	closely	lately	highly	nearly
거의 ~않다	엄밀히	최근에	매우	거의

Ex Air travel has always been <u>highly</u> related to overall economic activity.
<small>동사인 be related to를 수식하여 연관성이 '매우' 높음을 나타낸다</small>

항공 여행은 항상 전체적인 경제 활동과 연관성이 높아 왔다.

Ex Employees actually reported a fairly <u>high</u> level of happiness with their working conditions.
<small>명사인 level을 수식하는 형용사로 정도가 '높음'을 나타낸다</small>

직원들이 전반적인 근무 조건에 대해서는 꽤 높은 만족도를 보였다.

1. 주어진 어휘의 알맞은 형태를 고르시오.

(1) I'd give you some [general / generally] advice on how to go about constructing the report for grand opening.

(2) Delegates who have not [still / yet] booked their accommodations should send e-mails as soon as possible.

(3) The building does not have [enough / well] hotel rooms, nor were they designed in a way befitting a five-star hotel.

(4) The CEO announced that the [new / newly] salary plan could impact every level of his organization from himself, down to part-timers.

2. 다음 문장에서 틀린 부분을 찾아 바르게 고쳐 보세요.

(1) Employees actually reported a fairly highly level of happiness with their working conditions.

⋯▸ _____

(2) There will be a second and finally phase of renovations running from early July to late August.

⋯▸ _____

(3) Please submit photocopies of each relevant documents to this office ten days prior to your performance review date.

⋯▸ _____

(4) As an entrepreneur for almost two decades, Ms. Rafael brings valuably insight and guidance into each new business sector.

⋯▸ _____

(5) It turns out that CEO John Heller was great inspired by his mentor at Quickdata Inc., an eccentric programmer named Charles Malloy.

⋯▸ _____

STEP 3 실전문제

실전 문제 활용 Tip: Step by Step 코너에 문제 해결 과정을 쓰면서 문제를 풀어보세요.   정답과 해설 p. 46

1. Java Global is a ------- company engaged in the business of sourcing and processing coffee products.

   (A) leading
   (B) leader
   (C) leads
   (D) led

   Step by Step
   ① 보기분석: 여러 품사 혼합
   ② 빈칸 자리 분석: 형용사

   정답 _____

2. Under the agreement, the company has 18 months to plan for construction of an ------- $1 million parking facility.

   (A) estimate
   (B) estimation
   (C) estimated
   (D) estimating

   Step by Step
   ① 보기분석:
   ② 빈칸 자리 분석:

   정답 _____

3. The city continued to let ------- businesses follow the architectural guidelines to maintain the city's landscape.

   (A) local
   (B) locate
   (C) locally
   (D) location

   Step by Step
   ① 보기분석:
   ② 빈칸 자리 분석:

   정답 _____

4. If participants cancel their registration one day before the workshop begins, the registration fees are entirely -------.

   (A) refund
   (B) refunds
   (C) refunding
   (D) refundable

   Step by Step
   ① 보기분석:
   ② 빈칸 자리 분석:

   정답 _____

5. I'm sorry for taking ------- long to reply, but I moved out of town thirteen weeks ago after being promoted to district manager at my firm.

   (A) enough
   (B) so
   (C) only
   (D) still

6. The company will not allow users to see ------- sensitive information in order to protect against data loss and information leaks.

   (A) potent
   (B) potential
   (C) potentially
   (D) potentiality

7. Although labor costs were significantly lower during the last two quarters, the gold mining company ------- failed to show a profit.

   (A) already
   (B) even
   (C) so
   (D) still

8. The new device with GPS took minutes to initialize and required a fairly strong signal to work -------.

   (A) accurate
   (B) accuracy
   (C) accurately
   (D) accuracies

9. Hopefully, these changes will inspire you to scale to ------- greater heights of salesmanship.

   (A) ever
   (B) yet
   (C) always
   (D) never

> **STEP 3**

Questions 10-12 refer to the following letter.

J–Tech Elects New Director

J-Tech (West Paterson, New Jersey) announced today that the Company's Board of Directors has elected Thomas Rabaut as a new director.

Mr. Rabaut, after his military service, started his ---10.--- career with FMC Corporation in 1977 and held a variety of operational leadership positions to become in 1993 the Vice President and General Manager of the FMC Defense Systems Group. ---11.---, the business was acquired by the Carlyle Group, and Mr. Rabaut became President and CEO of this business. Mr. Rabaut led the growth of the business with the introduction of new platforms as well as various successful acquisitions. In 2005, the company was purchased by BAE Systems and Mr. Rabaut was appointed as the first President of the Land Group.

David Lilley, President and Chief Executive Officer commented, "We are delighted that Tom is joining J-Tech's Board of Directors and looking forward to his ---12.--- significant contribution to the continuing successful growth of J-Tech by utilizing his extensive business and operating knowledge and experience."

10. (A) industry
    (B) industrial
    (C) industrious
    (D) industrialize

    ⌃ Step by Step _____
    _____
    ☑ CHECK POINT _____
    정답 _____

11. (A) Subsequent
    (B) Subsequent to
    (C) Subsequence
    (D) Subsequently

    ⌃ Step by Step _____
    _____
    ☑ CHECK POINT _____
    정답 _____

12. (A) make
    (B) making
    (C) to make
    (D) made

    ⌃ Step by Step _____
    _____
    ☑ CHECK POINT _____
    정답 _____

ONE MORE STEP
Unit 10의 중요한 point들을 다시 한 번 정리해 보자.

KEY POINT 01 다음 빈칸에 수량형용사를 써서 문장을 완성해 보세요.

| each | an amount of | a couple of | quite a few |

(1) There are _____ houses up for auction.
   몇 개의 집들이 경매에 나와있다.

(2) _____ person in the class had to talk about the pros and cons of the issue.
   반의 **각각의** 사람들은 주제의 장단점에 대해 이야기를 나눴다.

(3) _____ people donated for our fundraising.
   상당수의 사람들이 우리의 모금에 기부했다.

(4) The company decided to import _____ cash crops.
   회사는 **상당한 양의** 환금 작물을 수입하기로 결정했다.

KEY POINT 02 빈칸에 알맞은 빈도부사를 보기에서 찾아 써 보세요.

| frequently | rarely | never | scarcely |

(1) I could _____ believe my eyes.
   내 눈을 믿을 수가 없군.

(2) The agency _____ updated their consumers' information.
   그 회사는 고객 정보를 자주 업데이트한다.

(3) I've _____ seen such a beautiful painting in my life before.
   나는 내 인생에서 그런 아름다운 그림을 본 적이 없다.

(4) I _____ ever meet him.
   나는 그를 좀처럼 만나지 않는다.

접속사

CHAPTER 5

GRAMMAR

Unit 11   명사절 접속사

Unit 12   부사절 접속사

Unit 13   형용사절 접속사

CHAPTER 5 접속사

UNIT 11
명사절 접속사

GRAMMAR

대표예제

Before hiring another worker, an employer must be convinced ------- the added productivity will exceed the added cost.

(A) what   (B) that   (C) when   (D) whether

KEY POINT

명사절 접속사가 이끄는 문장은 명사처럼 주어, 목적어, 보어 역할을 할 수 있다.
접속부사와 구분할 수 있어야 한다.

Before the Step

이 문제를 해결하기 위해서는 품사에 따라 각 어휘들이 어떻게 다른 문장 성분으로 쓰이는지 이해할 수 있어야 한다.

어휘	품사	뜻	예시	해석
convince	동	설득하다	try to _____ him	그를 설득하려고 하다
convince of		~을 납득시키다	_____ her _____ your innocence	그녀에게 당신의 결백을 납득시키다
convinced	형	확신하는	_____ about the result	결과에 대해 확신하는
convincing	형	설득력 있는	a _____ argument	설득력 있는 주장
convincingly	부	설득력 있게	define _____	설득력 있게 정의하다

Q 다음 구문의 빈칸에 알맞은 품사의 어휘를 위 표에서 골라 써 보세요.

1. need time to _____ them 그들을 **설득할** 시간이 필요하다
2. her explanation sounds _____ 그녀의 설명은 **설득력 있게** 들린다
3. both groups argued _____ 두 그룹 모두 **설득력 있게** 주장했다
4. I'm _____ we can do it. 나는 우리가 그것을 할 수 있다고 **확신한다**.
5. try to _____ me _____ his words 그의 말을 나에게 **납득시키려** 했다

대표예제 정답 **(B) that**

KEY 28 명사절 접속사

STEP 1 대표 예제

It is very important ------- managers behave professionally and treat the employees they supervise with respect.

(A) to   (B) which   (C) that   (D) whereas

 Step by Step

1. **빈칸 자리 분석** 빈칸 뒤에 완전한 문장이 오고 있으므로 접속사 자리임을 알 수 있다.
2. **문장 분석** 빈칸 앞에 It이 있고, 빈칸 뒤에는 완전한 문장이 오고 있으므로 It은 가주어이고 빈칸 이하에 오는 것이 문장의 진주어이다.
3. **정답 추론** 완전한 문장과 함께 진주어를 이룰 수 있는 것은 명사절을 이끄는 접속사 that이다.

해석 관리자들이 전문가답게 행동하는 한편으로 자신들이 관리하는 직원들을 존중해서 대하는 것은 매우 중요한 일이다.

정답 (C) that

 CHECK POINT

(A) to 이하가 진주어가 되기 위해서는 빈칸 뒤가 동사원형으로 시작해야 한다.
(B) which는 명사절로 쓰일 때는 '~인지 아닌지' 혹은 '어떤 것'으로 해석할 수 있으며 주로 문장의 목적어로 사용된다.
(D) whereas는 '반면에'라는 의미로 부사절 접속사로 쓰인다.

 출제 POINT that과 if의 비교

Ex I just wanted to let everyone know **that** I'll be on vacation.
　　　　　　　　　　　　　　　　　　　　　　동사의 목적어 (확실한 사실)
제가 휴가를 떠날 것임을 여러분 모두에게 알려 드리고 싶었습니다.

Ex Let me know **if** you can make it out on Wednesday.
　　　　　　　　동사의 목적어 (불확실한 사실)
수요일에 가실 수 있는지 알려 주십시오.

  명사절은 주어, 목적어, 보어의 역할을 한다.

POINT 1 명사절 접속사의 역할

- 명사절 접속사는 문장에서 주어, 목적어, 보어 자리에 올 수 있다.
- 접속사이기 때문에 뒤에 주어 + 동사 구조의 절을 이끈다.

주어	**Ex** <u>It</u> is entirely possible <u>that</u> I will be reporting information of 　　가주어　　　　　　　　　　　진주어 <u>great interest to the FBI</u>. FBI가 큰 관심이 갈 만한 정보를 보도하게 될 가능성이 아주 큽니다
목적어	**Ex** Please ensure <u>that any attachments are in proper form</u>. 　　　　　　　　동사의 목적어 첨부 파일이 올바른 형태로 오도록 하십시오.
보어	**Ex** The problem is <u>that orders have their own database and computer system</u>.　　be동사 뒤에서 주격보어 문제는 이 주문들이 자체 데이터베이스 및 컴퓨터 시스템을 갖고 있다는 것입니다.

POINT 2 명사절 접속사의 종류

- 자주 출제되는 명사절 접속사

that	'~하는 것'의 뜻으로, 주어, 목적어, 보어 자리에 온다
what	'~하는 것'의 뜻으로, 주어, 목적어, 보어 자리에서 이끄는 명사 기능을 한다. 다만 what절 다음에는 '불완전한 문장'이 나온다는 것을 기억해 두자.
whether / if	'~인지 아닌지'의 뜻으로 불확실한 사실을 나타내는 명사절이다. if는 문장의 주어 역할을 할 수 없으며, or not이나 to부정사와 결합할 수 없다. (whether는 whether to부정사, whether or not과 결합 가능함)
의문사	when 언제 / where 어디서 / why 왜 / how 어떻게 / whose ~의 / which 어떤 것
복합관계 대명사	whoever 누가 ~하든지 / whoever 누구를 ~하든지 / whatever 무엇이든지 / whichever 어떤 것이든지

PRACTICE 1

There is no doubt on ------- will be promoted to the managing director in the next quarter.

(A) who　　　　(B) that

PRACTICE 2

During the flight, cabin crews continuously check on each passenger and ensure ------- they have everything they need.

(A) what　　　　(B) that

정답 1. (A) 2. (B)

KEY 29 　주의해야 할 명사절

STEP 1　대표 예제

> Mining companies usually rely on remote sensing and surface sampling of sediment to determine ------- to sink their exploratory drills.
>
> (A) where　　(B) that　　(C) what　　(D) who

 Step by Step

1. **빈칸 자리 분석** '빈칸 + to부정사'가 앞의 to부정사(to determine)의 목적어 역할을 하고 있다.
2. **문장 분석** '의문사 + to부정사'가 명사 역할을 할 수 있어 목적어 자리에 올 수 있으므로 문맥에 알맞은 의문사를 고른다.
3. **문맥 확인** 빈칸 앞의 구절인 원격 감지기 및 퇴적물의 표면 추출 견본(remote sensing and surface sampling of sediment)는 '위치' 결정에 필요한 요소가 될 것이므로 (A) 가 답으로 적절하다.

해석 채광 회사들은 탐사용 천공기를 박을 곳을 결정하기 위해 대개 원격 감지기 및 퇴적물의 표면 추출 견본에 의존한다.

정답 (A) where

 CHECK POINT

(B) that은 명사절 접속사로 to부정사와 함께 사용하지 않는다.
(C) what(무엇)에 해당하는 their exploratory drills이 빈칸 뒤에 있으므로 적절하지 않다.
(D) who(누구)에 해당하는 정보는 문장의 주어에 이미 있으므로 문맥상 적절하지 않다.

 명사절 역할을 할 수 있는 의문사 + to부정사와 간접의문문, 복합관계대명사절의 구조를 이해한다.

POINT 1 의문사 + to부정사

- 의문사 + to부정사는 명사절 역할을 할 수 있다.
- 의문사 why는 to부정사와 결합하지 못한다.

Ex) Please visit www.whatdotheydo.com to see **how to participate**.
<small>how to + 동사원형이 동사 see의 목적어</small>

www.whatdotheydo.com을 방문하셔서 참가 방법에 대해 알아보시기 바랍니다.

Ex) He knows **when to take** the lead and **when to follow** the instructions of others.
<small>when to + 동사원형이 동사 know의 목적어</small>

그는 언제 솔선수범을 하고 언제 다른 사람들의 지시를 따라야 하는지 알고 있습니다.

POINT 2 명사절 접속사의 종류

- 의문사 + to부정사는 명사절 역할을 할 수 있다.
- 간접 의문문의 어순은 "**의문사 + 주어 + 동사**"

Ex) A customer is asking [**where the manager can be found**].

고객은 매니저가 어디에 있는지를 물어보고 있다.

…→ where가 동사 ask의 목적어 역할을 하는 명사절(간접 의문문)을 이끌고 있으며, 따라서 어순은 의문사 + 주어 + 동사가 되어야 한다.

- what과 복합 관계 대명사도 명사절 접속사로 사용할 수 있다.

what	whoever	whichever	whatever
~하는 것	누구든	어느 것이든	어떤 것이든

whatever	Ex) Take **whatever** you like. 당신이 원하는 것은 무엇이든 가져가세요. : whatever가 이끄는 명사절이 동사 take의 목적어 자리에 오고 있다.
whichever	Ex) Choose **whichever** you think is better for your future. 당신의 미래를 위해 좋다고 생각하는 것을 어떤 것이든지 선택하세요. : 명사절 whichever (you think) is better for your future가 동사 choose의 목적어 자리에 온다. 이때 (you think)는 삽입절로 보면 된다.
whoever	Ex) **Whoever** did this is in big trouble. 이것을 한 사람은 누구든지 큰 어려움에 처해 있다. : Whoever did this가 문장의 주어 자리에 오는 명사절이다.
whomever	Ex) The organization has the right to acknowledge **whomever** they choose. 그 단체는 그들이 누구를 선택하든지 인정할 권리가 있다. : whomever이 동사 acknowledge의 목적어 자리에 오는 명사절을 이끈다.

POINT 3 　명사절 that VS what

- 빈칸이 명사절일 경우 비교하는 방법은 접속사 뒤 완전한 문장의 여부이다.

that	+ 완전한 문장
what	+ 불완전한 문장

Ex To avoid impulse buying, you should think about [**what** / ~~that~~] you need to buy.
충동구매를 피하기 위해서는 필요한 것에 대해서 생각해봐야 한다.

: 전치사 about의 목적어 자리이므로, 명사절이 들어갈 자리이다. that과 what 모두 명사절이 될 수 있지만 뒤에 문장에서 타동사인 buy의 목적어가 없는 불완전한 문장이기 때문에 what이 정답이 되어야 한다.

Ex We know [~~what~~ / **that**] we should avoid impulse buying not to fritter away large sums of money.
우리는 큰 액수의 돈을 탕진하지 않기 위해 충동구매를 피해야 한다는 것을 알고 있다.

: 동사 know의 목적어 자리이므로, 명사절이 들어갈 자리이다. what과 that 모두 명사절이 될 수 있지만 뒤에 문장에서 타동사인 avoid의 목적어가 있는 완전한 문장이기 때문에 that이 정답이 되어야 한다.

PRACTICE 3

The problem is ------- orders have their own database and computer system.

(A) what　　　　(B) that

PRACTICE 4

The company is asking employees for idea on ------- to improve working conditions and other facilities.

(A) why　　　　(B) how

1. 다음 중 올바른 형태를 골라보세요.

(1) Please ensure [that / what] any attachments are in proper form.

(2) I just wanted to let everyone know [if / that] I'll be on vacation.

(3) I'd give you some general advice on [how / what] to go about constructing the press release, though.

(4) The emergency manual explains [where / when] you can find oxygen masks in case of fire.

2. 다음 문장에서 틀린 부분을 찾아 바르게 고쳐 보세요.

(1) Please let Mr. Hirdesh know what you could attend the Friday's banquet or not.

(2) The inspectors need to check what the newly built restaurant requires extra renovations.

(3) The issue of where the new executive takes over their responsibility will be subject to further discussions.

(4) The senate voted 27-26 to approve the motion, which lets workers choose for themselves if to join a labor union.

(5) All of you are required to pay close attention to whatever to check on the facilities listed below.

STEP 3 실전문제

실전 문제 활용 Tip: Step by Step 코너에 문제 해결 과정을 쓰면서 문제를 풀어보세요.   정답과 해설 p. 50

1. Before hiring another worker, an employer must be convinced ------- the added productivity will exceed the added cost.

   (A) what
   (B) that
   (C) when
   (D) whether

   Step by Step
   ① 보기 분석: 접속사
   ② 빈칸 자리 분석: 명사절 접속사
   ③ 문맥 확인: ~라는 것을 확신하다

   정답 _____

2. Workers need to be aware of ------- the company aims for in the end to effectively accomplish tasks that the employer gives them.

   (A) when
   (B) why
   (C) that
   (D) what

   Step by Step
   ① 보기 분석:
   ② 빈칸 자리 분석:
   ③ 문맥 확인:

   정답 _____

3. We know ------- your company is one of several local suppliers of fertilizer to the agricultural communities in this state.

   (A) while
   (B) that
   (C) about
   (D) which

   Step by Step
   ① 보기 분석:
   ② 빈칸 자리 분석:
   ③ 문맥 확인:

   정답 _____

4. If the authorities wish to know ------- I obtained my information, they could bring great pressure to bear on the entire newspaper if I do not share my sources.

   (A) what
   (B) that
   (C) wherever
   (D) where

   Step by Step
   ① 보기 분석:
   ② 빈칸 자리 분석:
   ③ 문맥 확인:

   정답 _____

5. It is normal that you're going to start taking signals you see and hear about ------- people think about you.

    (A) to
    (B) what
    (C) that
    (D) which

    ☆ Step by Step
    ① 보기 분석:
    ② 빈칸 자리 분석:
    ③ 문맥 확인:
    정답 _____

6. Please let Ms. Singh at the accounting department know ------- you want a reimbursement or not to proceed with the related process.

    (A) if
    (B) what
    (C) that
    (D) which

    ☆ Step by Step
    ① 보기 분석:
    ② 빈칸 자리 분석:
    ③ 문맥 확인:
    정답 _____

7. The director of CS department was in charge of holding the seminar in order to inspect ------- our guests revealed disappointments consistently.

    (A) where
    (B) what
    (C) why
    (D) which

    ☆ Step by Step
    ① 보기 분석:
    ② 빈칸 자리 분석:
    ③ 문맥 확인:
    정답 _____

8. ------- the managing director intends you to do will be helpful for your interpersonal relationships as well as for your own career.

    (A) Wherever
    (B) Whenever
    (C) Whoever
    (D) Whatever

    ☆ Step by Step
    ① 보기 분석:
    ② 빈칸 자리 분석:
    ③ 문맥 확인:
    정답 _____

9. We have to decide ------- to comply with their request, or else to tell them we are not prepared to do it unless they are prepared to go over budget.

    (A) what
    (B) where
    (C) when
    (D) whether

    ☆ Step by Step
    ① 보기 분석:
    ② 빈칸 자리 분석:
    ③ 문맥 확인:
    정답 _____

STEP 3

Questions 10-13 refer to the following memo.

Spa Coordinator Wanted

Therma Spa at Bath is seeking a highly motivated individual to fill the Spa Coordinator role. We pride ---10.--- in delivering 5-star customer service and quality care to each and every client who enters our facility.

Beyond the responsibility of scheduling appointments and cashiering, the position also entails overseeing the day-to-day operations of the spa by ---11.--- clients and spa technicians. This may include working at the front desk, helping with stocking of spa products, and providing information about spa products to curious guests. The coordinator is ---12.--- for obtaining a complete understanding of the spa's computer software, as well as all products and services available to clients.

Qualified candidates, please e-mail your résumé and salary requirements to therma@spabath.com. Do not forget to indicate ---13.--- you're available for contact.

10. (A) us
    (B) our
    (C) ours
    (D) ourselves

    ☆ Step by Step _____
    _____
    ☑ CHECK POINT _____
    정답 _____

11. (A) assist
    (B) assisted
    (C) assisting
    (D) to assist

    ☆ Step by Step _____
    _____
    ☑ CHECK POINT _____
    정답 _____

12. (A) responsibility
    (B) responsibly
    (C) responsible
    (D) responsive

    ☆ Step by Step _____
    _____
    ☑ CHECK POINT _____
    정답 _____

13. (A) when
    (B) whenever
    (C) what
    (D) whatever

    ☆ Step by Step _____
    _____
    ☑ CHECK POINT _____
    정답 _____

ONE MORE STEP — Unit 11의 중요한 point들을 다시 한 번 정리해 보자.

KEY POINT 01 다음 빈칸에 명사절인 that 또는 what을 써서 문장을 완성해 보세요.

(1) The new employee didn't know _____ to do on their very first day on the job.
신입 직원들은 그들의 근무 첫 날에 무엇을 해야 할 지 몰랐다.

(2) Please make sure _____ applications are submitted by post.
지원서가 우편으로 제출되는지 확인해 주십시오.

(3) A debate team explained about _____ they are trying to argue.
토론팀은 그들이 논쟁하고자 하는 것이 무엇인지를 설명했다.

(4) The manager notified them _____ a meeting will be held soon.
관리자는 그들에게 회의가 곧 시작될 것임을 알려주었다.

(5) It seems like you don't know _____ is really important.
너는 무엇이 중요한지를 모르는 것처럼 보인다.

KEY POINT 02 빈칸에 알맞은 빈도부사를 보기에서 찾아 써 보세요.

| whether | whichever | if | when |

(1) _____ you would like to enroll in this course, please enroll as soon as possible.
이 과목에 등록하고 싶으면, 되도록 빨리 등록해라.

(2) I wasn't sure _____ you are coming or not.
나는 네가 올지 안 올지 잘 몰랐다.

(3) _____ choice you make, you will learn valuable lessons.
네가 어떤 선택을 하든, 귀중한 교훈들을 배울 것이다.

(4) _____ do I have to file my income tax return?
언제 소득세 신고를 해야 합니까?

CHAPTER 5 접속사

UNIT 12
부사절 접속사

GRAMMAR

대표예제

------- the seminar, the company's specialists led several mini-workshops to demonstrate advances in today's technology.

(A) While   (B) Provided   (C) During   (D) As of

KEY POINT

두 문장을 연결하는 다양한 접속사의 의미에 따른 쓰임을 이해하고 다른 품사와 구분할 수 있어야 한다.

Before the Step

이 문제를 해결하기 위해서는 품사에 따라 각 어휘들이 어떻게 다른 문장 성분으로 쓰이는지 이해할 수 있어야 한다.

special	형 특별한	a _____ occasion	특별한 경우
specially	부 특별히	was _____ made for her	그녀를 위해 특별히 만들어 지다
specialty	명 특성, 전문	the professor's _____	교수의 전공 분야
specialize	동 (~을) 전공하다	_____ in psychology	심리학을 전공하다
specialist	명 전문가, 전문의	a skin _____	피부과 전문의

Q 다음 구문의 빈칸에 알맞은 품사의 어휘를 위 표에서 골라 써 보세요.

1. this restaurant's _____ 이 레스토랑의 **전문**
2. a _____ in international law 국제법 **전문가**
3. a _____ case **특별한** 경우
4. _____ in repairing vehicles 차량 수리를 **전문으로 하다**
5. _____ designed for pets 애완동물을 위해 **특별히** 제작된

대표예제 정답 (C) During

KEY 30 부사절 접속사

STEP 1 대표 예제

------- tenants are finding space in short supply in the suburbs, there is considerably more space available downtown.

(A) Yet (B) When (C) While (D) Though

Step by Step

1. **빈칸 자리 분석** 보기는 모두 접속사로 사용할 수 있는 어휘들이므로 문맥에 가장 알맞은 접속사를 고르는 문제이다. 부사로 흔히 쓰이는 yet이 접속사로도 쓰일 수 있는 것에 주의한다.
2. **문맥 확인** 콤마(,)를 사이에 둔 두 문장의 내용이 상반되어 있으므로 '반면에'라는 의미를 나타낼 수 있는 (C) 가 정답이다.

해석 세입자들은 교외에 주거 공간의 공급이 부족하다고 생각하고 있으나, 시내에는 구할 수 있는 주거 공간이 훨씬 더 많이 있다.

정답 (C) While

CHECK POINT

(A) Yet은 부사로 쓰이면 '아직, 결국은' 등의 의미로 쓰이고, 접속사로 쓰이면 '~인데도, 그럼에도 불구하고'라는 의미로 쓰인다.
(B) When은 시간의 접속사로 '~때'라는 의미로 쓰인다.
(D) Though는 양보의 접속사로 '~에도 불구하고'라는 의미이다.

두 개의 절을 연결할 수 있는 접속사는 그 의미에 따라 종류가 다양하다.

POINT 1   부사절 접속사의 역할과 종류

● 완전한 두 문장을 연결하며, 주로 주절 다음에서 문장을 수식하는 역할을 한다. 강조될 경우에는 문장의 앞에 나오기도 한다.

시간	when	while	as	before
	~할 때	~하는 동안	~할 때	~하기 전에
이유	because	as	since	in that
	~때문에			~라는 점에서
조건	if	unless	once	in case
	만일 ~라면	~하지 않는 한	일단 ~하면	~할 경우에
양보	though	although	even though	even if
	~에도 불구하고			
결과 / 목적	so ~ that	such ~ that	so that	in order that
	너무 ~해서 ~하다		~하기 위해서	
기타	as if	assuming that	considering	given that
	마치 ~처럼	~라고 가정하면	~을 고려하면	

PRACTICE 1

Our policy is to offer refunds to customers ------ the item is not damaged and is returned within 30 days of the purchase.

(A) if   (B) unless

PRACTICE 2

Robots could conduct research in space much more efficiently, ------ they do not need life-support systems or to return home.

(A) as   (B) so that

정답 1. (A) 2. (A)

KEY 31 접속사와 다른 품사

STEP 1 대표 예제

Australian curriculum will be helpful for Thai hotel and tourism management trainees ------- the similarities in both countries' tourism resources.

(A) due to (B) as (C) besides (D) so that

Step by Step

1. **보기 분석** 보기는 접속사와 전치사가 혼합되어 있으므로 빈칸에 알맞은 품사와 의미를 모두 고려해야 한다.
2. **빈칸 자리 분석** 빈칸 뒤에 명사구가 있으므로 접속사가 아닌 전치사가 올 자리이다.
3. **문맥 확인** 빈칸 앞에서 호주의 교육 과정이 태국의 호텔 관광 경영 연수생들에게 유용할 것이라고 하고 있는데 이는 빈칸 뒤의 두 나라의 자원의 유사성 '때문'이라고 보는 것이 자연스러우므로 정답은 (A) 이다.

해석 양국 관광 자원의 유사성으로 인해, 호주의 교육 과정이 태국의 호텔 관광 경영 연수생들에게 유용할 것이다.

정답 (A) due to

CHECK POINT

(B) as는 전치사로 쓰이면 '~로서'라는 의미이며, 접속사로는 '~때문에'라는 의미로 쓰인다.
(C) besides는 전치사로 '게다가'라는 의미이다.
(D) so that은 접속사로 '~하기 위해서'라는 의미이다. (*so ~ that 구문과 비교하여 함께 알아두는 것이 좋다.)

접속사를 다른 품사, 특히 전치사와 구분하는 문제가 자주 출제된다.

POINT 1 접속사 VS 전치사

- 명사 / ~ing(동명사)를 이끄는 전치사와 달리, 접속사는 주어와 동사를 갖춘 절을 이끌며 문장과 문장을 연결하는 역할을 한다.
- 이 때, 비슷한 의미의 전치사와 접속사를 구별할 수 있어야 한다.

	전치사	접속사
~동안	during, for	while
~하자마자	upon	as soon as
~때문에	because of, due to, owing to	because, since, as
~에도 불구하고	despite, in spite of	though, although, even though
~인 경우에	in case of	in case, provided that
~하지 않으면	without, except (for)	unless
~을 제외하면	except / except for	except that / but that

Ex While 【*During*】 I'm away, please direct all of your e-mail correspondences to Charles Lehnsherr. (접속사 + 문장(주어 + 동사): 전치사 During은 나올 수 없다)

제가 없는 동안 오가는 여러분의 모든 이메일을 찰스 렌셔르에게 보내시기 바랍니다.

PRACTICE 3

Roberta got the promotion ------- she did the wonderful work in the advertising department.

(A) because   (B) because of

PRACTICE 4

The new plane has a detachable cabin which can be separated from the aircraft ------- an emergency.

(A) in case   (B) in case of

정답 3. (A) 4. (B)

SPECIAL STEP

▶ 부사절 접속사는 문장과 문장을 연결할 수 있지만, 접속 부사는 "부사"이기 때문에, 접속사 기능이 없다. 따라서 문장과 문장을 연결할 수 없다.

> **** 접속부사의 자리**
> ① S + V . _____ , S + V
> ② S + V ; _____ , S + V
> ③ S + V 접속사 + _____ S + V

(1) Robots could conduct research in space much more efficiently, 【 as / ~~otherwise~~ 】 they do not need life-support systems or to return home.

생명 유지 장치나 집으로 돌아갈 필요가 없기 때문에 로봇은 우주에서 사람보다 더 효율적으로 연구를 수행할 수 있다.

: 문장과 문장을 연결하는 접속사 자리이기 때문에 부사인 otherwise는 정답이 될 수 없다.

(2) He is competent and hard-working. 【 Moreover, 】 he has a wide network of corporate contacts throughout this city.

그는 경쟁력이 높고 근면합니다. 더욱이, 그는 이 도시 전역에 걸쳐 기업에 폭넓은 인맥을 가지고 있습니다.

: 두 문장을 연결하는 것이 아니라, 두 번째 문장의 첫 머리에 접속부사 + 콤마(,)가 온다.

(3) One drawback is that the two webs cannot be viewed simultaneously, 【 ~~therefore~~ / and therefore 】 the observer must rely on the uniformity.

한가지 단점은 두 화면이 동시에 보여질 수 없다는 것이기 때문에 보는 사람은 균일성에 의존해야 한다.

: 접속부사는 문장을 연결할 수 없으므로 한 문장으로 만들기 위해서는 접속사가 필요하다. 따라서 therefore 가 단독으로 문장을 연결할 수는 없다.

▶ 시험에서 자주 출제되는 접속 부사를 정리해 두고, 부사절 접속사 및 등위 접속사와 구별하도록 하자.

** 자주 출제되는 접속부사

반전, 양보	however 그러나 / otherwise 그렇지 않으면, nevertheless, nonetheless 그럼에도 불구하고
부가	besides / moreover 게다가 furthermore 뿐만 아니라, 더욱이
결과	therefore, hence 그러므로 / then 그리고 나서

 연습문제

1. 주어진 어휘의 알맞은 형태를 고르시오.

(1) We advise you to repeat your work routine [until / if] you fully comprehend it.

(2) Please finish your paperwork [while / by the time] the agent arrives to review it.

(3) [When / Once] our staff confirmed the details of your online orders, we found out your shipping address was not valid.

(4) [Upon / As soon as] a brief introduction is over, go on to discuss the commercial aspects of the business.

2. 다음 문장에서 틀린 부분을 찾아 바르게 고쳐 보세요.

(1) The date of shipment has been delayed due to one of the items has been unpacked.

⋯▸ _____

(2) In that one of the employees reported errors on his payslip, his employer ignored them.

⋯▸ _____

(3) All workers record their daily performances in detail in order to they get bonuses for their extra achievements.

⋯▸ _____

(4) The executives intend to approve of the research proposal, as if CEO wants to reject it due to over budget.

⋯▸ _____

(5) Though the remodeling in the airport, passengers are advised to arrive early for flights in anticipation of possible crowds.

⋯▸ _____

STEP 3 실전문제

실전 문제 활용 Tip: Step by Step 코너에 문제 해결 과정을 쓰면서 문제를 풀어보세요.

정답과 해설 p. 54

1. ------- his prior experience qualifies him for the position, his reputation among colleagues is also crucial in the promotion.

    (A) Despite
    (B) Though
    (C) As
    (D) Owing to

    Step by Step

    ① 보기 분석: 접속사와 전치사

    ② 빈칸 자리 분석: 접속사

    ③ 문맥 확인: 양보의 접속사

    정답 _____

2. When you receive your order, do not throw away packing materials and an attached receipt ------- you wish to return or exchange an item.

    (A) as if
    (B) whereas
    (C) in case
    (D) unless

    Step by Step

    ① 보기 분석:

    ② 빈칸 자리 분석:

    ③ 문맥 확인

    정답 _____

3. ------- the company faced financial difficulties, it did not stop creative attempts to develop new products.

    (A) Except
    (B) As long as
    (C) Upon
    (D) Even though

    Step by Step

    ① 보기 분석:

    ② 빈칸의 문장 구성 성분 파악:

    ③ 전치사가 필요한가?

    정답 _____

4. ------- her health issues were complex, the CEO announced her decision to turn the position over to Mr. Martinez.

    (A) Although
    (B) Because
    (C) While
    (D) Unless

    Step by Step

    ① 보기 분석:

    ② 빈칸의 문장 구성 성분 파악:

    ③ 전치사가 필요한가?

    정답 _____

5. The company decided to waive its legal rights ------- it planned to receive funds from the government to avoid bankruptcy.

    (A) due to
    (B) since
    (C) in case
    (D) not but

6. ------- the seminar, the company's specialists led several mini-workshops to demonstrate advances in today's farm management technology.

    (A) While
    (B) Provided
    (C) During
    (D) As of

7. ------- labor costs were significantly lower during the last two quarters, the gold mining company still failed to show a profit.

    (A) Except that
    (B) Without
    (C) Although
    (D) In spite of

8. ------- completed, the world's first vertical cable car will transport passengers over 100m up, making it the world's highest observation platform.

    (A) Once
    (B) As
    (C) As to
    (D) Beyond

9. All products will be refunded within 15 days of purchase ------- their original cases have been removed.

    (A) instead of
    (B) otherwise
    (C) provided that
    (D) unless

STEP 3

Questions 10-12 refer to the following e-mail.

From: Martha Robinson
Subject: Network Shutdown

Dear all,

---10.--- necessary repairs to the computer network service fed to Oak Building, all network services in the building will be temporarily shut down. ---11.---, this will affect computer connectivity in the building which will include access to: e-mail, Internet and personal and/or shared network spaces. It is unknown at this time if IP phones will be affected by this shutdown, so please be aware that phone service may also be temporarily interrupted. Please be sure to restart your computer after the scheduled shutdown period has passed, to restore all network connectivity. This shutdown will begin at 8 A.M. on March 28 and will end at 5 P.M.

---12.--- For more information, please contact: Andre Aylwin, Director of Operations, Facilities Management 398-8192.

Martha Robinson
Maintenance Coordinator

10. (A) So that
    (B) Besides
    (C) Due to
    (D) In contrast to

11. (A) However
    (B) Therefore
    (C) So that
    (D) Given that

12. (A) I will telephone you shortly.
    (B) We look forward to seeing you there.
    (C) I compliment you on recruiting such able young men like Mr. Martha Robinson.
    (D) We regret the inconvenience this situation may cause.

ONE MORE STEP
Unit 12의 중요한 point들을 다시 한 번 정리해 보자.

KEY POINT 01
전치사 VS 접속사: 다음을 전치사와 접속사로 구별해 보세요.

during	while	except
despite	although	unless
because	in case of	without

전치사		접속사	

KEY POINT 02
빈칸에 알맞은 부사절 접속사를 보기에서 찾아 써 보세요.

once   before   as if   since

(1) He looked _____ he had seen a ghost.
그는 마치 귀신이라도 본 것 같았다.

(2) She doesn't need your help _____ she can do it by herself.
그녀가 혼자 할 수 있기 때문에 너의 도움이 필요 없다.

(3) You can start writing _____ you finish reading it.
다 읽으면 쓰기 시작해도 된다.

(4) The meeting started _____ he arrived.
그가 도착하기 전에 회의가 시작했다.

CHAPTER 5 접속사

UNIT 13 형용사절 접속사

GRAMMAR

대표예제

Sarah needs to know the number of people ------- will be attending the lunch meeting, so let's ask people to confirm their attendance by e-mail.

(A) what   (B) who   (C) which   (D) when

KEY POINT

관계대명사절은 문장 내에서 앞에 오는 명사를 수식하므로 형용사절이라 하며, 관계사의 위치와 종류를 구분하고 관계부사와의 차이도 구분할 수 있어야 한다.

Before the Step

이 문제를 해결하기 위해서는 품사에 따라 각 어휘들이 어떻게 다른 문장 성분으로 쓰이는지 이해할 수 있어야 한다.

attend	동 참석하다	_____ a meeting	모임에 참석하다
attendance	명 출석, 참석률	poor _____	낮은 출석률
attendee	명 참석자	more than 200 _____s	200명이 넘는 참석자들
attentive	형 귀를 기울이는, 신경을 쓰는	an _____ listener	경청하는 청취자
attentively	부 조심스럽게, 신경 써서	watched _____	조심스럽게 보았다

Q 다음 구문의 빈칸에 알맞은 품사의 어휘를 위 표에서 골라 써 보세요.

1. the number of _____s 참석자들의 수
2. _____ lectures everyday 매일 강의를 참석하다
3. mandatory _____ 의무적인 출석
4. _____ to detail 세부사항에 신경 쓰는
5. listened to the question _____ 문제를 조심스럽게 들었다

대표예제 정답 **(B) who**

KEY 32 관계대명사

 STEP 1 대표 예제

> Shortly after becoming the vice president, Ms. Simpson asked every staff member ------- worked for her to attend a company-wide meeting.
>
> (A) who (B) whom (C) which (D) they

Step by Step

1. **문장 분석** 문장의 주어는 Ms. Simpson, 동사는 asked로 빈칸 이하는 목적어이자 선행사인 staff member를 수식하는 절이므로 문맥에 적절한 관계대명사를 고르는 문제이다.
2. **빈칸 자리 분석** 선행사가 사람이고, 빈칸 다음에 동사가 있으므로 빈칸은 주어 역할을 할 수 있는 관계대명사가 필요하다.
3. **정답 추론** 사람인 선행사를 수식할 수 있는 주격 관계대명사는 (A) 이다.

해석 심슨 씨는 부사장이 된 지 얼마 안 되어, 그녀를 위해 일했던 모든 직원들에게 전체 회의에 참석하라고 했다.

정답 (A) who

CHECK POINT

(B) whom은 사람인 선행사를 수식할 수 있는 목적격 관계대명사이다.
(C) which는 주격, 목적격으로 모두 사용할 수 있지만 선행사가 사물인 경우 사용한다.
(D) they는 문장의 주어로 사용할 수 있으나, 대명사로 두 문장을 연결할 수는 없으므로 빈칸에 적절하지 않다.

출제 POINT

● 관계대명사의 격은 빈칸 뒤의 문장 성분을 보고 판단해야 한다!

주격 관계대명사	+ V
목적격 관계대명사	+ S + V
소유격 관계대명사	+ Noun + V

* 소유격 관계대명사의 경우 선행사와 관계대명사 뒤의 명사와 연관 지어 해석했을 때 '~의'로 해석되는지 살펴 보면 된다.

 Critical KEY 관계사절은 명사를 수식할 수 있으며 수식하고자 하는 대상에 따라 달라질 수 있다.

 **POINT 1** 관계대명사의 종류: 주격 VS 목적격 VS 소유격의 비교

선행사	주격	목적격	소유격
사람	who	whom	
사물	which	which	whose
사람 / 사물	that	that	

- 관계대명사는 접속사 + 대명사로, 문장에서 대명사를 대신해서 쓰이기 때문에, 뒤의 문장은 불완전한 문장이 된다. (주어 혹은 목적어의 생략)
- 관계대명사는 수식하고자 하는 명사인 선행사에 따라 종류가 달라진다.
- 빈칸에 어떤 관계대명사가 들어가야 하는지는 관계대명사 뒤의 절에서 어떤 문장 성분이 없는지를 보고 판단한다. 주어가 없으면 주격, 목적어가 없는 경우에는 목적격이 필요하다.
- 소유격 관계대명사는 뒤에 문장성분을 보면 완전한 것 같지만, 명사와 함께 주어 역할을 한다는 것을 알아 두자!

 **TIP!**

① 빈칸이 주격이나 목적격이 아니면 소유격 관계대명사가 정답이다.
② 소유격 관계대명사는 선행사와 관계사 뒤의 명사가 합쳐져서 "~의"라고 해석이 되어야 한다.

PRACTICE 1

You may also wish to contact Bill Buckley, John's manager, ------- I know thinks as highly of him as I do.

(A) who   (B) whom

PRACTICE 2

Applicants ------- are unable to save their résumé in that format may paste their résumé into the body of their covering e-mail.

(A) which   (B) who

정답 1. (A) 2. (B)

KEY 33 관계부사

STEP 1 대표 예제

> When someone comes to inquire about our products, we have a conference room ------- we can sit down and talk.
>
> (A) how   (B) what   (C) which   (D) where

 Step by Step

1. **보기 분석** 보기의 관계대명사와 관계부사 중 적절한 것을 고르는 문제이다.
2. **빈칸 자리 분석** 빈칸 뒤 절이 문장 성분을 모두 갖추고 있는 완전한 절이므로 관계부사인 (A), (D) 중에 고른다.
3. **문장 분석** 선행사가 a conference room(회의실)로 장소를 나타내므로 (D) 가 적절하다.

해석 우리 제품에 관해 누군가 문의하러 오면, 앉아서 이야기할 수 있는 회의실이 있습니다.

정답 (D) where

 CHECK POINT

(A) how는 선행사가 '방법'일 때 사용할 수 있는 관계부사로 선행사나 관계부사 둘 중 하나를 생략하고 사용해야 하므로 적절하지 않다.
(B) what은 선행사를 포함하는 관계대명사이므로 선행사 뒤에서는 사용할 수 없다.
(C) which는 관계대명사로 빈칸은 완전한 문장 앞이므로 적절하지 않다.

 관계부사는 선행사에 따라 달라지며, 전치사 + 관계대명사로 바꾸어 쓸 수 있다.

POINT 1 관계대명사의 종류: 주격 VS 목적격 VS 소유격의 비교

● 자주 출제되는 명사절 접속사

when (시간) = in / at / on which	April 1 is the day **when** [= on which] Emily first met James. 4월 1일은 에밀리가 제임스를 처음 만난 날이다.
where (장소) = in / at / on which	Bonn is the city **where** [= in which] Beethoven was born. 본은 베토벤이 태어난 도시이다. : 단, where의 선행사로 장소뿐만 아니라, case, condition, example, situation, system, program, point 등이 올 수도 있다.
why (이유) = for which	Could you tell me the reason **why** [= for which] you turned down the job? 왜 일을 거절했는지 말해줄 수 있으세요?
how (방법) = in which	It will give new employees a good opportunity to see [~~the way~~] **how** the production line functions. 이는 직원들에게 생산 라인이 어떻게 돌아가는지를 볼 수 있는 좋은 기회를 제공할 것이다. : how는 선행사와 관계부사를 동시에 사용할 수 없으므로, 둘 중 하나를 생략해야 한다.

● 관계부사는 접속사 + 부사의 역할을 하며, 관계부사는 관계대명사와 달리 부사를 대신해서 쓰인다. 명사는 문장의 핵심 성분이기 때문에, 그것을 없애고 쓴 관계대명사는 뒤의 문장이 불완전하다. 그러나 부사는 수식어에 불과하기 때문에, 그것을 없애고 관계부사를 써도 뒤의 문장 성분에는 전혀 영향을 주지 않는다. 따라서 관계부사는 뒤의 문장이 완전한 문장이 된다.

● 또한 관계부사는 전치사 + 관계대명사로 바뀔 수 있다.

● 복합관계부사: 복합관계부사는 선행사 없이 사용하며 아래의 표현들과 바꾸어 사용할 수 있다.

whenever 언제든지	wherever 어디든지	however 아무리 ~해도
no matter when	no matter where	no matter how

PRACTICE 3

All consumers could visit www.Oprah.com ------ they were supposed to be able to download a coupon for a free meal.

(A) where　　(B) how

PRACTICE 4

Cinemas present the opposite problem, in ------ cellphone conversations must be avoided to preserve the silence of the audience.

(A) which　　(B) why

정답 1. (A) 2. (A)

KEY 34   주의해야 할 관계사

STEP 1   대표 예제

> Mr. Weiss proposed increasing the range of items ------- which sales staff can earn commission as a way to cope with the declines in stock market values.
>
> (A) on   (B) of   (C) above   (D) until

Step by Step

1. **보기 분석** 빈칸에 적절한 전치사를 고르는 문제이다.
2. **문장 분석** 빈칸 뒤에 관계대명사가 있으므로 '전치사 + 관계대명사' 구문으로, 전치사는 빈칸 이후의 문장에 따라 결정된다.
3. **정답 추론** 빈칸 뒤의 earn commission은 전치사 on과 함께 '~에 대한 수수료를 벌다'라는 의미로 사용되는데, 빈칸 이후나 문장 마지막에 전치사 on이 없으므로 관계대명사 앞인 빈칸에 오게 된다.

해석 바이스 씨는 주식 시장에서의 하락세에 대처하기 위해 판매 사원들이 수수료를 받는 상품들의 범위를 늘릴 것을 제안했다.

정답 (A) on

CHECK POINT

(B) of는 '~의'라는 의미의 전치사이다.
(C) above는 주로 위치를 나타낼 때 사용하는 전치사이다.
(D) until은 '~까지'의 의미로 전치사 혹은 접속사로 사용한다.

 Critical KEY   전치사나 콤마(,)와 함께 쓰일 때 관계 대명사의 용법에 주의한다.

POINT 1   전치사 + 관계대명사

- 관계대명사가 있는 절의 맨 뒤에 있는 전치사는 관계대명사 앞으로 이동할 수 있다. 이 때 전치사는 선행사나 관계대명사 절의 동사에 따라 달라진다.

- 단, 관계대명사 that은 전치사 뒤에 사용할 수 없다.

  Ex I suggested a new idea + Many people are opposed [to] a new idea.
  나는 많은 사람들이 반대하는 새로운 아이디어를 제안했다.

  ① I suggested a new idea which many people are opposed to.
  : which 다음 문장이 many people are opposed to에서 끝나는데, 전치사 to의 목적어가 존재하지 않으므로 목적격 관계대명사 which가 들어갔으며, 이는 that과 바꾸어 쓸 수 있다. 뒤에 전치사 to가 남겨진다는 것을 주목하자.(to는 생략할 수 없음) 다만 목적격 관계대명사 which / that은 생략해도 된다.

  ② I suggested a new idea to which many people are opposed.
  : 뒤에 있던 전치사를 목적격 관계대명사 which 앞으로 옮길 수 있다. 단, 이때는 목적격 관계대명사 that을 사용할 수 없다.

POINT 2   관계대명사의 계속적 용법

- 관계대명사는 보통 선행사 뒤에서 선행사를 수식하는 한정적 용법으로 쓰이나 관계사 앞에 콤마(,)를 수반하면 계속적 용법이 된다.

- 계속적 용법은 관계사 앞의 절부터 해석하고 순차적으로 관계사 뒤의 절을 해석한다. 단, 계속적 용법의 관계대명사는 생략할 수 없고, that은 관계대명사의 계속적 용법으로 쓰일 수 없다.

  Ex I have enclosed my resume, which details my experience and background, along with a list of my accomplishments.
  저는 이력서를 동봉했는데, 이는 제가 달성한 성과 목록 및 경력과 배경을 자세히 나타내고 있습니다.

PRACTICE 5

Tiger Motors picked California as a launching state because it is a large auto market in ------- the company would like to improve its performance.

(A) that   (B) which

PRACTICE 6

Reservations are free, ------- means that you don't pay us anything.

(A) which   (B) that

관계대명사 VS 관계부사 VS 명사절 what의 비교

출제 POINT
① 관계사 **뒤의 문장**을 확인한다.
: 뒤의 문장이 완전한 문장인지, 불완전한 문장인지 먼저 본다.
② 관계사 **앞의 선행사**를 확인한다.

- 시험에서는 관계대명사와 관계부사를 비교하는 문제가 자주 출제된다.
- 이때 명사절 what도 같이 비교해두도록 하자.

선행사		뒤에 문장
선행사 ○ (사람 / 사물인지 확인!)	관계대명사 (who, whom, which, that)	불완전한 문장 *소유격관계대명사 주의!
선행사 X	what (선행사를 포함한 관계대명사) = the thing which	불완전한 문장
장소, 시간, 이유, 방법의 선행사 (생략도 가능)	관계부사	완전한 문장

Ex Tom bought the two houses on the hill 【which / ~~what~~】 are very big.
　Tom은 언덕 위에 있는 매우 큰 2개의 집을 구입했다.
　: 뒤의 문장에서 주어가 없고 선행사는 two houses이므로, 주격 관계대명사 which가 정답이다.
　　(= that으로 대체 가능) 선행사가 있으므로 what은 들어갈 수 없다.

Ex I like the house 【~~which~~ / where】 Tom lives.
　나는 Tom이 살고 있는 집을 좋아한다.
　: 뒤의 문장이 Tom lives(주어 + 자동사) 완전한 문장이고 선행사는 the house이므로 장소의 관계부사
　　where이 정답이다.(= in which 로 대체 가능)

Ex 【~~That~~ / what】 you need is some advice from your parents.
　네가 필요한 것은 부모님으로부터의 몇 가지 조언이다.
　: 주어 자리에 나오는 명사절이며 you need (주어 + 타동사) 뒤에 목적어가 없으므로 불완전한 문장이다.
　　따라서 what이 정답이다.(that VS what 명사절 참고)

1. 주어진 동사의 알맞은 형태를 고르시오.

(1) Applicants [who / whom] passed job interviews gave individual presentations afterwards.

(2) The plan [who / which] he rejected faced a huge success in the end.

(3) Mr. Bison is looking for an employee [whom / which] he will trust.

(4) I have recently also earned my B.Ed., [that / which] qualifies me to work as a teacher at any school in the nation.

2. 다음 문장에서 틀린 부분을 찾아 바르게 고쳐 보세요.

(1) Please visit our office which our clerks will be waiting to assist you during business hours.

⋯▸ _____

(2) This party is to honor Mr. Collins, who I express my gratitude for his long years of hard work.

⋯▸ _____

(3) The annual shareholders' meeting where takes place on Monday covers some sensitive agendas.

⋯▸ _____

(4) The tobacco company what launched a campaign appealing to under 18 crowd met harsh criticism from the public.

⋯▸ _____

(5) The organization asserted that the government should raise the age whose individuals are allowed to buy alcohols from 18 to 20.

⋯▸ _____

STEP 3 실전문제

실전 문제 활용 Tip: Step by Step 코너에 문제 해결 과정을 쓰면서 문제를 풀어보세요.   정답과 해설 p. 60

1. Sarah needs to know the number of people ------- will be attending the lunch meeting on Friday, so let's ask people to confirm their attendance by e-mail by Thursday morning.

   (A) what
   (B) who
   (C) which
   (D) when

   Step by Step
   ① 보기 분석: 관계 대명사 VS 관계 부사
   ② 빈칸 자리 분석: 주격 관계대명사

   정답 _____

2. After working several years in the consulting industry, he felt that ------- advice he was giving clients, it was more inclined to generate business for him.

   (A) whenever
   (B) wherever
   (C) whatever
   (D) whomever

   Step by Step
   ① 보기분석:
   ② 빈칸 자리 분석:

   정답 _____

3. The thermal power plant ------- provided power to the entire city threatened the health of citizens.

   (A) which
   (B) who
   (C) where
   (D) when

   Step by Step
   ① 보기분석:
   ② 빈칸 자리 분석:

   정답 _____

4. The board members ------- consensus is required to initiate our new marketing project are all opposed to its implementation.

   (A) who
   (B) which
   (C) that
   (D) whose

   Step by Step
   ① 보기분석:
   ② 빈칸 자리 분석:

   정답 _____

5. The speech that the president gave on the 5-year business plan impressed most employees, most of ------- have ambitions to contribute positively toward great success.

   (A) whom
   (B) which
   (C) they
   (D) them

6. You can leave early as long as you submit a note of excuse to the person ------- duty is to oversee employees' work performance.

   (A) which
   (B) who
   (C) whom
   (D) whose

7. Mr. Atherton is expected to be relocated to the headquarters, ------- he will take over the managerial position vacant due to a recent retiring of an executive.

   (A) where
   (B) when
   (C) that
   (D) which

8. ------- the CEO delivers a welcoming speech, all employees are asked to wait until the end to ask questions about company policy.

   (A) Whatever
   (B) Whenever
   (C) Whomever
   (D) Whichever

STEP 3

Questions 9-11 refer to the following advertisement.

Come to Europe this summer!

Are you graduating from high school this year? Congratulations! You did it!

Are you a college student? Well, what are you waiting for?

Are you a college graduate ---9.--- looking for that first job?

Then, you might want to take a break for a little bit!

There is a reason ---10.--- Europe is the favorite backpacking destination for youngsters. You only get to be young once. It will be a lot more difficult to pack up and leave when you have children to look after!

This is your time! This is your chance to roam free!

If you're a backpacker between the age of 18 and 35, our hostels ---11.--- you the student rate throughout the summer!

See you in Europe!

9. (A) still
   (B) yet
   (C) ever
   (D) only

   ≋ **Step by Step** _____
   _____
   ☑ **CHECK POINT** _____
   정답 _____

10. (A) what
    (B) or
    (C) which
    (D) why

    ≋ **Step by Step** _____
    _____
    ☑ **CHECK POINT** _____
    정답 _____

11. (A) offer
    (B) will offer
    (C) would offer
    (D) would have offered

    ≋ **Step by Step** _____
    _____
    ☑ **CHECK POINT** _____
    정답 _____

ONE MORE STEP
Unit 13의 중요한 point들을 다시 한 번 정리해 보자.

KEY POINT 01
전치사 VS 접속사: 다음을 전치사와 접속사로 구별해 보세요.

that whom who which whose	선행사	주격	목적격	소유격
	사람			
	사물			
	사람 / 사물			

KEY POINT 02
빈칸에 알맞은 부사절 접속사를 보기에서 찾아 써 보세요.

> no matter how   wherever   whatever   whenever

(1) You can leave _____ you want.
원하면 **언제든지** 가도 좋다.

(2) _____ many times I read it, I can't seem to understand it.
아무리 읽어**봐도** 이해할 수 없을 것 같다.

(3) _____ you go, you will have access to the Internet.
네가 **어딜** 가던지 인터넷 접속이 가능할 것이다.

(4) _____ he wears, he always looks fashionable.
무엇을 입던지 그는 항상 패션감각이 뛰어나 보인다.

가정법과 특수구문

CHAPTER 6

GRAMMAR

Unit 14　가정법과 특수구문

CHAPTER 6 가정법과 특수구문

UNIT 14
가정법과 특수구문

GRAMMAR

대표예제

If the local committee were able to secure a budget, they would not ------- the project to construct a night shelter for homeless.

(A) refuse   (B) be refused   (C) have refused   (D) have been refused

KEY POINT

특수구문으로 분류되는 비교, 가정법, 도치 구문은 관련 규칙을 알아야 문장의 구조를 파악할 수 있고 해석도 쉽다.

Before the Step

이 문제를 해결하기 위해서는 품사에 따라 각 어휘들이 어떻게 다른 문장 성분으로 쓰이는지 이해할 수 있어야 한다.

secure	동	얻어내다, 보호하다	_____ permission	허가를 얻다
secure	형	안심하는, 안전한	a _____ place	안전한 장소
secured	형	담보부의, 보증된	a _____ loan	담보 대출
security	명	보장, 안정	building _____ system	건물 보안 시스템
securely	부	안전하게	_____ closed	안전하게 닫힌

Q 다음 구문의 빈칸에 알맞은 품사의 어휘를 위 표에서 골라 써 보세요.

1. _____ a network against hackers   해커들로부터 통신망을 **보호하다**
2. a _____ job   **안전한** 직장
3. _____ transaction   **담보부** 거래
4. financial _____   재정적 **안정**
5. _____ hidden   **안전하게** 감춰진

대표예제 정답 **(A) refuse**

KEY 35 가정법

STEP 1 대표 예제

If the usual methods of fixing errors -------, employees would have been expected to transfer the customer to advanced technical support immediately.

(A) don't work   (B) didn't work   (C) hasn't worked   (D) hadn't worked

 Step by Step

1. **문장 분석** If로 시작하는 가정법 문장에서 적절한 동사의 형태를 고르는 문제이다.
2. **주절의 시제 확인** 주절의 동사가 would + have + 과거분사로 이루어져 있으므로 과거 사실의 반대를 나타내는 가정법 과거완료시제이다.
3. **정답 추론** If + 주어 + had + 과거분사 어순이 필요하므로 (D) 가 정답이다.

해석 통상적인 방법이 문제를 해결하지 못했었다면 직원들은 고객을 고급 기술 지원부로 즉시 이관하도록 요구받았을 것이다.

정답 (D) hadn't worked

 CHECK POINT

(A) If절에 현재시제가 쓰이면, 주절은 주어 + will + 동사원형이 와야 한다.
(B) If절에 과거시제인 경우는 가정법 과거로 주절에는 주어 + 조동사의 과거형 + 동사원형이 온다.
(C) 가정법에서는 If절에 현재완료시제가 올 수 없다.

 가정법 시제에 따른 문장의 구조를 파악할 수 있다.

POINT 1 가정법의 종류

- 가정법은 사실을 그대로 전달하는 직설법과 달리, 실제로 일어나지 않았거나 일어날 가능성이 없는 일에 대해 자신의 감정을 표현하는 어법이다. 따라서 가정법 문장에서는 시제 형태와 그것이 가리키는 때를 정확하게 파악해야 한다.

- 가정법은 가정법 과거, 가정법 과거완료, 가정법 미래로 나눠진다. 각 시제의 어순을 알아두도록 하자.

가정법의 종류	의미	공식
가정법 과거	현재사실에 대한 소망	If 주어 +【과거동사】, 주어 + would / could / might +【동사원형】
가정법 과거완료	과거사실에 대한 소망	If 주어 +【had 과거분사】, 주어 + would / could / might +【have 과거분사】

Ex If you were worried about mileage, you wouldn't be buying an SUV at all.
연비에 관해 걱정한다면, 애초에 SUV를 구입하지 않을 것이다.

: '실제로 걱정하지는 않기 때문에, SUV를 구입할 것이다'라는 의미이므로 현재사실의 반대를 가정하는 "가정법 과거"이다.

Ex I would have promoted him to a division head if my company had grown rapidly.
　　조동사 + have + 과거분사　　　　　　　　　　　　　　　　　　had + 과거분사
회사가 빠르게 성장했더라면, 저는 그를 부서장으로 승진시켰을 것입니다.

: '실제로 과거에 회사가 빠르게 성장하지 못해서, 그를 부서장으로 승진시키지 못했다'는 의미이므로 과거사실을 반대로 가정하는 "가정법 과거완료"이다.

**출제 빈도는 낮지만 가정법 미래의 어순도 알아두는 것이 좋다.

현재 또는 미래에 대한 강한 의심	If 주어 +【should】+【동사원형】, 주어 + would / could / might / will / can / may +【동사원형】
실현이 불가능한 상황에 대한 가정	If 주어 +【were】+【to부정사】, 주어 + would / could / might / should +【동사원형】

PRACTICE 1

If you could make the changes I've suggested by Friday, that ------- outstanding.

(A) will be　　　　(B) would be

PRACTICE 2

If you had created a new database, that would ------- a long way towards improving the system.

(A) be　　　　(B) have been

정답 1. (B) 2. (B)

KEY 36 도치

> **STEP 1** 대표 예제
>
> ------- is a letter from the residence hall manager, Mr. Maurer, which describes the housing arrangements and regulations at worker camps.
>
> (A) Enclosing   (B) Enclosed   (C) To enclose   (D) For enclosing

 Step by Step

1. **보기 분석** 알맞은 형태의 품사를 고르는 문제이므로, 빈칸 이후를 확인하여 어떤 품사가 적절한지 파악한다.
2. **문장 분석** 빈칸 뒤에 be동사 is가 있고 그 뒤에 주어 역할을 할 수 있는 명사인 a letter가 나온 것으로 보아 도치 문장임을 알 수 있다.
3. **빈칸 자리 분석** 빈칸 뒤가 be동사이므로 빈칸은 보어가 올 자리이다.
4. **정답 추론** 주어인 편지를 설명하는 주격 보어 자리이므로 '동봉되다'라는 수동태 문맥을 구성할 과거분사 (B)가 적절하다.

해석 기숙사 관리자인 모러 씨로부터 온 편지가 동봉되었는데, 여기에는 직원 캠프의 수용 계획 및 규정에 대해 설명되어 있다.

정답 (B) Enclosed

 CHECK POINT

(A) 현재분사는 be동사의 보어가 될 수 있으나 수동태 문맥에는 어울리지 않는다.
(C) to부정사는 문장의 주어, 목적어 혹은 보어 역할을 할 수 있으나 보어의 도치가 일어난 수동태 문맥에는 어울리지 않는다.
(D) 전치사 + 동명사는 be동사의 보어 역할을 할 수 없다.

 도치가 일어난 문장은 도치되기 이전으로 문장을 바꾼 후 풀이한다.

POINT 1　도치 구문

- 도치가 일어난 문장은 규칙을 알고 있지 않으면 해석이 어려울 수 있다. Part 5와 6에서는 도치가 일어나기 이전의 문장의 어순을 고려하여 문제를 푸는 것이 좋다.

① 부정부사 / 부정부사구가 문장 앞에 오는 경우	hardly, scarcely, rarely, seldom, never, few, little, not until, no sooner, by no means, nowhere, not only, under no circumstances	+ be동사 + 주어 + do동사 + 주어 + 동사원형 + have / has / had 주어 + 과거분사 + 조동사 + 동사 + 주어
② only 부사구 / 절이 문장 앞에 오는 경우	only + 전치사구 / only recently / only once, only + 부사절 (only if, only when, only because, only after, only until)	

- so / neither / nor가 문장 맨 앞에 오는 경우에도 도치가 일어난다.

- 이 때, 주어와 동사의 도치는 "조동사 도치"가 된다는 것을 기억해 두자! (조동사가 있을 때는 주어와 조동사가 도치되며 조동사가 없을 때는 do동사를 이용해서 do / does / did가 도치된다.)

POINT 2　보어의 도치: 보어(과거분사) + 동사 + 주어

- 보어 자리에 빈칸이 나오면, 빈칸을 주어 자리로 오해하기 쉽기 때문에, 토익에서 자주 출제되는 유형이다.

- 보어, 특히 과거분사형태가 문장의 앞으로 나오면서 주어와 동사가 도치된다. 이는 보어의 의미를 강조하기 위해서이다.

- 보어가 도치된 것을 주어로 오해해서 명사를 고르지 않도록 주의하자!

PRACTICE 3

He will not leave his job simply because he is offered more money or a fancier title, ------- will he respond to flattery.

(A) nor　　　　(B) and

PRACTICE 4

Only in emergency situations can employees ------- granted sick leave without six week's advance notice as stated on the terms of agreement.

(A) are　　　　(B) be

KEY 37   비교급과 최상급

STEP 1 대표 예제

> Retailers are becoming ------- about the amount of merchandise they are ordering now than before.
>
> (A) as careful as (B) very carefully (C) more careful (D) most carefully

 Step by Step

1. **보기 분석** 빈칸에 적절한 어구를 고르는 문제이다.
2. **정답 단서 찾기** 문장 끝에 '전에 비해 지금'(now than before)이라고 말하면서 시기를 '비교'하고 있다. 따라서 빈칸에는 비교급이 와야 한다.
3. **빈칸 자리 분석** 빈칸 앞의 동사 are becoming은 보어 역할을 할 형용사가 필요하므로, (C) 가 답으로 알맞다.

해석 소매상인들은 요즘 주문하는 제품의 양에 관해 예전보다 더욱 조심스러워하고 있다.

정답 (C) more careful

 CHECK POINT

(A) 원급 비교 표현으로 빈칸 뒤에 비교급을 나타내는 than(~보다)이 있으므로 적절하지 않다.
(B) 부사 carefully (조심스럽게)를 very가 강조하고 있는 표현으로 형용사가 와야 할 빈칸에는 어울리지 않는다.
(D) 부사 carefully (조심스럽게)의 최상급 표현으로 앞에 정관사인 the를 동반해야 하며 빈칸 이후에 비교급임을 알리는 than이 있으므로 적절하지 않다.

 비교급 문장에서 형용사와 부사의 역할을 구분하고 이를 수식할 수 있는 표현을 기억한다.

POINT 1   원급 비교

- 비교란 둘 이상의 대상을 성질, 상태, 수량 면에서 비교하는 것을 말한다. 원급은 정도 차이가 없는 두 대상을 비교할 때 쓰이는 것으로, 그 기본 형태는 "as 형용사 / 부사의 원급 as (~만큼 ~한)" 이다.

  Ex A bug's life is as precious as your life. 곤충의 삶도 네 삶만큼 귀중하다.

POINT 2   비교급

- 비교급은 '~보다 더~하다'라는 뜻으로 두 대상을 비교할 때 쓰며, 시험에서 출제되는 비교급 구문은 따로 외워두어야 한다. 기본 형태는 <비교급 + than> 이나 비교급을 강조하는 부사는 <much, still, even, far, by far, any, a lot> 이다.
  (1) 형용사 / 부사 + er + than
  (2) more + 형용사 / 부사 + than

  Ex Windows 2008 is faster [more fast] than Windows 2003.
  윈도우 2008은 윈도우 2003보다 빠르다.

POINT 3   최상급

- 셋 이상 대상 중 하나가 가장 우월함을 나타내는 최상급은
  (1) 형용사 / 부사 + -est
  (2) most + 형용사 / 부사이다.

- 최상급이 명사를 수식할 때는 the / 소유격 등과 함께 쓰여서, 비교 범위를 한정하는 경우가 일반적이다.

- 최상급 뒤에는 비교 범위가 나오는데, (1) in / of / among 전치사 (2) that절 + S + V(현재완료 / 과거완료) 등의 형태로 나온다.

  Ex His performance was the most impressive of all the performances.
  그의 업무 성과는 모든 직원들 중에서 가장 인상적이다.

- 최상급을 강조하는 부사로는 much, by far, the very 등이 있다.

  Ex This is by far the most valuable painting (of all the collections).
  이것은 모든 수집품들 중에서 가장 가치 있다.

PRACTICE 5

Wide Air's solution is considered ------- than those of the three other companies that operate in the field.

(A) more expensive   (B) most expensive

PRACTICE 6

West Hotel is equipping hotel employees with wireless handhelds to enable them to serve guests more -------.

(A) prompt   (B) promptly

가정법 도치 구문

- 문장이 조동사나 be동사로 시작하는 경우, 도치가 일어난 문장이므로 도치와 생략이 일어나기 전 문장 구조를 고려하여 해석한다.
- 가정법 조건절의 경우, if가 생략 되면 were, should, had가 문두로 위치하는 도치가 발생된다.

Ex <u>Had I known</u> about Mr. Anton's behavior, I <u>would have fired</u> him immediately.
조동사 + 주어 + 과거분사   조동사 + have + 과거분사
안톤씨의 행동을 알고 있었다면, 즉시 그를 해고 했을 것이다.
⋯▸ If I had known about Mr. Anton's behavior, I would have fired him immediately.

Ex <u>Were the negotiation</u> to fall through, <u>it would bring</u> about huge losses.
be동사   주어   주어 + 조동사 + 동사원형
그 협상이 결렬되었었더라면, 이는 막대한 손실을 가져왔을 것이다.
⋯▸ If the negotiation were to fall through, it would bring about huge losses.

** 조동사 + 동사원형의 형태가 시험에서 출제되므로, 조동사의 종류에 대해서 잘 정리해 두자.

(1) 능력의 조동사 can	I <u>can</u> handle the children while you are away on the business trip. (=be able to) 나는 당신이 출장을 가 있는 동안 아이들을 돌볼 수 있어.
(2) 의무, 필요의 조동사 must, should, had better	❶ The workers <u>must(=have to)</u> follow the safety rules under all circumstances. 직원들은 모든 상황에서 안전 규칙을 따라야만 한다. ❷ When these symptoms appear, you <u>should(=ought to)</u> go to a doctor. 이런 증상들이 나타나면, 의사에게 가 보셔야 합니다. ❸ Jason, you <u>had better finish</u> typing these letters first. 제이슨, 너는 이 편지들을 타이핑하는 것을 먼저 끝내는 게 좋을 거야.
(3) 가능성과 추측의 조동사 must, cannot, may, might	❶ 약한 추측 : Mary *may(=might)* come to Korea to see her old friends this winter. 메리는 이번 겨울에 그녀의 오랜 친구들 만나러 한국에 올지도 모른다. ❷ 강한 확신 : It <u>must be</u> his fingerprint, because nobody drove his car. 그의 차를 운전한 사람이 아무도 없으므로, 이것은 그의 지문임이 틀림없다. ❸ The fingerprint <u>cannot be</u> mine. I always wear gloves when driving. 그 지문은 내 것 일리가 없어, 나는 운전을 할 때 항상 장갑을 껴.

도치구문 예문으로 확인하기

조동사 + 주어의 도치

(1) <u>Not only can you add</u> information to the database, **_Keep-in-Touch_** will also update your database.
데이터베이스에 정보를 추가할 수 있을 뿐 아니라, 킵인터치는 또한 데이터베이스를 최신 정보로 유지해 드립니다.
: 부정의 부사구인 not only가 문두에 오면서 조동사와 동사의 도치가 일어났다.

(2) <u>Only recently did he return</u> from Europe. 그는 최근에 유럽에서 막 돌아왔다.
: only recently가 문장 앞으로 나와서 주어 동사의 도치가 일어난다. 이 때, 조동사 did가 대동사로 사용되었다.

(3) <u>Only when they ask a question</u> should you talk to them.
그들이 질문을 할 때에만 그들과 이야기 할 수 있습니다.
: only when they ask question이 문장 앞으로 나와서 you should talk 주어 동사가 도치되었다. 이때, when 부사절 접속사 내에서 they ask a question은 도치가 일어나지 않는 다는 것을 기억해 두자.

(4) As temperatures go up, <u>so does the crime rate</u>. 기온이 올라가면, 범죄율도 높아진다.
: 긍정문에서 '~도 그렇다'는 의미를 나타낼 때 동사와 주어의 도치가 일어난다. 이 때 go동사는 조동사가 아닌 일반동사이기 때문에 does / do / did가 앞 문장의 앞으로 도치되는 대동사임을 기억해 두자.

(5) The doctor <u>couldn't</u> find the medical chart, and <u>neither 【could / ~~did~~】 the nurse</u>.
의사는 진료차트를 찾을 수 없었고, 간호사도 찾을 수 없었다.
: 부정문에서 '~도 역시 ~하지 못하다'의 의미를 나타낼 때 동사와 주어의 도치가 일어난다. 이때 could 조동사가 있으므로, could 조동사로 받아야 한다. (did 등의 동사로 받을 수 없다.)

(6) He <u>doesn't</u> want to leave, <u>nor 【do】 I</u>. 그는 떠나고 싶어 하지 않고, 나 또한 원하지 않는다.
: 부정문에서 nor은 neither와 마찬가지로 '~도 역시 ~하지 못하다'의 의미를 나타내며, 주어와 동사의 도치가 일어난다. (단, nor은 접속사 기능이 있기 때문에 접속사 and가 따로 필요하지 않다.)

(7) <u>Enclosed</u> is a copy of the contract that you can review later.
추후에 검토하실 수 있는 계약서 한 부가 첨부되어 있습니다.
: 주어는 a copy of the contract that you can review later 이며, 동사는 is이다. 그리고 Enclosed는 is 동사의 보어이다. 따라서 Enclosed는 주어 자리가 아닌 보어 자리라는 것을 명심해 두자.

SPECIAL STEP — 시험에서 자주 나오는 전치사

● 접속사와 전치사를 구분하는 문제는 항상 시험에서 출제가 되므로 잘 정리해 두어야 한다.

(1) by VS until

● 둘 다 "~까지"의 의미의 전치사인데, by 는 "완료"의 의미와 잘 사용되며 (비교적 정확하게) ~까지 완료된다는 의미인 반면에, until 은 "지속/계속"의 의미로 (비교적 부정확하게) ~까지 계속된다는 의미로 사용된다.

by (완료)	finish, complete, submit, return, deliver 등	This project will be finished <u>by</u> May 24.
until (지속 / 계속)	remain, wait, postpone, last, continue, stay 등	The store stays open <u>until</u> late on Saturdays.

(2) for VS during

● 둘 다 "~하는 동안"이라는 뜻의 전치사인데, for + 기간명사(숫자)가 나오는 반면에, during + 특정 기간이 나오므로 구분해야 한다.

for + 숫자(기간의 길이)	for three years / for four months
during + 특정기간	during summer vacation / during business trip

(3) 반드시 알아야 할 전치사

① 시간의 전치사

at + 시점, 시각(정확한 시각)	at 9 o'clock / at the end of this year
on + 날짜 / 요일 / 특정일	on May 23 / on Friday / on Mother's day *on time (관용 표현) 정시에
in + 아침 / 점심 / 저녁 / 계절 / 연도	in the morning / in the evening / in March / in winter / in 1990

② 장소의 전치사

at + 비교적 작은 장소 (구체적인 위치 언급)	at the library / at the next corner
on + 표면에 접촉한 지점	on the table / on the wall
in + 비교적 넓은 장소 (~안에서) 좁은 장소라도 "~안에서"라는 느낌일 때는 in 을 쓴다.	in the City / in America

1. 주어진 동사의 알맞은 형태를 고르시오.

(1) If you [are / were] worried about mileage, you wouldn't be buying an SUV at all.

(2) I would have promoted him to a division head if my company [have grown / had grown] rapidly.

(3) If new and reliable cars were provided to our salesmen, sales [increased / would increase] due to increased mobility.

(4) If you [traveled / had traveled] to New York Trade Fair at your own expense, you could have claimed that as a business expense.

2. 다음 문장에서 틀린 부분을 찾아 바르게 고쳐 보세요.

(1) If Mr. Chung is relocated to another region, he would be forced to lose his job.

(2) Had Ms. Moore the employer, she would take more responsibilities.

(3) Not only you can add information to the database, Keep in Touch will also update your database.

(4) If the errors are corrected earlier, the company would not be accused of environmental crimes.

(5) Not only did Mr. Chow prepared meetings on the agenda, but he also arranged extra inquiries.

STEP 3 실전문제

실전 문제 활용 Tip: Step by Step 코너에 문제 해결 과정을 쓰면서 문제를 풀어보세요.   정답과 해설 p. 65

1. If Ms. Raynolds were in charge of the project to launch new anti-virus online banking service, the proceeds ------- far more successful.

   (A) would
   (B) would be
   (C) will be
   (D) would have been

   Step by Step
   ① 보기 분석: 동사의 형태와 시제
   ② 문장 분석: 가정법 과거
   ③ 정답 추론: 가정법 주절의 어순
   정답 _____

2. ------- to the document is a copy of the sales report, individual performance review, and future suggestions.

   (A) Attached
   (B) Attaching
   (C) Attach
   (D) Attachment

   Step by Step
   ① 보기 분석:
   ② 문장 분석:
   ③ 정답 추론:
   정답 _____

3. The major wine retailer, Murphy House, is currently selling some wines for $1.99 a bottle, which is ------- than some bottled water.

   (A) cheap
   (B) more cheap
   (C) cheaper
   (D) most cheap

   Step by Step
   ① 보기 분석:
   ② 빈칸 자리 분석:
   ③ 정답 추론:
   정답 _____

4. When purchasing less than three items from the vendor, customers should ------- the full price for shipping and handling.

   (A) pay
   (B) pays
   (C) paid
   (D) paying

   Step by Step
   ① 보기 분석:
   ② 빈칸 자리 분석:
   ③ 정답 추론:
   정답 _____

5. If the local committee were able to secure a budget, they would not ------- the project to construct a night shelter for homeless.

   (A) refuse
   (B) be refused
   (C) have refused
   (D) have been refused

   Step by Step
   ① 보기 분석:
   ② 문장 분석:
   ③ 정답 추론:
   정답 _____

6. The CEO will know that the sudden layoffs will not ------- stabilize the company's work process if he considers how many people are actually involved in decision-making.

   (A) helping
   (B) helped
   (C) to help
   (D) help

   Step by Step
   ① 보기분석:
   ② 빈칸 자리 분석:
   ③ 정답 추론:
   정답 _____

7. No sooner had they ------- the street and entered the restaurant than they witnessed a black sedan crashed into the wall next to the restaurant.

   (A) cross
   (B) crossed
   (C) been crossed
   (D) been crossing

   Step by Step
   ① 보기분석:
   ② 문장 분석:
   ③ 정답 추론:
   정답 _____

8. If Jeremy Keith had detected a few financial irregularities, his employees' embezzlement would ------- revealed.

   (A) be
   (B) being
   (C) has been
   (D) have been

   Step by Step
   ① 보기분석:
   ② 문장 분석:
   ③ 정답 추론:
   정답 _____

9. ------- you have any questions about registration process, please do not hesitate to contact your local community center.

   (A) Had
   (B) Should
   (C) Whether
   (D) Unless

   Step by Step
   ① 보기분석:
   ② 빈칸 자리 분석:
   ③ 정답 추론:
   정답 _____

STEP 3

Questions 10-12 refer to the following e-mail.

Dear Ms. Monica Beck,

Hello, Monica. Greetings from Daily Financial Monitors!

Thank you for your continued interest in Daily Financial Monitors. It is always a great pleasure to write to our subscribers.

Unfortunately, due to the managerial difficulties we faced this year, we're no longer able to provide our daily financial updates to our subscribers. Your subscription fee will ---10.--- and refunded to you. We apologize for any inconvenience this might cause to your business planning. Our weekly report service will not be disrupted. ---11.--- you wish to change your subscription to our weekly reports, please do not hesitate to contact us.

Thank you again for your support. We hope to have you ---12.--- to our weekly reports.

Yours Sincerely,
Jeff Reynolds
Director, Customer and Subscription Services
Daily Financial Monitors

10. (A) prorate
    (B) prorated
    (C) be prorated
    (D) to be prorated

11. (A) Nor
    (B) Hardly
    (C) Should
    (D) Never

12. (A) subscribe
    (B) to subscribing
    (C) subscribing
    (D) to subscribe

ONE MORE STEP
Unit 14의 중요한 point들을 다시 한 번 정리해 보자.

KEY POINT 01 빈칸에 알맞은 조동사를 보기에서 찾아 써 보세요.

| might | cannot | can | must |

(1) You _____ not exceed the limited time.
제한된 시간을 초과해서는 안 된다.

(2) She _____ be able to cover your shift.
그녀가 너의 근무를 대신해줄 수 있을지도 모른다.

(3) What's done _____ be undone.
저지른 일은 돌이킬 수 없다.

(4) He said I _____ defer payment for up to one week.
그는 최대 일주일까지 지불을 연기해도 된다고 했다.

KEY POINT 02 다음 문장을 가정법 과거, 가정법 과거완료 및 가정법 미래 형태로 써 보세요.

| were | would | had |

(1) If she _____ invested in real estate, she _____ have been rich now.
만약 그녀가 부동산에 투자를 했다면, 지금 부자가 됐을 것이다.

(2) If I _____ to be born again, I _____ like to be a man.
나는 다시 태어난다면, 남자가 되고 싶다.

(3) If I _____ you, I _____ not waste my time playing games.
내가 너라면 게임을 하는데 시간을 낭비하고 싶지 않다.

UNIT 1
동사 1

VOCABULARY

이번 유닛에서 학습하게 될 주요 동사입니다. 알고 있는 어휘에 표시하세요.

☐ attend	☐ prioritize	☐ accompany	☐ commend
☐ accommodate	☐ distinguish	☐ cost	☐ refer
☐ approve	☐ accept	☐ celebrate	☐ transfer
☐ complete	☐ sign	☐ implement	☐ inform
☐ conduct	☐ prohibit	☐ incur	☐ appoint
☐ renew	☐ assemble	☐ patronize	☐ add
☐ promote	☐ anticipate	☐ reimburse	☐ attribute
☐ explore	☐ obtain	☐ scrutinize	☐ provide

Before the Step 1

1. 주요 기출 어휘들과 함께 나오는 표현들을 구와 문장 속에서 확인해 보세요. 동사의 앞이나 뒤에 등장하는 부사, 전치사 그리고 목적어로 쓰이는 명사에 주의하세요.

단어	품사	뜻	예시	해석
attend	동	참석하다	_attend_ an informal reception	비공식 연회에 참석하다
accommodate	동	(의견 등을) 수용하다	_____ your request	귀하의 요구를 수용하다
approve	동	승인하다	_____ new proposal	새 제안서를 승인하다
complete	동	완료하다	_____ construction	건설을 완료하다
conduct	동	주관하다	_____ the board meeting	이사회 회의를 주관하다
renew	동	갱신하다	_____ the driver's license	면허증을 갱신하다
promote	동	승진시키다	be _____d to the position	그 자리로 승진하다
explore	동	탐구하다	_____ various topics	다양한 주제를 다루다
prioritize	동	우선순위를 매기다	_____ tasks	업무의 우선순위를 매기다
distinguish	동	구별하다	_____ different voices	다른 목소리들을 구별하다
accept	동	받아들이다	_____ a senior post	고위 직책을 받아들이다
sign	동	사인, 계약하다	_____ up for membership	회원에 가입하다
prohibit	동	금지하다	be strictly _____ed	엄격히 금지되다
assemble	동	모으다	_____ attorneys	변호사들을 모으다
anticipate	동	예상하다	_____ major changes	주요한 변화들을 예상하다
obtain	동	얻다	_____ information	정보를 얻다

2. 앞에서 학습한 어휘와 구문을 문장에 적용해 보고, 문장의 의미를 확인해 보세요.

All guests are invited to _attend_ an informal reception.	모든 손님들은 비공식 연회에 **참석하도록** 초청되었다.
Our staff will make every effort to _____ your request.	저희 직원은 귀하의 요청을 **수용하기** 위해 모든 노력을 기울이겠습니다.
They unanimously _____d the CEO's new proposal.	그들은 CEO의 새로운 제안에 만장일치로 **승인했다**.
We _____d construction of our office tower last year.	우리는 작년에 사무실 건설을 **완료했다**.
Mr. Han _____ed the board _____ on the scheduled date.	한 씨는 예정된 날짜에 이사회 **회의를 주관했다**.
Motorists should _____ their _____s by the end of April.	운전자들은 4월 말까지 **면허증을 갱신해야** 한다.
Erin was _____d _____ the director of company.	에린은 회사의 임원**으로 승진했다**.
Our annual meeting will _____ _____ related to welfare.	우리의 연례 회의는 복지와 관련된 **다양한 주제들을 다룰 것이다**.
It will be more efficient to set a plan and _____ your _____.	계획을 세우고 **업무의 우선순위를 매기는** 것이 더 효율적이다.
The software was developed to _____ _____ voices.	그 소프트웨어는 **다른 목소리들을 구별하기** 위해 만들어졌다.
Ms. Higgins _____ed a senior _____ with World Bank.	히긴스 씨는 세계 은행에서의 그 고위 **직책을 받아들였다**.
I'd like to _____ _____ your membership.	저는 당신의 회원으로 **가입하고 싶습니다**.
The use of cameras was strictly _____ed.	카메라의 사용이 엄격히 **금지되다**.
He _____d attorneys to resolve a legal dispute.	그는 법적 분쟁을 해결하기 위해 변호사들을 **모았다**.
We need someone to _____ major _____.	우리는 주요한 **변화를 예측할** 그것들에 대응할 누군가가 필요하다.
I _____ed my information from the authorities.	저는 당국으로부터 정보를 **얻었습니다**.

Before the Step 2

1. 주요 기출 어휘들과 함께 나오는 표현들을 구와 문장 속에서 확인해 보세요. 동사의 앞이나 뒤에 등장하는 부사, 전치사 그리고 목적어로 쓰이는 명사에 주의하세요.

accompany	동 동반되다	a course to _____ the wine 와인이 나오는 코스 요리
cost	동 비용이 들다	_____ twice as much as 비용이 두 배 더 들다
celebrate	동 축하하다	_____ the company's anniversary 회사의 기념일을 축하하다
implement	동 시행하다	_____ new monetary policies 새로운 통화 정책을 실시하다
incur	동 초래하다	_____ unexpected expenses 예상치 못했던 지출을 초래하다
patronize	동 후원하다	_____ the Symphony 교향악단을 후원하다
reimburse	동 배상하다	_____ the dealer within 10 days 10일 이내에 중개인에게 배상하다
scrutinize	동 조사하다	_____ the research proposal 그 연구 제안서를 면밀히 검토하다
commend	동 칭찬하다	_____ employees for their efforts 직원들의 노력을 칭찬하다
refer A to B	A를 B에게 맡기다	_____ them to the experienced expert 그들을 경력이 많은 전문가에게 맡기다
transfer A to B	A를 B에게 넘겨주다	_____ ownership to his colleagues 소유권을 동료들에게 넘겨 주다
inform A of B	A에게 B를 알리다	_____ members of new publications 구성원들에게 새 출간 소식을 알리다
appoint A as B	A를 B로 임명하다	_____ him as an interim director 그를 임시 부서장으로 임명하다
add A to B	A를 B에 더하다	_____ an item to the agenda 의제에 한 가지 항목을 추가하다
attribute A to B	A를 B의 탓으로 돌리다	_____ his success to the decision 그의 성공을 그 결정 탓으로 돌리다
provide A with B	A에게 B를 제공하다	_____ interns with support 인턴에게 도움을 주다

2. 앞에서 학습한 어휘와 구문을 문장에 적용해 보고, 문장의 의미를 확인해 보세요.

The chef will provide a course to _____ the wine.	요리사들이 와인이 **함께 나오는** 코스 요리를 제공할 것이다.
Flying first class _____s twice as much as flying economy class.	1등석을 타는 것은 일반석보다 **비용이** 두 배 더 **든다**.
It has been sent to _____ the company's anniversary.	이것은 회사의 기념일을 **축하하기** 위해 보내졌다.
The government announced the plan to _____ new monetary policies.	정부는 새로운 통화정책을 **실시할** 계획을 발표했다.
It may _____ unexpected expenses, from the loss of a job to an illness.	이는 실직이나 질병에 이르는 예상치 못한 지출을 **초래할** 수 있습니다.
People who regularly _____ the symphony may benefit from joining an annual program.	교향악단을 정기적으로 **후원해** 주시는 분들을 연간 프로그램에 가입하실 때 혜택이 주어집니다.
The manufacturer should _____ the dealer within 10 working days.	제조업자는 거래상에게 영업일 10일 이내에 **배상을 해** 주어야 한다.
The advisors carefully _____d the research proposal.	조언자들은 연구 제안서를 **면밀히 살펴보았다**.
Managers should _____ employees for their efforts to motivate them.	관리자들은 동기부여를 위해 직원들의 노력을 **칭찬해주어야** 한다.
Customer representatives will _____ them _____ the experienced experts.	고객서비스 담당자들은 그들을 경력이 많은 전문가들**에게 맡길** 것이다.
Mr. Spencer _____red ownership of his firm _____ his colleagues.	스펜서 씨는 그의 동료들**에게** 회사의 소유권을 **넘겼다**.
The notice _____ed members _____ new publications.	공지는 구성원들**에게** 새 출간 소식**을 알려주었다**.
The board of directors has _____ed him _____ an interim director.	이사회는 그를 임시 부서장**으로 임명했다**.
He _____ed an item _____ the Tuesday meeting agenda.	그는 화요일 회의 안건**에** 한 가지 항목을 **추가했다**.
The CEO _____s his success _____ the decision to focus on his own work.	그 CEO는 그의 성공이 자신의 일에 집중하기로 한 결정 **덕분이라고 한다**.
The supervisor _____s interns _____ ongoing feedback and support.	감독관은 인턴들**에게** 피드백과 도움**을 제공한다**.

229

KEY 01　　동사 + 목적어

STEP 1　유형 예제

If the dealer's claim meets all the requirements, the manufacturer should ------- the dealer within 10 working days.

(A) exchange　　　(B) reimburse　　　(C) reverse　　　(D) facilitate

STEP BY STEP

1. **문장 분석** 빈칸 앞에 조동사 should가 있으므로 동사원형이 올 자리이다.
2. **보기 분석** 4가지 보기 모두 동사로 문맥에 어울리는 동사를 찾는다.
3. **문맥 확인** 조건절의 의미를 파악해야 정답을 찾을 수 있는 문제이며, 빈칸 뒤에 사람인 the dealer(거래상)이 있으므로 '~에게 변상하다'인 (B) 가 가장 적절하다.

해석 거래상의 주장이 모든 요구 사항에 부합한다면, 제조업자는 영업일 10일 이내에 그 거래상에게 변상해야 한다.

정답 (B) reimburse

CHECK POINT

(A) exchange: 교환하다 (exchange with: ~와 교환하다)
(C) reverse: 뒤바꾸다
(D) facilitate: 가능하게 하다

Critical KEY　보기의 품사와 시제가 모두 일치한다면 문맥을 살펴보자.

STEP 2

정답과 해설 p. 75

Step 1에서 어휘과 구문, 그리고 문장을 연습한 이유는 어휘는 혼자 쓰이는 것이 아니라 다른 어휘와 함께 특정 구문이나 문장을 이루기 때문입니다. 앞에서 학습한 어휘와 구문을 기반으로 다음 문제를 풀어보세요.

1. Our staff will make every effort to ------- your request.

   (A) accommodate   (B) accompany

   정답 _____
   오답 분석 _____

2. Mr. Han ------- the board meeting on the scheduled date.

   (A) conducted   (B) resembled

   정답 _____
   오답 분석 _____

3. All guests are invited to ------- an informal reception following the conference.

   (A) attend   (B) approve

   정답 _____
   오답 분석 _____

4. Our annual meeting will ------- various topics related to welfare.

   (A) explore   (B) explode

   정답 _____
   오답 분석 _____

5. We need someone to ------- changes and respond to them.

   (A) commend   (B) anticipate

   정답 _____
   오답 분석 _____

KEY 02 동사 + 목적어 + 전치사

STEP 1 유형 예제

If the usual methods of fixing errors do not work, employees are expected to ------- the customer to advanced technical support immediately.

(A) provide (B) promote (C) give (D) transfer

STEP BY STEP

1. **보기 분석** 보기가 모두 동사원형으로 이루어져 있으므로 빈칸에 적절한 어휘를 묻는 문제이다.
2. **문장 분석** 빈칸 뒤에 목적어인 고객(the customer)이 있고 그 뒤에 전치사 to가 있으므로 transfer A to B (A를 B로 넘기다) 구조임을 알 수 있다.

해석 일반적인 에러 수정 방법이 듣지 않는다면, 직원들은 그 고객을 고급 기술 지원부로 즉시 넘겨야 합니다.
정답 (D) transfer

CHECK POINT

(A) provide: 제공하다 (provide A with B: A에게 B를 제공하다)
(B) promote: 홍보하다, 승진시키다 (be promoted to: ~로 승진하다)
(C) give: 주다, 제공하다 (give A B: A에게 B를 제공하다 / give A to B: A를 B에게 제공하다)

Critical KEY '동사 + 목적어 + 전치사' 구조로 쓰이는 동사는 구문의 형태로 기억해두자.

STEP 2

정답과 해설 p. 75

Step 1에서 어휘과 구문, 그리고 문장을 연습한 이유는 어휘는 혼자 쓰이는 것이 아니라 다른 어휘와 함께 특정 구문이나 문장을 이루기 때문입니다. 앞에서 학습한 어휘와 구문을 기반으로 다음 문제를 풀어보세요.

1. He ------- an item to the Tuesday meeting agenda.

   (A) incurred   (B) added

   정답 _____
   오답 분석 _____

2. The notice ------- members of new publications.

   (A) informed   (B) prohibited

   정답 _____
   오답 분석 _____

3. The board of directors has ------- him as an interim director.

   (A) appointed   (B) celebrated

   정답 _____
   오답 분석 _____

4. The supervisor ------- interns with feedback and support.

   (A) provides   (B) implements

   정답 _____
   오답 분석 _____

5. Mr. Spencer ------- ownership of his firm to his colleagues.

   (A) transferred   (B) reimbursed

   정답 _____
   오답 분석 _____

STEP 3 실전문제

1. Everett sent his colleagues an e-mail saying that he intended to ------- an item to the Tuesday meeting agenda.

    (A) transfer
    (B) inform
    (C) attend
    (D) add

    STEP BY STEP
    ① 빈칸 + 목적어 + to 구조
    ② 문맥 확인: 항목을 의제에 ~하다
    ☑ CHECK POINT   (A) transfer A to B
    정답 _____

2. Motorists should ------- their current driver's license online by the end of this year.

    (A) revise
    (B) renew
    (C) reach
    (D) restore

    STEP BY STEP _____
    _____
    ☑ CHECK POINT _____
    정답 _____

3. Our annual meeting will ------- various topics related to the safety, health, and welfare of employees throughout two weeks.

    (A) expose
    (B) explore
    (C) expand
    (D) expect

    STEP BY STEP _____
    _____
    ☑ CHECK POINT _____
    정답 _____

4. Do not ------- tasks by listing them in order of importance; the relative importance depends on the circumstances.

    (A) enhance
    (B) obtain
    (C) prioritize
    (D) cooperate

    STEP BY STEP _____
    _____
    ☑ CHECK POINT _____
    정답 _____

5. The government have already announced the plan to ------- new monetary policies to restore growth of national economy.

    (A) implement
    (B) consume
    (C) devalue
    (D) assemble

    STEP BY STEP _____
    _____
    ☑ CHECK POINT _____
    정답 _____

6. If the authorities wish to know where I ------- my information, they will bring great pressure to bear on the entire newspaper.

   (A) operated
   (B) preserved
   (C) obtained
   (D) reimbursed

7. We are currently expanding our business and therefore looking for a professional advisor to ------- major changes and respond to them.

   (A) consent
   (B) replicate
   (C) distribute
   (D) anticipate

8. Mr. Writtle has ------- high-powered attorneys to resolve legal disputes through official channels and to try to rebuild his reputation.

   (A) assured
   (B) assessed
   (C) associated
   (D) assembled

9. HugeCorp has ------- Pauline Redding to act as an interim division director to oversee the transition.

   (A) appointed
   (B) approached
   (C) disturbed
   (D) dismissed

10. Chevmort's CEO Charles Anderson ------- Chevmort's success to its decision to focus on producing affordable cars instead of the expensive SUVs.

    (A) attributes
    (B) commends
    (C) scrutinizes
    (D) contributes

ONE MORE STEP A. 앞에서 학습한 동사의 파생어와 유의어 및 반의어를 학습해 보세요.

		파생어	유의어 & 반의어
attend	참석하다	attendance 참석	be present 참석한
accommodate	(의견 등을) 수용하다	accommodation 시설	adapt 상황에 맞추다
approve	승인하다	approval 승인	permit 허락(허용)하다
complete	완료하다	completion 완료	finish 끝내다
conduct	주관하다	conductor 관리자	manage ~하다
renew	갱신하다	renewal 연장	extend 연장하다
promote	승진시키다	promotion 승진	advance 승진시키다
explore	탐구하다	exploration 탐구	research 조사하다
prioritize	우선순위를 매기다	priority 우선권	arrange 배열하다
distinguish	구별하다	distinct 뚜렷한	discriminate 구별하다
accept	받아들이다	acceptance 수용	reject 거절하다
sign	사인, 계약하다	signature 서명	sign on / up 계약하다
prohibit	금지하다	prohibition 금지	forbid 금지하다
assemble	모으다	assembly 집회	gather 사람들을 모으다
anticipate	예상하다	anticipation 예상	predict 예언(예보)하다
obtain	얻다	obtainable 얻을 수 있는	get 얻다, 받다

		파생어	유의어 & 반의어
accompany	동반되다	accomplice 공범	go with ~와 동반하다, 어울리다
cost	비용이 들다	costly 많은 돈이 드는	charge (요금을) 청구하다
celebrate	축하하다	celebration 기념(축하) 행사	commemorate 기념하다
implement	시행하다	implementation 실행	carry out 실행하다
incur	초래하다	incurrence (책임, 빚을) 초래함	entail ~을 수반하다
patronize	후원하다	patronizer 후원자	sponsor 후원하다
reimburse	배상하다	reimbursement 배상	repay (빌린 돈을) 갚다
scrutinize	조사하다	scrutinization 면밀한 검사(조사)	examine 조사하다
commend	칭찬하다	commendation 칭찬	compliment 칭찬하다
refer	맡기다	referral 위탁	assign 맡기다
transfer	넘겨주다	transferable 이동(양도) 가능한	hand over 넘겨주다
inform	알리다	informative 유익한	notify 통지(공고)하다
appoint	임명하다	appointment 임명, 약속	nominate 임명하다
add	추가하다	addition 추가, 부가	attach 덧붙이다
attribute	~ 덕분으로 여기다	attribution 특징, 속성	ascribe ~의 탓으로 여기다
provide	제공하다	provider 공급자	supply 공급하다

ONE MORE STEP B. 문장을 읽고 밑줄 친 단어를 대체할 수 있는 유의어를 선택해 보세요.

1. We <u>completed</u> construction of our office tower last year.
   ☑ finished   ☐ supplied

2. People who <u>patronize</u> the Symphony may benefit from joining an annual program.
   ☐ sponsor   ☐ appoint

3. Mr. Han <u>conducted</u> the board meeting on the scheduled date.
   ☐ verified   ☐ managed

4. Our annual meeting will <u>explore</u> various topics related to welfare.
   ☐ research   ☐ determine

5. The use of cameras was strictly <u>prohibited</u>.
   ☐ permitted   ☐ forbidden

6. We need someone to <u>anticipate</u> major changes and respond to them.
   ☐ extend   ☐ predict

ONE MORE STEP C. 앞에서 학습한 단어들의 유의어, 혹은 반의어를 보기에서 찾아 써 보세요.

be present	adapt	extend	reject
advance	notify	research	permit

1. accept ⟶ _____
2. approve ≒ _____
3. inform ≒ _____
4. attend ≒ _____
5. accommodate ≒ _____
6. explore ≒ _____
7. promote ≒ _____
8. renew ≒ _____

UNIT 2
동사 2

VOCABULARY

이번 유닛에서 학습하게 될 주요 동사입니다. 알고 있는 어휘에 표시하세요.

☐ decide	☐ object	☐ enroll	☐ proceed
☐ resume	☐ appeal	☐ excel	☐ conform
☐ focus	☐ qualify	☐ collaborate	☐ announce
☐ agree	☐ reward	☐ comply	☐ assure
☐ intend	☐ abide	☐ compete	☐ note
☐ aim	☐ follow	☐ deal	☐ indicate
☐ reply	☐ specialize	☐ cope	☐ convince
☐ lead	☐ look	☐ interfere	☐ remark

Before the Step 1

1. 주요 기출 어휘들과 함께 나오는 표현들을 구와 문장 속에서 확인해 보세요. 동사의 앞이나 뒤에 등장하는 부사, 전치사 그리고 목적어로 쓰이는 명사에 주의하세요.

decide on	~을 결정하다	_decide_ _on_ the candidate 후보자를 결정하다
resume on	~에 다시 시작하다	_____ January 10 1월 10일에 다시 시작하다
focus on	~에 집중하다	_____ opportunities 기회에 집중하다
agree on	~에 동의하다	_____ the plan 그 계획에 동의하다
intend to	~할 생각이다	_____ add an item 한 항목을 추가할 생각이다
aim to	~을 목표로 하다	_____ impart reading materials 읽기 자료를 전하는 것을 목표로 하다
reply to	~에 대답하다	never _____ the e-mail 이메일에 절대로 답장을 하지 않다
lead to	~의 결과를 내다	_____ a clear increase 분명한 증가로 이어지다
object to	~에 반대하다	_____ an implementation 시행에 반대하다
appeal to	~의 흥미를 끌다	_____ the under eighteen crowd 18세 이하 대중들의 흥미를 끌다
qualify for	~할 자격이 있다	in order to _____ promotion 승진 자격을 갖추기 위해
reward for	~에 대해 보상하다	be _____ ed _____ their loyalty 충성도에 대해 보상을 받다
abide by	~을 따르다	_____ all safety regulations 모든 안전 규칙을 따르다
follow by	~의 뒤를 잇다	_____ed _____ Fast Telecom 패스트 텔레콤사가 그 뒤를 잇습니다.
specialize in	~을 전문화하다	_____ data management 정보 관리를 전문으로 하다
look into	~을 살펴보다	_____ the causes of the virus 바이러스의 원인을 조사하다

2. 앞에서 학습한 어휘과 구문을 문장에 적용해 보고, 문장의 의미를 확인해 보세요.

It did not take long for the interviewers to _decide_ _on_ the candidate.	면접 후보자를 **결정하는** 데 오랜 시간이 걸리지 않았다.
The discussion on launching new product is expected to _____ _____ January 10.	신제품을 출시하는 것에 대한 논의가 1월 10일**에 다시 시작될** 것으로 보인다.
The vice president _____ed _____ promising opportunities.	부사장은 유망한 기회들**에 집중했다**.
The board members _____d _____ the plan to open new branches.	이사회는 새 지점들을 여는 계획**에 동의했다**.
Ms. Everett _____s _____ add an item to the Tuesday meeting agenda.	에버렛 씨는 화요일 회의 의제에 한 가지를 추가할 **생각이다**.
The programs _____ _____ impart advanced reading materials.	그 프로그램들은 고급 읽기 자료를 전달하는 것**을 목표로 한다**.
The manager sent an e-mail to Mr. Mendes but he will never _____ _____ it.	팀장이 멘데스 씨에게 이메일을 보냈지만, 그는 절대 그것**에 답장하지 않을** 것이다.
These changes in our policy should _____ _____ a clear increase in sales.	이러한 정책의 변화들이 판매량의 분명한 증가**로 이어질 것이다**.
Most employees _____ _____ an implementation of the new system.	대부분의 직원들이 새로운 체계를 시행하는 것**을 반대한다**.
The ads lack enough energy to _____ _____ the under eighteen crowd.	그 광고는 18세 이하 대중들**의 관심을 끌** 만한 에너지가 부족하다.
Staff need to do work well in order to _____ _____ promotion.	직원들은 승진 **자격을 얻기** 위해서 일을 잘 해야 한다.
Customers can be _____ed _____ their loyalty by receiving coupons.	고객들은 쿠폰을 받음으로써 그들의 충성도**에 대한 보상을 받을** 수 있다.
The manager considers it imperative to _____ _____ all safety regulations.	관리자는 안전 규칙을 모두 **지키는** 것을 필수로 여긴다.
Voda has about 34 percent of the domestic market, _____ed _____ Fast Telecom.	보다사가 국내 시장의 34퍼센트를 점유하고 있고, 패스트 텔레콤사가 **그 뒤를 잇고 있다**.
We _____ _____ database integration and management.	저희는 데이터 통합과 관리**를 전문으로 합니다**.
Researchers are _____ing _____ the causes of the virus.	연구자들이 바이러스의 원인**을 조사하고 있다**.

Before the Step 2

1. 주요 기출 어휘들과 함께 나오는 표현들을 구와 문장 속에서 확인해 보세요. 동사의 앞이나 뒤에 등장하는 부사, 전치사 그리고 목적어로 쓰이는 명사에 주의하세요.

enroll in	~에 등록하다	_____ _____ private health insurance 민간 의료 보험에 등록하다
excel in	~에 뛰어나다	_____ _____ English 영어에 뛰어나다
collaborate with	~와 협력하다	_____ _____ the other department 다른 부서와 협력하다
comply with	~을 따르다	_____ _____ the new safety rules 새로운 안전 규칙을 따르다
compete with	~와 경쟁하다	_____ _____ leading automakers 선두적인 자동차 제조업체들과 경쟁하다
deal with	~을 처리하다 ~을 해결하다	_____ _____ any problems 어떤 문제든 처리하다
cope with	~에 대처하다	_____ _____ increased expenses 늘어난 지출에 대처하다
interfere with	~을 방해하다	_____ _____ the ability 기능을 방해하다
proceed with	~을 진행하다	_____ _____ restructuring 구조조정을 진행하다
conform to	~에 따르다	_____ _____ the changes 변화에 따르다
announce that	알리다	be pleased to _____ _____ that 이하를 알리게 되어 기쁘다
assure that	보장하다	_____ me _____ that 이하를 보장하다
note that	주목하다	_____ _____ that 이하에 주목하다
indicate that	나타내다	_____ _____ that 이하를 나타내다
convinced that	확신시키다	be _____ that 이하를 확신하다
remark that	주목하다	_____ _____ that 이하에 주목하다

2. 앞에서 학습한 어휘와 구문을 문장에 적용해 보고, 문장의 의미를 확인해 보세요.

The number of residents _____ed _____ private health insurance is nearly 36 thousand.	민간 의료 보험에 **등록한** 거주자들의 수가 거의 3만 6천명에 이른다.
Most students in this class _____ _____ foreign languages.	이 학급의 대부분의 학생들은 외국어에 **뛰어나다**.
Mr. Brown led the team that _____d _____ the other department.	브라운 씨는 다른 부서**와 협력하는** 팀을 이끌었다.
All employees must _____ _____ the new safety rules.	모든 직원들은 새로운 안전 규칙을 **지켜야** 한다.
The company _____s _____ the world's leading automakers.	그 회사는 세계적인 자동차 제조업체들**과 경쟁한다**.
Our customer service agents are ready to _____ _____ any problems.	저희 고객 서비스 센터 직원들은 어떤 문제든 **처리할** 준비가 되어 있습니다.
The commission rate has been lowered to _____ _____ increased expenses.	늘어난 지출에 **대처하기** 위해 수수료율을 낮추었다.
Noise would no longer _____ _____ the ability to carry on cellphone conversations.	소음은 대화를 전달하는 휴대폰의 기능을 더 이상 **저해하지** 않을 것이다.
We will most likely _____ _____ the restructuring of its operational system.	우리는 생산 체계의 구조조정을 **진행할** 가능성이 높다.
We need to _____ _____ the changes in the market all the time.	우리는 항상 시장의 변화에 **따라야** 한다.
Kafed is pleased to _____ _____ Mr. Chan has joined us.	카페드사는 찬 씨가 우리 회사에 입사했다는 것을 **알리게** 되어 기쁩니다.
The agent _____d me _____ my Internet would be up.	그 직원은 제게 인터넷이 정상화될 것이라고 **보장했습니다**.
Please _____ _____ the deadline for all applications is May 1.	지원 마감일이 5월 1일이라는 것을 **주목해**주세요.
The surveys _____ _____ SUVs made by Venus are more reliable than others.	설문조사는 비너스사가 만든 SUV가 다른 제품보다 더 믿을만 하다는 것을 **보여준다**.
A manager must be _____ _____ the revenue will exceed the cost of production.	관리자는 수입이 생산 비용을 초과한다는 것을 **확신해야** 한다.
Researchers have _____ed _____ online business has become popular.	연구원들은 온라인 사업이 인기있다는 것에 **주목했다**.

243

KEY 03   동사 + 전치사

STEP 1   유형 예제

Mr. Brown led the in-house team that ------- with other department staff to develop and implement social media marketing strategies.

(A) employed   (B) collaborated   (C) briefed   (D) enclosed

STEP BY STEP

1. **보기 분석** 4가지 보기의 시제가 모두 동일한 동사로 문맥에 어울리는 동사를 찾는 문제이다.
2. **문장 분석** 관계 대명사 that 앞에 오는 선행사(team)를 주어로 하는 동사 자리이다.
3. **문맥 확인** 빈칸 뒤에 with other department staff가 있는 것을 보아 빈칸에는 전치사 with와 함께 '~와 협력하다'라는 의미의 (B) 가 필요하다.

해석 브라운 씨는 사회 미디어 마케팅 전략을 개발하고 실행하기 위해 다른 부서 직원들과 협력하는 사내 팀을 이끌었다.

정답 (B) collaborated

CHECK POINT

(A) employ: 고용하다
(C) brief on: ~에 대해 알려주다
(D) enclose in / with: ~에 동봉하다

특정 전치사와 함께 쓰이는 동사를 기억하자.

STEP 2

정답과 해설 p. 77

Step 1에서 어휘과 구문, 그리고 문장을 연습한 이유는 어휘는 혼자 쓰이는 것이 아니라 다른 어휘와 함께 특정 구문이나 문장을 이루기 때문입니다. 앞에서 학습한 어휘와 구문을 기반으로 다음 문제를 풀어보세요.

1. The new vice president applied his extensive knowledge to ------- on promising opportunities for the company.

   (A) focus   (B) assemble

   정답 _____
   오답 분석 _____

2. All employees must ------- with the new safety rules issued by the top officials.

   (A) comply   (B) compete

   정답 _____
   오답 분석 _____

3. The number of residents ------- in private health insurance is nearly 36 thousand.

   (A) enrolled   (B) replied

   정답 _____
   오답 분석 _____

4. The discussion on launching a new line of running shoes line is expected to ------- on January 10.

   (A) cope   (B) resume

   정답 _____
   오답 분석 _____

5. Those who receive high marks in English tend to ------- in other foreign languages.

   (A) excel   (B) follow

   정답 _____
   오답 분석 _____

동사 245

KEY 04   동사 + that

STEP 1 유형 예제

> Before hiring another worker, an employer must be ------- that the added productivity will exceed the added cost.
>
> (A) convinced　　(B) granted　　(C) organized　　(D) investigated

STEP BY STEP

1. **보기 분석** 보기가 시제가 모두 동일한 동사들로 이루어져 있다.
2. **문장 분석** 빈칸 앞에 사람 주어가 있고, 빈칸 뒤에 that으로 시작하는 절이 있다. that을 목적절로 가질 수 있으면서 문맥에 어울리는 동사는 (A) 이다.

해석 또 한 명의 직원을 채용하기에 앞서 고용주는 증대되는 생산성이 추가되는 비용을 넘어설 것이라는 확신이 서야 한다.

정답 (A) convinced

CHECK POINT

(B) grant: 보증하다
(C) organize: 준비, 조직하다
(D) investigate: 조사하다

목적어로 that절을 가질 수 있는 동사들이 있다.

STEP 2

정답과 해설 p. 78

Step 1에서 어휘과 구문, 그리고 문장을 연습한 이유는 어휘는 혼자 쓰이는 것이 아니라 다른 어휘와 함께 특정 구문이나 문장을 이루기 때문입니다. 앞에서 학습한 어휘와 구문을 기반으로 다음 문제를 풀어보세요.

1. Please ------- that the deadline for all applications is May 1.

   (A) note   (B) advise

   정답 _____
   오답 분석 _____

2. The surveys ------- that vehicles made by Rover are more reliable.

   (A) directed   (B) indicated

   정답 _____
   오답 분석 _____

3. Corporate trainers have ------- that time management is the most important aspect.

   (A) remarked   (B) intended

   정답 _____
   오답 분석 _____

4. The agent ------- me that my Internet would be up and running by the end of the day.

   (A) assured   (B) led

   정답 _____
   오답 분석 _____

5. Kafed Consulting is pleased to ------- that Mr. Chan has become the newest member.

   (A) announce   (B) enroll

   정답 _____
   오답 분석 _____

STEP 3 실전문제

정답과 해설 p. 78

1. It did not take long for the interviewers to ------- on the candidate that would best fit the position.

    (A) decide
    (B) inquire
    (C) assemble
    (D) accept

    STEP BY STEP
    ① to + 빈칸 + 전치사 on
    ② 진주어 to부정사의 문맥 고려

    CHECK POINT
    정답 _____

2. The 30-year-old company has about 40 percent of the domestic package-delivery market, ------- by Fast Post Corp's 30 percent.

    (A) advanced
    (B) followed
    (C) delayed
    (D) proceeded

    STEP BY STEP _____

    CHECK POINT _____
    정답 _____

3. The manager sent an e-mail to Mr. Mendes regarding the financial issue, but he never ------- to it.

    (A) detected
    (B) met
    (C) chose
    (D) replied

    STEP BY STEP _____

    CHECK POINT _____
    정답 _____

4. Researchers indicate that students tend to ------- in mathematics if they receive high marks in science.

    (A) excel
    (B) elevate
    (C) arrange
    (D) persist

    STEP BY STEP _____

    CHECK POINT _____
    정답 _____

5. It is imperative for all employees working at all operational facilities to ------- by all safety regulations.

    (A) observe
    (B) comply
    (C) abide
    (D) adhere

    STEP BY STEP _____

    CHECK POINT _____
    정답 _____

6. With such technology, levels of background noise would no longer ------- with the ability to carry on cellphone conversations.

   (A) indicate
   (B) encourage
   (C) interfere
   (D) allow

7. Corporate trainers have ------- that time management is the most important aspect to maximize productivity at workplaces.

   (A) remarked
   (B) replicated
   (C) suspended
   (D) persuaded

8. Engineers are ------- into the causes of the virus as well as radical measures that can be given to their clients.

   (A) following
   (B) looking
   (C) deciding
   (D) dealing

9. The commission rate has been lowered to help ------- with increased expenses in accounting.

   (A) cope
   (B) lead
   (C) abide
   (D) compete

10. The board members ------- upon the new proposal to open overseas branch offices in the next five years.

    (A) agreed
    (B) suggested
    (C) objected
    (D) focused

> **STEP 3**

Questions 11-14 refer to the following e-mail.

Dear Sirs,

We plan to visit San Francisco next month in order to meet you and other executives who have a strong interest in new technology in Asia. We feel that Harding Consulting could ---11.--- you with a valuable opportunity. Harding Consulting ---12.--- in assisting companies investing in the rapidly growing Asian stock market. Through a commitment to realizing the goals of each individual company we ---13.--- with, Harding Consulting has proven itself a valuable ally in the stock market. ---14.---

Sincerely,
James Hashimoto, Harding Consulting

11. (A) hesitate
    (B) qualify
    (C) provide
    (D) compete

12. (A) excels
    (B) proceeds
    (C) commends
    (D) scrutinizes

13. (A) anticipate
    (B) accommodate
    (C) collaborate
    (D) accompany

14. (A) I look forward to the prospect of meeting with you.
    (B) I could assure you the future results.
    (C) I hope that this information satisfies your curiosity.
    (D) We would like to invest heavily in the local agricultural community.

STEP 3

Questions 15-18 refer to the following notice.

Notice

We are pleased to ---15.--- you that the Third Annual Peterson & Smith Horseman's Seminar will be held on Saturday and Sunday, November 18 & 19, at the Ocala Hilton.

Following the First and Second Seminars held over the last two years, we have invited three renowned guest speakers and our veterinarians at Peterson & Smith to present the latest information in their respective fields they ---16.--- in. Once again, our speakers will share their insights and ---17.--- an educational opportunity for horse owners. The deadline for registration is Friday, November 3. The registration fee is $60 per day or $100 for both days. ---18.---

15. (A) inform
    (B) allow
    (C) conform
    (D) advise

16. (A) enroll
    (B) specialize
    (C) cope
    (D) interfere

17. (A) proceed
    (B) consist
    (C) provide
    (D) compare

18. (A) I'm afraid you did not make it on the seminar.
    (B) Thank you for your prompt and considerate measurement.
    (C) We are looking forward to meeting you there.
    (D) We do not offer any kind of meals or beverages.

STEP BY STEP _____

CHECK POINT _____

정답 _____

STEP BY STEP _____

CHECK POINT _____

정답 _____

STEP BY STEP _____

CHECK POINT _____

정답 _____

STEP BY STEP _____

CHECK POINT _____

정답 _____

ONE MORE STEP — A. 앞에서 학습한 동사의 파생어와 유의어 및 반의어를 학습해 보세요.

동사	뜻	파생어	유의어 & 반의어
decide on	~을 결정하다	decision 결정	determine 결정하다
resume on	~에 다시 시작하다	resumable 되찾을 수 있는	begin again 다시 시작하다
focus on	~에 집중하다	focused 집중한	concentrate 집중하다
agree on	~에 동의하다	agreement 동의, 합의	disagree 동의하지 않다
intend to	~할 생각이다	intention 의사, 목적	plan 계획하다
aim to	~에 목표로 하다	aimful 목표가 뚜렷한	strive 얻으려고 애쓰다, 노력하다
reply to	~에 대답하다	replying 응답하는	respond 대답하다
lead to	~의 결과를 내다	leader 지도자, 대표	result in 그 결과 ~가 되다
object to	~에 반대하다	objection 반대	oppose ~에 반대하다
appeal to	~의 흥미를 끌다	appealing 흥미로운	attract 마음을 끌다
qualify for	~할 자격이 있다	qualification 자격	empower 권한을 주다
reward for	~에 대해 보상하다	rewardable 보답할 수 있는	compensate 보상하다
abide by	~을 따르다	abiding 지속적인	follow 따르다
follow by	~의 뒤를 잇다	following 그 다음의, 다음에 나오는	succeed 뒤를 잇다
specialize in	~을 전문화하다	specialization 전문화	be experienced at ~에 경험이 있다
look into	~을 살펴보다	looking ~으로 보이는	view 보다

		파생어	유의어 & 반의어
enroll in	~에 등록하다	enrollment 등록	register 등록하다
excel in	~에 뛰어나다	excellence 뛰어남	be superior 우수하다
collaborate with	~와 협력하다	collaboration 공동 작업	cooperate 협력하다
comply with	~을 따르다	compliant 따르는	obey 따르다, 복종하다
compete with	~와 경쟁하다	competition 경쟁	contend 겨루다
deal with	~을 처리하다	dealer 중개인	handle 처리하다
cope with	~에 대처하다	coping 대처하는	manage 해내다
interfere with	~을 방해하다	interfering 간섭하는	interrupt 방해하다
proceed with	~을 진행하다	process 과정	continue 계속하다
conform to	~에 따르다	conformity 따름, 순응	adjust 적응하다
announce	알리다	announcement 발표	declare 선언하다
assure	보장하다	assurance 장담	guarantee 보장하다
note	주목하다	notable 주목할 만한, 중요한	notice 주목하다
indicate	나타내다	indication 말 (암시)	imply 나타내다, 암시하다
convince	확신시키다	convincible 설득할 수 있는	persuade 확인시키다
remark	주목하다	remarkable 주목할 만한, 놀랄 만한	observe 주시하다

ONE MORE STEP B. 문장을 읽고 밑줄 친 단어를 대체할 수 있는 유의어를 선택해 보세요.

1. The manager sent an e-mail to Mr. Mendes but he never <u>replied</u> to it.
   ☑ responded ☐ continued

2. The surveys <u>indicate</u> that SUVs made by Venus are more reliable than others.
   ☐ imply ☐ strive

3. It did not take long for the interviewers to <u>decide on</u> the candidate.
   ☐ empower ☐ determine

4. The commission rate has been lowered to <u>cope with</u> increased expenses.
   ☐ manage ☐ contend

5. The new vice president <u>focused</u> on the promising opportunities.
   ☐ concentrated ☐ succeeded

6. Kefed is pleased to <u>announce</u> that Mr. Chan has joined us.
   ☐ guarantee ☐ declare

ONE MORE STEP C. 앞에서 학습한 단어들의 유의어, 혹은 반의어를 보기에서 찾아 써 보세요.

be superior	disagree	handle	plan
guide	attract	view	cooperate

1. look ≒ _____   5. intend ≒ _____
2. excel ≒ _____   6. appeal ≒ _____
3. collaborate ≒ _____ 7. deal ≒ _____
4. agree ⟷ _____   8. lead ≒ _____

UNIT 3
명사

VOCABULARY

이번 유닛에서 학습하게 될 주요 명사입니다. 알고 있는 어휘에 표시하세요.

☐ policy	☐ guideline	☐ transition	☐ discussion
☐ authority	☐ resource	☐ transaction	☐ concern
☐ facility	☐ preference	☐ distribution	☐ approval
☐ capability	☐ advance	☐ inspection	☐ removal
☐ delegate	☐ alternative	☐ resignation	☐ arrival
☐ contract	☐ initiative	☐ subscription	☐ renewal
☐ measure	☐ representative	☐ completion	☐ dividend
☐ expense	☐ executive	☐ admission	☐ demand

Before the Step 1

1. 주요 기출 어휘들과 함께 나오는 표현들을 구와 문장 속에서 확인해 보세요. 명사의 앞이나 뒤에 등장하는 동사, 명사 그리고 형용사에 주의하세요.

어휘	품사	뜻	예시
policy	명	정책	refund _policy_ 환불 정책
authority	명	권한, 당국	gain his _____ 권한을 얻다
facility	명	시설	upgrade its _____ 시설을 개선하다
capability	명	능력	production _____ 생산 능력
delegate	명	대표	_____s send the form 대표들이 서류를 보내다
contract	명	계약	_____ agreement 계약 약관
measure	명	조치	take every _____ 모든 조치를 취하다
expense	명	비용	at one's own _____ 자비로
guideline	명	지침	architectural _____ 건축 지침
resource	명	자원	similarities in both countries' _____s 두 나라의 자원의 유사성
preference	명	선호	indicate your _____s 선호도를 나타내세요
advance	명	진전, 발전	_____s in technology 기술의 발전
alternative	명	대안	an _____ to national brands 전국적인 브랜드의 대안
initiative	명	주도권	take _____s 주도권을 잡다
representative	명	대리인	sales _____s 영업 사원
executive	명	경영진	_____s working through lunch time 점심 시간에 일하는 경영진

2. 앞에서 학습한 어휘과 구문을 문장에 적용해 보고, 문장의 의미를 확인해 보세요.

Our _policy_ is to offer a full refund to customers if the item is not damaged.	제품이 손상되지 않았다면 전액 환불을 해 드리는 것이 저희 **정책**입니다.
After gaining his _____, the new president diversifies the product line.	**권한**을 얻은 후, 신임 사장은 생산 라인을 다양화했다.
To boost its own productivity, the company will upgrade its _____ies.	생산성을 높이기 위해 회사는 **시설**을 개선했다.
The plant expansion will allow a significant increase in _____ _____.	공장 확장은 **생산성**의 큰 증가를 가져올 것이다.
_____s should send their booking forms as soon as possible.	**대표**들은 예약서를 가능한 빨리 보내야 한다.
We should thoroughly examine all the _____ _____s.	**계약 약관**을 철저히 검토해야 한다.
We took every _____ to protect your personal information.	저희 회사는 귀하의 개인 정보를 보호하기 위해 모든 **조치**를 취했습니다.
Russ Johnson traveled to New York at his _____.	루스 존슨은 **자비로** 뉴욕 여행을 갔다.
The city continued to let local businesses follow the _____ _____s.	시는 지역 사업체들이 **건축 지침**을 따르도록 했다.
The similarities in both countries' _____s will be helpful for us.	두 나라의 **자원**의 유사성은 우리에게 도움이 될 것이다.
Please indicate your _____s by listing desired destinations.	원하는 휴양지의 목록을 만들어 **선호도**를 표시하세요.
Several workshops demonstrate _____s in technology.	워크샵은 기술의 **발전**을 설명하고 있다.
We are planning to market ourselves as an _____ to national brands.	저희는 전국적인 브랜드에 대한 **대안**으로 저희를 홍보할 계획입니다.
Edelman is looking for a chance to _____ our marketing _____s.	에델먼은 마케팅을 **주도적으로 이끌** 기회를 찾고 있다.
Our sales _____s get a 5% commission on sales of $200 or more.	영업 **사원**들은 200달러 이상의 매출에 대해 5%의 수수료를 받고 있다.
Many _____s are working through their lunch time.	많은 **경영진**들이 점심시간 내내 일하고 있다.

Before the Step 2

1. 주요 기출 어휘들과 함께 나오는 표현들을 구와 문장 속에서 확인해 보세요. 명사의 앞이나 뒤에 등장하는 동사, 명사 그리고 형용사에 주의하세요.

어휘	품사	뜻	표현	해석
transition	명	과도	oversee the _____	과도기를 감독하다
transaction	명	거래	_____ s with clients	고객과의 거래
distribution	명	분배	_____ of last year's profit	작년 이익의 분배
inspection	명	검사	conduct _____ s	검사를 수행하다
resignation	명	사임	notice of my _____	나의 사직서
subscription	명	구독료	your annual _____	귀하의 연간 구독료
completion	명	완료	_____ of this contract	이 계약의 종료
admission	명	가입, 입장	free _____ to the championship	결승전의 무료 입장권
discussion	명	논의	_____ on the energy industry	에너지 사업에 대한 논의
concern	명	관심사	respond to any _____ s	관심사에 답변을 해주다
approval	명	승인	_____ of all business expenses	모든 출장 경비에 대한 승인
removal	명	제거	_____ of trash	쓰레기 제거
arrival	명	도착	safe _____ of all future orders	앞으로의 모든 주문의 안전한 도착
renewal	명	갱신	at the time of _____	갱신 시에
dividend	명	배당금	increase its _____ s	배당금을 높이다
demand	명	수요, 요구	a high _____ for places	자리에 대한 많은 수요

2. 앞에서 학습한 어휘와 구문을 문장에 적용해 보고, 문장의 의미를 확인해 보세요.

He was appointed as an interim director to oversee the _____.	그는 **과도기**를 감독할 임시 부서장으로 임명되었다.
It will be very helpful on future business _____ s with clients.	이것은 앞으로의 고객과의 사업상 **거래**에 도움이 될 것이다.
The company will discuss the _____ of last year's profit.	회사는 작년 이익의 **분배**를 논의할 것이다.
The Administration Dept will _____ _____ s on commercial trucks.	총무부는 상업용 트럭에 대한 **검사를 수행**할 것이다.
Please accept this letter as notice of my _____ from Boston Healthcare.	이것을 보스턴 헬스케어에서의 제 **사직서**로 받아 주십시오.
Your annual _____ due on July 1 still remains unpaid.	7월 1일까지 내셔야 하는 귀하의 연간 **구독료**가 아직 납부되지 않았습니다.
After _____ of this contract, you will be offered a permanent contract.	이 계약의 **종료** 후에, 상근 계약을 제안받게 될 것입니다.
Retired military personnel will get _____ _____ to this year's championship.	은퇴 군인들은 올해 결승전의 **무료 입장권**을 받을 것이다.
William Potts will lead a _____ on the energy industry.	윌리엄 포츠 씨는 에너지 산업에 대한 **논의**를 이끌 것이다.
A tax expert will respond to _____ s you may have about the recent changes.	세금 전문가가 최근의 변화에 대한 귀하의 **어떤 관심사든** 답변해 줄 것입니다.
Employees should have _____ _____ all business expenses they request.	직원들은 그들이 요청한 모든 출장 비용에 **대한 승인**을 받아야 한다.
The service includes cleaning inside of the building and _____ _____ trash.	서비스는 건물 안 청소와 쓰레기 **제거**를 포함하고 있다.
We are taking all necessary steps to ensure the safe _____ of your order.	귀하의 주문품이 안전하게 **도착**할 수 있도록 필요한 모든 조치를 하다.
Insurance companies change the policy at the time of _____ without consent.	보험사들은 **갱신** 시에 동의 없이 정책을 변경한다.
The company decided to increase its _____ s to shareholders next year.	회사는 내년에 주주들에게 돌아가는 **배당금**을 높이기로 했다.
We can only offer four one-week passes due to a _____ _____ for places.	자리에 대한 **많은 수요** 때문에 일주일 입장권 4장만 제공할 수 있다.

KEY 05 문맥에 어울리는 명사

STEP 1 유형 예제

During the seminar, the company's specialists led several mini-workshops to demonstrate ------- in today's farm management technology.

(A) advances   (B) prepositions   (C) appliances   (D) belongings

STEP BY STEP

1. **보기 분석** 4가지 보기가 모두 명사이므로 문맥에 어울리는 명사를 찾는 문제이다. 어미가 다양한 명사들이 나타나고 있으므로 품사를 혼동하지 않도록 주의한다.
2. **문장 분석** 빈칸 앞에 동사가 있으므로 이 동사의 목적어 역할을 할 수 있는 명사가 필요하다.
3. **문맥 확인** 소규모 워크샵이 무엇을 설명하기 위한 것인지 설명하는 부분이므로 (A) 발전 상황이 가장 적절하다.

해석 세미나 기간 동안 회사의 전문가들은 오늘날 농장 관리 분야에서 이루어진 기술의 발전 상황을 설명하기 위해 수차례의 소규모 워크숍을 이끌었다.

정답 (A) advances

CHECK POINT

(B) preposition: 전치사
(C) appliance: 가정용 기기
(D) belonging: 개인 소지품

어미가 다양한 경우, 다른 품사로 혼동하지 않도록 주의한다.

STEP 2

정답과 해설 p. 82

Step 1에서 어휘과 구문, 그리고 문장을 연습한 이유는 어휘는 혼자 쓰이는 것이 아니라 다른 어휘와 함께 특정 구문이나 문장을 이루기 때문입니다. 앞에서 학습한 어휘와 구문을 기반으로 다음 문제를 풀어보세요.

1. The plant expansion will allow a significant increase in production -------.

    (A) capability   (B) authority

    정답 _____
    오답 분석 _____

2. Several mini-workshops demonstrate ------- in technology.

    (A) resources   (B) advances

    정답 _____
    오답 분석 _____

3. Edelman is looking for a chance to take our marketing ------- to the next level.

    (A) facilities   (B) initiatives

    정답 _____
    오답 분석 _____

4. After successful ------- of this temporary contract, the company may decide to offer you a permanent contract.

    (A) completion   (B) subscription

    정답 _____
    오답 분석 _____

5. A tax expert will respond to any ------- you may have about the recent changes in the law.

    (A) concerns   (B) inspection

    정답 _____
    오답 분석 _____

명사 261

KEY 06　의미나 형태가 유사한 명사

STEP 1　유형 예제

Russ Johnson had traveled to New York at his own ------- and had 7 to 10 short meetings with finance industry contacts.

(A) profit　　　(B) fee　　　(C) charge　　　(D) expense

STEP BY STEP

1. **문장 분석** 소유격 대명사 뒤가 빈칸이므로 명사가 올 자리임을 알 수 있다.
2. **보기 분석** 보기가 모두 명사로 이루어져 있으며, 어휘들의 의미가 유사하므로 정확한 의미를 알고 있어야 한다.
3. **문맥 확인** at one's own expense는 '자비로'라는 의미의 표현으로, 사람 주어인 루스 존슨이 뉴욕에 자비로 출장을 갔다는 의미로 자연스러운 문장이 된다. 따라서 (D) 가 정답이다.

해석 루스 존슨은 자비로 뉴욕에 출장을 가서 금융업계 중개자들과 7회에서 10회의 짧은 회의를 가졌다.

정답 (D) expense

CHECK POINT

(A) profit: (금전적) 이익, 이윤
(B) fee: 요금, 수수료
(C) charge: 청구 금액, 부과금

보기가 유사한 의미를 가진 어휘들인 경우 각 어휘 간의 의미 차이를 고려하여
문맥에 가장 어울리는 어휘를 고른다.

정답과 해설 p. 82

1. The company will discuss the ------- of last year's profit.

   (A) distribution   (B) admission

   정답 _____

   오답 분석 _____

2. Insurance companies change the policy at the time of ------- without consent of the insured.

   (A) renewal   (B) approval

   정답 _____

   오답 분석 _____

3. William Potts will lead a ------- on how the energy industry can become more environmentally friendly.

   (A) discussion   (B) decision

   정답 _____

   오답 분석 _____

4. The company decided to increase its ------- to shareholders next year.

   (A) dividends   (B) divisions

   정답 _____

   오답 분석 _____

5. This schedule will be very helpful on future business ------- with clients.

   (A) transactions   (B) transitions

   정답 _____

   오답 분석 _____

STEP 3 실전문제

정답과 해설 p. 83

1. The city continued to let local businesses follow the architectural ------- to maintain the city's landscape.

   (A) rights
   (B) guidelines
   (C) charges
   (D) limits

   STEP BY STEP
   ① 형용사 + 빈칸
   ② 문맥 고려: 건축 상의 ~을 따르다
   CHECK POINT (D) limit: 제한
   정답 _____

2. Our company takes every ------- to protect your personal information by slowing down order processing if there is any chance of personal identity theft.

   (A) measure
   (B) capability
   (C) replacement
   (D) alternative

   STEP BY STEP _____
   CHECK POINT _____
   정답 _____

3. A tax expert will visit our company to respond to any ------- you may have about the recent changes in the law.

   (A) importance
   (B) conditions
   (C) concerns
   (D) expeditions

   STEP BY STEP _____
   CHECK POINT _____
   정답 _____

4. The Safety Administration will conduct ------- on commercial buses and trucks to assure full compliance with federal regulations.

   (A) commitments
   (B) surveys
   (C) testimonials
   (D) inspections

   STEP BY STEP _____
   CHECK POINT _____
   정답 _____

5. Active duty and retired military personnel will get free ------- to this year's World Golf Championship that will be held from Aug 4 to 9 at the Green Country Club.

   (A) invention
   (B) admission
   (C) location
   (D) collection

   STEP BY STEP _____
   CHECK POINT _____
   정답 _____

6. Our ------- is to offer refunds to customers if the item is not damaged and is returned within 30 days of the purchase.

    (A) policy
    (B) adoption
    (C) exhibit
    (D) regard

7. After gaining his ------- and resolving the company's personnel issues, the new president started to diversify the product line.

    (A) allowance
    (B) affiliation
    (C) authority
    (D) consensus

8. Although it does not apply in every situation, I found this schedule very helpful and plan to use it on future business ------- with clients.

    (A) complications
    (B) transactions
    (C) measurements
    (D) statements

9. The service includes cleaning inside and outside of the building and ------- of trash from interior trash containers to the outdoor dumpster.

    (A) removal
    (B) withdrawal
    (C) dismiss
    (D) dispose

10. After successful ------- of this temporary contract, the company may decide to offer you a permanent contract.

    (A) completion
    (B) complement
    (C) complexity
    (D) compliance

STEP 3

Questions 11-13 refer to the following memorandum.

Dear colleagues,

I am very pleased to inform you that now the number of participants in the 5th International Abalone Symposium has reached more than 200. Hence, we are able to get bargain ---11.--- rates for you in the Huanghai Hotel. The new lower prices for different types of rooms are listed below:

☐ Standard room: US$ 40 per room per day, a discount of US$ 5.
☐ Deluxe suite: US$ 120 per room per day, a discount of US$ 15.
☐ VIP deluxe suite: US$ 250 per room per day, a discount of US$ 50.

Delegates who have not yet booked their accommodations should send the accommodation booking ---12.--- and payments as soon as possible. In the case of ---13.--- who have already made payments for their accommodations, they will get the discount back when they register.

Sincerely yours,
Chris Zhang

11. (A) accommodation
    (B) replacement
    (C) productivity
    (D) subscription

12. (A) policies
    (B) measures
    (C) contracts
    (D) forms

13. (A) candidates
    (B) delegates
    (C) completes
    (D) coordinates

STEP 3

Questions 14-16 refer to the following e-mail.

Dear Raymond Williams,

We refer to your complaint letter #690428. We conducted the ---14.--- of the product and found that it was damaged during the delivery process. A replacement for the damaged goods will be sent by post in two days, or you could be given a full refund as an ---15.---. We sincerely apologize for the inconvenience. ---16.---

We hope that this will settle the matter to your full satisfaction and assure you of our best attention to your future orders.

Yours faithfully,

Danny Collins
Customer Service

14. (A) survey
    (B) inspection
    (C) questionnaire
    (D) interview

15. (A) alteration
    (B) alternate
    (C) alternator
    (D) alternative

16. (A) Please e-mail her your availability, and she'll get back to you.
    (B) We are taking all necessary measures to ensure the safe arrival of all future orders.
    (C) I greatly appreciate the hard work and commitment you have shown.
    (D) I thought you would be interested in returning of your items as soon as possible.

STEP BY STEP

CHECK POINT

정답

STEP BY STEP

CHECK POINT

정답

STEP BY STEP

CHECK POINT

정답

ONE MORE STEP — A. 앞에서 학습한 명사의 파생어와 유의어 및 반의어를 학습해 보세요.

단어	뜻	파생어	유의어 & 반의어
policy	정책	politics 정치	procedure 절차
authority	권한, 당국	authorize 권한을 부여하다	power 권력
facility	시설	facilitate 용이하게 하다	amenity 생활 편의 시설
capability	능력	capable ~을 할 수 있는, 유능한	ability 능력
delegate	대표	delegation 대표단, 위임	representative 대표자
contract	계약	contractual 계약상의, 계약된	agreement 협정, 합의
measure	조치	measures 방안, 조치	action 행동, 조치
expense	비용	expensive 비싼	cost 비용
guideline	지침	guidance 지도, 안내	instruction 설명
resource	자원	resourceful 자원이 풍부한, 재치있는	capital 자본
preference	선호	prefer 선호하다	inclination 성향
advance	진전	advancement 발전	improvement 향상
alternative	대안	alternatively 그 대신에	option 선택(권)
initiative	주도권	initiatively 선도적으로	leadership 지도력
representative	대리인	represent 대신(대표)하다	agent 대리인
executive	경영진	executively 행정상으로	administrator 관리자

		파생어	유의어 & 반의어
transition	과도	transitional 과도기의	progression 진행
transaction	거래	transact 거래하다	negotiation 협상
distribution	분배	distribute 분배하다	division 분할
inspection	검사	inspect 검사하다	examination 조사
resignation	사임	resign 사임하다	abdication 사직
subscription	구독료	subscribe 구독하다	membership fee 회비
completion	완료	completely 완성적으로	accomplishment 완수
admission	가입	admit 가입을 허락하다, 인정하다	entry 가입
discussion	논의	discuss 논의하다	debate 논의
concern	관심사	concerning ~에 관한	interest 관심사
approval	승인	approve 승인하다	consent 동의, 허락
removal	제거	remove 제거하다	elimination 제거
arrival	도착	arrive 도착하다	appearance 도착함
renewal	갱신	renew 갱신하다	extension 연장
dividend	배당금	divide 나누다	allocation 배당액, 할당량
demand	수요, 요구	demandable 요구할 수 있는	request 요구

ONE MORE STEP   B. 문장을 읽고 밑줄 친 단어를 대체할 수 있는 유의어를 선택해 보세요.

1. The city continued to let local businesses follow the architectural guidelines.
   ☑ instructions   ☐ abilities

2. William Potts will lead a discussion on the energy industry.
   ☐ debate   ☐ examination

3. Our policy is to offer refunds to customers if the item is not damaged.
   ☐ authority   ☐ procedure

4. A tax expert will respond to any concerns you may have about the recent changes.
   ☐ interests   ☐ consents

5. Several mini-workshops demonstrate advances in technology.
   ☐ improvements   ☐ inclinations

6. Please accept this letter as notice of my resignation from Boston Healthcare.
   ☐ abdication   ☐ progression

ONE MORE STEP   C. 앞에서 학습한 단어들의 유의어, 혹은 반의어를 보기에서 찾아 써 보세요.

cost	administrator	capital	ability
allocation	membership fee	request	accomplishment

1. capability   ≒ _____
2. subscription   ≒ _____
3. resource   ≒ _____
4. dividend   ≒ _____
5. expense   ≒ _____
6. completion   ≒ _____
7. executive   ≒ _____
8. demand   ≒ _____

UNIT 4
형용사 1

VOCABULARY

이번 유닛에서 학습하게 될 주요 형용사입니다. 알고 있는 어휘에 표시하세요.

☐ complimentary	☐ additional	☐ desirable	☐ informative
☐ preliminary	☐ operational	☐ reliable	☐ productive
☐ mandatory	☐ substantial	☐ favorable	☐ impressive
☐ precise	☐ confidential	☐ competitive	☐ successive
☐ diverse	☐ compatible	☐ effective	☐ exclusive
☐ obvious	☐ affordable	☐ respective	☐ conclusive
☐ relevant	☐ comparable	☐ tentative	☐ persuasive
☐ adept	☐ redeemable	☐ defective	☐ comprehensive

Before the Step 1

1. 주요 기출 어휘들과 함께 나오는 표현들을 구와 문장 속에서 확인해 보세요. 형용사의 앞이나 뒤에 등장하는 명사나 부사에 주의하세요.

complimentary	형 무료의	<u>complimentary</u> service 무료 서비스
preliminary	형 예비의	_____ stage 예비 단계
mandatory	형 의무적인	_____ for all employees 모든 직원들에게 의무인
precise	형 정밀한	_____ requirements 정밀한 요구조건
diverse	형 다양한	_____ tourist attractions 다양한 관광지
obvious	형 분명한	_____ shipping damage 분명한 배송 중의 손상
relevant	형 관련 있는	photocopies of _____ documents 관련 서류 복사본
adept	형 능숙한	_____ at using devices 기기를 사용하는 데 능숙한
additional	형 부가의	generate _____ jobs 추가 일자리를 발생시키다
operational	형 운영상의	_____ costs 운영 비용
substantial	형 상당한	with _____ experience 상당한 경험이 있는
confidential	형 기밀의	_____ corporate documents 회사 기밀 서류
compatible	형 호환되는	_____ with Android phones 안드로이드 휴대폰과 호환 가능한
affordable	형 가격이 알맞은	produce _____ cars 가격이 알맞은 차를 만들다
comparable	형 비교할 만한	_____ to our product 우리 제품과 비교할 만한
redeemable	형 교환할 수 있는	_____ for items 상품으로 교환 가능한

2. 앞에서 학습한 어휘와 구문을 문장에 적용해 보고, 문장의 의미를 확인해 보세요.

Visitors will be able to use _complimentary_ trolley service.	손님들은 **무료** 카트 서비스를 이용하실 수 있습니다.
We are still in the _____ stage of discussing the layout of the offices.	우리는 여전히 사무실의 구조를 논의하는 **예비** 단계에 있다.
It is _____ for all employees to turn in their time cards by this Wednesday.	모든 직원들은 이번 주 수요일까지 타임 카드를 제출**해야 한다**.
The renovation is complex because of the _____ acoustic requirements.	그 수리는 **정밀한** 어쿠스틱 악기 연주에 필요한 조건 탓에 복잡하다.
Travelers from Asia explore its _____ tourist attractions.	아시아에서 온 여행객들은 관광객들이 선호하는 **다양한** 관광지를 돌아다닌다.
If a shipment arrives with _____ shipping damage, please call us.	화물이 운송 중 손상이 생긴 상태로 도착한 게 **분명**하면, 전화 주십시오.
Please submit photocopies of all _____ documents to this office.	저희 사무실로 모든 **관련** 서류를 제출해 주십시오.
The military group is _____ using explosive devices.	군인들은 폭발 장치를 다루는 **데 능숙**하다.
The new store will provide employment for fifty citizens, and generate an _____ two hundred jobs.	새 상점은 50명을 고용하고, **추가의** 200개의 일자리를 만들 것이다.
The new technology aims at saving automakers $250 billion in _____ costs.	새로운 기술은 연간 2500억 달러의 **운영** 비용을 절약하는 것을 목표로 하고 있다.
Candidates with _____ experience will be considered.	**상당한** 경험이 있는 후보자들이 고려될 것이다.
They are planning to make the _____ corporate documents public.	그들은 회사 **기밀** 자료를 공개할 계획이다.
We invented the anti-virus software _____ Android phones.	저희는 안드로이드 폰**과 호환이 가능한** 안티바이러스 소프트웨어를 개발했다.
Chevmort produced _____ cars instead of the expensive SUVs.	쉐브모트사는 비싼 SUV 대신 **적정 가격의** 차를 생산했다.
There is no analysis program _____ our new product.	저희 새 제품**과 비교할 만한** 분석 프로그램은 없습니다.
Patrons will receive a voucher _____ tems.	후원자들은 제품**으로 교환할 수 있는** 바우처를 받을 것이다.

Before the Step 2

1. 주요 기출 어휘들과 함께 나오는 표현들을 구와 문장 속에서 확인해 보세요. 형용사의 앞이나 뒤에 등장하는 명사나 부사에 주의하세요.

desirable	형 바람직한	_____ place to live 살기 좋은 장소
reliable	형 믿을만한	_____ executive 믿을 만한 경영진
favorable	형 호의적인	receive _____ reviews 호의적인 평가를 받다
competitive	형 경쟁력 있는	fairly _____ 상당히 경쟁력 있는
effective	형 유효한	_____ immediately 즉시 효력이 있는
respective	형 각자의	_____ fields of expertise 각자의 전문 분야
tentative	형 잠정적인	a _____ agreement 잠정적인 합의
defective	형 결함이 있는	_____ items 결함이 있는 제품
informative	형 유익한	long but _____ 길지만 유익한
productive	형 생산적인	_____ workforce 생산적인 인력
impressive	형 인상적인	_____ experience 인상적인 경험
successive	형 잇따른	three _____ years 3년 연속
exclusive	형 독점적인	an _____ offer for loyal customers 단골 고객을 위한 독점적인 제안
conclusive	형 확실한	the most _____ data 가장 확실한 자료
persuasive	형 설득력 있는	_____ evidence 설득력 있는 증거
comprehensive	형 종합적인	_____ welfare 종합적인 복지

274

2. 앞에서 학습한 어휘와 구문을 문장에 적용해 보고, 문장의 의미를 확인해 보세요.

Canterbury is one of the most _____ places to live in the country.	캔터베리는 그 나라에서 가장 살기 **좋은** 장소 중 하나이다.
Mr. Garcia has shown himself to be a very _____ executive.	가르시아 씨는 스스로가 매우 **믿을 만한** 경영진이라는 것을 보여주었다.
The new marketing campaign received _____s.	새로운 광고는 **호의적인 평가**를 받았다.
There is lots of new housing in this area that is fairly _____.	상당히 **경쟁력 있는** 신규 주택 공급이 이 지역에서 많이 이루어지고 있다.
_____ immediately, all employees will spend no more than five minutes helping a single customer.	즉시 **발효되는** 조치로, 이제 모든 직원들은 한 명의 고객을 돕는데 5분 이상 사용할 수 없습니다.
Guest speakers will present the latest information in their _____ _____.	세 명의 연사들은 **각자 분야**의 최신 정보에 대해 발표하실 것입니다.
Environmentalists reached a _____ _____ with the government.	환경 운동가들은 정부와 **잠정적인 합의**에 이르렀다.
The manufacturer should offer repair services for any _____ items at no cost.	제품에 **이상이 있을** 경우 제조업자는 무료로 수리를 해 주어야 한다.
Participants agreed that Mr. Parker's presentation was long but _____.	참석자들은 파커 씨의 발표가 길지만 **유익하다는** 것에 동의했다.
We urge every staff member to work longer hours to be more _____.	우리는 **생산성**을 높이기 위해 모든 직원들이 더 오래 일할 것을 촉구한다.
Your prior experience was _____, which made you a strong candidate.	귀하를 유력한 후보자로 만드는 이전 경험은 **인상적**이었습니다.
After three _____ _____ of failure, he was removed as CEO from his company.	**3년 연속**의 실패 후, 그는 CEO자리에서 해임되었다.
This is an _____ _____ for our loyal customers and is valid for a limited time only.	이는 단골 고객들에게 드리는 **독점적인 제안**이며 제한된 기간에만 유효합니다.
The numbers in the report are based on the most _____ data.	보고서의 수치들은 가장 **확실한** 자료를 기반으로 하고 있다.
The subsequent reports concluded that there was no "_____ evidence".	차후의 보고서는 **설득력 있는** 증거가 없다고 결론짓고 있다.
We can now afford to offer employees a _____ welfare package.	이제 직원들에게 **종합적인** 복지를 제공할 만한 여유가 있다.

KEY 07  문맥에 어울리는 형용사 1

 STEP 1 유형 예제

Visitors staying at certain hotels in Niagara Falls will be able to take advantage of ------- trolley service.

(A) collective   (B) mandatory   (C) contrasting   (D) complimentary

 STEP BY STEP

1. **보기 분석** 4가지 보기가 모두 형용사이므로 문맥에 어울리는 형용사를 고르는 문제이다.
2. **문장 분석** 빈칸 앞에 전치사가 있고, 뒤에는 명사(trolley service)가 있으므로 이 명사를 수식할 수 있는 형용사를 찾는다.
3. **문맥 확인** 호텔에서 제공하는 서비스 중 하나를 설명하고 있는 문장으로 (D) '무료의'가 가장 자연스럽다.
   take advantage of는 '~을 이용할 수 있다'는 의미이다.

해석 나이아가라 폭포의 특정 호텔에 묵는 방문객들은 무료 카트(화물 운반용 손수레) 서비스를 이용할 수 있을 것이다.

정답 (D) complimentary

CHECK POINT

(A) collective: 집단의
(B) mandatory: 의무적인
(C) contrasting: 대비되는

 전치사 뒤는 목적어 역할을 하는 명사가 올 자리이며, 이 때 이 명사는 형용사의 수식을 받을 수 있다.

STEP 2

정답과 해설 p. 86

Step 1에서 어휘과 구문, 그리고 문장을 연습한 이유는 어휘는 혼자 쓰이는 것이 아니라 다른 어휘와 함께 특정 구문이나 문장을 이루기 때문입니다. 앞에서 학습한 어휘와 구문을 기반으로 다음 문제를 풀어보세요.

1. If a shipment arrives at your door with ------- shipping damage, please call us immediately.

   (A) obvious   (B) effective

   정답 _____
   오답 분석 _____

2. The new marketing campaign received ------- reviews, which led to increased sales.

   (A) tentative   (B) favorable

   정답 _____
   오답 분석 _____

3. This is an ------- offer for our loyal customers and is valid for a limited time only.

   (A) exclusive   (B) expected

   정답 _____
   오답 분석 _____

4. The new technology aims at saving roughly $250 billion in ------- costs for automakers.

   (A) confidential   (B) operational

   정답 _____
   오답 분석 _____

5. Your prior training and experience were -------, which made you a strong candidate.

   (A) impressive   (B) persuasive

   정답 _____
   오답 분석 _____

형용사 277

KEY 08 문맥에 어울리는 형용사 2

STEP 1 유형 예제

The renovation of Smith Opera Center is especially complex because of the ------- acoustic requirements for the performance hall.

(A) important (B) precise (C) preventive (D) previous

STEP BY STEP

1. **보기 분석** 보기가 모두 형용사로 이루어져 있으므로 문맥에 가장 어울리는 형용사를 고르는 문제이다.
2. **문장 분석** 빈칸 앞에 정관사인 the가 있고, 뒤에는 형용사 + 명사 구조가 있으므로 명사를 수식할 수 있는 형용사 자리이다.
3. **문맥 확인** 오페라 센터의 수리가 복잡한 이유를 설명하고 있으므로 음악과 관련하여 '세밀하고 정밀한' 필요 사항인 (B) precise (정밀한)이 정답이다.

해석 어쿠스틱 악기 연주가 요구하는 공연 홀의 조건이 정밀하기 때문에 스미스 오페라 센터의 수리는 특히 복잡하다.
정답 (B) precise

CHECK POINT

(A) important: 중요한
(C) preventive: 예방을 위한
(D) previous: 이전의

명사를 수식할 수 있는 형용사는 여러 개가 나열될 수 있다.

STEP 2

정답과 해설 p. 87

Step 1에서 어휘과 구문, 그리고 문장을 연습한 이유는 어휘는 혼자 쓰이는 것이 아니라 다른 어휘와 함께 특정 구문이나 문장을 이루기 때문입니다. 앞에서 학습한 어휘와 구문을 기반으로 다음 문제를 풀어보세요.

1. We are still in the ------- stages of planning the layout of the offices.

   (A) reliable　　　(B) preliminary

   정답 _____
   오답 분석 _____

2. Canterbury has been named as one of the most ------- places to live in the country.

   (A) affordable　　　(B) desirable

   정답 _____
   오답 분석 _____

3. It is mandatory that manufacturers offer repair services for any ------- items at no cost.

   (A) defective　　　(B) conclusive

   정답 _____
   오답 분석 _____

4. Wildlife advocates reached a ------- agreement with the government.

   (A) tentative　　　(B) attentive

   정답 _____
   오답 분석 _____

5. Please submit photocopies of all ------- documents to this office.

   (A) relevant　　　(B) adept

   정답 _____
   오답 분석 _____

STEP 3 실전문제

정답과 해설 p. 87

1. It is ------- for all employees to turn in their time cards by this Wednesday, or else you will have to wait until next Wednesday to receive your checks.

    (A) affordable
    (B) mandatory
    (C) redeemable
    (D) contemporary

    STEP BY STEP
    ① It ~ for ~ to 구문
    ② 문맥 고려:
    CHECK POINT
    정답 _____

2. If a shipment arrives at your door with ------- shipping damage, please refuse the delivery and call us immediately.

    (A) exchangeable
    (B) obvious
    (C) periodical
    (D) attentive

    STEP BY STEP _____
    CHECK POINT _____
    정답 _____

3. We are still in the ------- stages of planning and have not even begun to discuss the layout of the offices and cubicles.

    (A) spacious
    (B) complete
    (C) preliminary
    (D) conscious

    STEP BY STEP _____
    CHECK POINT _____
    정답 _____

4. Our laboratory has already invented the first anti-virus smartphone software ------- with both Android phones and Apple iPhones.

    (A) permissive
    (B) additional
    (C) possible
    (D) compatible

    STEP BY STEP _____
    CHECK POINT _____
    정답 _____

5. The new Hamilton store will provide steady employment for more than fifty citizens, and generate an ------- two hundred jobs in the delivery and manufacturing sectors.

    (A) complimentary
    (B) additional
    (C) mandatory
    (D) operational

    STEP BY STEP _____
    CHECK POINT _____
    정답 _____

280 형용사

6. We have called upon three renowned guest speakers to present the latest information in their ------- fields of expertise.

   (A) respective
   (B) successive
   (C) diverse
   (D) comparable

7. After some considerable market growth, we can now afford to offer employees a ------- welfare package.

   (A) progressive
   (B) expressive
   (C) comprehensive
   (D) divisive

8. ------- immediately, all call center employees will spend no more than five to ten minutes helping a single customer.

   (A) Effective
   (B) Imminent
   (C) Enthusiastic
   (D) Uncertain

9. After three ------- years of unprecedented failure, the board of directors suggested that the company needed a change of leadership.

   (A) successive
   (B) entire
   (C) diverse
   (D) gradual

10. Chevmort CEO said in a recent interview, "One key to the company's success was its decision to focus on producing ------- cars instead of the expensive SUVs."

    (A) excessive
    (B) affordable
    (C) creative
    (D) persistent

STEP BY STEP _____

CHECK POINT _____

정답 _____

ONE MORE STEP A. 앞에서 학습한 형용사의 파생어와 유의어 및 반의어를 학습해 보세요.

표제어	파생어	유의어 & 반의어
complimentary 무료의	complimentar**ily** 무료로	free 무료의
preliminary 예비의	preliminar**ily** 미리	introductory 예비의
mandatory 의무적인	mandator**ily** 강제적으로	compulsory 필수의
precise 정밀한	precis**ion** 정밀	exact 정밀한
diverse 다양한	divers**ity** 다양성	various 다양한
obvious 분명한	obvious**ly** 분명히	evident 분명한
relevant 관련 있는	relevan**ce** 관련	pertinent 관련된
adept 능숙한	adept**ly** 능숙하게	accomplished 재주가 많은
additional 부가의	addition 부가	supplementary 추가의
operational 운영상의	operational**ly** 조작상	working 일을 하고 있는
substantial 상당한	substantial**ly** 상당히	considerable 상당한
confidential 기밀의	confidential**ly** 사적으로	private 사적인
compatible 호환되는	compatib**ility** 호환성	harmonious 조화된
affordable 가격이 알맞은	afford 여유가 되다	reasonable 가격이 적정한
comparable 비교할 만한	comparab**ly** 동등하게	commensurate 같은 정도의
redeemable 교환할 수 있는	redeem 교환하다	unredeemable 상환할 수 없는

		파생어	유의어 & 반의어
desirable	바람직한	desirably 바람직하게	advisable 바람직한
reliable	믿을만한	reliability 신뢰도	dependable 믿을 수 있는
favorable	호의적인	favor 호의	approving 찬성하는
competitive	경쟁력 있는	competitively 경쟁적으로	ambitious 야심있는
effective	유효한	effectively 효과적으로	active 유효한
respective	각자의	respectively 각자	individual 개인의
tentative	잠정적인	tentatively 망설이며	provisional 잠정적인
defective	결함이 있는	defect 결함	imperfect 결함이 있는
informative	유익한	information 정보	instructive 유익한
productive	생산적인	produce 생산하다	barren 소득 없는
impressive	인상적인	impress 인상을 주다	memorable 기억할 만한
successive	잇따른	succession 연속, 잇따름	consecutive 연이은
exclusive	독점적인	exclusively 독점적으로	unique 유일한
conclusive	확실한	conclude 판단을 내리다	definite 확실한
persuasive	설득력 있는	persuade 설득하다	convincing 설득력 있는
comprehensive	종합적인	comprehensively 완전히	overall 종합적인

ONE MORE STEP ▶ B. 문장을 읽고 밑줄 친 단어를 대체할 수 있는 유의어를 선택해 보세요.

1. Travelers from Asia explore its *diverse* tourist attractions.
   ☑ various ☐ irredeemable

2. Guest speakers will present the latest information in their *respective* fields.
   ☐ active ☐ individual

3. Visitors staying at our hotel will be able to use *complimentary* trolley service.
   ☐ free ☐ pertinent

4. The manufacturer should offer repair services for any *defective* items at no cost.
   ☐ approving ☐ imperfect

5. They are planning to make the *confidential* corporate documents public.
   ☐ private ☐ evident

6. Participants agreed that Mr. Parker's presentation was long but *informative*.
   ☐ convincing ☐ instructive

ONE MORE STEP ▶ C. 앞에서 학습한 단어들의 유의어, 혹은 반의어를 보기에서 찾아 써 보세요.

more	accomplished	definite	considerable
commensurate	unique	consecutive	barren

1. substantial   ≒ _____
2. comparable   ≒ _____
3. exclusive   ≒ _____
4. additional   ≒ _____
5. productive   ⇿ _____
6. successive   ≒ _____
7. conclusive   ≒ _____
8. adept   ≒ _____

UNIT 5
형용사 2

VOCABULARY

이번 유닛에서 학습하게 될 주요 형용사입니다. 알고 있는 어휘에 표시하세요.

☐ leading	☐ guided	☐ capable of
☐ ongoing	☐ limited	☐ aware of
☐ existing	☐ attached	☐ absent from
☐ outstanding	☐ preferred	☐ superior to
☐ promising	☐ written	☐ entitled to
☐ operating	☐ eligible for	☐ consistent with
☐ relaxing	☐ available for	☐ unfamiliar with
☐ lasting	☐ known for	☐ faced with
☐ completed	☐ suitable for	☐ involved in
☐ convinced	☐ responsible for	☐ concerned about
☐ delighted	☐ reliant on	

Before the Step 1

1. 주요 기출 어휘들과 함께 나오는 표현들을 구와 문장 속에서 확인해 보세요. 형용사의 앞이나 뒤에 등장하는 명사나 부사에 주의하세요.

leading	형	선두의, 가장 중요한	_leading_ broadcasting company 선두적인 방송사
ongoing	형	진행 중인	_____ projects 진행 중인 프로젝트
existing	형	기존의	_____ ones on the market 시장에 있는 기존의 것
outstanding	형	뛰어난	_____ research 뛰어난 연구
promising	형	유망한	_____ opportunities 유망한 기회
operating	형	운영상의	a different _____ system 다른 운영 체제
relaxing	형	편한	a _____ bonding opportunity 편안한 유대관계를 맺을 기회
lasting	형	지속적인	a _____ recovery 지속적인 회복
completed	형	작성한	_____ application 작성한 지원서
convinced	형	확신하는	be _____ that that 이하를 확신하다
delighted	형	기쁜	be _____ to see 보게 되어 기쁘다
guided	형	가이드가 안내하는	the _____ tours 가이드 안내 여행
limited	형	제한된	for a _____ time only 제한된 시간에만
attached	형	첨부된	_____ résumé 첨부된 이력서
preferred	형	발탁된	_____ brand 발탁된 브랜드
written	형	문서의	_____ permission 서면(문서로 된) 허가서

2. 앞에서 학습한 어휘과 구문을 문장에 적용해 보고, 문장의 의미를 확인해 보세요.

Founded ten years ago, KBM has become the _leading_ broadcasting company.	10년 전에 세워진, KBM은 **선두적인** 방송사가 되었다.
He will take over the oversight of our _____ projects.	그는 **진행 중인** 프로젝트의 감독을 맡을 것이다.
It is fairly competitive compared to the _____ ones on the market.	이것은 시장의 **기존** 것들과 비교했을 때 상당히 경쟁력 있다.
Ms. Johns received an award for her _____ research.	존스 씨는 그녀의 **뛰어난** 연구에 대해 상을 받았다.
The new president focused on developing some _____ opportunities.	새 사장은 **유망한** 기회를 개발하는 데에 집중했다.
The computer is run by a different _____ system from the other two computers.	그 컴퓨터는 다른 두 컴퓨터와 다른 **운영** 체제로 운영된다.
We offer a _____ bonding opportunity for busy professionals.	저희는 바쁜 전문가들에게 **편안한** 유대관계를 맺을 기회를 제공합니다.
Economists said a _____ recovery will depend on the global economy.	경제학자들은 **지속적인** 회복은 세계 경제에 달려 있게 될 것이라고 말했다.
Applicants must submit their _____ applications by April of 2016.	지원자들은 2016년 4월까지 **작성한** 지원서를 제출해야 한다.
Companies are _____ that blogging benefits their customer relationships.	회사들은 블로그 활동이 고객 관계에 이익을 준다고 **확신한다**.
Organizers were _____ to see that 200 individuals had pre-registered.	주최자들은 200명의 사람들이 사전 등록을 한 것을 보고 **기뻐했다**.
We are offering free passes for the _____ tours through the nature preserve.	저희는 자연 보호구역을 둘러보는 **가이드 안내** 여행을 제공하고 있습니다.
This offer is valid for a _____ time only.	이 제안은 **제한된** 시간에만 유효합니다.
Please see my _____ résumé for further details.	더 자세한 사항은 **첨부된** 이력서를 보십시오.
I hope that you decide to make Pure Stuff your store's _____ brand.	저는 퓨어 스터프를 귀하의 상점의 브랜드로 **발탁** 하시기를 바랍니다.
Office supplies can only be purchased with _____ permission.	사무용품들은 **서면** 허가서가 있을 때에만 구매할 수 있다.

Before the Step 2

1. 주요 기출 어휘들과 함께 나오는 표현들을 구와 문장 속에서 확인해 보세요. 형용사의 앞이나 뒤에 등장하는 명사나 부사에 주의하세요.

eligible for	~할 자격이 있는	_____ membership 회원 자격이 있는
available for	~을 할 수 있는	_____ interviews 면접을 볼 수 있는
known for	~로 알려진	_____ developing a program 프로그램을 개발한 것으로 알려진
suitable for	~에 적합한	_____ the occasion 그 행사에 적합한
responsible for	~을 할 책임이 있는	_____ performing work 업무를 할 책임이 있는
reliant on	~에 의존하는	_____ exports 수출에 의존하는
capable of	~을 할 수 있는	_____ harming people 사람들을 해칠 수 있는
aware of	~을 알고 있는	_____ the problem 문제를 알고 있는
absent from	~에 결석한	_____ work 직장에 결근한
superior to	~보다 뛰어난	_____ the previous one 이전 것보다 뛰어나다
entitled to	~할 자격이 있는	_____ select 고를 자격이 있는
consistent with	~와 일치하는	_____ his own notion 그의 의견과 일치하는
unfamiliar with	~에 익숙하지 않은	_____ our products 우리 제품에 익숙하지 않은
faced with	~에 직면한	_____ a legal hurdle 법적인 문제에 직면한
involved in	~에 관여하는	_____ wall painting 벽화 그리기에 참여하는
concerned about	~을 걱정하는	_____ the recent move 최근의 조치를 걱정하는

2. 앞에서 학습한 어휘와 구문을 문장에 적용해 보고, 문장의 의미를 확인해 보세요.

All workers in the Sales Department are _____ _____ membership.	판매 부서의 모든 직원들은 회원 **자격이 있다**.
Those who are contacted will be expected to be _____ _____ interviews.	연락을 받은 사람들은 면접**을 볼 수 있을** 것으로 기대됩니다.
He was _____ _____ developing an innovative antivirus program.	그는 혁신적인 바이러스 방지 프로그램을 개발한 **것으로 알려졌다**.
Everyone invited to the event should wear clothes _____ _____ the occasion.	행사에 초대된 사람들은 그 행사**에 적합한** 옷을 입어야 한다.
All staff are _____ _____ performing all work assigned to them.	모든 직원들을 그들에게 배정된 모든 업무**를 할 책임이 있다**.
With Japan heavily _____ _____ exports, it will depend on the global economy.	일본이 수출**에 많이 의존하고** 있으므로 이는 세계 경제에 달려있다.
Those combat robots are _____ _____ harming people.	그 전투 로봇들은 사람들을 해칠 **수 있다**.
The company has been _____ _____ the problem and has updated its software.	회사는 그 문제**를 알고** 소프트웨어를 업그레이드 했다.
If you need to be _____ _____ work, you should contact the company before 8:30 a.m.	**결근할** 일이 있다면, 오전 8시 30분 전에 회사에 연락을 해야 한다.
The recently implemented service has proven _____ _____ the previous one.	최근에 시행된 서비스는 이전의 것**보다 뛰어난** 것으로 입증되었다.
Regular members are _____ _____ select two coupons redeemable for cash.	정회원은 현금으로 바꿀 수 있는 두 개의 쿠폰을 고**를 자격이 있다**.
Your own company's policies are _____ _____ his own notions.	귀사의 정책이 그의 의견**과 일치합니다**.
The events introduce our brand to consumers _____ _____ our products.	그 행사는 우리 브랜드를 우리 상품**에 익숙하지 않은** 고객들에게 소개한다.
We are _____ _____ a legal hurdle of clearing our name from tax evasion.	우리는 탈세 의혹을 벗기 위한 법적인 문제**에 직면해 있다**.
All employees will be _____ _____ cleaning and wall painting.	모든 직원들은 청소와 벽화 그리기**에 참여할** 것이다.
He has become _____ _____ the recent move to cut back on benefits.	그는 혜택을 줄이려는 최근의 조치**를 걱정하고** 있다.

KEY 09 형용사 역할을 하는 분사

STEP 1 유형 예제

Full-time applicants to the MBA program for fall 2016 must submit their ------- applications by April 2016.

(A) completed (B) followed (C) achieved (D) regretted

STEP BY STEP

1. **보기 분석** 4개의 보기가 모두 동사원형과 –ed가 결합한 형태인 과거분사이므로 문맥에 가장 잘 어울리는 것을 고르는 문제이다.
2. **문장 분석** 빈칸 앞이 소유격이고, 빈칸 뒤는 명사이므로 과거분사는 이 문장에서 명사를 수식하는 형용사 역할을 하고 있다.
3. **문맥 확인** 명사인 application(지원, 지원서)를 수식할 수 있어야 하므로 (A) '완성된'이 가장 자연스럽다.

해석 2016년 가을 MBA 프로그램에 대한 정규 지원자는 2016년 4월까지 완성된 지원서를 제출해야 한다.

정답 (A) completed

CHECK POINT

(B) followed: 뒤따르는
(C) achieved: 달성한
(D) regretted: 유감스러운

Critical KEY 과거분사와 현재분사는 명사의 앞이나 뒤에서 명사를 수식할 수 있다.

STEP 2

Step 1에서 어휘과 구문, 그리고 문장을 연습한 이유는 어휘는 혼자 쓰이는 것이 아니라 다른 어휘와 함께 특정 구문이나 문장을 이루기 때문입니다. 앞에서 학습한 어휘와 구문을 기반으로 다음 문제를 풀어보세요.

1. Office supplies can only be purchased with ------- permission.

   (A) forgotten   (B) written

   정답 _____
   오답 분석 _____

2. Founded ten years ago, KBM has become the ------- broadcasting company.

   (A) leading   (B) lasting

   정답 _____
   오답 분석 _____

3. The new president focused on developing some ------- opportunities.

   (A) promising   (B) compromising

   정답 _____
   오답 분석 _____

4. The computer is run by a different ------- system from the other two computers.

   (A) operating   (B) consisting

   정답 _____
   오답 분석 _____

5. He will take over the day-to-day oversight of our ------- projects.

   (A) relaxing   (B) ongoing

   정답 _____
   오답 분석 _____

KEY 10   형용사를 포함하는 숙어

STEP 1 유형 예제

> With Japan heavily ------- on exports, economists said a lasting recovery will depend on how soon the global economy recovers.
>
> (A) residential　　(B) reliable　　(C) requisite　　(D) reliant

STEP BY STEP

1. **보기 분석** 보기가 유사한 형태를 가진 형용사로 이루어져 있으므로 의미에 유의하여 문맥에 가장 잘 어울리는 형용사를 고른다.
2. **문장 분석** 빈칸 앞에 부사가 있으므로 이 부사의 수식을 받는 형용사이며 빈칸 뒤에 전치사로 보아 전치사와 함께 쓰이는 숙어 표현임을 알 수 있다.
3. **문맥 확인** 수출 의존형 경제는 세계의 경제 상황에 따라 영향을 받으므로 빈칸 뒤의 on과 함께 '~에 의존하는, ~에 달려있는'의 의미를 지니는 (D) 가 답으로 적절하다.

해석 일본이 수출에 많이 의존하고 있으므로, 경제학자들은 지속적인 경기 회복이 세계 경제가 얼마나 조속히 회복되느냐에 달려 있게 될 것이라고 말했다.

정답 (D) reliant

CHECK POINT

(A) residential: 거주의, 거주하는
(B) reliable: 믿을 만한
(C) requisite: 필수의

 특정 전치사와 결합하여 숙어처럼 쓰이는 표현이 있으므로 전치사와 함께 기억해두는 것이 좋다.

STEP 2

정답과 해설 p. 89

Step 1에서 어휘과 구문, 그리고 문장을 연습한 이유는 어휘는 혼자 쓰이는 것이 아니라 다른 어휘와 함께 특정 구문이나 문장을 이루기 때문입니다. 앞에서 학습한 어휘와 구문을 기반으로 다음 문제를 풀어보세요.

1. Organizers of the conference were ------- to see that 200 individuals had pre-registered.

   (A) delighted   (B) convinced

   정답 _____

   오답 분석 _____

2. The company has been ------- of the problem and has updated its software promptly so that it will not happen again.

   (A) aware   (B) limited

   정답 _____

   오답 분석 _____

3. He has become ------- about the recent move to cut back on benefits.

   (A) concerned   (B) completed

   정답 _____

   오답 분석 _____

4. Regular members are ------- to select two coupons redeemable for cash.

   (A) entitled   (B) faced

   정답 _____

   오답 분석 _____

5. The recently implemented service has proven ------- to the previous one.

   (A) familiar   (B) superior

   정답 _____

   오답 분석 _____

STEP 3 실전문제

정답과 해설 p. 90

1. There is lots of new housing in this area that is fairly competitive compared to the ------- housing on the market.

   (A) existing
   (B) lasting
   (C) relaxing
   (D) limited

   STEP BY STEP
   ① 빈칸 + 명사: 빈칸 + housing
   ② 문맥 고려: new(새로운)......

   ☑ **CHECK POINT** (B) lasting: 지속적인

   정답 _____

2. He will primarily be responsible for taking over the day-to-day oversight of our ------- projects with the Department of Education and Training.

   (A) attending
   (B) ongoing
   (C) communicating
   (D) inflating

   STEP BY STEP _____

   ☑ **CHECK POINT** _____

   정답 _____

3. All workers in the Sales Department are ------- for membership at the fitness club beginning next week.

   (A) confident
   (B) capable
   (C) favorable
   (D) eligible

   STEP BY STEP _____

   ☑ **CHECK POINT** _____

   정답 _____

4. Those who are contacted will be expected to be ------- for interviews on Thursday.

   (A) available
   (B) desirable
   (C) stable
   (D) manageable

   STEP BY STEP _____

   ☑ **CHECK POINT** _____

   정답 _____

5. The new vice president applied his extensive knowledge of the Asian market to focus on developing some ------- opportunities for the company.

   (A) protecting
   (B) compromising
   (C) closing
   (D) promising

   STEP BY STEP _____

   ☑ **CHECK POINT** _____

   정답 _____

6. If for any reason other than exceptional circumstances you need to be ------- from work, you are required to contact the company before 8:30 a.m.

   (A) absent
   (B) aware
   (C) missing
   (D) prevented

7. All staff in our company are ------- for performing all work assigned to them to the best of their ability.

   (A) compatible
   (B) valuable
   (C) responsible
   (D) affordable

8. It lacks any of the traits necessary to make it sentient, however, and has no control over any combat robots ------- of actually harming people.

   (A) commutable
   (B) capable
   (C) comfortable
   (D) known

9. We are offering a 20% discount for all groups of ten or more, as well as free passes for the ------- tours through the nearby nature preserve.

   (A) guided
   (B) completing
   (C) attached
   (D) leading

10. This is an exclusive offer for our loyal customers and is valid for ------- time only.

    (A) complicated
    (B) limited
    (C) assessed
    (D) authorized

STEP 3

Questions 11-14 refer to the following advertisement.

Hotel reservation in Budapest, Hungary

Budapest Hotel Service is an online hotel booking service. It provides a ---11.--- range of carefully selected accommodations in Budapest: rooms in 2 to 5 star hotels, city center apartments and pensions. Our ---12.--- is to satisfy you; therefore we strive to compile a great selection of Budapest hotels and apartments with the most ---13.--- terms and package deals.

We intend to offer affordable, quality accommodation in all categories meeting any requirements. Reservations are ---14.---, which means that you don't pay us anything. Just book your room, enjoy your stay and pay the price of your room at the hotel as you normally do.

11. (A) precise
    (B) obvious
    (C) wide
    (D) effective

    STEP BY STEP _____
    _____
    CHECK POINT _____
    정답 _____

12. (A) policy
    (B) guideline
    (C) resource
    (D) goal

    STEP BY STEP _____
    _____
    CHECK POINT _____
    정답 _____

13. (A) favorable
    (B) capable
    (C) available
    (D) comfortable

    STEP BY STEP _____
    _____
    CHECK POINT _____
    정답 _____

14. (A) free
    (B) adept
    (C) successive
    (D) eligible

    STEP BY STEP _____
    _____
    CHECK POINT _____
    정답 _____

STEP 3

Questions 15-18 refer to the following article.

A recent survey of New York City office workers found that most of them set their watches to the exact second, while others set their watches a minute or two ahead to give themselves ---15.--- time.

The survey, conducted by a major watchmaker, also suggested that women in New York are even more ---16.--- than men about punctuality. The NY Watch Company polled 750 office workers in New York, of whom 54 percent said they set their watches to the second and 41 percent said they set them at least 2 minutes fast. ---17.--- 51 percent of the women polled said they set their watches forward—by an average of 3 minutes—versus 35 percent of men who said they do the same. The survey also found that a ---18.--- office worker in New York owns an average of 3.2 watches.

15. (A) original
    (B) normal
    (C) extra
    (D) estimated

16. (A) convinced
    (B) preferred
    (C) concerned
    (D) relaxed

17. (A) Many women strongly believe that punctuality is important factor.
    (B) The women seemed truly appreciative of the survey.
    (C) Women were more likely to want a little more time than men.
    (D) Both men and women are least concerned with those surveys.

18. (A) typical
    (B) informative
    (C) limited
    (D) competitive

ONE MORE STEP A. 앞에서 학습한 형용사의 파생어와 유의어 및 반의어를 학습해 보세요.

		파생어	유의어 & 반의어
leading	선두의, 가장 중요한	leadingly 주요하게	principal 주요한
ongoing	진행 중인	ongoingness 진행 중임	in progress 진행 중인
existing	기존의	exist 존재하다	extinct 멸종된
outstanding	뛰어난	outstand 눈에 띄다	superb 최고의
promising	유망한	promise 장래성	talented 재능이 있는
operating	운영상의	operate 운용하다(되다)	managerial 운영의
relaxing	편한	relax 휴식을 취하다	comfortable 편한
lasting	지속적인	last 지속되다	continuous 지속적인
completed	작성한	complete 작성하다	finished 완성된
convinced	확신하는	convince 확신시키다	certain 확신하는
delighted	기쁜	delightful 정말 기분 좋은	pleased 기쁜
guided	가이드가 안내하는	guide 안내하여 보여주다	led 이끌리는
limited	제한된	limit 제한하다	restricted 제한된
attached	첨부된	attach 첨부하다	added 추가된
preferred	발탁된	preferable 선호하는	selected 선발된
written	문서로 된	write 작성하다	documented 문서로 기록된

		파생어		유의어 & 반의어	
eligible for	~할 자격이 있는	eligibility	적임	qualified	자격이 있는
available for	~을 할 수 있는	availability	유효성	free	한가한
known for	~로 알려진	known as	~으로 알려진	famous	유명한
suitable for	~에 적합한	suitability	적합	proper	적절한
responsible for	~할 책임이 있는	responsibility	책임	in charge of	~을 맡은
reliant on	~에 의지하는	reliance	의지	dependent	의지하는
capable of	~을 할 수 있는	capability	능력, 역량	able	할 수 있는
aware of	~을 알고 있는	awareness	의식	informed	잘 아는
absent from	~에 결석한	absence	결석	present	출석한
superior to	~보다 뛰어난	superiority	우세	better	더 나은
entitled to	~할 자격이 있는	entitlement	자격	have the right to	~할 권리가 있다
consistent with	~와 일치하는	consistently	지속적으로	coincident with	~와 일치하는
unfamiliar with	~에 익숙하지 않은	unfamiliarity	익숙지 않음	familiar	익숙한
faced with	~에 직면한	face-to-face	대면하는	confronted with	~에 직면하는
involved in	~에 관여하는	involvement	관여	engaged in	~에 관여하고 있는
be concerned about	~을 걱정하는	concern	걱정	worried about	~에 대해 걱정하는

ONE MORE STEP B. 문장을 읽고 밑줄 친 단어를 대체할 수 있는 유의어를 선택해 보세요.

1. Economists said a lasting recovery will depend on the global economy.
   ☐ continuous ☐ in progress

2. All employees will be involved in cleaning and wall painting.
   ☐ informed ☐ engaged

3. Companies are convinced that blogging benefits their customer relationships.
   ☐ led ☐ certain

4. Everyone invited to the event should wear clothes suitable for the occasion.
   ☐ better ☐ proper

5. Organizers were delighted to see that 200 individuals had pre-registered.
   ☐ pleased ☐ finished

6. All workers in the Sales Department are eligible for membership.
   ☐ free ☐ qualified

ONE MORE STEP C. 앞에서 학습한 단어들의 유의어, 혹은 반의어를 보기에서 찾아 써 보세요.

dependent	principal	documented	present
able	extinct	in charge of	restricted

1. responsible for ≑ _____
2. absent from ⋯⋯ _____
3. reliant on ≑ _____
4. capable of ≑ _____
5. existing ⋯⋯ _____
6. limited ≑ _____
7. written ≑ _____
8. leading ≑ _____

UNIT 6
부사

VOCABULARY

이번 유닛에서 학습하게 될 주요 부사입니다. 알고 있는 어휘에 표시하세요.

☐ properly	☐ roughly	☐ clearly	☐ enormously
☐ individually	☐ ultimately	☐ really	☐ slightly
☐ consistently	☐ promptly	☐ thoroughly	☐ increasingly
☐ unexpectedly	☐ efficiently	☐ approximately	☐ gradually
☐ primarily	☐ directly	☐ almost	☐ steadily
☐ equally	☐ exactly	☐ certainly	☐ rapidly
☐ inevitably	☐ professionally	☐ enough	☐ suddenly
☐ extremely	☐ otherwise	☐ considerably	☐ continuously

Before the Step 1

1. 주요 기출 어휘들과 함께 나오는 표현들을 구와 문장 속에서 확인해 보세요. 부사의 앞이나 뒤에 등장하는 동사나 형용사에 주의하세요.

properly	부	적절히	assess *properly*	적절히 평가하다
individually	부	개별적으로	be rated _____	개별적으로 평가되다
consistently	부	끊임없이	_____ produce	끊임없이 생산하다
unexpectedly	부	예상외로	leave _____	예상치 못하게 떠나다
primarily	부	주로	_____ be responsible for	주로 ~에 책임이 있다
equally	부	똑같이	be _____ good	똑같이 만족스럽다
inevitably	부	불가피하게	_____ receive	불가피하게 받다
extremely	부	매우	_____ carefully	매우 조심스럽게
roughly	부	대략	a _____ equal pay	대략 동등한 급료
ultimately	부	결국	_____ turn over the information	결국 정보를 넘기다
promptly	부	즉시, 직접	serve _____	즉시 (서비스를) 제공하다
efficiently	부	효율적으로	much more _____	훨씬 더 효율적으로
directly	부	즉시	reach _____	즉시 ~에 도달하다
exactly	부	정확히	tell me _____	정확히 말해라
professionally	부	전문적으로	behave _____	전문적으로 행동하다
otherwise	부	그렇지 않으면	_____, we're going to	그렇지 않으면 ~하게 될 것이다

2. 앞에서 학습한 어휘와 구문을 문장에 적용해 보고, 문장의 의미를 확인해 보세요.

A manager must assess the capabilities of team members _properly_ .	관리자는 팀원들의 능력을 **적절히** 평가해야만 한다.
All employees were rated _____ and as a team on everything.	모든 직원들은 모든 것에 대해서 **개별적으로** 그리고 팀으로서도 평가된다.
The photographer _____ produces excellent work for his clients.	사진작가는 그의 고객들을 위해 **끊임없이** 훌륭한 일들을 하고 있다.
Patch O'Brien left Old Globe Theatre _____ .	패치 오브라이언은 올드 글로브 극장을 **예상치 못하게** 떠났다.
He will _____ be responsible for the oversight of our ongoing projects.	그는 **주로** 진행 중인 프로젝트를 감독하는 일을 맡게 될 것이다.
My experience with the subsequent models has been _____ satisfying.	후속 모델을 사용한 경험은 **똑같이** 만족스러웠습니다.
We'll _____ receive some of the negative press.	우리는 **불가피하게** 언론의 부정적인 평가를 받게 될 것이다.
We handle it _____ carefully to ensure that it will arrive in the best condition.	저희는 이것이 최상의 상태로 도착할 수 있도록 **매우** 조심스럽게 다루고 있습니다.
This should result in a _____ equal take-home pay for all sales staff.	이는 모든 직원들이 **대략** 동등한 급료를 받게 할 것이다.
The newspaper is _____ going to turn over the information.	신문사는 **결국** 그 정보를 넘길 것이다.
The device enables hotel employees to serve guests _____ .	그 기기는 호텔 직원들이 손님들에게 **즉시** 서비스를 제공할 수 있도록 해준다.
Robots could conduct research in space much more _____ than man.	로봇은 우주에서 사람보다 훨씬 더 **효율적으로** 연구를 수행 할 수 있다.
The latest hearing aids work by bypassing the ear to reach _____ into the brain.	최신 보청기는 귀를 건너뛰고 뇌에 **직접** 도달함으로써 작동한다.
Tell me _____ under what circumstances the newspaper will cover any legal fees.	신문사가 어떤 상황에서 법적 비용을 지불해줄 것인지 **정확히** 말해 주십시오.
It is very important that managers behave _____ .	관리자들이 **전문적으로** 행동하는 것이 중요하다.
We should find ways of recycling; _____ , we're going to create enormous waste.	재활용할 수 있는 방법을 찾아야 한다; **그렇지 않으면** 엄청난 양의 쓰레기를 만들게 될 것이다.

Before the Step 2

1. 주요 기출 어휘들과 함께 나오는 표현들을 구와 문장 속에서 확인해 보세요. 부사의 앞이나 뒤에 등장하는 동사나 형용사에 주의하세요.

부사	뜻	예시
clearly	부 분명히	be _____ exaggerated 분명히 과장되어 있다
really	부 매우	_____ luxurious 매우 고급스러운
thoroughly	부 완전히	wash _____ with soap 비누로 완전히 씻다
approximately	부 대략, 거의	_____ 550 restaurants 대략 550개의 음식점들
almost	부 거의	_____ an hour 거의 한 시간
certainly	부 분명히	_____ result in 분명히 ~라는 결과를 가져오다
enough	부 충분히	large _____ 충분히 큰
considerably	부 상당히	_____ more space available 상당히 더 많은 이용 가능한 공간
enormously	부 엄청나게	develop _____ 엄청나게 발전하다
slightly	부 약간	_____ different 약간 다른
increasingly	부 점점 더	become _____ unreliable 점점 더 믿을 수 없게 되다
gradually	부 서서히	_____ specialize in 서서히 ~을 전문으로 다루다
steadily	부 꾸준히	decline _____ 꾸준히 감소하다
rapidly	부 빨리	the _____ growing market 빨리 성장하는 시장
suddenly	부 갑자기	_____ lose control 갑자기 제어할 수 없게 되다
continuously	부 끊임없이	_____ check on 끊임없이 ~을 확인하다

2. 앞에서 학습한 어휘와 구문을 문장에 적용해 보고, 문장의 의미를 확인해 보세요.

The technical specs are _____ exaggerated.	기술적인 사양은 **분명히** 과장되어 있다.
The hotel has _____ luxurious rooms and a large swimming pool.	그 호텔은 **매우** 고급스러운 방과 큰 수영장을 보유하고 있다.
If your skin comes into contact with the solution, wash _____ with soap and water.	이 용액이 피부에 닿는다면, 물과 비누로 **완전히** 씻어내세요.
The program promotes sales among the _____ 550 restaurants nationwide.	그 프로그램은 전국적으로 **거의** 550개의 음식점에서의 판매량을 촉진시켰다.
His flight was delayed by _____ an hour.	그의 비행편이 **거의** 한 시간 가량 지연되었다.
This change would _____ result in more motivated employees.	이 변화는 **분명히** 직원들이 더 의욕적이 되도록 할 것이다.
The company is large _____ to analyze market trends.	이 회사는 시장 추세를 분석할 만큼 **충분히** 크다.
There is _____ more space available downtown.	시내에 **상당히** 더 많은 이용 가능한 공간이 있다.
Tourism in the country has developed _____ since 1998.	이 나라의 관광산업은 1998년 이후로 **엄청나게** 발전해오고 있다.
The table structures for each database are also _____ different.	각 자료의 표 구조 또한 **약간** 다르다.
They are dependent upon company cars that are becoming _____ unreliable.	그들은 **점점 더** 믿을 수 없게 되고 있는 차량들에 의존하고 있다.
I have _____ specialized in the computerized techniques.	저는 **서서히** 컴퓨터화된 기술에 전문화되어 왔습니다.
Sales figures have been declining _____ over the past four months.	판매량이 지난 네 달 동안 **꾸준히** 감소해오고 있다.
Harding Consulting is going to invest in the _____ growing market.	하딩 컨설팅은 **빠르게** 성장하고 있는 시장에 투자를 할 것이다.
The driver _____ lost control before the accident.	그 차량의 운전자는 사고 전에 **갑자기** 차를 제어할 수 없게 되었다.
Cabin crews _____ check on each passenger.	객실 승무원들은 승객들을 **끊임없이** 확인한다.

문맥에 어울리는 부사

STEP 1 유형 예제

> The photographer ------- produces excellent commercial work for his advertising clients, but still finds the time to create some fine-art photography on his own.
>
> (A) agreeably   (B) sensibly   (C) consistently   (D) enormously

 STEP BY STEP

1. **보기 분석** 4개의 보기가 모두 –ly로 끝나는 부사이므로 문맥에 가장 잘 어울리는 보기를 고른다.
2. **문장 분석** 빈칸은 주어와 동사 사이이므로 뒤에 나오는 동사를 수식하는 부사를 고른다.
3. **문맥 확인** but 이하의 내용으로 보아 직업상 광고 사진을 '꾸준하게' 찍는 반면 틈을 내어 예술 사진도 찍고 있다는 맥락이므로, (C) 가 답으로 적절하다.

해석 그 사진작가는 광고 고객을 위해 훌륭한 광고 작품을 꾸준히 만들어내지만, 여전히 틈을 내어 혼자서 예술 사진을 찍기도 한다.

정답 (C) consistently

 CHECK POINT

(A) agreeably: 기분 좋게
(B) sensibly: 현저히
(C) enormously: 엄청나게

문장 내에 but(그러나)과 같이 앞뒤 내용이 반전되는 접속사가 있는 경우
문장을 끝까지 읽은 후 문맥을 고려해야 한다.

STEP 2

정답과 해설 p. 93

Step 1에서 어휘과 구문, 그리고 문장을 연습한 이유는 어휘는 혼자 쓰이는 것이 아니라 다른 어휘와 함께 특정 구문이나 문장을 이루기 때문입니다. 앞에서 학습한 어휘와 구문을 기반으로 다음 문제를 풀어보세요.

1. The latest hearing aids actually work by bypassing the ear to reach ------- into the brain.

   (A) entirely   (B) directly

   정답 _____
   오답 분석 _____
   _____
   _____

2. My experience with the subsequent models I purchased has been ------- satisfying.

   (A) equally   (B) exactly

   정답 _____
   오답 분석 _____
   _____
   _____

3. Robots could conduct research in space much more ------- than man.

   (A) primarily   (B) efficiently

   정답 _____
   오답 분석 _____
   _____
   _____

4. This should result in a ------- equal take-home pay for all sales staff.

   (A) roughly   (B) extremely

   정답 _____
   오답 분석 _____
   _____
   _____

5. All employees were rated ------- and as a team on everything.

   (A) individually   (B) importantly

   정답 _____
   오답 분석 _____
   _____
   _____

KEY 12 — 정도를 나타내는 부사

STEP 1 유형 예제

> During the flight, cabin crews ------- check on each passenger and ensure that they have everything they need.
>
> (A) suddenly (B) continuously (C) rapidly (D) gradually

STEP BY STEP

1. **보기 분석** 보기가 모두 정도 혹은 변화를 나타내는 부사이므로 각 의미 차이에 주의해야 한다.
2. **문장 분석** 빈칸이 동사 앞에 있으므로 이 동사를 수식하는 부사를 고르는 문제이다.
3. **문맥 확인** 비행 중에 승무원들이 승객들을 점검한다는 내용이므로 (B) '끊임없이'가 가장 자연스럽다.

해석 비행 중, 기내 승무원들은 각 승객을 끊임없이 점검하면서 승객들이 필요한 모든 것을 받도록 한다.

정답 (B) continuously

CHECK POINT

(A) suddenly: 갑자기
(C) rapidly: 빠르게
(D) gradually: 서서히

변화나 정도를 나타내는 다양한 부사의 의미에 주의한다.

STEP 2

정답과 해설 p. 94

Step 1에서 어휘과 구문, 그리고 문장을 연습한 이유는 어휘는 혼자 쓰이는 것이 아니라 다른 어휘와 함께 특정 구문이나 문장을 이루기 때문입니다. 앞에서 학습한 어휘와 구문을 기반으로 다음 문제를 풀어보세요.

1. The technical specs are accurate enough, but the claims about its quality are ------- exaggerated.

   (A) properly (B) clearly

   정답 _____
   오답 분석 _____

2. The company is large ------- that I need to be able to analyze market trends.

   (A) enough (B) increasingly

   정답 _____
   오답 분석 _____

3. This change would ------- result in more motivated employees.

   (A) certainly (B) closely

   정답 _____
   오답 분석 _____

4. The driver ------- lost control just before the accident due to panic.

   (A) suddenly (B) continuously

   정답 _____
   오답 분석 _____

5. There is ------- more space available downtown.

   (A) considerately (B) considerably

   정답 _____
   오답 분석 _____

STEP 3 실전문제

정답과 해설 p. 94

1. If your skin comes into contact with the solution, wash ------- with soap and water.

   (A) increasingly
   (B) thoroughly
   (C) respectively
   (D) professionally

   STEP BY STEP
   ① 동사 + 빈칸: 동사 wash 수식
   ② 문맥 고려:

   CHECK POINT (C) respectively: 각각

   정답 _____

2. That should help counter some of the negative press we'll ------- receive from our critics simply for being such a large company.

   (A) inevitably
   (B) obviously
   (C) periodically
   (D) carefully

   STEP BY STEP _____

   CHECK POINT _____

   정답 _____

3. Police officers found that the driver of the vehicle had ------- lost control just before the accident due to panic.

   (A) conversely
   (B) previously
   (C) conscientiously
   (D) suddenly

   STEP BY STEP _____

   CHECK POINT _____

   정답 _____

4. The table structures for each database are also ------- different, which will make merging them more difficult.

   (A) slightly
   (B) consciously
   (C) possibly
   (D) compatibly

   STEP BY STEP _____

   CHECK POINT _____

   정답 _____

5. In his new job, he will ------- be responsible for taking over the day-to-day oversight of our ongoing projects with the Department of Education and Training.

   (A) efficiently
   (B) additionally
   (C) individually
   (D) primarily

   STEP BY STEP _____

   CHECK POINT _____

   정답 _____

310 부사

6. Harding Consulting is an organization committed to assisting companies to invest in the ------- growing Asian stock market.

   (A) rapidly
   (B) directly
   (C) appropriately
   (D) nearly

7. It is very important that managers behave ------- and treat the employees they supervise with respect.

   (A) negatively
   (B) passively
   (C) professionally
   (D) exclusively

8. Whenever we ship the handmade candles, we handle them ------- carefully to make sure that they will arrive in the best condition.

   (A) extremely
   (B) easily
   (C) enthusiastically
   (D) immediately

9. The incentive program promotes customer service and sales performance throughout the ------- 550 Rally's branded restaurants nationwide.

   (A) considerably
   (B) adversely
   (C) tentatively
   (D) approximately

10. Patch O'Brien left Old Globe Theatre ------- for an offer he couldn't resist and became director of Manhattan Theatre Club in New York.

    (A) unconsciously
    (B) unexpectedly
    (C) unconventionally
    (D) unanimously

ONE MORE STEP   A. 앞에서 학습한 부사의 파생어와 유의어 및 반의어를 학습해 보세요.

부사		파생어		유의어 & 반의어	
properly	적절히	proper	적절한	correctly	정확하게
individually	개별적으로	individual	각각의	together	함께, 같이
consistently	끊임없이	consistency	일관성	constantly	끊임없이
unexpectedly	예상외로	unexpected	예상 밖의	surprisingly	놀랍게도
primarily	주로	primary	주된	mainly	주로
equally	똑같이	equal	같은	identically	동일하게
inevitably	불가피하게	inevitable	불가피한	unavoidably	불가피하게
extremely	매우	extreme	극도의	very	매우
roughly	대략	rough	대충, 한	about	약, 거의
ultimately	결국	ultimate	최후의	eventually	결국
promptly	즉시	prompt	즉각적인	immediately	즉시
efficiently	효율적으로	efficiency	효율	effectively	효과적으로
directly	즉시	direct	지시하다	right away	즉시
exactly	정확히	exact	정확한	accurately	정확히
professionally	전문적으로	professional	전문적인	expertly	전문적으로
otherwise	그렇지 않으면	or otherwise	또는 그 반대	if not	그렇지 않다면

		파생어	유의어 & 반의어
clearly	분명히	clear 분명한	surely 분명히
really	매우	real 정말	greatly 대단히
thoroughly	완전히	thorough 완전한	entirely 완전히
approximately	대략, 거의	approximate 거의 정확한	practically 거의
almost	거의	almost all 거의 전부	nearly 거의
certainly	분명히	certain 확실한	definitely 분명히
enough	충분히	enough for ~에 있어서 충분한	adequately 충분히
considerably	상당히	considerable 상당한	heavily 아주 많이
enormously	엄청나게	enormous 막대한	excessively 지나치게, 매우
slightly	약간	slight 약간의	a little 약간
increasingly	점점 더	increase 증가하다	more and more 갈수록 더
gradually	서서히	gradual 서서히 일어나는	progressively 서서히
steadily	꾸준히	steady 꾸준한	regularly 정기적으로
rapidly	빨리	rapid 빠른	quickly 빨리
suddenly	갑자기	sudden 갑작스러운	abruptly 갑자기
continuously	끊임없이	continuous 계속되는	occasionally 가끔

ONE MORE STEP B. 문장을 읽고 밑줄 친 단어를 대체할 수 있는 유의어를 선택해 보세요.

1. The photographer consistently produces excellent work for his clients.
   ☑ constantly ☐ mainly

2. This change would certainly result in more motivated employees.
   ☐ excessively ☐ definitely

3. We handle it extremely carefully to ensure that it will arrive in the best condition.
   ☐ identically ☐ very

4. The driver of the vehicle suddenly lost control before the accident.
   ☐ abruptly ☐ adequately

5. Tell me exactly under what circumstances the newspaper will cover any legal fees.
   ☐ accurately ☐ eventually

6. Harding Consulting is going to invest in the rapidly growing market.
   ☐ regularly ☐ quickly

ONE MORE STEP C. 앞에서 학습한 단어들의 유의어, 혹은 반의어를 보기에서 찾아 써 보세요.

ultimately	together	greatly	about
surprisingly	more and more	right away	a little

1. roughly ≒ _____
2. unexpectedly ≒ _____
3. directly ≒ _____
4. eventually ≒ _____
5. individually ⟷ _____
6. slightly ≒ _____
7. increasingly ≒ _____
8. really ≒ _____

UNIT 7
부사와 전치사구

VOCABULARY

이번 유닛에서 학습하게 될 주요 부사와 전치사구입니다. 알고 있는 어휘에 표시하세요.

☐ quite	☐ lately	☐ as to	☐ in response to
☐ yet	☐ highly	☐ as of	☐ in addition to
☐ still	☐ hardly	☐ aside from	☐ instead of
☐ even	☐ nearly	☐ ahead of	☐ owing to
☐ ever	☐ recently	☐ except for	☐ prior to
☐ just	☐ shortly	☐ due to	☐ regardless of
☐ only	☐ currently	☐ in advance of	☐ throughout
☐ well	☐ regularly	☐ in terms of	☐ upon

Before the Step 1

1. 주요 기출 어휘들과 함께 나오는 표현들을 구와 문장 속에서 확인해 보세요. 부사의 앞이나 뒤에 등장하는 동사나 형용사에 주의하세요.

어휘	품사	뜻	예시	해석
quite	부	상당히	quite strict	상당히 엄격한
yet	부	아직	not _____ booked	아직 예약을 하지 않은
still	부	아직	_____ failed to show a profit	아직 이윤을 내지 못했다
even	부	훨씬, 매우	_____ more concerned	훨씬 더 신경 쓰는
ever	부	가장 ~한	_____ greater heights of salesmanship	훨씬 더 높은 수준의 판매 기술
just	부	막, 바로	_____ a week after	바로 일주일 후에
only	부	유일한, ~만	_____ on sales of over $200	200달러 이상의 판매에 대해서만
well	부	잘	be _____ aware	잘 알고 있다
lately	부	최근에	slow down _____	최근에 둔화되다
highly	부	매우	be _____ related to	~와 관련성이 매우 높다
hardly	부	거의 ~아니다	be _____ stereo quality	거의 스테레오 품질이라고 할 수 없다
nearly	부	거의	a _____ perfect design	완벽에 가까운 디자인
recently	부	최근에	_____ added business	최근에 추가된 사업
shortly	부	곧	will begin _____	곧 시작할 것이다
currently	부	현재	be _____ expanding	현재 확장하고 있다
regularly	부	규칙적으로	check _____	규칙적으로 확인하다

2. 앞에서 학습한 어휘과 구문을 문장에 적용해 보고, 문장의 의미를 확인해 보세요.

The routine for students attending the program is _quite_ _strict_.	이 프로그램에 참여하는 학생들의 일과는 **상당히** 엄격합니다.
Delegates who have _____ booked should send the booking form as soon as possible.	**아직** 예약을 **하지 않은** 대표들은 가능한 빨리 예약서를 보내야 합니다.
The gold mining company _____ failed to show a profit.	금 채굴 회사는 **아직** 이윤을 내지 못하고 있었다.
Women are _____ concerned than men about punctuality.	여자가 남자보다 **훨씬 더** 시간 엄수에 신경을 쓴다.
These changes will inspire you to scale to _____ heights of salesmanship.	이 변화들이 귀하의 판매 기술을 **훨씬 더 높은** 수준으로 끌어올리도록 해 줄 것이다.
He became the president of SG, _____ a week after announcing his resignation from Bay Motors Co.	그는 베이 모터스에서의 사임을 알리고 **바로** 일주일 **후에** SG사의 회장이 되었다.
The commission will now be earned _____ on sales of over $200.	수수료는 이제 200달러 이상의 판매에 대해서**만** 주어질 것이다.
You will be _____ that the Trade Fair is a unique opportunity.	무역박람회가 흔치 않은 기회라는 것을 귀하는 **잘 알고 계실 것입니다**.
The tourism business has slowed down _____ due to the nasty weather.	여행 산업은 **최근에** 궂은 날씨 때문에 둔화되었다.
Air travel has always been _____ overall economic activity.	항공 여행은 전반적인 경제 활동**과 매우 관련성이 높다**.
The playback quality is _____ stereo quality.	재생 품질은 **거의** 스테레오 품질이라고 **할 수 없다**.
The architect spent more than a month creating a _____ design.	건축가는 **완벽에 가까운** 디자인을 갖추기 위해 한 달 이상을 소비했다.
The _____ added coffee business has exceeded the expectations.	**최근에** 추가된 커피 사업은 기대를 넘어섰다.
We assure you that the Internet service will begin _____.	저희는 인터넷 서비스가 **곧** 시작될 것을 약속드립니다.
We are _____ expanding our business to take our marketing initiatives.	저희는 마케팅 주도권을 잡기 위해 **현재** 사업을 확장하는 중입니다.
The heating system should be thoroughly checked _____.	난방 체계는 **규칙적으로** 철저히 확인되어야 한다.

Before the Step 2

1. 주요 기출 어휘들과 함께 나오는 표현들을 구와 문장 속에서 확인해 보세요. 부사의 앞이나 뒤에 등장하는 동사나 형용사에 주의하세요.

as to	~에 관해서	_____ _____ the cost 비용에 관해서
as of	~일자로	_____ _____ January 1 1월 1일자로
aside from	~이외에	_____ _____ the innovations 혁신 이외에도
ahead of	~보다 빨리	_____ _____ you 귀하보다 빨리
except for	~을 제외하고	_____ _____ Friday 금요일을 제외하고
due to	~때문에	_____ _____ lack of planning 계획의 부족 때문에
in advance of	~보다 미리	_____ _____ _____ the meetings 회의하기 전에
in terms of	~면에서	_____ _____ _____ popularity 인기도 면에서
in response to	~에 답하여	_____ _____ _____ your application 귀하의 지원에 답하여
in addition to	~에 더하여	_____ _____ _____ copy machines 복사기뿐 아니라
instead of	~대신에	_____ _____ expanding 확장하는 대신에
owing to	~때문에	_____ _____ the economic recovery 경기 회복 때문에
prior to	~에 앞서	_____ _____ the expiration date 만료일에 앞서
regardless of	~에 상관없이	_____ _____ his skill level 그의 능력 수준에 관계없이
throughout	~동안 내내, 도처에	_____ the country 나라 곳곳에
upon	~후에, ~하자마자	_____ completion 완료하자마자

2. 앞에서 학습한 어휘와 구문을 문장에 적용해 보고, 문장의 의미를 확인해 보세요.

Developing a mutual understanding _____ _____ the cost is a mark of a true professional salesperson.	비용**에 관한** 상호간의 이해를 증진시키는 것은 진정한 전문 판매원의 특징이다.
I tender my resignation, effective _____ _____ 30 days from your receipt of this letter.	저는 귀하의 편지 수령일부터 30일 후의 **일자로** 유효한 사직서를 제출합니다.
_____ _____ the high-tech innovations, the Blueberry has a premium design.	첨단 기술**뿐만 아니라**, 블루베리는 고급스러운 디자인을 갖고 있습니다.
It must be difficult to see Roberta get the position _____ _____ .	로베르타가 **귀하보다 먼저** 그 직책을 가진 것을 보는 것은 어려울 것입니다.
The show plays every weeknight at 8:00 P.M., _____ _____ Friday.	공연은 금요일**을 제외하고** 평일 저녁 오후 8시에 시작합니다.
Participants complained the meeting was ineffective _____ _____ lack of planning.	참가자들은 계획의 부족**으로 인해** 회의가 비효율적이었다고 불평했다.
The numbers in the report are always reviewed _____ _____ the meetings.	보고서의 숫자들은 항상 회의 **전에** 미리 검토된다.
The new system has seen the biggest rise _____ _____ popularity.	새로운 시스템은 인기도 **면에서** 가장 큰 성장을 보였다.
This is _____ _____ your application for the post of ESL teacher.	이는 귀하의 ESL 교사직 지원**에 답하고자** 하는 것입니다.
_____ _____ copy machines for the businesses, we also have various office equipment.	업무용 복사기**뿐 아니라**, 다양한 사무용 기기들을 보유하고 있습니다.
JR Motors has put more effort into electric cars _____ _____ expanding its hybrid lineup.	JR모터스는 하이브리드 제품군을 확장하기 **보다** 전기차에 더 많은 노력을 기울였다.
He will be able to get a better job next year _____ _____ the economic recovery.	경기 회복 **때문에** 그는 내년에 더 좋은 직업을 구할 수 있을 것이다.
Please submit all relevant documents to the office ten days _____ _____ the expiration date.	모든 관련 서류를 만료일 10일 **전에** 사무실에 제출해 주십시오.
Any employee who wants to join is welcome _____ _____ his or her skill level.	능력 수준**에 관계없이** 가입을 원하는 모든 직원들을 환영합니다.
The service provider will expand the availability of laptops _____ _____ the country.	서비스 제공업체는 나라 **곳곳**으로 노트북의 유용성(판매로)을 확장할 것이다.
_____ completion of the contract, the company may offer you a permanent contract.	계약을 완료**하자마자**, 회사는 영구 계약을 제안할 수 있습니다.

KEY 13 혼동하기 쉬운 부사

STEP 1 유형 예제

Although labor costs were significantly lower during the last two quarters, the gold mining company ------- failed to show a profit.

(A) still (B) so (C) very (D) only

 STEP BY STEP

1. **보기 분석** 문맥에 어울리는 부사를 고르는 문제이다.
2. **문장 분석** 빈칸 뒤에 문장의 본동사가 있으므로, 일단 (A) 와 (D) 가 빈칸에 들어갈 수 있다.
3. **문맥 확인** 앞의 부사절과 주절의 '대조'를 이루는 문맥으로 보아, 빈칸에는 '아직, 여전히'의 뜻을 가진 (A) still이 정답이다.

해석 인건비가 지난 2분기 동안 눈에 띄게 낮아졌지만, 금광 채굴 회사는 아직도 이익 실현을 보여 주지 못했다.

정답 (A) still

 CHECK POINT

(B) so: 대단히, 매우 (so는 동사를 수식할 수 없다.)
(C) very: 매우, 아주 (very는 동사를 수식할 수 없다.)
(D) only: 오직, 오로지

자주 출제되는 부사 중 그 의미와 쓰임을 혼동하기 쉬운 것들에 주의한다.

STEP 2

정답과 해설 p. 96

Step 1에서 어휘과 구문, 그리고 문장을 연습한 이유는 어휘는 혼자 쓰이는 것이 아니라 다른 어휘와 함께 특정 구문이나 문장을 이루기 때문입니다. 앞에서 학습한 어휘와 구문을 기반으로 다음 문제를 풀어보세요.

1. The routine for students attending the program is ------- strict.

    (A) quite   (B) even

    정답 _____
    오답 분석 _____

2. The ------- added coffee business has exceeded expectations.

    (A) shortly   (B) recently

    정답 _____
    오답 분석 _____

3. The tourism business has slowed down ------- due to the nasty weather.

    (A) lately   (B) late

    정답 _____
    오답 분석 _____

4. Delegates who have not ------- booked should send the booking form as soon as possible.

    (A) still   (B) yet

    정답 _____
    오답 분석 _____

5. Hopefully, these changes will inspire you to scale to ------- greater heights of salesmanship.

    (A) ever   (B) well

    정답 _____
    오답 분석 _____

KEY 14 문맥에 어울리는 전치사구

STEP 1 유형 예제

> Please submit photocopies of all relevant documents to this office ten days ------- your performance review date.
>
> (A) due to (B) prior to (C) contrary to (D) related to

STEP BY STEP

1. **보기 분석** 보기가 모두 전치사구로 이루어져 있으므로 문맥에 어울리는 것을 고른다.
2. **문장 분석** 빈칸 이후에 명사가 오는 것으로 보아 전치사 혹은 전치사구가 올 자리임을 알 수 있다.
3. **문맥 확인** 빈칸 앞의 열흘(ten days)와 뒤에 있는 검토일(review date)를 모두 연결하여 의미를 이룰 수 있는 것은 (B) '~에 앞서, ~ 전에'이다.

해석 성과 검토일 10일 전에 모든 관련 서류의 사본을 이 사무실에 제출하십시오.
정답 (B) prior to

CHECK POINT

(A) due to: ~때문에
(C) contrary to: ~와 대조적으로
(D) related to: ~와 관련있는

Critical KEY 명사 앞에 올 수 있는 다양한 전치사를 알아두고 유사한 의미의 접속사와 구분한다.

STEP 2

정답과 해설 p. 96

> Step 1에서 어휘과 구문, 그리고 문장을 연습한 이유는 어휘는 혼자 쓰이는 것이 아니라 다른 어휘와 함께 특정 구문이나 문장을 이루기 때문입니다. 앞에서 학습한 어휘와 구문을 기반으로 다음 문제를 풀어보세요.

1. Any employee who wants to join is welcome ------- his or her skill level.

   (A) as of   (B) regardless of

   정답 _____
   오답 분석 _____

2. The play shows every weeknight at 8:00 P.M., ------- Friday, when it opens at 7:00 P.M.

   (A) except for   (B) as to

   정답 _____
   오답 분석 _____

3. ------- the high-tech innovations, the Blueberry has a premium design.

   (A) According to   (B) Aside from

   정답 _____
   오답 분석 _____

4. This is ------- your application for the post of ESL teacher at Champion Classroom.

   (A) in response to (B) in addition to

   정답 _____
   오답 분석 _____

5. JR Motors has put more effort into electric cars ------- expanding its hybrid lineup.

   (A) in terms of   (B) instead of

   정답 _____
   오답 분석 _____

STEP 3 실전문제

정답과 해설 p. 97

1. Mark Jackson became the vice president of South Gate Co., ------- a week after announcing his resignation from Bay Motors Co.

   (A) alone
   (B) just
   (C) such
   (D) so

   STEP BY STEP
   ① 절(주어 + 동사), + 빈칸: 부사 자리
   ② 문맥 확인: 콤마(,) 앞 뒤 내용
   CHECK POINT
   정답 _____

2. It can indeed hold three gigabytes worth of songs, for instance, but the playback quality is ------- stereo quality.

   (A) almost
   (B) soon
   (C) hardly
   (D) recently

   STEP BY STEP
   CHECK POINT
   정답 _____

3. Accordingly, I hereby tender my resignation, effective ------- 30 days from your receipt of this letter.

   (A) but for
   (B) instead of
   (C) as of
   (D) in terms of

   STEP BY STEP
   CHECK POINT
   정답 _____

4. To prevent carbon monoxide gas from entering the living areas, the heating system should be professionally checked -------.

   (A) favorably
   (B) currently
   (C) recently
   (D) regularly

   STEP BY STEP
   CHECK POINT
   정답 _____

5. James McCoy will be able to get a better job next year than he could have found this year, ------- the possibility that the economy will be stronger.

   (A) rather than
   (B) owing to
   (C) in spite of
   (D) so long as

   STEP BY STEP
   CHECK POINT
   정답 _____

6. Many of the participants complained the meeting was uninteresting and ineffective ------- lack of planning and organization.

   (A) as
   (B) due to
   (C) besides
   (D) so that

7. I know you wanted the promotion to marketing director, so it must be difficult to see Roberta get the job ------- you.

   (A) ahead of
   (B) inside of
   (C) in exchange for
   (D) regarding

8. The numbers in the report are based on the most conclusive data available and are always reviewed ------- the meetings.

   (A) instead of
   (B) in response to
   (C) in regarding to
   (D) in advance of

9. As Chief Executive of a leading software provider, you will be ------- aware that the International Trade Fair is a unique opportunity for Europe's businesses.

   (A) yet
   (B) once
   (C) well
   (D) still

10. Based on the successful results of the pilot campaign, the communication service provider will expand the availability of mini laptops ------- the country.

    (A) between
    (B) except
    (C) besides
    (D) throughout

STEP 3

Questions 11-14 refer to the following e-mail.

Dear Sir,

I have been a proud owner of Godrej refrigerators for more than 3 decades. The first model I bought convinced me of the quality of your refrigerators. My experience with the subsequent models I purchased has been ---11.--- good.

More than a year ago I purchased your latest two-door model. Recently the unit was not working ---12.--- and I was upset. I called your local service engineer, Mr. Pawar, and explained to him the nature of the problem. Within couple of hours of my call, Mr. Pawar ---13.--- came over to my house and set the unit working. There was no major problem, but the unit controls needed fine-tuning. I am ---14.--- impressed by the service and professionalism shown by Mr. Pawar.

Yours truly,
Jessie Sumatra

11. (A) equally
    (B) certainly
    (C) roughly
    (D) consistently

12. (A) quite
    (B) further
    (C) well
    (D) ever

13. (A) newly
    (B) recently
    (C) promptly
    (D) lately

14. (A) high
    (B) hard
    (C) hardly
    (D) highly

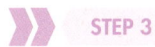

Questions 15-17 refer to the following notice.

Return Policy

We offer 100% satisfaction guaranteed. If you are not completely satisfied with your purchase, or the jewelry did not meet your expectations for any reason, we will be glad to either exchange the jewelry, or refund your money, as long as it's ---15.--- 15 days after the date of your order being shipped out.

To return any jewelry to us, please contact us via e-mail ---16.---. When you return your jewelry, we also appreciate hearing your reasons for the return, so we can better improve our store for the future. Your account will be credited when we receive the returned goods and they have been checked for damage and for signs of the jewelry being worn. If damaged, then no refund will be given. If worn, then ---17.--- a partial refund may be offered.

To receive a full refund, the jewelry must be returned in its original packaging, and in the same condition in which it was received within 15 days of your order being shipped out. Do not throw the packaging away until you are sure you want to keep the jewelry.

15. (A) upon
    (B) owing to
    (C) prior to
    (D) within

16. (A) instead of
    (B) except for
    (C) in advance
    (D) in response to

17. (A) only
    (B) still
    (C) even
    (D) ever

ONE MORE STEP A. 앞에서 학습한 부사와 전치사구의 파생어와 유의어 및 반의어를 학습해 보세요.

단어	뜻	파생어	유의어 & 반의어
quite	상당히	quite a lot 상당한, 많은	fairly 상당히
yet	아직	not yet 아직도 (~않다)	so far 아직까지
still	아직	still not 아직 ~하지 않은	until now 아직까지
even	훨씬, 매우	even if ~에도 불구하고	much 훨씬
ever	가장 ~한	more ~than ever 여느 때보다도 더	by far 단연코, 훨씬
just	막, 바로	only just 방금, 지금 막	barely 간신히
only	유일한, ~만	only if ~해야만	sole 유일한
well	잘	well known 잘 알려진	fully 완전히, 충분히
lately	최근에	late 늦은	in recent times 최근에
highly	매우	high 높은	exceedingly 대단히
hardly	거의 ~아니다	hard 어려운	scarcely 거의 ~않다
nearly	거의	near 가까운	just about 거의
recently	최근에	recent 최근의	not long ago 얼마 전에
shortly	곧	shortly before 직전에	soon 곧
currently	현재	current 현재의	presently 현재
regularly	규칙적으로	regular 규칙적인	habitually 습관적으로

		파생어	유의어 & 반의어
as to	~에 관해서	as for ~에 관해 말하면	concerning ~에 관한
as of	~일자로	as from ~일자로	from ~ on ~부터 계속
aside from	~이외에	look aside from ~로 부터 주의를 돌리다	besides ~외에
ahead of	~보다 빨리	run ahead of ~을 능가하다	early 빨리
except for	~을 제외하고	exception 예외	apart from ~을 제외하고
due to	~때문에	due on ~까지 마감이다	because of ~때문에
in advance of	~보다 미리	pay in advance 선불하는	before ~전에
in terms of	~면에서	term 용어	in respect of ~에 관해서는
in response to	~에 답하여	respond 대답하다, 대응하다	in answer to ~에 답하여
in addition to	~에 더하여	additionally 게다가	as well as ~에 더하여
instead of	~대신에	instead 대신에	rather than 대신에
owing to	~때문에	owing 갚아야 할	as a result of ~의 결과로서
prior to	~에 앞서	prior 사전의	before 앞(전)에
regardless of	~에 상관없이	regardlessly 무관심하게	despite ~에도 불구하고
throughout	~동안 내내, 도처에	all through ~동안 내내	all over 도처에
upon	~후에, ~하자마자	depend upon ~을 믿다	as soon as ~하자마자

ONE MORE STEP B. 문장을 읽고 밑줄 친 단어를 대체할 수 있는 유의어를 선택해 보세요.

1. Women are even more concerned than men about punctuality.
   ☑ much ☐ barely

2. JR Motors has put more effort into electric cars instead of expanding its hybrid lineup.
   ☐ rather than ☐ aside from

3. The routine for students attending the program is quite strict.
   ☐ habitually ☐ fairly

4. The numbers in the report are always reviewed in advance of the meetings.
   ☐ before ☐ as well as

5. We assure you that the Internet service will begin shortly.
   ☐ presently ☐ soon

6. He will be able to get a better job next year owing to the economic recovery.
   ☐ despite ☐ as a result of

ONE MORE STEP C. 앞에서 학습한 단어들의 유의어, 혹은 반의어를 보기에서 찾아 써 보세요.

fully	before	so far	apart from
sole	not long ago	concerning	because of

1. yet ≑ _____   5. except for ≑ _____
2. only ≑ _____   6. due to ≑ _____
3. recently ≑ _____ 7. prior to ≑ _____
4. well ≑ _____   8. as to ≑ _____

新TOEIC Part 5&6
Actual Test 1

모든 준비가 완료되었다면, 실제 토익 시험이라고 생각하고 시간에 맞춰 문제를 풀어보세요. (제한 시간은 16분입니다.)

READING TEST

In the Reading test, you will read a variety of texts and answer several different types of reading comprehension questions. The entire Reading test will last 75 minutes. There are three parts, and directions are given for each part. You are encouraged to answer as many questions as possible within the time allowed.

You must mark your answers on the separate answer sheet. Do not write your answers in the test book.

Part 5

Directions: A word or phrase is missing in each of the sentences below. Four answer choices are given below each sentence. Select the best answer to complete the sentence. Then mark the letter (A), (B), (C), or (D) on your answer sheet.

101. Check this manual to obtain the information you need to ------- with all applicable state, tribal, or local requirements.

    (A) show
    (B) compete
    (C) account
    (D) comply

102. ------- the condition of the engine, an experienced car racer drove faster than expectations.

    (A) Given
    (B) Excluding
    (C) Following
    (D) Like

103. The ------- of free basic health care will be a great help for economically disadvantaged people.

    (A) provide
    (B) provider
    (C) provision
    (D) provisional

104. Our university's library and Internet services are only ------- to current university students.

    (A) predictable
    (B) accessible
    (C) reliable
    (D) returnable

105. One obstacle to ------- the sales decline in the financial sector is the lack of reliable official statistics and insightful research reports.

    (A) cover
    (B) covered
    (C) covering
    (D) be covered

106. Local and state government would require the restaurants to allocate resources to ------- food facilities, imported food, and so forth according to known safety risks.

    (A) commit
    (B) practice
    (C) inspect
    (D) conduct

107. Brand collaboration has become increasingly popular in the fashion industry as the companies earned ------- profits.

(A) essential
(B) substantial
(C) beneficial
(D) confidential

108. It was estimated that ------- 75 percent of comfort women died and surviving victims are still suffering from serious physical and mental diseases.

(A) approximate
(B) approximately
(C) approximation
(D) approximal

109. The number one ------- to all those added sugar calories for people aged 7 to 18 years old is soft drinks.

(A) contribution
(B) contributor
(C) contributed
(D) contributing

110. The iPhone was one of the most innovative products ------- many other products released by Apple Inc.

(A) throughout
(B) between
(C) among
(D) upon

111. Business based on the cloud computing is rapidly ------- to accommodate higher expectations for growth, consolidation, and security.

(A) evolves
(B) evolved
(C) evolving
(D) evolution

112. For example, managers might consider providing a pudding free of charge or ------- a customer's extra needs.

(A) exceeding
(B) accommodating
(C) commencing
(D) confirming

113. In competitive society, people compete for rank and status, are less focused on public interest, and tend to share less information with each -------.

(A) other
(B) another
(C) one
(D) others

114. The FairPhone is expected to sport a new look with ------- such as an active display, a double tab to wake and fast charging.

(A) features
(B) needs
(C) regulations
(D) occasions

GO ON TO THE NEXT PAGE

115. According to the study by Mr. Siegler, the previous prediction went dramatically wrong and we spent our second consecutive year committing the ------- same blunder.

(A) very
(B) too
(C) far
(D) so

116. Ms. Corbo held a meeting with the marketing department ------- the selection of their brand's main model.

(A) in spite of
(B) in front of
(C) next to
(D) in regard to

117. According to statistics, the world population is ------- 7 billion and is expected to keep growing.

(A) properly
(B) entirely
(C) roughly
(D) conversely

118. The government can have no legal right to permanently or temporarily block up or ------- a street, except where it necessarily does so in the proper use of its road.

(A) attract
(B) obstruct
(C) extract
(D) release

119. The salesperson recommended customers to read instructions carefully before ------- their merchandise.

(A) use
(B) used
(C) using
(D) useful

120. In advance of putting a business plan into -------, a founder of a business should face up to the reality.

(A) operate
(B) operation
(C) operational
(D) operator

121. ------- firms have argued that the debts behind these major purchases will lead the $2 trillion industry into alliances among major corporations such as Maer Moeller and MST.

(A) Consult
(B) Consulting
(C) Consulted
(D) Consultation

122. Although the pathway has significantly improved, there is a concern that, during summer or wet weather, the road conditions are not ------- to foot traffic.

(A) conducive
(B) exclusive
(C) indicative
(D) persuasive

123. Between 2010 and 2014, ADT and Nicoza Inc. poured 31% and 28% more into research and development -------.

(A) deliberately
(B) mutually
(C) respectively
(D) previously

124. Mr. Howard has confronted strong opposition by executives worried about a potential drop in sales, and some of ------- insisted that he should remain politically neutral.

(A) they
(B) them
(C) which
(D) whom

125. Posta has a big advantage in the service sector because of its technical ------- over the last two decades, but Lebana still holds a slight lead in service expertise.

(A) advances
(B) advanced
(C) advancing
(D) adverse

126. The one feature that had the best odds of getting users was complete viewer control, or the ability to select any movie, music video or documentary they want, ------- they want.

(A) whereas
(B) whenever
(C) unless
(D) assuming

127. The chain has pushed out a number of initiatives designed to make its latest products ------- health-conscious and sustainability-minded consumers.

(A) attribute to
(B) appeal to
(C) take into
(D) relate to

128. One analysis of relocation trends in South Korea from the National Economic Research found that the rate of intercity relocations for jobs in 2012 ------- 48% from its 1989-2005 average.

(A) dropped
(B) had dropped
(C) was dropped
(D) was dropping

129. The revised outlook for GDP growth of China in 2014 is a "feeble" 2 percent, and even ------- includes the assumption of increased fiscal stimulus.

(A) they
(B) that
(C) those
(D) these

130. Taking the ------- of a lasting alliance evokes the best in both companies instead of relying on superficial constructs for loyalty and productivity.

(A) engagement
(B) regulation
(C) perspective
(D) substitute

GO ON TO THE NEXT PAGE

Part 6

Directions: Read the texts that follow. A word or phrase is missing in some of the sentences. Four answer choices are given below each of the sentences. Select the best answer to complete the text. Then mark the letter (A), (B), (C) or (D) on your answer sheet.

Questions 131-134 refer to the following notice.

Attention: All employees

Starting from 6pm today, the companywide annual cleaning and renovation will take place all ------- the weekend. The entire 3rd floor office furniture will be
131.
replaced. The furniture on the 1st, 2nd and 4th floors will also be removed during the cleaning. Do not leave your personal items in drawers or on desks. Before you leave the office today, make sure you clean out your drawers and empty your desks. The floors will be stripped, waxed and sealed and the ceilings, walls and doors will be repainted. Also, some of the windows will be -------.
132.
The elevators will also be undergoing a thorough safety inspection and -------
133.
will be out of service during this time. Do not come to the office during the weekend. You will not be allowed in the building. ------- Please allow an hour or
134.
two on Tuesday to set up your desks.

131. (A) among
(B) throughout
(C) due
(D) within

132. (A) replaced
(B) relocated
(C) remained
(D) referred

133. (A) therefore
(B) still
(C) however
(D) in that

134. (A) All employees are excused to work from home on Monday.
(B) All employees are welcome regardless of their skill level.
(C) We advise you all to revise your reports on your own.
(D) We strongly urge you all not to bring your personal items.

Questions 135-138 refer to the following e-mail.

Dear sir or ma'am,

Greetings from City Real Estate. We are one of the largest real estate magazines in the country ------- articles by some of the top real estate experts giving insider tips.
135.

We're currently having a promotion for our new -------. If you subscribe today, you will not only get a year's worth of City Real Estate at half the newsstand price, ------- you'll also get a free real estate software program CD priced at 27 dollars. You can get all of this for just $15.99. ------- Type in the coupon code provided on the top right corner of this email to get the price above.
136. **137.** **138.**

We'll look forward to mailing out to you the next month's copy of City Real Estate. Thank you for your attention.

Have a great day.

Best wishes,

Tom Callahan

Subscription Services

135. (A) coping
(B) conforming
(C) featuring
(D) following

136. (A) manufacturers
(B) subscribers
(C) contributors
(D) distributors

137. (A) and
(B) or
(C) but
(D) either

138. (A) Refer to the price rates attached to this e-mail.
(B) Sign up today by clicking on the subscription link below.
(C) Signing up for our service is temporarily disrupted.
(D) This is a completely free and exclusive offer for only our loyal customer.

Questions 139-142 refer to the following notice.

Dear Mr. Kennedy,

Hello, how are you?

My name is Jeffrey Kepler, the managing partner of Kepler, Hernandez & Ross. We ------- during the networking dinner hosted by the New York Finance Convention and exchanged cards.
139.

I remember you telling me that you're in need of a trustworthy accounting firm to start a long-term partnership with, and I assured you that I'd be in touch. As our reputation ------- us, we are the largest accounting firm in the country with over 900 CPAs working in our New York office alone. We are ------- ranked as the top accounting firm in corporate finance practice and transparency scores.
140. **141.**

142.

Please do not hesitate to let me know of any questions you might have.

Thank you.

Warm regards,

Jeffrey Kepler

139. (A) meet
(B) will meet
(C) met
(D) are meeting

140. (A) proceeds
(B) precedes
(C) promotes
(D) prefers

141. (A) temporarily
(B) rarely
(C) frequently
(D) routinely

142. (A) I'm planning to keep face-to-face contact with all my employees.
(B) I'd like to set up a proper meeting with you to discuss the matter further.
(C) I hope this meets your curiosity and helps you consider us prospect contractor.
(D) I believe it makes me a perfect candidate for the position at your accounting firm.

Questions 143-146 refer to the following advertisement.

Kings County Fair

It is that time of the year again! The annual Kings County Fair is just around the corner and this year will be ------- better (if that's possible)!
143.

Kings County Fair ------- our community tradition since it first started in 1992.
144.
Every fall, for the ------- month of October, the Cornwall Riverside Park is a fun-
145.
packed place for families and friends to come out for a picnic and ride in the Ferris wheel or Merry-go-round.

------- You'll find the best tacos, burritos, burgers and hotdogs in town!
146.

So grab your children and come on out! The admission to the park during the fair is completely FREE!

---

143. (A) very
 (B) quite
 (C) even
 (D) near

144. (A) becomes
 (B) became
 (C) will become
 (D) has become

145. (A) entire
 (B) entirely
 (C) entirety
 (D) entireness

146. (A) You are not allowed to bring your own food into the building.
 (B) Agricultural communities are ready to provide a wide range of alternative foods.
 (C) Local diners will bring out their trucks to serve food and drinks.
 (D) Local fine dinners are looking for experienced staff to serve their customers.

GO ON TO THE NEXT PAGE

新 TOEIC Part 5&6
Actual Test 2

모든 준비가 완료되었다면, 실제 토익 시험이라고 생각하고 시간에 맞춰 문제를 풀어보세요. (제한 시간은 16분입니다.)

READING TEST

In the Reading test, you will read a variety of texts and answer several different types of reading comprehension questions. The entire Reading test will last 75 minutes. There are three parts, and directions are given for each part. You are encouraged to answer as many questions as possible within the time allowed.

You must mark your answers on the separate answer sheet. Do not write your answers in the test book.

Part 5

Directions: A word or phrase is missing in each of the sentences below. Four answer choices are given below each sentence. Select the best answer to complete the sentence. Then mark the letter (A), (B), (C), or (D) on your answer sheet.

101. Many gun control activists argue that the American government must prohibit ------- gun rights for the safety of citizens.

    (A) exist
    (B) existed
    (C) existing
    (D) existence

102. During the presidential campaign in 2008, it was a big issue that Oprah Winfrey ------- Barak Obama over Hilary Clinton.

    (A) discarded
    (B) placed
    (C) endorsed
    (D) expedited

103. Meanwhile, the CEO was kept ------- informed by successive mailings of international marketing negotiations and other updates.

    (A) currently
    (B) exceptionally
    (C) minutely
    (D) formerly

104. Now that global temperatures keep rising, the ice caps and glaciers ------- melting and the sea level will keep rising.

    (A) keep
    (B) kept
    (C) has kept
    (D) will keep

105. Many foreigners still doesn't know ------- the Japanese government distorted history and Dokdo Island belongs to Korea.

   (A) so that
   (B) in case that
   (C) the fact that
   (D) in addition that

106. According to a 2013 Business report, the debt-burdened commercial banks ultimately collapsed under the ------- of the worldwide credit crunch.

   (A) scope
   (B) strain
   (C) tactic
   (D) method

107. Mr. Darcy enjoys doing any physical activities ------- extreme sports, such as wingsuit sky diving, snowboarding, rock climbing, and surfing.

   (A) depending on
   (B) pertaining to
   (C) according to
   (D) resulting in

108. Last month, the retailer in Europe ------- its sales forecast for the year based on the record high household debt.

   (A) low
   (B) lower
   (C) lowered
   (D) lowering

109. South Korea has been pursuing oil and gas exploration around the globe in order to be less ------- on oil producing nations in the unstable Middle East.

   (A) prone
   (B) reliant
   (C) cautious
   (D) compatible

110. To apply for the job, please fill out the attached application form and submit it by email ------- the deadline.

   (A) ahead
   (B) prior
   (C) before
   (D) from

111. The medical appliance ------- waited for the doctors' response after letting them know the sales price.

   (A) manufacture
   (B) manufacturer
   (C) manufactured
   (D) manufacturing

112. Police requested forensic investigation of glass fragments and bloodstains ------- discovered at a crime scene.

   (A) they
   (B) their
   (C) them
   (D) themselves

GO ON TO THE NEXT PAGE

113. The reason why this shopping mall succeeded is because one of their business strategies was to treat all customers ------- regardless of their purchasing power.

(A) like
(B) alike
(C) likely
(D) likable

114. About 19 years after the murder, the court was finally ------- that Patterson was the murderer in the Itaewon murder case.

(A) convinced
(B) interested
(C) alarmed
(D) fascinated

115. During the Christmas shopping season, you will get 25 percent ------- for full-priced items using the discount code on our online shop.

(A) under
(B) low
(C) off
(D) beneath

116. KOSPI index made a slight gain in a session on Friday as Healthcare stocks closed more than 2 percent higher, ------- the positive mood ahead of the Christmas break.

(A) boost
(B) to boost
(C) boosted
(D) boosting

117. Starting a blog requires little initial investment in terms of cost or training, because posts ------- chronologically without additional operations.

(A) organize
(B) are organized
(C) were organizing
(D) will organize

118. Some welfare benefits of the United Arab Emirates airline are housing for the cabin crews, and providing basic salaries with transport -------.

(A) balances
(B) allowances
(C) fees
(D) dues

119. In 2006, when Granza decided to stop selling the Fairphone brand in Europe, a market that ------- more than 20% of Granza's production disappeared almost overnight.

(A) thought of
(B) accounted for
(C) voted for
(D) proceeded with

120. In this lesson, we highlight the study of Ross, as well as Zane and Litt, to explain how progress ------- our motivation to work.

(A) influences
(B) influenced
(C) influencing
(D) influential

121. Safena Music, which ------- in January with comparable audio quality to UAL Corporation, had 1.5 million paying subscribers and 2.8 non-paying users by September.

(A) launch
(B) launched
(C) launching
(D) had launched

122. Some employees believe Xeron got a plum deal in South Korea and that current tax laws leave it in a ------- position.

(A) available
(B) favorable
(C) negotiable
(D) affordable

123. Not only are some substandard drugs sold in South Korea, but they are also bought and distributed ------- the world as a part of Loyd Pharmaceutical Company's initiative.

(A) except
(B) unlike
(C) against
(D) throughout

124. Mr. Litz made it clear that scholarships should be large enough to pay for all living expenses ------- the students would concentrate only on learning.

(A) provided that
(B) by the time
(C) whether or not
(D) in order that

125. Generally, companies that make and sell basics like diapers, soaps, and groceries can sustain their sales ------- regardless of the economy's ups and downs.

(A) margins
(B) vacancies
(C) emptiness
(D) spaces

126. ------- the future progress of the construction will be, it seems certain that nothing will be more rapid or more general than in the past.

(A) Whatever
(B) However
(C) Whoever
(D) Whether

127. Baxta International has struggled lately, as foot traffic has fallen and competition from ------- outlets such as e-commerce has increased.

(A) any
(B) other
(C) another
(D) one

128. According to psychologists, couples should be ------- connected and pay attention to each other in order to have a long lasting relationship.

(A) closely
(B) hardly
(C) manually
(D) rarely

GO ON TO THE NEXT PAGE

129. The government keeps all the pieces moving in harmony, not just by removing the excessive blocks of bureaucracy, ------- by providing access to resources that help companies enter new markets.

(A) up until
(B) but also
(C) as to
(D) let alone

130. Though Belk Energy and Ashland Group signed a ------- deal last year to supply $10 billion worth of gas to facilities in USA, the prospects of that happening seemed to recede.

(A) obvious
(B) imperative
(C) tentative
(D) distinctive

Part 6

Directions: Read the texts that follow. A word or phrase is missing in some of the sentences. Four answer choices are given below each of the sentences. Select the best answer to complete the text. Then mark the letter (A), (B), (C) or (D) on your answer sheet.

Questions 131-134 refer to the following notice.

2016 Intercollegiate Physics Conference

2016 Intercollegiate Physics Conference will take place from March 7 (Monday) to March 11 (Friday) at the Hudson Institute of Physics.

You must be a current student at an ------- institution to be eligible to attend the conference. Both undergraduate and graduate students are eligible to attend the conference but only students ------- the field of physics are eligible to give a presentation of their research.
131.   **132.**

Your research ------- must be received by only the 2016 Intercollegiate Physics Conference Committee by no later than January 31 (Sunday). -------
133.   **134.**

For more information, please contact the Physics Department at your university.

---

131. (A) accredit
(B) accredited
(C) accrediting
(D) accreditation

132. (A) focusing on
(B) applying for
(C) complying with
(D) majoring in

133. (A) abstract
(B) operation
(C) equipment
(D) constraint

134. (A) The students to give presentations will be required to submit their complete papers no later than the end of February.
(B) Those people selected to have an interview will be contacted soon.
(C) The students who want to apply for the research course should submit all copies of relevant documents.
(D) Our committee will select only one student as a teaching assistant.

GO ON TO THE NEXT PAGE

Questions 135-138 refer to the following article.

By Rachel Kim, Reporter, The Daily Michigan

Professor Raj Kimmel comes from a very multicultural background. His American father met his Indian mother while they were both in Tanzania on a research field trip. They are both ------- veterinarians.
135.

After spending a semester in Tanzania, they loved the country ------- much that they founded a research institute there and Professor Kimmel was born there.
136.

So it comes as no surprise that he became interested in the study of animals at a young age. His understanding of animal behavior and physiology was innate. ------- he was still at graduate school here in Michigan, his papers appeared in some of the world's most reputable publications.
137.

Last June, he was awarded the National Science Medal for his research on the psychological changes of animals in captivity. ------- He has accepted the offer here in Michigan.
138.

135. (A) renowned
(B) renewed
(C) respective
(D) retrospective

136. (A) few
(B) so
(C) far
(D) further

137. (A) During
(B) Until
(C) While
(D) With

138. (A) He was offered a tenure professorship at nine different universities following the award.
(B) The award ceremony is held at City Hall to honor his outstanding career.
(C) His research has been considered brilliant, because it lead to his success.
(D) All students who major in zoology want to collaborate with him on animal behavior.

Questions 139-142 refer to the following announcement.

City Government Announcement:

New projects on the Metropolitan Subway System

Due to the large volume of passengers traveling on our Metropolitan Subway System, the city government has decided to expand the subway lines. Seven different new subway stations ------- to our existing subway lines by the end of
139.
this year and a dozen new subway trains will be put into service within the next month.

The biggest and most ------- project to be undertaken this year will be the
140.
construction of a whole new subway line, our 11th line. The exact station spots have not been decided ------- but it will connect the Main Train station to the
141.
City Center. -------
142.

---

139. (A) add
(B) will add
(C) will be added
(D) were added

140. (A) ambitious
(B) aggressive
(C) average
(D) sensitive

141. (A) still
(B) yet
(C) only
(D) ever

142. (A) The extension of the right wing will be cancelled if most of shareholders do not want it.
(B) This construction is projected to last about two and a half years.
(C) The project overview is confidential, so you should not reveal any details without permission.
(D) The restructuring will be implemented to cope with the recent economic downturn.

GO ON TO THE NEXT PAGE

Questions 143-146 refer to the following memo.

Re: All first year associates

All first year associates hired ------- year and the second year associates who
                                 143.
were hired after last year's Employee Training Camp ------- to report to the 2016
                                                     144.
Employee Training Camp tomorrow at 8AM.

The weekend-long camp will be your opportunity to meet the company's

------- and directors and spend some quality time with your coworkers and
145.
colleagues. There will be some technical seminars but the general goal of the
camp is to get you familiarized with our company culture and have fun.

------- Please do not be late.
146.

What: 2016 Employee Training Camp

Who: 2016 new hires and 2015 hires who didn't attend last year's camp

When: Friday 10th ~ Saturday 12th

● Please bring your own toiletries.

143. (A) this
(B) their
(C) that
(D) those

144. (A) require
(B) are required
(C) will require
(D) were required

145. (A) alternatives
(B) executives
(C) corporative
(D) entrepreneurs

146. (A) There will be no exact time recommended to arrive.
(B) All public transportation from the city center to suburbs will run until midnight.
(C) We do not consider late submission, and there will be no exceptions.
(D) There will be a bus waiting to pick you up at the company parking lot at 8AM tomorrow.

GO ON TO THE NEXT PAGE

RC PART 5·6

신토익 출제경향 100% 반영한 새 토익에 맞는 NEW 공부법

키 新 토익
RC PART 5·6

DAILY TRAINING BOOK

암기는 그만
이해와 유추로 체득하는 문법과 어휘
순서대로 따라가기만 하면 풀리는
단계별 영어 학습법

990점으로 가는 첫걸음

교육 R&D에 앞서가는
key 키출판사

정답과 해설

정답 해설

GRAMMAR

UNIT 1 문장의 구조

Before the Step

1. <u>provide</u> room service
2. an Internet service <u>provider</u>
3. <u>provision</u> of health care
4. <u>provided</u> that you give me a discount
5. <u>provide</u> employees with the opportunity

Step 1 PRACTICE

1. (A) 2. (A) 3. (B) 4. (A) 5. (A) 6. (B)
7. (B) 8. (A)

1. Alternative (A) <u>rewards</u> have been introduced for those who are not eligible for quarterly bonuses, which include extra days off, free gifts, and so forth.

   해설 동사 have been introduced의 주어가 필요하므로 명사 (A) rewards가 정답이다.
   해석 분기별 보너스 자격이 없는 사람에게는 추가 휴일과 무료 선물 등이 포함된 대체 보상이 주어졌다.

2. (A) <u>Spaces</u> designed for the biannual conference were built to take security into account, the foremost factor since meetings were to be frequently held there.

   해설 동사 were built의 주어 역할을 하면서 designed를 수식어로 가져야 하므로 (A) Spaces가 정답이다.
   해석 공간은 연 2회 열릴 회의를 위해 설계되었으며 모임을 자주 가질 예정이므로 가장 중요한 요소인 보안을 고려해 지었다.

3. Management processes in the company (B) <u>are</u> defined as the function of converting organizational inputs into qualified outputs.

   해설 주어 Management processes의 동사가 필요하므로 복수동사 (B) are가 정답이다.
   해석 회사에서 경영과정은 조직적인 투입을 질적인 산출로 전환하는 기능이라고 정의된다.

4. Please (A) <u>look</u> over your application carefully before submitting it to the personnel department.

   해설 주절에 동사가 필요하므로 정답은 (A) look이다.
   해석 인사부에 제출하기 전에 지원서를 주의 깊게 살펴보세요.

5. The recent bankruptcy forced most of the employees working at SD Bank (A) <u>to leave</u>.

   해설 문맥상 직원들이 V하도록 강요했다는 말이므로 force + employees + to V가 되어야 한다. 따라서 정답은 (A) to leave다.
   해석 최근에 파산하면서 SD 은행에서 일하던 직원 대부분은 어쩔 수 없이 회사를 떠나야만 했다.

6. The volunteers from a local software company helped students (B) <u>to understand</u> how the computer works.

   해설 문맥상 학생들이 V하도록 도와주었다는 말이므로 help + students + to V가 되어야 한다. 따라서 정답은 (B) to understand다.
   해석 지역 소프트웨어 회사에서 온 자원봉사자들은 학생들이 컴퓨터가 작동하는 방법을 이해하도록 도와주었다.

7. No one working at the factory (B) <u>relies on</u> the benefits that it provides.

   해설 the benefits는 동사 rely가 직접적으로 행동하고 작용하는 대상이 아니므로 rely는 자동사로 쓰였고 전치사 on이 필요하다.
   해석 그 공장에서 일하는 어느 누구도 회사가 제공하는 복지제도에 의존하지 않는다.

8. The keynote speaker (A) <u>complained about</u> the sound system in the auditorium.

   해설 the sound system은 동사 complain이 직접적으로 행동하고 작용하는 대상이 아니므로 전치사 about이 필요하다.
   해석 기조 연설자는 강당의 음향 시스템에 대해 불평했다.

Step 2 연습문제

1. 올바른 형태 고르기

(1) 문제 유형   KEY 02   문장의 동사와 목적어

Marc&Mike Company's well designed game consoles <u>contribute</u> to its excellent reputation among teenagers.

[해설] 동사가 필요하므로 contribute가 정답이다.

[해석] 마크&마이크사가 고안한 게임 콘솔은 성능이 뛰어나서 회사가 십대 사이에서 좋은 평판을 얻는 데 크게 기여했다.

(2) 문제 유형   KEY 04   자동사 VS 타동사

Crystal&Sons will <u>benefit from</u> investment in crude petroleum and natural gas.

[해설] benefit은 자동사/타동사 역할을 모두 할 수 있다. 하지만 문맥상 investment에 직접적으로 이득을 주는 게 아니라 investment로부터 이득을 얻은 것이므로 자동사로 쓰였다고 봐야 한다. 따라서 정답은 benefit from이다.

[해석] 크리스탈&손은 원유와 천연가스에 대한 투자로 이익을 얻을 것이다.

(3) 문제 유형   KEY 03   문장의 보어

The distinctive design of Easy Carry 2000 has <u>kept it popular</u> in the market.

[해설] keep은 자동사/타동사 역할을 모두 할 수 있다. 하지만 문맥상 'it'을 'popular'하게 'keep'했다는 내용이며 동사 keep이 'it'에 직접적으로 행동하고 작용하므로 keep은 타동사다. 따라서 목적어 it이 뒤에 오는 keep it popular가 정답이다.

[해석] 특색있는 디자인 덕분에 Easy Carry 2000은 시장에서 계속 인기를 끌었다.

(4) 문제 유형   KEY 03   문장의 보어

The director caused the company <u>to suffer</u> from the rapid decline in sales.

[해설] cause의 목적격 보어 자리이므로 to부정사가 필요하다. 일반적으로 to부정사는 추상적이고 미래적이고 현실적이지 않은 행동에 쓰인다.

[해석] 그 관리자는 급격한 매출 하락으로 회사가 어려움을 겪게 했다.

(5) 문제 유형   KEY 03   문장의 보어

Ms. Clark let everyone in the team <u>take</u> a day off after completing the exhausting task.

[해설] 사역동사 let 뒤에는 동사원형이 와야 하므로 정답은 take다.

[해석] 어려운 일을 끝마친 후 클라크 씨는 지친 팀 전원에게 휴가를 하루 주었다.

2. 틀린 부분 찾아 고치기

(1) 문제 유형   KEY 03   문장의 보어

The marketing campaign is considered <u>to be successful</u> as the sales report shows.

[해설] 영어에는 a / an / the + 형용사 형태가 없다. 따라서 a successful을 to be successful이나 (to be) successful로 고치거나, a successful campaign (a success)로 바꿔야 한다.

[해석] 판매 보고서가 보여주듯 마케팅 캠페인은 성공적이었다고 생각된다.

(2) 문제 유형   KEY 02   문장의 동사와 목적어

Candidates interested in the position should <u>talk</u> with our human resources department head in person.

[해설] 조동사(should) 뒤에는 동사원형이 와야 한다.

[해석] 자리에 관심있는 지원자는 인사부 책임자와 직접 이야기를 나누어야 한다.

(3) 문제 유형   KEY 04   자동사 VS 타동사

We always make sure that our customer service representatives respond promptly <u>to</u> any requests.

[해설] any requests는 respond가 직접적으로 행동하고 작용하는 대상이 아니므로 respond가 자동사로 쓰였으며 목적어인 명사 앞에 전치사가 필요하다는 사실을 알 수 있다.

해석 우리는 고객서비스 상담원들이 어떤 요구에도 신속하게 응답할 수 있도록 항상 확인하고 있다.

(4) 문제 유형　KEY 04　자동사 VS 타동사

If you plan to attend this year's employee award banquet, put your name on the guest list at least three days prior to the event.

해설 문맥상 연회에 참석해야 하므로 attend는 타동사가 되어야 한다. attend가 자동사이고 전치사 to가 뒤에 오면 '~을 주의해서 듣다, ~에 주목하다'라는 뜻이다.

해석 올해의 직원상 연회에 참석할 계획이면, 적어도 행사 3일 전에 이름을 손님 명단에 적어 주세요.

(5) 문제 유형　KEY 04　자동사 VS 타동사

You can refer to the attached manual I sent via e-mail two days ago.

해설 refer가 타동사로 쓰이면 refer A to B의 형태가 되며 'A를 B에게 말하다(보내다), A가 B를 하게 하다'라는 뜻이 된다. 문맥상 매뉴얼을 참조하거나 인용하라는 뜻이므로 refer는 타동사가 아니라 자동사로 쓰였다.

해석 이틀 전에 이메일로 보낸 첨부 매뉴얼을 참조해도 됩니다.

Step 3 실전문제

1. (B)　2. (A)　3. (B)　4. (B)　5. (D)　6. (A)　7. (C)
8. (B)　9. (B)　10. (D)　11. (B)　12. (C)　13. (C)

1. 문제 유형　KEY 04　자동사 VS 타동사

When you (B) apply for the personnel department, the department head advises that copies of all your documents should be sent to his secretary as well.

해설
① **보기 분석:** 동사와 동사가 아닌 것이 혼합되어 있으므로 알맞은 품사를 고르는 문제다.
② **빈칸 자리 분석:** 빈칸이 주어 뒤에 있고 본동사가 문장에 없으므로 빈칸에는 동사가 와야 한다.
③ **전치사 여부:** apply는 personnel department에 직접적으로 행동하거나 작용하지 않으므로 apply는 자동사로 쓰였다. 자동사의 목적어 앞에는 전치사가 와야 하므로 정답은 (B) apply for이다.

해석 인사부에 지원할 때 부서장은 서류 복사본을 자신의 비서에게도 제출해야 한다고 조언해 주었다.

2. 문제 유형　KEY 03　문장의 보어

I advised her (A) to speak loudly and clearly when giving her speech at the conference.

해설
① **보기 분석:** 동사와 동사가 아닌 것이 혼합되어 있으므로 알맞은 품사를 고르는 문제다.
② **빈칸 자리 분석:** 문장에 동사 advise가 이미 있으므로 빈칸에는 동사가 올 수 없다. 문맥상 그녀에게 크고 분명하게 말하라고 조언하고 있고, 미래의 행동을 말하고 있으므로 advise + 목적어 + to V 형태가 되어야 한다. 따라서 정답은 to speak다.

해석 회의에서 연설할 때 아주 크고 분명하게 말하라고 그녀에게 조언했다.

3. 문제 유형　KEY 03　문장의 보어

The new production schedule should be posted on the board at the entrance to let the entire staff (B) read it.

해설
① **보기 분석:** 동사와 동사가 아닌 것이 혼합되어 있으므로 알맞은 품사를 고르는 문제다.
② **빈칸 자리 분석:** 문맥상 전 직원이 스케줄을 읽게 한다는 의미이며, let이 사역동사로 쓰였다. 따라서 빈칸에는 동사원형 read가 와야 한다.

해석 새 생산 스케줄을 전 직원이 읽게 하려면 입구에 있는 게시판에 붙여야 한다.

4. 문제 유형　KEY 02　문장의 동사와 목적어

The interviewer did not (B) consider Mr. Lee's educational background important to the position.

해설
① **보기 분석:** 동사와 동사가 아닌 것이 혼합되어 있으므로 알맞은 품사를 고르는 문제다.
② **빈칸 자리 분석:** 문장에 본동사가 없으므로 빈칸의 품사는 동사다. 또한 조동사 did가 있으므로 동사원형인 (B)가 정답이다.

해석 면접관은 이 씨의 학력이 그 자리에 중요하다고 생각하지 않았다.

5. 문제 유형　KEY 03　문장의 보어

The manager expects every employee (D) to attend the meeting every day.

| 해설 | ① 보기 분석: 동사와 동사가 아닌 것이 혼합되어 있으므로 알맞은 품사를 고르는 문제다.
② 빈칸 자리 분석: 문장에 이미 본동사가 있으므로 빈칸에는 동사가 올 수 없다. 또한 모든 직원이 미팅에 참여하기를 기대한다는 내용(미래)이므로 expect + 목적어 + to V 형태가 되어야 한다.

해석 경영자는 직원 모두가 매일 미팅에 참여하기를 기대한다.

6. 문제 유형 KEY 03 문장의 보어

Ms. Jennifer asked her secretary to (A) <u>separate</u> the pamphlets into three categories.

해설 ① 보기 분석: 동사와 동사가 아닌 것이 혼합되어 있으므로 알맞은 품사를 고르는 문제다.
② 빈칸 자리 분석: 문장의 본동사는 asked이므로 빈칸에는 동사가 올 수 없다. 또한 문맥상 분류해달라고 요청하는 미래적 행동이므로 ask + 목적어 + to V 형태가 되어야 한다.

해석 제니퍼 씨는 소책자를 세 종류로 분류해달라고 자신의 비서에게 부탁했다.

7. 문제 유형 KEY 03 문장의 보어

Retailers are becoming more (C) <u>careful</u> about the amount of merchandise they are ordering now than before.

해설 ① 보기 분석: 여러 개의 품사와 섞여 있으므로 알맞은 품사를 찾아야 한다.
② 빈칸 자리 분석: are becoming이 본동사이므로 빈칸에는 동사가 올 수 없다. 또한 문맥상 become의 뜻은 '되었다'이므로 타동사가 아니라 자동사로 쓰였다는 사실을 알 수 있다. (타동사인 경우 become의 뜻은 '~에게 어울리다, 적합하다'이다.) become의 뒤에 형용사가 오면 '되다, 변하다, 성장하다' 등의 뜻이 된다.
③ 정답 추론: become 동사의 보어 자리이므로 형용사인 (C)가 정답이다.

해석 소매업자들은 자신이 지금 주문하는 상품량에 대해 전보다 더 주의하게 되었다.

8. 문제 유형 KEY 03 문장의 보어

Dealers of office supplies are keeping their prices (B) <u>stable</u>, as raw material prices have gone down worldwide.

해설 ① 보기 분석: 동사와 동사가 아닌 것이 혼합되어 있으므로 알맞은 품사를 고르는 문제다.
② 빈칸 자리 분석: 본동사가 are keeping이므로 빈칸에는 동사가 올 수 없다. 또한 동사 뒤에 목적어(prices)가 온 것으로 보아 keep은 타동사이며, 문맥상 '가격을 안정적으로 유지하고 있다'라는 뜻이므로 형태는 keep + 목적어 + 목적격 보어가 되어야 한다.

해석 원자재 가격이 전 세계적으로 내려갔기 때문에 사무용품 판매업자들은 제품 가격을 안정적으로 유지하고 있다.

9. 문제 유형 KEY 02 문장의 동사와 목적어

To guarantee (B) <u>quality</u> for all clients, the accounting company created task force teams led by senior accountants with over 15 years' experience.

해설 ① 보기 분석: 동사와 동사가 아닌 것이 혼합되어 있으므로 알맞은 품사를 고르는 문제다.
② 빈칸 자리 분석: 본동사는 created이므로 빈칸에는 동사가 올 수 없다. 또한 문맥상 고객 전원에게 ~을 보장한다는 의미로 guarantee는 타동사로 쓰였으며 빈칸에는 명사가 와야 한다.

해석 양질의 서비스를 고객 전원에게 약속하기 위해 회계 회사는 15년 이상의 경력을 가진 상급 회계사가 이끄는 특별 프로젝트 팀들을 만들었다.

10. 문제 유형 KEY 02 문장의 동사와 목적어

In his new role, Mr. Geisler will remain in Houston and will assume full (D) <u>responsibility</u> for all contract and project work in Alaska.

해설 ① 보기 분석: 여러 품사가 혼합되어 있으므로 알맞은 품사를 고르는 문제다.
② 빈칸 자리 분석: 문맥상 알래스카에서의 모든 계획과 프로젝트 업무에 대한 full + 빈칸을 assume 한다는 의미이므로 빈칸에 명사가 와야 한다. assume 뒤에 지위, 권력, 책임 등의 단어가 오면 '~을 맡다'라는 뜻이다.

해석 (회사에서의) 새로운 역할로 가이슬러 씨는 휴스턴에 남을 것이며 알래스카에서의 모든 계약과 프로젝트 업무에 대해 전적으로 책임질 것입니다.

11~13

베일리 씨에게

이 메일은 당신의 **AEG** 기업 비서직 지원에 대한 답장입니다. 우리는 귀하의 이전 경력과 학력에 감명 받았습니다. 귀하가 인터뷰에 선발되었다고 알려드리게 되어 기쁩니다. 인터뷰는 인사부 관리자 대니얼 최가 진행할 겁니다. 인터뷰 시간은 **10월 22일 오전 10시 30분**입니다. 이 이메일 주소로 당신이 참석할 수 있는지 확인하는 회신을 <u>11. (B) 보내주세요</u>. 인터뷰 전에 우리는 당신이 지원서에 쓴 추천인들에게 연락을 할 것입니다. 만약 당신이 현 고용주에게 <u>12. (C) 연락하기를</u> 원치 않는다고 썼다면 그 추천서는 고려되지 않을 겁니다.

면접을 위해 지원서, 이력서 혹은 자격증 복사본을 가져오실 필요는 없습니다. <u>13. (C) 그것들은 면접 결과가 공개된 후에 요청될 것입니다.</u>

귀하의 무궁한 발전을 기원하며
앤젤라 패럴
AEG 기업

11. 문제 유형 KEY 04 자동사 VS 타동사

Please (B) <u>reply to</u> this email address to confirm that you are able to attend.

해설
① 빈칸 자리 분석: 문장에 본동사가 없으므로 빈칸에 동사가 와야 한다.
② 문맥 확인: reply는 자동사/타동사 역할을 모두 할 수 있다. 하지만 문맥상 이 메일 주소로 회신해달라는 내용이고, '메일 주소'는 reply가 행동하고 작용하는 직접적인 대상이 아니므로 reply가 자동사로 쓰였다는 사실을 알 수 있다.

오답 (A) 답하다 (C) ~에 대한 대답, 회신 (D) 대답하다

12. 문제 유형 KEY 03 문장의 보어

If you have stated that you do not want us (C) <u>to contact</u> your current employer, this reference will not be taken up.

해설
① 빈칸 자리 분석: 문장에 본동사가 이미 있으므로 빈칸에 올 품사는 동사가 아니다.
② 문맥 확인: 문맥상 '우리가 현 고용주에게 연락하기를 원치 않는다면'이란 내용이고, 미래적이고 추상적인 행동이므로 to부정사가 와야 한다.

오답 (A) ~에게 연락하다 (B) 계약의, 수축성이 있는 (D) ~에게 연락했다

13. 문제 유형 빈칸에 알맞은 문장 넣기

(C) They will be required after the results of the interview are declared.

해설 빈칸 앞 문장에서 서류를 제출할 필요가 없다고 하였으므로 이와 관련이 있는 문장을 찾는다.

오답 (A) 다시 한번 감사드리며, 앞으로 귀하로부터의 소식을 듣는 것을 기대하겠습니다. (B) 앞으로 귀하의 구직 활동이 잘 되시기를 바랍니다. (D) 저는 작성 완료한 입사 지원서와 자격증을 첨부하였습니다.

UNIT 2 수 일치

Before the Step

1. a monetary <u>reward</u>
2. <u>reward for</u> her services
3. <u>reward with</u> gifts
4. <u>reward</u> them $500
5. <u>rewarding</u> overseas market

Step 1 PRACTICE

1. (A) 2. (B) 3. (B) 4. (A)

1. The numbers in the report (A) <u>are</u> based on the most conclusive data available and are always reviewed in advance.

해설 동사의 수 일치 문제이다. in the report는 수식어 거품이므로 진짜 주어는 The numbers이다. 따라서 정답은 복수동사 are이다.

해석 보고서에 있는 수치들은 이용 가능한 가장 확실한 자료를 근거로 하였으며 항상 사전에 검토된다.

2. Spaces designed for the biannual conference (B) <u>were</u> built to take security into account, the foremost factor since meetings were to be frequently held there.

해설 designed for the biannual conference는 수식어 거품이므로 진짜 주어는 복수명사 "Spaces"다. 따라서 정답은 (B)이다.

해석 공간은 연 2회 열릴 회의를 위해 설계되었으며 이곳에서 모임을 자주 가질 예정이므로 가장 중요한 요소인 보안을 고려해 지었다.

3. Although neither the CEO nor the executives who implemented a series of measures to cope with the recurrent recession (B) were ready to make an effort, the company avoided bankruptcy.

해설 Although 부사절의 주어는 neither the CEO nor the executives다. 즉 neither A nor B 형태인데 A는 단수이고 B는 복수여서 동사의 수를 어디에 일치시킬지 헷갈릴 수 있다. 기본 원칙은 동사와 더 가까이 있는 명사를 기준으로 삼는 것이다. 따라서 정답은 were이다. who implemented a series of measures to cope with the recurrent recession은 수식어 거품이므로 주의!

해석 반복되는 불황에 대처하기 위해 일련의 조치를 시행한 최고경영자도 중역들도 모두 열심히 노력할 준비가 안되어 있지만, 회사는 파산을 면하였다.

4. All of the office workers (A) are encouraged to use public transportation when they come to work.

해설 A of B 수 일치 문제이다. 부분을 나타내는 단어(percent, fraction, part, majority, some, all, none 등)가 나오면 of 뒤에 나오는 명사를 기준으로 동사 수를 결정하면 된다.
family, firm, board, faculty, staff, committee 등 집합명사의 경우, 미국영어에서는 항상 단수 동사가 오지만 영국영어에서는 단 / 복수 모두 가능하다. 문맥을 보고 선택하자.

해석 모든 직원들은 출근할 때 대중 교통을 이용하라고 권장받고 있다.

Step 2 연습문제
1. 올바른 형태 고르기

(1) 문제 유형 KEY 05 수식어 거품이 있는 주어

Many corporate businesses generally hold strict dress codes to create uniformity.

해설 주어가 Many corporate businesses이므로 는 복수동사hold가 되어야 한다.

해석 많은 기업들이 통일성을 만들어 내는 엄격한 복장 규정을 일반적으로 가지고 있다.

(2) 문제 유형 KEY 05 수식어 거품이 있는 주어

We were really happy when the instructor informed us that the results of the evaluation were excellent.

해설 that절의 주어는 the results of the evaluation이다. 이때 of the evaluation은 수식어이므로 동사의 수 일치는 results를 기준으로 해야 한다.

해설 평가 결과가 훌륭하다고 교사가 알려주었을 때 우리는 아주 기뻤다.

(3) 문제 유형 KEY 02 문장의 동사와 목적어

We provide employees with the opportunity to attend a safety course.

해설 주어가 3인칭 복수 We이므로 provide가 정답이다.

해설 회사는 직원들에게 안전 교육에 참여할 기회를 제공한다.

(4) 문제 유형 KEY 05 수식어 거품이 있는 주어

Travelers from Asia visit the ancient city.

해설 from Asia가 수식어이므로 주어는 Travelers이다. 따라서 동사는 visit이 되어야 한다.

해설 아시아에서 온 여행자들은 고대 도시를 방문한다.

---

2. 틀린 부분 찾아 고치기

(1) 문제 유형 KEY 05 수식어 거품이 있는 주어

Visitors staying at Niagara Falls Hotel are able to use complimentary trolley service.

해설 동사(are)가 복수이므로 주어도 복수(Visitors)가 되어야 한다.

해설 나이아가라 폭포 호텔에 머무는 방문객들은 무료 카트 서비스를 이용할 수 있다.

(2) 문제 유형 KEY 05 수식어 거품이 있는 주어

There was a successor ready to implement future tasks that I could not handle myself.

해설 There는 유도부사이므로 a successor가 주어다. 따라서 were를 was로 바꿔야 한다.

해석 내가 처리할 수 없는 향후 과제들을 시행할 준비가 된 후임자가 있었다.

(3) 문제 유형 KEY 05 수식어 거품이 있는 주어

Workers who are pressured with their tasks <u>depend</u> heavily on smoking to alleviate stress.

해설 주어가 Workers이므로 동사는 depend가 되어야 한다.

해석 업무에 시달리는 노동자들은 스트레스를 해소하기 위해 흡연에 많이 의존한다.

(4) 문제 유형 KEY 05 수식어 거품이 있는 주어

In our competitive world, the need for each of us to develop ourselves and maximize our potential on the job <u>is</u> critical.

해설 주어는 need이고 for each of us to develop ~이하는 수식어 거품이므로, 동사 are가 아니라 is가 되어야 한다.

해석 경쟁적인 세상에서는 직장에서 스스로를 발전시키고 잠재력을 최대한 끌어올리겠다는 욕구가 대단히 중요하다.

(5) 문제 유형 KEY 05 수식어 거품이 있는 주어

The facts that <u>were</u> previously taken into account did not influence the committee's decision to expel Mr. Benson.

해설 that절의 동사수는 선행사 The facts와 일치하므로 was를 were로 바꿔야 한다.

해석 사전에 고려된 사실들이 벤슨 씨를 제명하자는 위원회의 의견에 영향을 주지 않았다.

Step 3 실전문제

1. (C) 2. (B) 3. (A) 4. (A) 5. (C) 6. (B) 7. (A)
8. (B) 9. (B) 10. (B) 11. (D) 12. (B) 13. (D)

1. 문제 유형 KEY 02 문장의 동사와 목적어

Please (C) <u>submit</u> photocopies of all relevant documents to this office ten days prior to your performance review date.

해설 ① 보기 분석: 동사와 동사가 아닌 것이 혼합되어 있으므로 알맞은 품사를 고르는 문제다.
② 빈칸 자리 분석: 문장을 보면 동사가 없다는 사실을 알 수 있다. 따라서 빈칸에는 동사가 와야 하며, 이 문장은 동사로 시작하는 "명령문"이므로 동사원형이 필요하다.

- 명령문
  긍정의 명령문은 "~하라"의 뜻으로 동사원형, 부정의 명령문은 "~하지 마라"의 뜻으로 Don't 혹은 Never로 문장이 시작된다.

- 오답 point!
  빈칸이 주어 자리인 경우
  cf) [Submitting / Submit] photocopies of all relevant documents is essential to all applicants.
  → 문장에 동사(is)가 있으므로 빈칸에는 명사 Submitting이 와야 한다.

해석 관련 서류 전부를 복사해서 업무 평가 10일 전에 사무실로 제출해 주세요.

2. 문제 유형 KEY 06 특별한 수 일치 공식

All staff members of the company (B) <u>have</u> recently received the mail containing their PINs and instructions for using the intranet.

해설 ① 보기 분석: 동사의 형태, 그 중에서도 수 일치를 묻는 문제다.
② 빈칸 자리 분석: (D)는 동사가 아니므로 정답에서 제외하고, 주어 All staff members가 복수이므로 (A)도 제외한다. 문맥상 모든 직원이 mail을 받는 것이므로 능동형태인 (B)가 정답이다. are를 쓰면 수동태 are received가 되므로 정답이 아니다.

- All of the information [is / are] required to set up your account.
  : 불가산명사는 단수 취급이므로 is가 정답이다.

|해석| 회사의 전 직원은 최근 인트라넷 이용을 위한 PIN과 설명이 포함된 메일을 받았다.

3. 문제 유형 KEY 02 문장의 동사와 목적어

When purchasing less than three items from the vendor, customers should (A) pay the full price for shipping and handling.

|해설| ① 보기 분석: 동사와 동사가 아닌 것이 혼합되어 있으므로 알맞은 품사를 고르는 문제다.
② 빈칸 자리 분석: 조동사 should 다음에 오는 동사의 형태를 물어보는 문제다. 조동사 뒤에는 동사원형이 온다.

- 주절과 종속절의 주어는 일반적으로 일치한다. When purchasing~ 절의 원래 형태가 When (customers are) purchasing~ 이라는 사실을 알아두자!

|해석| 판매 회사에서 물건을 3개 미만 구매하면 운송비나 포장비 등 발송 제경비를 전부 지불해야 한다.

4. 문제 유형 KEY 05 수식어 거품이 있는 주어

The generation of power from the power plant (A) was not a problem but its proper distribution was the actual issue that can cause customers to suffer.

|해설| ① 보기 분석: 동사 3개와 ing 형태가 하나 제시되었다.
② 빈칸 자리 분석: 주어는 The generation이다. 또한 문맥상 '~은 문제가 아니다'이므로 빈칸에는 be 동사가 와야 한다. (B)는 수 일치가 잘못되었고 (C) does는 문맥상 어울리지 않는다. (do는 ~을 하다) 마지막으로 (D)는 동사가 아닌 동명사이기에 제외된다.

|해석| 소비자들을 실제로 괴롭힌 문제는 발전소의 전력 생산이 아니라 전력의 적절한 분배였다.

5. 문제 유형 KEY 05 수식어 거품이 있는 주어

Coupons for food and household goods (C) are featured in the local newspaper every Wednesday.

|해설| ① 보기 분석: 동사와 동사가 아닌 것이 혼합되어 있으므로 알맞은 품사를 고르는 문제다.

② 빈칸 자리 분석: 주어 Coupons가 복수이므로 (A)와 (B)는 정답에서 제외된다. 또한 빈칸에는 동사가 와야 하므로 (D) 동명사도 제외된다. 따라서 정답은 (C)다.

|해석| 음식 쿠폰과 가정 용품 쿠폰이 매주 수요일 지역 신문에 특별히 포함된다.

6. 문제 유형 KEY 05 수식어 거품이 있는 주어

The new device with GPS (B) took minutes to initialize and required a fairly strong signal to work accurately.

|해설| ① 보기 분석: 동사와 동사가 아닌 것이 혼합되어 있으므로 알맞은 품사를 고르는 문제다.
② 빈칸 자리 분석: 접속사 and로 두 개의 문장 took~ and required가 병렬로 나열된 구문이다. 빈칸에는 동사가 와야 하는데 (C), (D)는 동사가 아니므로 정답에서 제외된다. 또한 The new device는 단수이므로 (A) take(복수동사)는 오답이다.

|해석| GPS가 달린 그 새로운 기계는 초기화하는 데 몇 분 걸리며 정밀하게 작동하려면 꽤 강한 신호가 필요하다.

7. 문제 유형 KEY 02 문장의 동사와 목적어

At a wine tasting event, which is limited to 16 people, the chef will (A) provide a few small courses to accompany the wines.

|해설| ① 보기 분석: 동사와 동사가 아닌 것이 혼합되어 있으므로 알맞은 품사를 고르는 문제다.
② 빈칸 자리 분석: 조동사(will) 뒤에는 언제나 동사원형이 온다. 따라서 정답 후보는 (A), (D)다. (A)와 (D)의 차이는 능동 vs 수동인데, 문맥상 the chef가 a few small courses를 제공하므로 (A)가 정답이다.

- which is limited ~ 관계사의 계속적 용법으로 which는 that으로 대체할 수 없다.
- 문법은 정보를 효율적으로 결합하는 규칙이다. 관계사, 동명사, 분사, 현재완료 등은 정보를 결합하는 방식을 구분하기 위해 우리가 붙인 이름에 불과하다. '관계사의 계속적 용법'도 마찬가지다. 관계사의 계속적 용법은 관계사 앞에 콤마가 있는 문장을 콤마가 없는 문장과 구분하기 위해 붙인 이름이다. 콤마의 유무에 따라 문장의 의미가 달라지기 때문이다.

해석 16인으로 제한된 와인 시음 행사에서 셰프는 와인과 잘 어울리는 작은 코스 요리를 제공할 예정이다.

8. 문제 유형 KEY 06 특별한 수 일치 공식

Some companies (B) are so convinced that blogging benefits their customer relationships, so they permit employees to participate.

해설
① 보기 분석: 동사와 동사가 아닌 것이 혼합되어 있으므로 알맞은 품사를 고르는 문제다.
② 빈칸 자리 분석: 빈칸에 알맞은 동사 형태를 물어보는 문제. (C)와 (D)는 동사가 아니므로 정답에서 제외된다. 또한 주어가 companies(복수주어)이므로 정답은 (B)다.

- permit 5형식 동사는 목적격 보어 자리에 to 부정사를 취한다는 것을 알아두자.

해석 일부 회사들은 블로그 운영이 고객 관계에 도움이 될 것이라고 확신하기 때문에, 직원들에게 참여하도록 한다.

9. 문제 유형 KEY 05 수식어 거품이 있는 주어

There (B) are rewards credit cards and cash back credit cards that allow you to earn points or cash back on every dollar you spend on the credit card.

해설
① 보기 분석: 동사와 동사가 아닌 것이 혼합되어 있으므로 알맞은 품사를 고르는 문제다.
② 빈칸 자리 분석: There + be (~가 있다) + 진짜 주어의 형태가 되어야 하므로 (D)는 정답에서 제외된다. There + be 구문은 진짜 주어를 찾아 수 일치를 해야하는데, 진짜 주어는 rewards credit cards and cash back credit cards이므로 복수 주어다. 따라서 (A)와 (C)는 정답에서 제외된다.

- allow A to B : A에게 B할 것을 허락하다
- every dollar (that) you spend on the credit card에서 목적격 관계대명사 that이 생략된 구문이다.

해석 소비하는 달러마다 포인트나 캐쉬를 받을 수 있는 선불 신용 카드와 캐쉬백 신용 카드가 있습니다.

10~13

To: 잭 휴먼 회장
From: 해리 던컨 영업 부장

이번 분기 매출액이 조금 실망스러웠던 것은 기꺼이 우리 제품을 구매해 놓고 판매량을 높이려 한 도매상인의 수가 너무 적었기 때문 **10.** (B) 입니다.

도매상이 얻을 수 있는 마진이 **11.** (D) 낮아서 제품을 홍보하고 판매하게 만들 유인책이 없는 것 같습니다. 따라서 우리의 성패는 방문판매원들의 노력 여하에 **12.** (B) 달려 있습니다. 방문판매원들은 전국에 있는 대학에 주력하고 있습니다. 하지만 그들이 이용하는 회사 차들이 점점 말썽 입니다.

13. (D) 튼튼한 새 차를 제공하면 판매원들이 더 많은 시간을 도로에서 보낼 수 있으므로 매출도 증가할 거라고 생각합니다.

10. 문제 유형 KEY 05 수식어 거품이 있는 주어

Sales figures for this quarter were a bit disappointing, as very few wholesale merchants (B) are willing to stock and push our products.

해설
① 문장 분석: 종속절에 동사가 없으므로 빈칸에는 동사가 와야 한다.
② 문맥 확인: 문맥상 be willing to (기꺼이 ~하다) 구문이 와야 하므로 (C) have는 정답이 아니다. (D) being은 동사가 아니므로 제외되고 주어 merchants가 복수이므로 (A) is도 답이 될 수 없다.

11. 문제 유형 KEY 03 문장의 보어

The margin available to them has been kept (D) low.

해설
① 보기 분석: 다양한 품사로 이루어져 있으므로 빈칸에 적절한 품사를 고른다.
② 빈칸 자리 분석: 2형식 동사인 keep의 보어 자리이므로 형용사 자리이다. 따라서, (D)가 정답이다.
③ 오답 분석: (A)는 동사 (B)는 부사, (C)는 명사이다. (A)는 형용사 비교급으로 볼 수도 있는데 비교급의 단서가 전혀 없으므로 답이 될 수 없다.

12. 문제 유형 KEY 02 문장의 동사와 목적어

Consequently, our success and failure rate (B) rests upon the efforts of our door-to-door salesmen.

해설 ① 문장 분석: 문장에 동사가 없으므로 빈칸에는 동사가 와야 한다.
② 문맥 확인: 빈칸에 동사가 와야 하므로 (D) to rest는 답이 아니다. 또한 문장의 주어 our success and failure rate(성패 여부)는 단수이므로 복수동사 (A) rest와 (C) have rested는 답이 될 수 없다.

13. 문제 유형 빈칸에 알맞은 문장 넣기

(D) If we supply our salespeople with new, reliable cars, a sales increase may result.

해설 빈칸 앞 문장에서 회사 차량이 점점 말썽이라고 하였으므로 이에 대한 해결책을 제시하고 있는 (D)가 정답이다.

오답 (A) 저희는 대학교 학생들에게 어필하기 위한 새 제품 라인이 필요합니다. (B) 대부분의 20대는 저희 고급 제품을 구매할 여력이 없습니다. (C) 저희는 새 차를 구매하는데 관심이 있는 고객들이 있습니다.

UNIT 3 능동과 수동

Before the Step

1. an office employee
2. employ more workers
3. employed bodyguards
4. an application for employment
5. employer's premises

Step 1 PRACTICE

1. (B) 2. (B) 3. (B) 4. (B)

1. To ensure that the work (B) is completed by the deadline, I recommend hiring a part-time assistant for Ms. Marshall.

해설 빈칸은 동사 자리다. 주어 work와 동사 complete의 관계를 보면 업무는 완성 되는 것이므로 수동태인 (B) is completed가 정답이다. 3형식 수동태는 뒤에 목적어가 없다는 사실도 함께 기억하자.

해석 마감기한까지 업무를 확실하게 끝마치기 위해 마셜 씨에게 파트 타임 보조를 고용하는 것을 추천한다.

2. The company is located in a developed country with a great social infrastructure, where a very favorable business background is (B) created.

해설 빈칸 앞에 is가 있으므로 business background가 수동태의 주어임을 알 수 있다. 문맥상 사업에 우호적인 환경(주어)은 만들어지는 것이므로(동사), 수동의 관계이다. 따라서 빈칸에는 과거분사 created가 들어가야 한다. 3형식 수동태이기 때문에 뒤에 목적어가 없다는 것도 확인해 두자.

해석 회사는 훌륭한 사회 기반 시설과 사업에 매우 우호적인 환경을 갖춘 선진국에 위치하고 있습니다.

3. Because Aaron Co. is committed (B) to employee safety, the company provides employees the opportunity to attend a safety course.

해설 전치사 of와 to의 차이를 묻는 문제다. 아론사는 안전 교육으로 구성된 것이 아니라 직원 안전에 온 마음을 다하는 것이므로 답은 to가 되어야 한다.

> ● 전치사 to/of
> 영어에서 전치사는 뒤에 다른 정보가 온다는 사실을 표시하는 동시에, 앞 정보와 뒤 정보가 어떤 관계를 맺고 있는지도 알려준다. 예를 들어 of는 한 정보가 다른 한 정보의 구성 성분이라는 사실을, to는 앞 정보가 뒤 정보로 가서 결합하는 관계라는 사실을 알려준다.
> It is made of iron. 그것은 철로 만들어졌다.
> I went to school. 나는 학교에 갔다(도착했다).

해석 아론사는 직원 안전을 아주 중요하게 생각하기 때문에 직원들에게 안전 교육에 참석할 기회를 주었다.

4. The corporation will be (B) entitled to many privileges and rights never before imagined.

해설 entitle은 대상에게 title(타이틀, 칭호, 직합 등)을 주는 것이므로 전치사 to를 가진다. 반면 eligible은 '~할 자격이 있는 것'이므로 for가 온다.

해석 회사는 전에는 상상조차 할 수 없었던 많은 특권과 권리를 부여받을 것이다.

Step 2 연습문제
1. 올바른 형태 고르기

(1) 문제 유형   KEY 07   능동과 수동 구분하기

A new policy has been announced by Ms. Goodwin.

해설 정책은 사람에 의해 발표되는 것이므로 동사의 형태는 수동태가 되어야 한다.

해석 새로운 정책이 굿윈 씨에 의해 발표되었다.

(2) 문제 유형   KEY 07   능동과 수동 구분하기

It was inevitable that Ms. Finch became persuaded by the board members.

해설 문맥상 핀치 씨가 설득되어야 하므로 동사 형태는 수동이 되어야 한다.

해석 이사회에 의해 핀치 씨가 설득되는 것은 필연적이었다.

(3) 문제 유형   KEY 07   능동과 수동 구분하기

The rate of economic growth is influenced by natural resources and human resources.

해설 문맥상 경제 성장률은 천연자원과 인적자원의 영향을 받으므로 수동태가 되어야 한다.

해석 경제 성장률은 천연자원과 인적자원의 영향을 받는다.

(4) 문제 유형   KEY 07   능동과 수동 구분하기

Documents such as the fiscal data of the year 2011 and some statistical paperwork were included with regard to the project.

해설 문맥상 문서들은 포함되어야 하므로 동사 형태는 수동태가 되야 한다.

해석 그 기획과 관련된 2011년 회계 자료와 통계 서류 같은 문서들이 포함되었다.

2. 틀린 부분 찾아 고치기

(1) 문제 유형   KEY 08   수동태의 종류와 특징

The street sweeping will begin at 9 A.M., and residents are asked to keep their cars off the street until 7 A.M.

해설 문맥상 주민들이 ~해달라고 요청받아야 하므로 ask가 수동형이 되어야 한다.

해석 거리 청소는 오전 9시에 시작될 예정이며 주민들은 오전 7시까지는 거리에 차를 대지 말아달라고 요청받았다.

(2) 문제 유형   KEY 07   능동과 수동 구분하기

A job fair is to be held to promote a thorough understanding of the job world in reality.

해설 문맥상 취업 박람회는 개최되어야 하므로 동사의 형태는 수동태가 되어야 한다.

> ● is held vs is to be held
> 'be to'에는 권한이 있는 사람/기관으로부터 명령을 받았다는 뉘앙스가 있다. 따라서 A job fair is to be held라고 쓰면 박람회를 개최하는 기관이나 기관장으로부터 '~하라는 요구를 받았다'는 의미가 된다.

해석 취업 박람회는 실제 직업 세계를 제대로 이해시키는 것을 목적으로 한다.

(3) 문제 유형   KEY 07   능동과 수동 구분하기

Construction on the project is scheduled to begin this month, with the work being carried out by Dan Excavating Co.

해설 문맥상 건설은 이번 달에 시작하기로 일정이 잡혀야 하므로 동사의 형태는 수동태가 되어야 한다.

해석 기획에 따라 건설은 이번 달에 시작할 예정이며 댄 건설 회사가 작업을 수행할 것이다.

(4) 문제 유형 KEY 07 능동과 수동 구분하기

Ms. Field was forced to quit her job because the documents she submitted in advance proved to contain false information.

해설 문맥상 필드 씨는 직장을 그만 두도록 강요받아야 하므로 동사의 형태는 수동태가 되어야 한다.

해석 전에 제출한 문서에 허위 정보가 있다고 판명되어서 필드 씨는 어쩔 수 없이 직장을 그만두어야만 했다.

(5) 문제 유형 KEY 07 능동과 수동 구분하기

An estimated number of 30 million people will be laid off against their own will during the unprecedented, long-term economic recession.

해설 문맥상 사람들은 해고되어야 하므로 동사의 형태는 수동태다.

해석 경기 침체가 전례 없이 장기간 지속되는 동안 3천만 명에 달할 것으로 추정되는 많은 사람들이 자신의 의지와 상관없이 해고될 것이다.

Step 3 실전문제

1. (D) 2. (C) 3. (B) 4. (D) 5. (C) 6. (A) 7. (B)
8. (D) 9. (B) 10. (A) 11. (C) 12. (A)

1. 문제 유형 KEY 07 능동과 수동 구분하기

Although a master's degree (D) is required, candidates with substantial experience will be considered.

해설 ① 보기 분석: 동사와 동사가 아닌 것이 혼합되어 있으므로 알맞은 품사를 고르는 문제다.
② 빈칸 자리 분석: 문장을 보면 동사가 없다는 사실을 알 수 있다. 또한 문맥상 석사 학위는 요구되어야 하므로 동사 형태는 수동태가 되어야 한다.

해석 석사 학위가 필수지만 오랜 기간의 경력을 갖춘 지원자는 고려될 예정입니다.

2. 문제 유형 KEY 07 능동과 수동 구분하기

While his flight had (C) been delayed by almost an hour, Mr. Spencer nonetheless arrived for his speech on time.

해설 ① 보기 분석: 동사와 동사가 아닌 것이 혼합되어 있으므로 알맞은 품사를 고르는 문제다.
② 빈칸 자리 분석: 문맥상 비행기는 연착되어야 하므로 동사의 형태는 수동태가 되어야 한다.

해석 비행기가 거의 한 시간이나 연착했지만 스펜서 씨는 연설하기로 한 시간에 정확히 도착했다.

3. 문제 유형 KEY 07 능동과 수동 구분하기

All employees in our company will (B) be involved in activities including beach cleaning, wall painting, and blood donation.

해설 ① 보기 분석: 동사와 동사가 아닌 것이 혼합되어 있으므로 알맞은 품사를 고르는 문제다.
② 빈칸 자리 분석: 조동사 will의 뒤이므로 동사 자리이다. 문맥상 직원들은 활동에 관여하는 것이므로 수동태인 be involved가 되어야 한다. 능동일 경우 involve는 '포함하다, 관련시키다'라는 의미이므로 문맥에 어울리지 않는다.

해석 우리 회사 전 직원은 바닷가 청소, 벽에 페인트 칠하기, 헌혈을 포함하는 행사에 참여할 것이다.

4. 문제 유형 KEY 07 능동과 수동 구분하기

According to the site manager, the exterior and interior renovations to the restaurant will (D) be completed by September.

해설 ① 보기 분석: 동사와 동사가 아닌 것이 혼합되어 있으므로 알맞은 품사를 고르는 문제다.
② 빈칸 자리 분석: 문맥상 보수 작업은 9월에 완료되어야 하므로 동사의 형태는 수동태가 되어야 한다.

해석 현장 담당자에 따르면 레스토랑 외부와 내부 보수 작업은 9월에 완료될 예정이다.

5. 문제 유형 KEY 07 능동과 수동 구분하기

Employees are not (C) allowed to refund customer purchases unless supervised by a manager or assistant manager.

해설 ① 보기 분석: 동사와 동사가 아닌 것이 혼합되어 있으므로 알맞은 품사를 고르는 문제다.
② 빈칸 자리 분석: 문맥상 직원들은 환불하도록 허용되지 않아야 하므로 동사의 형태는 수동태가 되어야 한다.

해석 직원들은 매니저나 부매니저의 감독이 없는 경우에는 고객이 구매한 물건을 환불하지 못한다.

6. 문제 유형　KEY 07　능동과 수동 구분하기

The incentive program (A) promotes customer service and sales performance throughout the approximately 550 Rally's branded restaurants nationwide.

해설　① 보기 분석: 동사와 동사가 아닌 것이 혼합되어 있으므로 알맞은 품사를 고르는 문제다.
② 빈칸 자리 분석: (C)와 (D)는 동사가 아니므로 제외한다. 또한 문맥상 인센티브 제도가 고객 서비스와 판매 실적을 촉진하므로 동사 형태는 능동태가 되어야 한다.

해석　인센티브 제도는 전국 도처에 있는 Rally's 브랜드 레스토랑 약 550개에서 고객 서비스와 판매 실적을 촉진한다.

7. 문제 유형　KEY 07　능동과 수동 구분하기

After working several years in the consulting industry, he felt that whatever advice he was giving clients, it was more (B) inclined to generate business for him.

해설　① 보기 분석: 동사와 동사가 아닌 것이 혼합되어 있으므로 알맞은 품사를 고르는 문제다.
② 빈칸 자리 분석: 문맥상 그것(advice)이 사업을 그를 위한 방향으로 만드는 데 더 기울어져 있다는 의미이므로, 동사의 형태는 수동태가 되어야 한다.

해석　컨설팅 업계에서 여러 해 일한 후에 그는 클라이언트에게 어떤 조언을 해주든, 그 말이 클라인언트의 사업을 그를 위한 방향으로 만드는 경향이 있다고 느꼈다.

8. 문제 유형　KEY 07　능동과 수동 구분하기

Because of the current remodeling in the airport, passengers are (D) advised to arrive early for flights in anticipation of possible crowds.

해설　① 보기 분석: 동사와 동사가 아닌 것이 혼합되어 있으므로 알맞은 품사를 고르는 문제다.
② 빈칸 자리 분석: 문맥상 승객들은 일찍 도착하라는 요청을 받아야 하므로 동사의 형태는 수동태가 되어야 한다.

해석　공항이 현재 리모델링 중이어서 붐빌 가능성이 있으므로 승객들은 일찍 도착하라는 요청을 받았다.

9. 문제 유형　KEY 07　능동과 수동 구분하기

Our recent achievement would never have (B) happened without the valuable contribution of our dedicated colleague, Mr. David, in the research department.

해설　① 보기 분석: 동사와 동사가 아닌 것이 혼합되어 있으므로 알맞은 품사를 고르는 문제다.
② 빈칸 자리 분석: happen은 목적어가 필요 없는 자동사이기에 수동태를 취하지 못한다. 따라서 (D)는 오답이다. 또한 문맥상 achievement가 결코 일어나지 못했을 것이라는 말이므로 (A)와 (C)도 오답이다. (have to = must의 의미이고, have happening은 해프닝을 가지다는 뜻이 된다.)

해석　우리의 최근 업적은 연구부에서 근무하는 동료 데이비드 씨의 헌신적이고 귀중한 공헌이 아니었다면 결코 달성되지 못했을 겁니다.

10~12

음료 서비스, 탄가타 레스토랑
서비스 설명 (3시간 기준)

모든 바 서비스는 연회가 끝났을 때 10. (A) 시작하며 그 후 세 시간 동안 제공됩니다. 스태프는 칵테일 연회 동안에는 와인을 건네고 디너 서비스 동안에는 테이블마다 와인을 따를 겁니다. 와인과 맥주는 저녁 식사 패키지에 포함되어 있습니다. 레스토랑에 음식이나 음료를 가져오는 것은 금지되어 있습니다. 탄가타 레스토랑은 모든 음식과 음료를 제공합니다. 사전에 말씀하실 경우 병 와인과 샴페인은 예외로 취급됩니다. 가져온 병 와인과 샴페인을 마시거나 따면 병 당 15달러의 코키지 피(Corkage fee)가 11. (C) 적용됩니다. 탄가타 레스토랑은 손님에게 주류 제공을 거부할 권리가 있습니다. 20세 이하로 보이는 손님에게는 (주민등록증 등) 성년을 입증하는 정식 증명서를 보여달라고 요청할 것입니다. 12. (A) 성년임을 입증하지 못할 경우 주류 서비스가 거부됩니다. 예외는 없습니다.

10. 문제 유형　KEY 07　능동과 수동 구분하기

Three hours of any bar service (A) begins when the reception ends and extends for three hours thereafter.

해설
① 문장 분석: 문장에 동사가 없으므로 빈칸에 동사가 와야 한다.
② 문맥 확인: 빈칸에는 동사가 와야 하므로 (B) beginning은 답이 아니다. begin은 자동사/타동사 모두 가능하지만 문맥상 bar service는 시작해야 하므로 자동사로 쓰였음을 알 수 있다. 혹은 빈칸 뒤에 목적어가 없으므로 빈칸에 자동사가 와야 한다고 볼 수도 있다.

11. 문제 유형 KEY 07 능동과 수동 구분하기

Corkage fees of $15 per bottle (C) are applied for consuming or opening brought bottled wines and champagnes.

해설
① 문장 분석: 문장에 동사가 없으므로 빈칸에 동사가 와야 한다.
② 문맥 확인: 코키지 피는 적용되어야 하므로 동사의 형태는 수동이다.

12. 문제 유형 빈칸에 알맞은 문장 넣기

(A) Failure to provide proof of age will result in refusal of alcohol service.

해설
① 문맥 확인: 빈칸의 앞 문장은 20세 이하로 보이는 손님에게 성년임을 입증해달라고 요청한다는 내용이고, 뒷 문장은 예외가 없다는 내용이다. 따라서 빈칸에는 성년임을 입증하지 못할 경우 주류 서비스가 제공되지 않는다는 내용이 와야 한다.

오답
(B) 그 기간 동안 불편을 끼치게 되어 정중하게 사과드립니다. (C) 예약하실 분은 사전에 연락 주시기 바랍니다. (D) 요청받지 않았다면 개인 정보를 제공하지 말아 주십시오.

UNIT 4 시제

Before the Step

1. compete hard for a gold medal
2. playing sports is very competitive
3. fierce competition
4. compete with other companies
5. defeat a competitor

Step 1 PRACTICE

1. (B) 2. (B) 3. (A) 4. (A)

1. Best Drive-in Restaurants, Inc. (B) has awarded 20 new vehicles to the top-performing store managers over the past 12 months.

해설 over the past 12 months가 현재완료의 단서가 된다. 지난 12개월 동안이라는 것은 12개월 전부터 지금까지 계속되었다는 의미이므로 단순 과거가 아니라 현재완료가 정답이 되어야 한다.

해석 베스트 드라이브인 식당 주식회사는 지난 12개월에 걸쳐 실적이 가장 우수한 매장 관리자들에게 20대의 새 차량을 상으로 수여했다.

2. Before the social networking sites (B) were introduced, the Internet was a very anonymous service.

해설 주절의 시제가 was a very anonymous service ~ 과거시제이므로, 문맥상 이미 social networking sites가 도입되었다는 것이므로, 미래시제는 정답이 될 수 없다. 따라서 정답은 (B)이다.

해석 소셜 네트워킹 사이트가 도입되기 전에 인터넷은 거의 익명으로 이용하는 서비스였다.

3. If a domain (A) is not registered after its termination in about 75 days, it will be expired in accordance with our company regulations.

해설 If 조건의 부사에서는 현재시제가 미래시제를 대신하므로, 미래시제인 will not be registered가 아닌, 현재시제 is not registered가 정답이다.

해석 약 75일후에 종료 후에도 도메인이 등록이 되지 않는다면, 회사 규칙에 따라 만료될 것이다.

4. It is imperative that we (A) establish strategic alliances among industry leaders, in order to expand into the European market.

해설 'It is imperative that ~ 주장, 제안, 요구, 명령, 당위성을 나타내는 형용사 구문'일 때는 'that + S + (should) + 동사원형'이므로, 정답은 establish이다.

해석 유럽 시장으로 사업을 확장하기 위해서는 산업 지도자들 사이의 전략적인 동맹을 만들어야 한다.

Step 2 연습문제

1. 올바른 형태 고르기

(1) 문제 유형 KEY 10 시제 일치의 예외

As soon as you <u>confirm</u> the details, you will be taking over the responsibilities for the project.

[해설] As soon as(~하자마자)는 시간의 부사절이므로, 현재시제가 미래시제를 대신한다.

[해석] 당신이 세부 사항들을 확인하자마자, 프로젝트에 대한 책임을 맡게 될 것입니다.

(2) 문제 유형 KEY 09 시제를 나타내는 단서

When the firm <u>was</u> open for business, many other firms had already started business.

[해설] When S + 과거동사, S + had 과거분사 구조이다. (과거완료가 나오려면, 기준시점이 되는 "과거시제"가 존재해야 한다.)

[해석] 그 회사가 사업을 시작했을 때, 이미 다른 회사들도 사업에 뛰어들었다.

(3) 문제 유형 KEY 10 시제 일치의 예외

It is crucial that he <u>maintain</u> his overall personnel ratings at a high level.

[해설] 주장, 제안, 요구, 명령, 당위성을 나타내는 형용사 + that + S + (should) + 동사원형 구문이다. crucial은 당위성을 나타내는 형용사이므로 he (should) + maintain이 정답이다.

[해설] 그가 인사고과를 높은 수준으로 유지하는 것은 매우 중요하다.

(4) 문제 유형 KEY 09 시제를 나타내는 단서

There <u>will be</u> no problems with security as long as you immediately discard the documents without photocopying them at all.

[해설] 문맥상 '~하는 한, 문제는 없을 것이다'라는 의미로 미래의 의미이므로 will be가 정답이다. (아직 문제가 발생할지 안 할지 모르는 상황이므로, 현재시제를 쓰면 어색하다.)

- 필수 구문:
  as long as + S + 현재동사, S + 미래동사

[해석] 당신이 사본을 복사하는 것 없이 서류를 즉각적으로 버리는 한, 보안상의 문제들은 없을 것이다.

2. 틀린 부분 찾아 고치기

(1) 문제 유형 KEY 09 시제를 나타내는 단서

The numbers in the report <u>are</u> based on the most conclusive data available and are always reviewed in advance.

[해설] (1) 수 일치: 주어는 The numbers로 복수주어이다. (2) 태: 주어인 '보고서의 숫자'는 직접 행동을 할 수 없으므로 수동태인 'be based on(~에 기반하다)'이 와야 한다. 일반적인 사실이므로 현재시제인 are가 적절하다.

[해석] 보고서에 있는 숫자들은 이용 가능한 가장 결정적인 자료에 기반하였으며, 항상 미리 검토된다.

(2) 문제 유형 KEY 09 시제를 나타내는 단서

By the time he <u>was</u> promoted, a series of tremendous barriers had been set up before him.

[해설] By the time S + 과거동사, S + 과거완료 구문이다. 주절에 과거완료시제가 쓰였으므로 기준시점인 "과거"시제가 필요하다.

[해석] 그가 승진할 때 즈음, 연속적인 엄청난 장애물들이 그 앞에 놓여 있었다.

(3) 문제 유형 KEY 10 시제 일치의 예외

Steve Moore told me your company was looking for a cartographer, and recommended that I <u>contact</u> you.

[해설] 'recommend (제안동사) + that + S + (should) + 동사원형' 구문임을 알 수 있다. 따라서 (should) + contact가 되어야 한다. 주절에 과거완료시제가 쓰였으므로 기준시점인 "과거"시제가 필요하다.

[해석] 스티브 무어가 저에게 당신 회사에서 지도 제작자를 찾고 있다고 말했습니다. 그리고 저에게 당신에게 연락을 해보라고 추천을 해줬습니다.

(4) 문제 유형　KEY 09　시제를 나타내는 단서

Circulation has increased 6 percent since last year, showing that more people use the public library in tough economic times.

해설　빈칸 앞뒤에 시제를 나타내는 단서가 있는지 확인한다. 'since 과거 시점(특정 과거 시점 이래로)'는 현재완료와 함께 쓰이는 부사구로 has increased(현재완료)가 정답이다.

해설　대출이 작년 이후로 6퍼센트가 증가했으며, 이는 더 많은 사람들이 힘든 경제 시기에 도서관을 이용한다는 것을 보여준다.

(5) 문제 유형　KEY 10　시제 일치의 예외

This new structure will benefit you most when you increase the sales you make on a much wider range of items.

해설　when이 시간 부사절이므로, 현재시제가 되어야 한다. (시간 조건의 부사절에서는 현재시제가 미래시제를 대신한다.) 따라서 increase가 정답이다.

해설　당신이 훨씬 더 다양한 범위의 물품에 대해서 판매를 증가시킬 때, 이 새로운 구조가 당신에게 가장 큰 혜택을 제공할 것입니다.

Step 3 실전문제

1. (B)　2. (D)　3. (C)　4. (D)　5. (C)　6. (B)　7. (A)
8. (A)　9. (B)　10. (B)　11. (A)　12. (D)

1. 문제 유형　KEY 10　시제 일치의 예외

Your company will receive subsidies from the government from the next quarter on in case it (B) wins a prize in the Creative Business Contest intended to foster unique business ideas.

해설　① 보기 분석: 과거동사, 현재동사, 미래동사, 현재진행 동사가 섞여 있으므로, 동사의 시제를 파악하는 문제이다.
② 빈칸 자리 분석: in case는 접속사로 S + V를 이끌 수 있으며 빈칸 앞에 주어 역할을 할 수 있는 it이 있으므로 빈칸은 동사가 들어갈 자리이다.
③ 정답 단서 찾기: in case가 조건의 부사절이므로, 미래시제는 정답이 될 수 없다. 문맥상 미래의 의미이지만, 조건의 부사절에서는 현재시제를 써야 하므로 정답은 (B)이다.

● 필수 구문:
in case + S + 현재동사, S + 미래동사

해설　만약 독특한 사업 아이디어를 양성하기 위한 Creative Business Contest에서 상을 받게 된다면, 당신 회사는 다음 분기부터 정부로부터 보조금을 받게 될 것입니다.

2. 문제 유형　KEY 10　시제 일치의 예외

Distinctive remarks will be made at the annual conference with regard to current trends in biotechnology if the speakers (D) remain sharp and alert.

해설　① 보기 분석: 미래시제, 현재시제, 과거시제 등이 섞여 있으므로, 시제를 파악하는 문제이다.
② 빈칸 자리 분석: 빈칸은 부사절 접속사인 if 뒤의 주어(the speakers)에 대한 동사 자리이다.
③ 정답 단서 찾기: if 조건 부사절의 동사시제를 물어볼 때는 "조건의 부사절은 현재시제가 미래시제를 대신한다"는 명제를 기억해 두자!

해설　만약 발표자가 예리하고 민첩한 상태를 유지한다면, 생명공학에 대한 최근 트렌드에 관한 연례회의에서 독특한 발언을 할 것이다.

3. 문제 유형　KEY 09　시제를 나타내는 단서

Mr. King (C) will perform better than any other ones, considering his brilliant abilities to recognize numbers.

해설　① 보기 분석: 현재동사, 과거동사, 미래동사, 미래완료가 섞여 있으므로, 동사의 시제를 파악하는 문제이다.
② 빈칸 자리 분석: 빈칸은 주어(Mr. King) 다음에 오는 동사 자리이다.
③ 문맥 고려: 문맥상 '이것을 고려했을 때, 그는 뛰어난 수행능력을 보일 것이다'라는 미래의 예측을 하는 문맥이므로, 미래시제인 will perform이 정답이다.

해설　숫자를 인지하는 그의 뛰어난 능력을 고려해 보았을 때, 킹 씨는 다른 어떤 사람들보다도 뛰어난 수행능력을 보여줄 것이다.

4. 문제 유형 KEY 09 시제를 나타내는 단서

Founded ten years ago, the Youth Media Network (D) has become the leading source of print and broadcast news for adolescents.

[해설] ① 보기 분석: 동사의 시제를 파악하는 문제이다.
② 빈칸 자리 분석: 빈칸은 주어 바로 뒤의 동사 자리이다.
③ 정답 단서 찾기: 10년 전에 설립된(Founded ten years ago) 때문에 과거시제로 오해할 수 있지만, 10년 전에 설립되어서, 그 이후에 ~가 되어왔다는 의미이므로, 현재완료가 가장 자연스럽다. (이 문제의 정답의 근거는 해석이다.)

[해석] 10년전에 설립된 Youth Media Network는 청소년을 위한 출판과 방송의 중요한 소스가 되어 왔다.

5. 문제 유형 KEY 10 시제 일치의 예외

China, where private enterprise is thriving, (C) has begun moving to introduce competition against state-controlled firms like China Mobile in recent years.

[해설] ① 보기 분석: 미래시제, 현재진행, 현재완료, 과거완료시제가 섞여 있으므로, 동사의 시제를 파악하는 문제이다.
② 빈칸 자리 분석: 빈칸 앞에 'where private enterprise is thriving'은 수식어구이고, 주어는 China이다. 따라서, 빈칸은 China에 대한 동사 자리이다.
③ 정답 단서 찾기: 최근 몇 년 동안에(in recent years) 라는 구절을 보면 최근 몇 년 전부터 지금까지의 일임을 알 수 있으므로, 과거부터 현재까지를 의미하는 현재완료가 정답이다.

[해석] 민간 기업이 번성하고 있는 중국이 근년에 차이나 모바일 같은 국영 기업들에 맞선 경쟁을 도입하기 시작했다.

6. 문제 유형 KEY 09 시제를 나타내는 단서

Mr. Compton has suggested that his assistant (B) devise a more creative business model in order to gain competence at the upcoming start-up fair.

① 보기 분석: 보기가 동사인 것과 동사가 아닌 것(devising)이 섞여 있으므로, 우선 동사 자리인지부터 확인해야 한다.
② 빈칸 자리 분석: 빈칸은 that절의 주어(his assistant) 다음에 나올 동사 자리이다. 따라서 분사인 (D) devising은 정답에서 제외한다.
③ 정답 단서 찾기: suggest는 제안 동사이므로, 'suggest that S + (should) + 동사원형' 구조를 따른다. 따라서 (should) + devise 동사원형이 정답이다.

[해석] 컴튼 씨는 다가오는 신규 박람회에서 경쟁력을 얻기 위해서는 그의 비서가 좀 더 창의적인 비즈니스 모델을 고안해야 한다고 제안해 왔다.

7. 문제 유형 KEY 09 시제를 나타내는 단서

The newly established corporation (A) has been endeavoring to meet the needs of international exporters ever since its birth in 2012.

[해설] ① 보기 분석: 현재완료진행, 과거진행, 과거완료진행, 현재진행이 섞여 있으므로, 동사의 시제를 파악하는 문제이다.
② 빈칸 자리 분석: 빈칸은 The newly(부사) + established(과거분사 -형용사) corporation(명사) – 주어 다음에 나와야 하는 "동사"자리이다.
③ 정답 단서 찾기: 2012년에 탄생한 이후로 ~ 지금까지(since its birth in 2012)를 고려하면 과거시점부터 현재까지를 의미하므로, 현재완료인 (A)가 정답이다.

[해석] 신규 설립된 법인은 2012년 태동한 이래로 국외 수출 기업들의 필요를 충족하고자 애써오고 있습니다.

8. 문제 유형 KEY 09 시제를 나타내는 단서

Since Mr. Spinwall started a business on his own, you (A) will assist him with your own knowledge and years of related experience from now on.

[해설] ① 보기 분석: will과 would가 섞여 있는데, would assist 혹은 would have assisted는 가정법 과거 / 과거완료의 주절에 해당하는 형태이므로, will assist / will have assisted 중에서 정답을 고른다.
② 빈칸 자리 분석: 빈칸은 you 주어에 대한 동사 자리이다.
③ 정답 단서 찾기: 문장 마지막의 지금부터(from now on)를 고려하면 미래시제인 will assist가 가장 적절하다.

④ **오답 분석:** 미래완료는 미래 이전부터 미래까지 계속되는 의미이므로, 문맥상 적절하지 않다.

ex) By next month, the war will have lasted for six years.

> ● **오답 point!**
> since가 나왔지만, 현재완료를 물어보는 문제는 아니었다. since는 의미가 두 가지이다.
> ① since + 과거 시점: ~이후로
> ② 이유의 접속사: ~때문에.

해석 스핀웰 씨는 홀로 사업을 시작했기 때문에, 지금부터 당신의 지식과 수년간의 관련 경험이 그에게 도움을 줄 수 있을 것이다.

9. 문제 유형 KEY 10 시제 일치의 예외

It is essential that employees (B) abide by break regulations very carefully to avoid disadvantages regarding employee welfare.

해설 ① **보기 분석:** 동사와 동사가 아닌 형태가 섞여 있으므로, 동사 자리인지부터 확인한다.
② **빈칸 자리 분석:** 빈칸은 that절의 주어 다음에 나온 동사 자리이므로 분사인 (D) abiding by는 정답이 될 수 없다.
③ **정답 단서 찾기:** '주장, 제안, 요구, 명령, 당위성을 나타내는 형용사 + that + S + (should) + 동사원형' 구문이므로, 동사원형으로 시작하는 (B)가 정답이다.

해석 직원들이 사원복지 상의 불이익을 피하기 위하여 휴일 규정을 매우 주의깊게 준수하는 것은 필수이다.

10~12

휴대폰

미국의 소비자들은 다가오는 5년간 9억개 이상의 핸드폰을 10. (B) 버릴 것이다. 그리고 비영리 환경연구그룹인 Green Watch의 보고에 따르면 위험한 오염물질을 포함하는 거대한 더미의 쓰레기를 만들어낼 것이다. arsenic(비소) 와 cadmium(카드뮴)뿐만 아니라 내부 회로 기판에서 사용되는 땜납(lead solder)을 11. (A) 포함하는 많은 양의 오염 금속을 포함한다. 휴대폰은 또한 쓰레기 더미에서 연소될 때 유독한 다이옥신을 만들어내는 방연제를 사용한다.
비록 컴퓨터보다 크기는 더 작지만, 핸드폰은 비숫한 물질로 구성되어 있으며, 사이즈 때문에 더 이상 필요가 없어지면 흔히 쓰레기로 버려진다. 보고서의 저자인 조지 샤프는 경고했다. " 최근 핸드폰의 급증은 아직까지 위험 수위에 이르지는 않았습니다. 하지만 향후 5년 동안 1억 3천만 대의 비율로 폐기될 전망입니다. 우리는 조속한 시일 내에 휴대폰을 재활용할 수 있는 방안을 마련하도록 제조업자들에게 촉구하고 있습니다. 12. (D) 그렇지 않을 경우, 엄청난 양의 유독 쓰레기가 쏟아져 나올 것입니다" 라고 샤프 씨는 말했다.

10. 문제 유형 KEY 09 시제를 나타내는 단서

Consumers in the US (B) will discard more than 900 million cell phones over the next five years, ~

해설 ① **빈칸 자리 분석:** 빈칸은 주어 Consumers에 대한 동사 자리이다. 따라서 수 일치-태-시제를 순서대로 파악한다.
② **보기 분석:** 주어가 Consumers(복수명사)이므로, 수 일치 때문에 (D)는 정답이 될 수 없다. 보기 4개가 모두 능동태이므로, 태는 문제가 되지 않는다. 결국은 "동사의 시제"를 파악하는 문제이다.
③ **정답 단서 찾기:** 빈칸 뒤의 '다음 5년간(over the next five years)'이라는 표현이 있으므로 미래 시제가 정답이다.

11. 문제 유형 KEY 09 시제를 나타내는 단서

Cell phones (A) contain large amounts of polluting metals including lead solder used on the internal circuit boards as well as arsenic and cadmium.

해설 ① **빈칸 자리 분석:** 빈칸은 주어(Cell phones)에 대한 동사 자리이다.
② **문맥 확인:** 빈칸 뒤의 문장이 현재시제이며 휴대폰이 어떤 유해 물질을 포함하고 있는지에 대한 일반적인 사실을 이야기하고 있으므로 "현재시제"가 정답이다.

12. 문제 유형 빈칸에 알맞은 문장 넣기

(D) Otherwise, we're going to create enormous mountains of toxic waste.

해설 ① **문맥 확인:** 바로 앞 문장이 가장 중요한 힌트이다. 앞 문장에서 우리는 제조업자들에게 가능한 빨리 핸드폰을 재활용할 수 있는 방법을 찾을 것을 촉구한다고 하고 있으므로 그 뒤 문장은 그렇게 주장하는 "이유"가 나와야 논리적으로 자연스럽다.

> ● **Tip!** [주장 – 근거의 구조이다]
> 보기 4개 중에서 그 이유를 제대로 설명하고 있는 것은 (D)이다. (그렇지 않으면, 거대한 독성 쓰레기를 만들어 낼 것이기 때문이다.)

오답 (A) 제조업자들은 매출의 30%감소에 직면해 있다. (B) 그러나, 그 산업은 번창해 오고 있다. (C) 마이크로 칩은 필연적으로 컴퓨터 기술에 뿌리를 두고 있다.

UNIT 5 to 부정사

Before the Step

1. the **effect** of pollution on health
2. find **effective** solutions
3. **effective on / from** March 1
4. spend time more **effectively**
5. the **effectiveness** of the computers

Step 1 PRACTICE

1. (B) 2. (B) 3. (B) 4. (B) 5. (A) 6. (A)

1. When you receive your order, always keep the paperwork that is included with it in case you wish (B) to return or exchange an item.

해설 빈칸은 동사 wish의 목적어 자리이다. 따라서 동사원형인 (A) return은 정답이 될 수 없다. wish는 목적어로 to부정사를 취하는 동사이므로 (B) to return이 정답이다.

해석 당신이 환불이나 교환을 원할 경우에 대비하여, 물건을 주문할 때, 같이 포함된 서류를 항상 보관해 두세요.

2. After the annual general shareholder meeting, the company decided (B) to increase its dividends to shareholders next year.

해설 빈칸은 동사 decide의 목적어 자리이다. decide는 목적어 자리에 to부정사를 취하는 동사이므로 (B) to increase가 정답이다.

해석 연례주주총회 이후에, 회사는 내년에 주주들에게 배당금을 더 주기로 결심했다.

3. Organizers of the conference on environmental issues were delighted (B) to see that 200 individuals had pre-registered.

해설 be delighted 뒤에 있는 빈칸은 주어가 왜 기뻐했는지 감정의 원인을 나타내는 to부정사의 부사적 용법으로 볼 수 있다. 따라서 정답은 (B)이다.

해석 환경 문제에 대한 회의 조직자는 200명이 예비 등록을 한 것을 보고 기뻐했다.

4. (B) To boost its own productivity, the company will upgrade its facilities to adopt more efficient systems, particularly in the Asian region.

해설 빈칸은 콤마(,) 이후의 완전한 문장을 수식하는 "부사" 자리이다. 문맥을 고려하면 생산성을 향상시키기 "위해서", 회사가 시설을 업그레이드한 것이므로, 목적의 의미를 가지는 to부정사의 부사적 용법이 들어갈 자리이다.

해석 자체 생산성을 증대시키기 위해서, 특히 아시아 지역에서 좀 더 효율적인 시스템을 사용하기 위한 시설을 업그레이드할 예정이다.

5. All department heads will be available to (A) address any concerns and to answer any questions you may have.

해설 be available to부정사(~을 이용할 수 있다) 구문으로 any concerns(목적어)을 해결하는 데 모든 부서장들이 이용 가능한(연락 가능한) 상태인 것이므로, 능동인 address가 정답이다.

> ● 오답 point!
> to be addressed는 to be 과거분사의 형태로 수동 관계일 때 쓴다.

해석 모든 부서장들은 당신이 가지는 걱정을 해결하고 질문에 답변할 준비가 되어있을 것입니다.

6. Your company, on the other hand, is large enough to (A) provide him room for advancement.

해설 형용사 / 부사 enough + to부정사 (~하기에 충분히 ~한) 구문으로 to부정사의 to 다음에는 명사인 provision이 나올 수 없다.

● 오답 point!
to부정사인지, 전치사 to인지를 잘 구별해 두자.

해석 반면에 당신의 회사는 그에게 승진 기회를 제공하기에 충분히 크다.

Step 2 연습문제
1. 올바른 형태 고르기

(1) 문제 유형   KEY 12   to부정사의 용법 2

We are pleased to see you are considering using Evercalm Cruise Lines for your vacation.

해설 be pleased to부정사(~해서 기쁘다) 구문이다. pleased는 감정 동사의 분사형으로 감정의 원인을 수식하는 to부정사가 정답이다.

● Tip!
be pleased to, be delighted to: ~해서 기쁘다

해석 당신의 휴가에 Evercalm Cruise Lines를 이용할 것을 고려하고 있다는 것에 너무 기쁩니다.

(2) 문제 유형   KEY 11   to부정사의 용법 1

All employers are officially invited to attend a meeting concerning employee welfare.

해설 5형식 문장인 'invite + 목적어 + to부정사'의 수동태 문장이다.
(능동) officially invite all employers to attend a meeting ~
→ (수동) All employers are officially invited to attend a meeting ~
따라서 보어 자리의 to부정사가 그대로 내려와서 to attend가 정답이다.

해석 모든 직원들은 공식적으로 직원 복지에 관한 회의에 참석하도록 초대되었다.

(3) 문제 유형   KEY 12   to부정사의 용법 2

To acknowledge your efforts all these years, we are granting you a pay increase.

해설 콤마(,) 이후의 완전한 문장을 수식하는 "부사 역할을 하는" 자리이다. 따라서, 동사원형 acknowledge는 정답이 될 수 없다. to부정사의 부사적 용법으로 "~하기 위해서"(목적)으로 해석한다.

해석 당신의 노력을 인정하기 위해서 우리는 당신에게 월급을 인상해 줄 것입니다.

(4) 문제 유형   KEY 12   to부정사의 용법 2

You can ask Ms. Greene for an official proof of employment in order to be entitled to health benefits.

해설 be entitled to(~할 권리가 있다, ~할 자격을 부여 받다) 구문이다.

in order to be entitled to health benefits	의료보험 혜택을 받기 위해서
in order to be entitle to health benefits	X(잘못된 문장) entitle은 타동사이므로 전치사 to 없이 바로 목적어가 나와야 하며, "~자격을 주다"의 의미이다.

해석 당신은 의료보험을 받기 위해서 그린 씨에게 고용 증명서를 요청할 수 있다.

2. 틀린 부분 찾아 고치기

(1) 문제 유형   KEY 11   to부정사의 용법 1

You and your business colleagues need to get away from the office for a while.

해설 동사인 need의 목적어 자리이므로, 동명사인 getting이 나올 수 없다. need는 to부정사를 목적어로 취하는 동사이다.

해석 당신과 당신의 직장 동료들은 잠시 사무실에서 떠나 있을 필요가 있다.

(2) **문제 유형**　KEY 12　to부정사의 용법 2

To ensure that the work is completed by the deadline, I recommend hiring a part-time assistant.

[해설] 콤마(,) 이후에 완전한 문장이 나왔기 때문에, 동사 Ensure가 또 나올 수는 없고, 완전한 문장을 수식하는 "부사"가 들어갈 자리이다. 따라서, Ensure를 부사로 바꾸어 To ensure로 만들어야 한다.

> ● Tip!
> To 부정사의 부사적 용법
> = ~하기 위하여(in order to = so as to)

[해설] 그 일이 마감기한까지 완성되게 하기 위해서, 파트타임 보조직원을 고용할 것을 추천한다.

(3) **문제 유형**　KEY 11　to부정사의 용법 1

It is possible for workers to get legal advice for free.

[해설] It~for~to부정사(가주어 - 의미상주어 - 진주어) 구문이므로 to부정사가 들어가야 한다. (전치사 to가 아닌 것에 주의하자!)

> ● Tip! 전치사와 to부정사의 비교
>
> | 전치사 to | + 명사 / ~ing(동명사) |
> |---|---|
> | to부정사 | + 동사원형 |

[해설] 직원들은 무료로 법률 조언을 받을 수 있다.

(4) **문제 유형**　KEY 12　to부정사의 용법 2

The company will hold the annual shareholder meeting to discuss the distribution of last year's profit.

[해설] 빈칸 앞이 이미 주어와 동사를 갖춘 완전한 문장이므로, discuss자리는 동사 자리가 아니라 앞에 있는 완전한 문장을 수식하는 "부사"자리이다. 따라서, discuss를 to부정사로 만들어서 to부정사의 부사적 용법으로 만들어야 한다.

> ● Tip!
> to discuss (~을 논의하기 위해서 = in order to = so as to)

[해설] 그 회사는 작년의 이익 배분을 논의하기 위해서 정기 주총을 개최할 예정이다.

(5) **문제 유형**　KEY 12　to부정사의 용법 2

The disagreement is becoming hard to resolve.

[해설] 빈칸은 hard형용사를 수식하는 to부정사의 부사적 용법 자리이다. 따라서, to부정사의 to다음에는 동사원형 resolve가 나와야 한다.

> ● 필수 구문: 형용사 + to부정사
> easy to use: 사용하기 쉬운
> hard to understand: 이해하기 어려운

[해설] 의견 충돌은 점점 해결하기 어려워지고 있다.

Step 3 **실전문제**

1. (A) 2. (A) 3. (A) 4. (D) 5. (A) 6. (D) 7. (B)
8. (D) 9. (B) 10. (B) 11. (C) 12. (A) 13. (D)

---

1. **문제 유형**　KEY 12　to부정사의 용법 2

The meeting was held in the conference room, and extra smaller rooms had to be opened to (A) accommodate all of the employees.

[해설] ① 빈칸 자리 분석: 빈칸은 앞의 동사구를 수식하여 작은 방들이 열린 이유를 설명하는 to부정사의 부사적 용법 (~하기 위해서)이다.
② 정답 추론: 동사와 명사, 동명사가 섞여 있다. to부정사는 전치사 to와 달리 뒤에 명사를 취할 수 없으므로, (C)는 정답에서 제외되며, to부정사의 to 다음에 동사원형이 나와야 하므로, (A)가 정답이다.

[해설] 회의가 회의실에서 열렸는데 전 직원을 수용하기 위해 추가로 작은 방들을 개방해야 했다.

2. **문제 유형**　KEY 11　to부정사의 용법 1

Ms. Jennifer asked her secretary to (A) separate the pamphlets into three categories.

[해설] ① 빈칸 자리 분석: 빈칸은 ask 5형식 동사의 목적격 보어 자리로 to부정사 자리이다. 빈칸 앞에 to부정사의 to가 이미 있으므로 동사원형인 (A)가 정답이다.

- **필수 구문:**
  ask A to B (A에게 B 할 것을 요구하다)

해석 제니퍼 씨는 비서에게 팸플릿을 3개의 범주로 나누어 달라고 부탁했다.

3. 문제 유형 KEY 12 to부정사의 용법 2

The newly built railway will enable commuters to move from one region to another at more ease to (A) provide them with an alternative to the current traffic congestion.

해설 ① **빈칸 자리 분석:** 빈칸 앞이 이미 완전한 문장구조를 갖추고 있으므로, to부정사의 부사적 용법에 해당하는 자리이다. 따라서 to부정사의 올바른 형태를 선택하는 문제이다.
② **정답 추론:** 'to + 동사원형'인 (A) provide가 정답이다. (C) providing은 to가 전치사일 경우에만 쓰이므로 정답이 될 수 없다.

- **필수 구문: 전치사 to + 명사 / ~ing**
  to가 전치사로 쓰이는 경우는 to부정사와 달리, 동사원형이 아니라 명사 또는 ~ing 동명사의 형태가 나와야 한다. 따라서 to부정사와 전치사 to를 구별해야 한다.
  - be accustomed to ~ing : ~에 익숙해지다 (be used to ~ing)
  - contribute to ~ing : ~에 기여하다
  - when it comes to ~ing : ~에 관해서라면
  - object to ~ing : ~에 반대하다
  - admit to ~ing : ~을 인정하다
  - lead to ~ing : ~을 야기하다

해석 신규 건설된 철도는 통근자들이 한 지방에서 다른 지방으로 더 쉽게 이동하는 것을 가능하게 하여 그들에게 현재에 일어나는 교통정체의 대안을 마련해줄 것이다.

4. 문제 유형 KEY 11 to부정사의 용법 1

It is absolutely important for you to (D) complete your sales plan on time to give it a full appreciation.

해설 ① **빈칸 자리 분석:** It ~ for ~ to부정사(가주어 ~ 의미상의 주어 ~ 진주어) 구문이다. 따라서 빈칸의 to는 to부정사이므로, 동사원형인 (D) complete가 정답이다.

② **정답 추론:** to가 전치사가 아닌 to부정사이므로 명사 형태인 (A)나 (C)는 답이 될 수 없다. 또한 (B) 과거동사 형태도 정답이 될 수 없다.

해석 당신이 영업 계획서를 제시간에 완성하는 것은 그것을 온전히 검토하기 위해서 절대적으로 중요하다.

5. 문제 유형 KEY 13 to부정사 관용 표현

The massage machine I spotted on the internet is supposed (A) to be delivered in two days.

해설 ① **빈칸 자리 분석:** 'be supposed to + 동사원형 (~하기로 되어있다 / ~할 예정이다)' 구문으로 빈칸은 to부정사 자리이다.
② **정답 추론:** The massage machine은 "배달되는 것"이므로, 수동의 형태인 to be delivered 가 정답이다.
③ **오답 분석:** (B) to + 동사원형: to + 동사원형은 능동이므로 정답에서 제외된다. (C) to be ~ing: to be ~ing는 동사원형 대신, be ~ing 현재진행형으로 쓴 것이고, 능동이므로 역시 정답에서 제외된다. (D) to have 과거분사: 역시 능동이므로 정답에서 제외된다. to have 과거분사는 to부정사의 시제가 본동사의 시제보다 먼저 일어난 과거 사건일 때 쓰인다.

- **필수 구문: to부정사의 시제와 태**

	시제 일치	시제 불일치
능동	to + 동사원형	to have 과거분사
수동	to + be 과거분사	to have been 과거분사

- She seems to be rich now.
- She seems to have been rich when she was young.
- This device seems to be invented these days.
- The telephone seems to have been invented about 100 years ago.

해석 내가 인터넷에서 발견한 안마기계가 2일 후 배송되게끔 되어있다.

6. 문제 유형 KEY 12 to부정사의 용법 2

Mr. Graham was discovered to have spent the allocated budget for his personal uses and to have fabricated the consumption records (D) so as to conceal his wrongdoing.

해설
① 빈칸 자리 분석: 빈칸 앞의 완전한 문장을 수식하는 자리이므로 to부정사의 부사적 용법이다.
② 정답 추론: 빈칸 앞의 완전한 문장을 수식하는 자리이므로 to부정사의 부사적 용법이다.

오답
(A) so long as ~하는 한 / ~하기만 하면
(B) even as ~하는 바로 그 순간에
(C) not so much as ~조차 없다

해석 그레이엄 씨는 할당된 예산을 그의 개인 용도로 소비하고 그의 잘못을 감추려는 의도로 지출 내역을 조작해 온 것으로 드러났다.

7. 문제 유형 KEY 13 to부정사 관용 표현

The overall objective of this workshop (B) is to give you an overview of the company's decision-making process.

해설
① 빈칸 자리 분석: 문장에 주어만 있고 동사가 없으므로 빈칸은 동사 자리이다. 그리고, 주어가 '워크샵의 전체적인 목표'이므로 '~하는 것이다'라는 의미의 보어도 필요하다.
② 정답 추론: be to부정사는 '~하는 것이다'로 해석할 수 있으므로 정답은 (B)이다.
③ 오답 분석: (A) 워크샵의 전체적인 목표에 대해서 단순히 설명하고 있으므로 과거시제인 was to give는 정답에서 제외된다. (과거시제의 근거가 존재하지 않음) (C) is given은 수동태인데, 문맥상 '워크샵의 목표가 ~을 받은 것'은 해석이 어색하므로 정답에서 제외된다. (D) gave 과거동사로 '~을 주었다'라고 해석되는데, '워크샵의 목표가 ~을 주었다' 역시 문맥이 어색하므로 정답에서 제외된다.

● 필수 구문: be to + 동사원형 구문의 2가지 의미
be to + 동사원형 구문은 크게 ① ~하는 것이다 ② ~할 예정이다의 의미로 나뉜다. 실전에서는 두 가지 의미의 문장이 모두 빈번하게 출제되므로, 잘 구별해 두자.

① ~하는 것이다	The aim of this campaign is to reduce waste creation. 이 캠페인의 목적은 쓰레기를 줄이는 것이다. (이 경우, 보통 주어 자리에 purpose / aim / duty / mission / goal / objective 등이 나오게 되고 be to + do의 형태가 정답이 된다.)
② ~할 예정이다	We are to get married in May. 우리는 5월에 결혼할 예정이다.

해석 이 워크숍의 전반적인 목표는 회사 의사 결정 과정의 개요를 여러분께 알려 드리는 것입니다.

8. 문제 유형 KEY 11 to부정사의 용법 1

The concert hall opened last year allowed more people to (D) view the shows in a more convenient and comfortable location.

해설
① 빈칸 자리 분석: 빈칸은 allow 5형식 동사의 목적어(more people)를 설명하는 목적격 보어인 to부정사 자리이다. to + 동사원형의 형태인 (D)가 정답이다.
② 정답 추론: to가 전치사로 쓰인 경우가 아니므로 (A) 동명사는 정답이 될 수 없으며, (B) 과거동사, (C) 형용사 역시 to부정사 다음에 나올 수 없는 형태이다.

해석 작년에 개관한 콘서트 홀 덕분에 더 많은 사람들이 보다 편리하고 편안한 곳에서 공연을 볼 수 있게 되었다.

9. 문제 유형 KEY 13 to부정사 관용 표현

The company would like (B) to improve its production and optimize the working time, and to do this it is looking for innovative technologies.

해설
① 빈칸 자리 분석: would like to 동사원형 (~하고 싶다) 구문이다. would like는 목적어 자리에 to부정사를 취하므로 정답은 (B)이다.
② 오답 분석: (A) 목적어 자리에는 동사원형이 나올 수 없다. (C) 빈칸 뒤에 목적어가 있으므로 명사는 올 수 없다. (D) would like는 동명사를 목적어로 취하지 않는다.

해석 그 회사는 생산성을 향상시켜 근무 시간을 최적화하고 싶어하는데 이를 위해 혁신적인 기술을 찾고 있다.

10~13

Davis 씨에게,

우리는 7월 20일 사무실에서 당신의 건의사항을 받았음을 알립니다. 당신의 건의사항에 대한 검토는 우리 회사 심사위원들에게 10. (B) 맡겨졌습니다. 우리 회사 정책에 따라, 30일 내에 당신의 건의사항에 대한 우리의 최종 입장을 서면으로 당신에게 알릴 것입니다. 그 동안, 우리는 추가 정보를 11. (C) 얻기 위해 당신에게 연락을 할 수도 있습니다. 또한 우리는 만약 당신이 우리의 조사 및 그 결과에 대해 불만을 가지게 된다면, 소비자 위원

25

> 회로 당신의 서류를 이전할 것을 요청할 수 있다는 것을 **12. (A) 알리고 싶습니다. 13. (D) 다만 그러기 위해서 당신은 우리의 최종 답변을 듣기 위해서 정해진 시간의 제한이 끝날 때 까지는 기다려야 합니다.**

10. 문제 유형   KEY 07   능동과 수동 구분하기

A review of your complaint has been **(B) entrusted** to our enterprise's complaint examiner.

[해설]
① **빈칸 자리 분석:** 빈칸이 has been 이후로 문장의 동사 자리이므로 가능한 형태는 (B), (C)이다.
② **정답 추론:** 문맥상 당신의 불평(항의)에 대한 검토가 항의 심사위원에게 맡겨져 왔다는 의미이므로, 수동태인 (B)가 정답이다.
③ **오답 분석:** (A) has been 다음에는 형용사 / 명사가 들어가야 하므로, 동사는 정답에서 제외된다. (C) entrusting을 쓰면 능동이 되는데, 문맥상 "맡겨진 것"이므로 정답이 될 수 없다. (D) to entrust를 쓰면 "당신의 불평에 대한 검토는 ~을 맡기는 것이다"라고 해석되어서 문맥이 어색해지므로 정답에서 제외한다.

11. 문제 유형   KEY 12   to부정사의 용법 2

In the meantime, we may need to contact you in order **(C) to obtain** additional information.

[해설]
① **빈칸 자리 분석:** 빈칸은 완전한 문장을 수식하는 자리이므로 to부정사의 부사적 용법이 들어가는 자리이다.
② **정답 추론:** 빈칸 앞의 in order와 함께 in order to 부정사(~하기 위해서) 구문이므로 (C)가 정답이다.
③ **오답 분석:** in order 다음에 동사원형이나, 과거분사, ~ing의 형태가 연결될 수 없다.

12. 문제 유형   KEY 11   to부정사의 용법 1

We also wish to **(A) inform** you that if you are dissatisfied with our examination of your complaint or the outcome of this examination, you will be able to ask that your file be transferred to the Customer Committee.

[해설]
① **빈칸 자리 분석:** 빈칸은 wish의 목적어 자리로 to + 동사원형의 형태인 (A), (B)가 정답이 될 수 있다.
② **정답 추론:** (B) wish to be informed : to be 과거분사의 형태인데, 이렇게 되면, "우리는 정보를 듣기를 원한다."라고 해석된다. 하지만 문맥상 you라는 목적어와 that 목적어가 있어서, 우리는 당신에게 that 이하의 사실을 알리고 싶다는 "능동"이 되어야 하므로 wish to inform이 정답이다.
③ **오답 분석:** (C) information은 명사이므로 to부정사 다음에 나올 수 없다. (D) informative는 '유익한, 유용한 정보를 주는'이라는 형용사로 to부정사 뒤에 나올 수 없다.

13. 문제 유형   빈칸에 알맞은 문장 넣기

(D) To do so, you will have to wait for the expiration of the time limit set to obtain our final answer.

[해설]
① **문맥 고려:** 빈칸에 알맞은 문장을 넣을 때는, 빈칸 앞에 있는 문장이 가장 중요한 힌트가 된다. 앞 문장의 내용이 '만약 우리의 조사가 불만족스럽다면, 소비자 위원회로 문서를 전달할 수 있다.'는 내용으로 대안을 제시하고 있다.
② **정답 추론:** 그 이후에 논리적으로 연결될 수 있는 내용은 그 대안에 대한 구체적인 내용을 설명하는 내용이어야 한다. 따라서, 앞 문장에서 "대안"을 제시하고 그 대안에 대한 내용을 구체적으로 설명하고 있는 (D)가 연결되는 것이 문맥상 가장 적절하다.

[오답] (A) 이것이 이 문제에 대한 우리의 최종 독촉입니다. (B) 우리는 당신이 야기한 어떠한 방해에 대한 책임을 지지 않을 것을 보장해 주십시오. (C) 감성과 전문 직업의식의 균형을 맞추기 위해서 본사에 연락을 취할 수 있습니다.

UNIT 6   동명사

Before the Step

1. <u>compare</u> the process
2. <u>comparable</u> to previous product
3. <u>compare with / to</u> last year
4. <u>comparison</u> between summer and winter
5. live in <u>comparative</u> comfort

Step 1 PRACTICE
1. (A) 2. (B) 3. (A) 4. (B) 5. (A) 6. (B)

1. The street sweeping will begin at 9 A.M., and residents are asked (A) to keep their cars off the street until 7 A.M.

   [해설] 빈칸은 was asked 뒤의 목적격 보어 자리에 to부정사 VS 동명사를 비교하는 문제이다. ask는 5형식 동사로 목적격 보어 자리에 to부정사를 취하므로 (ask A to V), 수동태가 된 뒤에도 목적격 보어 자리의 to부정사를 그대로 취해야 한다.

   [해석] 거리 청소는 오전 9시에 시작되며, 거주자들은 오전 7시까지 거리에서 차를 치워줄 것을 요청받았다.

2. The latest hearing aids actually work (B) by passing the ear to reach directly into the brain.

   [해설] '전치사(by) + 명사 / 동명사(~ing)' 구문의 형태를 물어보는 문제이다. 전치사 by 뒤에 동사원형이나, to부정사는 들어갈 수 없다.

   [해석] 최신 보청기는 사실 귀를 통과하여 직접 뇌에 도달하여 작동된다.

3. They often wait a month or two after acquiring the firm in order to ensure that the media has stopped (A) paying close attention to them.

   [해설] 'stop + to부정사' VS 'stop + ~ing(동명사)'를 비교하는 문제이다. 문맥상 미디어가 '그들에 대한 관심을 보이는 것을 멈추다'의 의미이므로, stop ~ing인 (A)가 정답이다.

   [해석] 그들은 미디어의 관심이 중단되었다는 것을 확실히 하기 위해서, 회사를 인수한 후 1~2개월 기다린다.

4. Our sales representatives get a 5% commission on sales of $200 or more, a policy that is meant (B) to encourage them to sell big ticket items.

   [해설] 'be meant to + 동사원형(~하기로 되어있다 / ~할 예정이다)' 구문이므로 to부정사가 들어갈 자리이다.

   [해석] 판매직원들은 200달러 이상의 판매에 대하여 5%의 수수료를 받게 되는데, 이것은 그들에게 티켓을 많이 팔게 격려하기 위한 정책이다.

5. Jeff Giles knows the projects as well as I do, and will have no trouble (A) handling any questions or concerns you have about them.

   [해설] 관용 표현인 have trouble ~ing 구문을 묻는 문제이다.

   - 필수 구문: have no trouble ~ing
     : ~하는 데 어려움이 없다

   [해석] 제프 길스는 나만큼 프로젝트에 대해 잘 알고 있으며, 그리고 당신이 궁금한 것에 대한 질문이나 걱정을 처리하는 데 아무런 문제가 없을 것입니다.

6. The manager is very busy (B) preparing for the press release, so she is not expected to attend Dr. Saver's retirement banquet.

   [해설] be busy ~ing ~하느라 바쁘다 / 동명사의 관용 표현을 물어보는 문제이다.

   [해석] 매니저는 언론 발표회 준비로 매우 바빴다, 그래서 그녀는 세이버 박사의 은퇴 연회에 참여하지 못할 것으로 예상된다.

Step 2 연습문제
1. 올바른 형태 고르기

(1) 문제 유형 KEY 16 수식어 거품이 있는 주어

The A.I. is very smart when it comes to carrying out certain tasks.

[해설] 동명사 관용 표현 중 하나인 when it comes to ~ing (~에 관해서라면) 구문이다. to가 전치사이므로, 동명사인 carrying이 정답이다. (to부정사와 전치사 to를 구별해 두자!)

[해석] A.I.는 특정 업무를 수행하는 데 있어서 매우 똑똑하다.

(2) 문제 유형 KEY 14 동명사의 역할

As you know, we will be expanding the complex by building a new wing on the south side.

[해설] 전치사 by의 목적어 자리에는 동명사 building이 나와야 한다.

[해석] 당신이 아는 것처럼, 남쪽에 새로운 건물을 지어서 우리는 복합단지를 확장할 것입니다.

(3) 문제 유형　KEY 16　동명사 관용 표현

They may not be accustomed to driving in the cold and snowy weather.

해설　동명사 관용 표현 중 하나인 be accustomed to ~ing (~에 익숙해 지다)구문이다. to는 전치사이므로 동명사 driving이 정답이다.

해석　그들은 춥고 눈이 내리는 날씨에 운전하는 것이 익숙하지 않을 수 있다.

(4) 문제 유형　KEY 05　수식어 거품이 있는 주어

To ensure that the work is completed by the deadline, I recommend hiring a part-time assistant for Ms. Marshall.

해설　recommend는 목적어로 동명사를 취하는 동사이다. 따라서 hiring이 정답이다.

해석　마감기한까지 일을 완성하기 위해서는, 마셜 씨를 위한 파트타임 보조사원을 고용할 것을 추천한다.

---

2. 틀린 부분 찾아 고치기

(1) 문제 유형　KEY 15　to부정사 VS 동명사

I also enjoyed meeting the faculty whose courteous, thought-provoking discourse I found very insightful.

해설　enjoy는 목적어 자리에 동명사를 취하는 동사이므로 meeting이 정답이다.

해석　나는 교수진과 만나는 것을 즐긴다. 그들의 정중하고 진지하게 생각하게 만드는 담론은 매우 통찰력 있다고 생각한다.

(2) 문제 유형　KEY 15　to부정사 VS 동명사

If you put off starting a family, you can make your eventual benefits bigger by about 8% for every year you delay.

해설　put off (= delay = postpone)는 동명사를 목적어로 취하는 동사이므로 starting이 정답이다.

해석　만약 당신이 첫 아이를 가지는 것을 미룬다면, 매년 8%정도 최종적으로 받는 혜택이 커질 것입니다.

(3) 문제 유형　KEY 15　to부정사 VS 동명사

We urge cell phone industry to find an innovative way of recycling cell phones as soon as possible.

해설　urge A to B (A에게 B하라고 재촉하다) 구문으로 목적격 자리에 나온 to부정사이기 때문에 to + find (동사원형)이 정답이다. (전치사 to와 헷갈리지 말자!)

해석　우리는 휴대폰 업자들에게 조속한 시일 내에 휴대폰을 재활용할 수 있는 혁신적인 방법을 발견할 것을 촉구한다.

(4) 문제 유형　KEY 16　동명사 관용 표현

Most refugees feel that they have no other way but to flee from their countries to protect the lives of their children.

해설　동명사 관용 표현 중 하나인 have no other way but to부정사(~할 수 밖에 없다) 구문이다. 또는 to부정사 대신 원형 부정사가 올 수도 있다.

해석　대부분의 난민들은 아이들의 삶을 보호하기 위해 그들의 국가에서 도망갈 수 밖에 없다고 느꼈다.

(5) 문제 유형　KEY 16　동명사 관용 표현

Management took financial factors into account when making its decision to delay integrating the new software system into the company.

해설　delay는 목적어로 동명사를 취하는 동사이므로 to integrate가 아니라 integrating이 정답이다.

해석　경영진은 새로운 소프트웨어 시스템을 회사에 통합시키는 것을 연기하는 결정을 내릴 때, 재정적인 요소들을 고려했다.

Step 3 **실전문제**

1. (B)　2. (D)　3. (C)　4. (B)　5. (C)　6. (C)　7. (D)
8. (D)　9. (D)　10. (C)　11. (B)　12. (C)　13. (B)

1.　문제 유형　KEY 15　to부정사 VS 동명사

It is difficult (B) to obtain seating at the enormously popular restaurant on the weekends without a reservation.

해설 ① **빈칸 자리 분석**: 빈칸은 가주어 It에 대한 진주어 자리이다. 진주어 자리에는 to부정사나 that절이 나와야 하므로 정답은 (B)이다.
② **정답 추론**: 진주어 자리는 명사 자리이므로 동사인 (A), (C)는 정답에서 제외한다. 그리고, 전치사 + 동명사 형태인 (D)도 제외된다.

해석 예약 없이 주말에 엄청나게 인기 있는 식당에서 밥을 먹는 것은 어렵다.

2. **문제 유형** KEY 14 동명사의 역할

   Your decision to give employees the option of (D) taking overtime worked as time off later has been widely misinterpreted.

해설 ① **빈칸 자리 분석**: 빈칸은 전치사 of의 목적어 자리이므로, 동명사 또는 명사가 정답이다.
② **정답 추론**: 전치사의 목적어 자리에는 동사원형 (A)나 to부정사 (B)가 정답이 될 수 없다.

해석 직원들에게 나중에 시간이 될 때 초과 근무를 할 수 있는 선택권을 제공하는 결정은 지금까지 잘못 해석이 되어 왔다.

3. **문제 유형** KEY 16 동명사 관용 표현

   To prevent carbon monoxide gas from (C) entering the living areas, the heating system should be professionally checked regularly.

해설 ① **빈칸 자리 분석**: 동명사 관용 표현 중 하나인 prevent O from ~ing (목적어가 ~하는 것을 막다 / 예방하다) 구문이다. 전치사 from의 목적어 자리에는 동명사가 나와야 한다.
② **정답 추론**: (B) entrance (명사)와 (C) entering (동명사)이 정답이 될 수 있다.

해석 일산화탄소가 생활권으로 들어가는 것을 막기 위해서, 난방 기기는 규칙적으로 전문가에 의해서 점검되어야 한다.

4. **문제 유형** KEY 16 동명사 관용 표현

   The research shows that ownership can be extremely stressful when it comes to (B) buying or selling big-ticket items.

해설 ① **빈칸 자리 분석**: 동명사 관용 표현 중 하나인 when it comes to ~ing (~에 관해서라면) 구문으로 전치사 to의 목적어를 물어보는 문제이다.
② **정답 추론**: 전치사의 목적어 자리이므로 (B)가 정답이다.

해석 고가 상품을 사고 파는 것에 관해서라면, 소유라는 것이 매우 스트레스 받는 일일 수 있다고 연구는 보여준다.

5. **문제 유형** KEY 16 동명사 관용 표현

   When purchasing less than three items from the vendor, customers should pay full price for (C) shipping and handling.

해설 ① **빈칸 자리 분석**: 전치사 for의 목적어 자리이므로 동명사가 정답이다. 그리고 빈칸 뒤에 병렬구조를 이루는 and가 handling 앞에 있으므로 동명사 (C)가 정답이다.
② **정답 추론**: 전치사 for의 목적어 자리에는 동사원형이나 to부정사, 과거동사의 형태가 나올 수 없다.

해석 판매상으로부터 3개 이하의 물건을 구매할 때는, 발송제경비를 모두 지불해야 한다.

6. **문제 유형** KEY 16 동명사 관용 표현

   I look forward to the prospect of meeting with you and (D) discussing the future our two companies may share.

해설 ① **빈칸 자리 분석**: 동명사 관용 표현 중 하나인 look forward to + 명사 / 동명사 구문이다. look forward to에서 to는 to부정사가 아니라 전치사이므로, 뒤에 명사 / 동명사가 나와야 한다.
② **정답 추론**: 전치사 of + meeting ~ and 구조이므로 동명사인 (D)가 정답이다.

해석 당신과 만나서 두 회사가 공유할 수 있는 미래에 대해 논의할 것을 기대하고 있습니다.

7. **문제 유형** KEY 16 동명사 관용 표현

   All members of the organization are expected to contribute (D) to finding a breakthrough in a cancer research.

해설 ① **빈칸 자리 분석**: contribute는 자동사로 전치사 to 와 결합하여, contribute to 명사 / ~ing 형태가 된다. 따라서 빈칸은 전치사 to와 finding (전치사의 목적어) (D) to finding이 정답이다.
② **정답 추론**: contribute to 에서 to는 전치사기 때문에 동사원형을 취할 수 없다. 따라서 (C)는 정답에서 제외된다.

해석 조직의 모든 구성원들은 암 연구의 돌파구를 발견하는 데 기여할 것으로 기대된다.

8. 문제 유형　KEY 14　동명사의 역할

We are still in the preliminary stages of planning and have not even begun (D) discussing the layout of the offices and cubicles.

해설 ① **빈칸 자리 분석**: 빈칸은 동사 begun의 목적어가 들어갈 자리이므로, 명사 역할을 할 수 있는 (B), (D)가 정답 후보가 될 수 있다.
② **정답 추론**: 명사인 discussion은 목적어를 취하지 못하므로, 목적어를 취할 수 있는 동명사 discussing이 정답이 된다.

해석 우리는 아직 계획을 세우는 초기 단계이며, 아직 사무실과 좁은 방을 배치하는 것에 대한 논의 조차 시작하지 못했습니다.

9. 문제 유형　KEY 16　동명사 관용 표현

It goes without (D) saying that our new smartphone will be more powerful compared to the former, as it will run on the newly developed operating system.

해설 ① **빈칸 자리 분석**: without 전치사의 목적어인 동명사 saying 자리이다. It goes without saying that ~ (~은 말할 것도 없다) 구문의 일부이다.
② **정답 추론**: 전치사의 목적어 자리에는 동사나 to 부정사가 나올 수 없다.

해석 우리의 스마트폰 신제품이 새롭게 개발된 운영 체계에서 작동된다면 이전 모델보다 훨씬 더 강력할 것이라는 것은 말할 것도 없다.

10~13

배송 정책과 보증서

파인 우드 가구에서 새 가구를 10. (C) 구매해 주신 것에 감사 드립니다. 오늘 구매하신 물건이 책상, 의자, 탁자, 침대 혹은 옷장 무엇이든 간에 저희의 전문적인 목공 기술자들이 최상의 자연 원목만을 사용하여 수공업으로 정성을 들여 제작되었습니다. 저희가 판매하는 모두 가구들은 주문 제작입니다. 그러므로 저희의 모든 11. (B) 판매는 변경하실 수 없습니다. 고객 여러분들은 디자인뿐 아니라 나무의 종류, 볼트와 너트 등을 선택하심으로써 주문 제작하실 수 있습니다. 12. (C) 제작 기간은 한 달까지 소요될 수 있으며, 여러분의 집까지 배송을 하는 데 1주가 더 필요합니다. 제품에 결함이 있는 경우를 제외하고 교환이나 환불은 불가능합니다. 13. (B) 고객이 일으킨 손상이 아닌 경우에 한하여 보증 기간은 1년 입니다.

10. 문제 유형　KEY 14　동명사의 역할

Thank you for (C) purchasing your new furniture item from Fine Wood Furniture.

해설 ① **빈칸 자리 분석**: 전치사 for의 목적어 자리이므로 동명사나 명사 자리이다.
② **정답 추론**: 문맥상 새로운 가구를 '구매'해 준 것에 대해 감사 인사를 하고 있으므로 동명사인 (C)가 정답이다.

11. 문제 유형　KEY 14　동명사의 역할

All our (B) sales are final.

해설 ① **빈칸 자리 분석**: 빈칸이 소유격 뒤 be동사 앞이므로 명사가 올 자리이다.
② **정답 추론**: be동사가 이미 있으므로 동사인 (C)나 (D)는 답이 될 수 없으며, 복수의 be동사 are가 쓰였으므로 복수 명사인 (B)가 정답이다.

12. 문제 유형　KEY 15　to부정사 VS 동명사

It takes up to a month (C) to manufacture the item and another week to deliver it to your home address.

해설 ① **빈칸 자리 분석**: It ~ to부정사 (가주어 ~ 진주어) 구문이다.
② **정답 추론**: 따라서, to부정사인 (C)가 정답이다.

13. 문제 유형   빈칸에 알맞은 문장 넣기

    (B) The item comes with a 1-year guarantee for defects not caused by the customers.

[해설] 빈칸 앞 문장에서 교환 및 환불에 대해 이야기하고 있으므로 이와 관련이 있는 보증 기간에 대해 설명하고 있는 (B)가 정답이다.

[오답] (A) 저희는 어떤 경우에도 저희가 판매한 제품에 대한 전액 환불은 해드리지 않습니다. (C) 저희는 판매를 촉진하기 위한 새로운 마케팅 캠페인 시행을 계획하고 있습니다. (D) 이틀 전에 구매하신 제품이 영수증과 함께 배송되었습니다.

UNIT 7   분사

Before the Step

1. gain satisfaction from eating a good meal
2. satisfy their customers
3. satisfied with the hotel's service
4. the movie was not satisfactory
5. his answer was satisfying to interviewers

Step 1 PRACTICE

1. (A) 2. (B) 3. (B) 4. (A) 5. (B) 6. (B)

1. All staff in our company are responsible for performing all work (A) assigned to them to the best of their ability.

[해설] 빈칸은 선행사인 명사(All work)를 뒤에서 수식하는 "분사" 자리이다. 명사(All work)와 assign(~을 맡기다, 배정하다)의 관계를 따져보면, 모든 일이 그들에게 맡겨진 것이므로 "수동" 관계이다. 그리고 뒤에 목적어가 없이 전치사구인 to them이 나와 '그들에게 맡겨졌다'는 문맥이 되므로 과거분사가 정답이다.

[해석] 우리 회사의 모든 직원들은 그들의 능력이 미치는 한 그들에게 배정된 모든 업무를 수행해야 하는 책임이 있다.

2. Visitors (B) staying at Niagara Falls Hotel will be able to take advantage of complimentary trolley service.

[해설] 빈칸은 명사 Visitors를 뒤에서 수식하는 "분사"자리이다. 따라서 동사원형인 (A) stay는 정답이 될 수 없다. 주어인 Visitors와 stay(자동사: ~에 머무르다)의 관계는 능동이다. (자동사는 수동태가 불가능! 따라서 현재분사의 형태로만 명사를 수식할 수 있다.)
따라서 정답은 staying이다.

[해석] 나이아가라 폭포 호텔에서 머무는 방문객들은 무료 카트 서비스를 이용할 수 있을 것이다.

3. Kafed Consulting is (B) pleased to announce that Mr. Chan has become the newest member.

[해설] be pleased to (~하게 되어 기쁘다) 구문이다. 주어인 Kafed Consulting이 다른 대상을 기쁘게 하는 것이 아니라, ~하게 되어 기쁘게 된 것이므로 수동관계이기 때문에 과거분사(pleased)가 정답이다.

[해석] 카페드 컨설팅은 찬 씨가 우리의 새로운 멤버가 되었다는 것을 발표하게 되어 기쁩니다.

4. Most participants complained the meeting was (A) uninteresting and ineffective due to the lack of planning and organization.

[해설] 빈칸은 be동사(was) 뒤의 보어 자리이다. 주어인 회의(the meeting)가 흥미롭지 못해서 참가자들을 흥미롭게 만들지 못한 것은 "능동" 관계이므로 현재분사(uninteresting)가 정답이다.

[해석] 대부분의 참가자들은 계획성과 준비 부족으로 회의가 지루하고 전혀 효과가 없었다고 불평했다.

5. (B) Founded ten years ago, the Youth Media Network has become the leading source of print and broadcast news for adolescents.

[해설] 빈칸 뒤에 목적어 없이 ten years ago라는 부사만 나왔으므로 완전한 문장이 아닌 콤마(,) 뒤의 완전한 문장을 설명하는 분사구문 문제이다.
주절의 주어(the Youth Media Network)가 10년 전에 설립된 수동 관계이므로 과거분사(Founded)가 정답이다.

[해석] 10년 전에 설립된 Youth Media Network는 청소년을 위한 출판·방송의 중요한 소스가 되어왔다.

6. When (B) purchasing less than three items from the vendor, customers should pay full price for shipping and handling.

해설 접속사가 생략되지 않은 채로 남아있는 분사구문이다. 소비자들이 3개 이하의 물건을 구매하는 것은 능동이므로, 현재분사인 purchasing이 정답이다. (능동관계이므로 less than three items 목적어가 남아있다.)

해석 판매업자로부터 3개 이하의 물건을 구매할 때, 고객들은 발송제경비를 모두 지불해야 한다.

Step 2 연습문제
1. 올바른 형태 고르기

(1) 문제 유형 KEY 17 형용사 역할을 하는 분사

We apologize in advance for any disruption caused during the renovation period.

해설 빈칸은 명사인 disruption(혼란)을 수식하는 "분사"이다. disruption과 cause(일으키다)의 관계를 따져보면, 혼란이 ~동안 야기된 것으로 수동 관계이고, 뒤에 목적어가 존재하지 않으므로, 과거분사인 caused가 정답이다.

해석 우리는 수리기간 동안 발생하는 모든 혼란에 대해 미리 사과합니다.

(2) 문제 유형 KEY 17 형용사 역할을 하는 분사

We also provide a wide selection of beverages, including Californian and imported fine wines.

해설 빈칸은 뒤에 오는 명사인 fine wines(고급 와인)을 앞에서 수식하는 "분사"자리이다. 좋은 와인이 수입되는 것으로 수동관계이므로 과거분사인 imported가 정답이다.

해석 우리는 또한 캘리포니아산 및 수입산 와인을 포함한 다양한 음료를 제공합니다.

(3) 문제 유형 KEY 19 분사구문

The faxes sent will actually look better when printed off of the recipient's fax machine.

해설 접속사가 생략되지 않고 남아있는 분사구문이다. The faxes(팩스)와 print(출력하다)의 관계는, 팩스가 인쇄되는 것으로 수동의 관계이므로 과거분사인 printed가 정답이다.

해석 보내진 팩스는 수령인의 팩스 기계에서 인쇄되었을 때 더 잘 보일 것이다.

(4) 문제 유형 KEY 19 분사구문

We are the world's largest ESL organization, supplying classrooms across Asia with ESL teachers for almost two decades.

해설 완전한 문장이 아닌 분사구문이다. 주절의 주어 (We)가 classroom(수업)을 공급하는 것으로 능동의 관계이다. 따라서 현재분사인 supplying이 정답이다.

해석 우리는 전세계에서 가장 큰 ESL 기관이며, 거의 20년 동안 ESL 선생님들을 아시아 전역에 공급하고 있다.

2. 틀린 부분 찾아 고치기

(1) 문제 유형 KEY 17 형용사 역할을 하는 분사

The client can specify desired changes to materials before the plans are drafted.

해설 빈칸은 뒤에 오는 명사인 change(변화)를 수식하는 분사 자리이다. 변화는 고객에 의해서 원해지는 것이므로 수동관계이다. 따라서 과거분사인 desired가 정답이다.

해석 고객은 계획의 초안이 완성되기 전에 재료에 대해서 원하는 변화를 특정하게 요구할 수 있다.

(2) 문제 유형 KEY 17 형용사 역할을 하는 분사

All employees in our company will be involved in activities including beach cleaning, wall painting, and blood donation.

해설 문장의 본동사가 이미 있으므로 빈칸은 동사 자리가 아니라, 빈칸 앞의 명사인 activities(활동)을 뒤에서 수식하는 분사 자리이다. activities는 그 이하에 나오는 여러 활동들을 포함하는 것이므로 능동 관계이다. 따라서, 현재분사인 including이 정답이다.

해석 회사의 모든 직원들은 해변 청소, 벽화 그리기, 헌혈을 포함한 활동들에 참여하게 될 것이다.

(3) 문제 유형 KEY 19 분사구문

The programs aim to impart mastery of the most <u>advanced</u> reading materials likely to come up in high school.

[해설] 빈칸은 그 뒤에 나오는 명사인 reading materials (읽기 자료)를 수식하는 분사 자리이다. 읽기 자료가 발전된 것으로 수동의 관계이므로 과거분사인 advanced가 정답이다.

[해석] 이 프로그램은 고등학교 과정에서 나올 고급 단계인 읽기 자료의 숙달을 전달할 것을 목표로 한다.

(4) 문제 유형 KEY 18 감정을 나타내는 분사

Air travel has always been highly related to overall economic activity, so it is not <u>surprising</u> that individuals have begun cutting back on travel these days.

[해설] 문장의 진주어인 that절 이하의 내용을 보면 '개인들이 여행을 줄이는 것'이므로 이는 감정의 원인이 되는 사물에 해당하므로 능동의 관계로 간주하기 때문에 현재분사인 surprising(놀라운)이 정답이다.

[해석] 비행기 여행은 항상 전반적인 경제 활동과 밀접한 관련이 있다. 따라서 요즘 개인들이 여행 경비를 줄이기 시작했다는 것은 놀라운 일이 아니다.

(5) 문제 유형 KEY 17 형용사 역할을 하는 분사

The food company says its core business continues to be solid and the recently <u>added</u> coffee business has exceeded its expectations.

[해설] 빈칸은 뒤에 나오는 coffee business(커피 사업)를 수식하는 분사 자리이다. coffee business는 추가되어진 것으로 수동의 관계이므로 과거분사인 added가 정답이다.

[해석] 식품 회사는 그들의 핵심 사업은 여전히 견고하며, 최근 추가된 커피 사업이 기대를 뛰어 넘고 있다고 말한다.

Step 3 실전문제

1. (B) 2. (D) 3. (C) 4. (C) 5. (A) 6. (D) 7. (C)
8. (C) 9. (B) 10. (C) 11. (D) 12. (C) 13. (C)

---

1. 문제 유형 KEY 17 형용사 역할을 하는 분사

Many executives are working through their lunch about three days a week, according to a survey of 500 randomly (B) <u>selected</u> business leaders.

[해설] ① **빈칸 자리 분석**: 빈칸은 뒤에 오는 명사인 business leaders(경영 간부들)를 수식하는 "분사 자리"이다.
② **정답 추론**: business leaders는 설문 대상으로 무작위로 '선택된 것'으로 수동 관계이므로 과거분사인 (B) selected가 정답이다.

[해석] 500명의 무작위로 선정된 기업주에 대한 설문 조사에 따르면, 많은 경영 간부들은 일주일에 약 3번 점심 시간에도 일하고 있다.

2. 문제 유형 KEY 17 형용사 역할을 하는 분사

Thanks to the (D) <u>continuing</u> popularity of the compact game devices, the company's annual profits have risen by 30%.

[해설] ① **빈칸 자리 분석**: 다음에 오는 명사 popularity(인기)를 수식하는 "분사 자리"이다.
② **정답 추론**: 분사 형태인 (C), (D)가 정답이 될 수 있는데, 문맥상 계속되는 인기라는 의미로 능동 관계이므로 현재분사인 (D) continuing(계속되는, 지속적인)이 정답이다.

[해석] 소형 게임 기기의 계속되는 인기 덕분에, 회사의 연간 이익이 30%정도 상승했다.

3. 문제 유형 KEY 19 분사구문

(C) <u>Viewing</u> the exhibits, patrons can also grab a bite of festival food at the food court.

[해설] ① **빈칸 자리 분석**: 완전한 문장이 아닌 콤마(,) 이후에 오는 문장을 수식하는 "분사구문"이다.
② **정답 추론**: (C) Viewing 혹은 (D) (being) Viewed가 정답이 될 수 있는데 손님들이 전시회를 보는 것은 능동의 관계이므로, 현재분사구문인 Viewing이 정답이다.

[해석] 손님들은 전시회를 보며, 음식 코너에서 축제 음식을 한 번 먹어 볼 수도 있다.

4. **문제 유형**   **KEY 17**   형용사 역할을 하는 분사

Salespersons have often formed close relationships with their better customers because the close interaction can create (C) <u>satisfied</u> customers.

해설
① **빈칸 자리 분석:** 빈칸은 customers 명사를 수식하는 형용사에 해당하는 "분사 자리"이다.
② **정답 추론:** 분사인 (B), (C) 모두 정답이 될 수 있는데, customers(고객들)는 주어인 판매사원에 의해 '만족한' 상태가 되는 대상이므로 수동관계이다. 따라서, 과거분사인 satisfied가 정답이다.
③ **오답 분석:** 동사는 형용사 역할을 할 수 없으므로 (A)는 답이 될 수 없다. to부정사는 형용사적 역할이 있긴 하지만, 명사를 앞에서 수식할 수는 없으므로 (D)도 답이 될 수 없다.

해석 고객들과의 밀접한 상호작용이 고객 만족을 이끌어낼 수 있기 때문에, 판매사원들은 종종 고객들과 가까운 관계를 형성하곤 한다.

---

5. **문제 유형**   **KEY 19**   분사구문

(A) <u>After</u> working in the property industry for 21 years, Tony Brazier finally established a real estate company specializing in the sale of rental property.

해설
① **빈칸 자리 분석:** 보기가 모두 접속사로 이루어져 있으며, 빈칸 이후에 분사가 오고 있으므로 접속사가 생략되지 않고 남아 있는 분사구문이다.
② **문맥 확인:** 문맥상 가장 잘 어울리는 접속사를 고른다. 21년간 일을 한 '후에', 회사를 설립했다고 하는 것이 가장 자연스럽다.
③ **오답 분석:** (B) Within은 전치사로 working을 동명사로 본다면 빈칸에 올 수 있으나 '~안에 / 이내에'라는 의미로 문맥상 흐름이 어색해진다. (D) Prior는 전치사 to와 함께 '~이전에'라는 의미로 쓰이므로 답이 될 수 없다.

해석 21년간 부동산업계에서 일한 후, 토니 브레지어는 마침내 임대 부동산 매매를 전문으로 하는 부동산 회사를 설립했다.

---

6. **문제 유형**   **KEY 17**   형용사 역할을 하는 분사

With Japan heavily reliant on exports, economists said a (D) <u>lasting</u> recovery will depend on how soon the global economy recovers.

해설
① **빈칸 자리 분석:** 빈칸은 관사와 명사 사이이므로 명사를 수식할 수 있는 분사 자리이다. last는 자동사이기 때문에 현재분사 형태로만 명사를 수식한다.

해석 일본은 수출에 의존하기 때문에, 경제학자들은 일본의 지속적인 경기 회복이 국제 경제가 얼마나 빨리 회복하느냐에 달려있다고 한다.

---

7. **문제 유형**   **KEY 17**   형용사 역할을 하는 분사

Under the agreement, the company has 18 months to plan for construction of an (C) <u>estimated</u> $1 million parking facility.

해설
① **빈칸 자리 분석:** 빈칸은 관사와 명사 사이이므로 명사를 수식하는 "분사 자리"이다.
② **정답 추론:** '견적의, 어림잡은'이라는 의미의 과거분사 (C)가 정답이다.

해석 합의에 의하면, 그 회사는 백만 달러 견적의 주차 시설 건설 계획에 대해 18개월의 시간이 있다.

---

8. **문제 유형**   **KEY 17**   형용사 역할을 하는 분사

The newly (C) <u>renovated</u> hotel has a restaurant, fitness center and outdoor pool with a public playground nearby.

해설
① **빈칸 자리 분석:** 빈칸은 관사와 명사 사이로 명사를 수식하는 "분사 자리"이다.
② **정답 추론:** (B), (C)가 모두 분사로 정답이 될 수 있는데, 호텔이 수리된 것은 수동의 관계이므로 과거분사인 (C) renovated가 정답이다.

해석 새로 수리된 호텔은 레스토랑과 피트니스 센터, 그리고 부근에 일반인에게 개방된 놀이터가 있는 옥외 수영장을 갖추고 있다.

---

9. **문제 유형**   **KEY 17**   형용사 역할을 하는 분사

Full-time applicants to the MBA program for fall 2010 must submit their (B) <u>completed</u> application by April of 2010.

해설
① **빈칸 자리 분석:** 빈칸은 소유격과 명사 사이로 이 명사를 수식하는 "분사 자리"이다.
② **정답 추론:** (B), (C)가 모두 분사로 정답의 후보가 되는데, 지원서는 완성되는 것이므로 수동 관계이다. 따라서, 과거분사인 (B) completed가 정답이다.

해석 2010년 가을 풀타임으로 MBA 프로그램에 지원하는 지원자들은 2010년 4월까지 완성된 지원서를 제출해야 한다.

10~13

To: 모든 판매 직원들에게
Re: 수수료 정책 변화

Big Mart 의 10.(C) 개정된 수수료 정책이 7월 1일부터 시행될 것입니다. 수수료는 5%에서 4%로 감소할 것입니다. 그러나 이를 보충하기 위해서, 종전에는 200$이상의 판매에만 적용되던 수수료가 50$ 이상의 모든 판매에 11.(D) 적용될 것입니다. 판매가 현재 수준으로 유지가 된다고 12.(C) 가정하면, 이는 모든 판매 직원들에게 거의 비슷한 수준의 실 소득을 보장해줄 것입니다. 만약 판매가 증가한다면, 소득 또한 증가할 것입니다. 결과적으로, 다양한 물건 판매를 증가하면 당신은 이 새로운 정책으로부터 가장 큰 혜택을 볼 수 있을 것입니다. 13.(C) 이러한 변화가 당신들이 더 뛰어난 판매기술에 이르도록 하는 데 도움이 되기를 희망합니다. 행운을 빕니다.

그레이엄 타카노라

10. 문제 유형 KEY 17 형용사 역할을 하는 분사

The (c) revised commission policy for Big Mart will be changing effective July 1.

해설
① 빈칸 자리 분석: 빈칸은 관사와 명사 사이로 명사인 commission policy를 수식하는 형용사 역할을 하는 "분사 자리"이다.
② 정답 추론: 분사 형태인 (B), (C)가 정답의 후보가 된다. 수수료 정책(commission policy)은 개정되는 것으로 수동의 관계이므로 과거분사 (C) revised가 정답이다.

11. 문제 유형 KEY 17 형용사 역할을 하는 분사

To compensate for this, however, commission will now (D) be earned on all sales over $50, rather than only on sales over $200.

해설
① 빈칸 자리 분석: 빈칸은 "동사" 자리이다. 그리고 앞에 조동사 will이 나왔으므로, 동사원형이 와야 한다.
② 정답 추론: 조동사 will 다음에는 동사원형이 나와야 하므로 (B), (C) 는 정답에서 제외한다. (A)와 (D)가 답이 될 수 있는데 능동 VS 수동에 따라 답이 결정된다. 수수료는 얻어지는 것으로 수동의 관계이므로 (D)가 정답이다.

12. 문제 유형 KEY 17 형용사 역할을 하는 분사

This should result in a roughly equal take-home pay for all sales staff, (C) assuming sales remain at current levels.

해설
① 빈칸 자리 분석: 앞의 문장을 수식하는 분사구문이므로 분사 자리이다.
② 정답 추론: (A)는 동사이므로 정답에서 제외한다. (B) (being) assumed는 수동분사구문이고 (C) assuming 은 능동분사구문이 될 수 있고, (D) to assume은 to부정사의 부사적 역할을 할 수 있다.
③ 문맥 확인: '~라고 가정하면'이라는 의미가 되어야 하므로 assuming이 정답이다.

● 필수 구문: assuming that
 : ~라고 가정하여 / ~이라 하면

13. 문제 유형 빈칸에 알맞은 문장 넣기

(C) We hope these changes will inspire you to scale to ever greater heights of salesmanship.

해설
빈칸 앞에서 수수료 정책이 변화될 것임을 알리고 그 구체적인 내용을 설명하였으므로 앞 부분의 "수수료 정책의 변화"를 받으며, 이러한 정책 변화가 판매사원들의 이익 향상에 도움이 된다는 내용과 자연스럽게 이어져야 하므로 정답은 (C)이다.

오답
(A) 새로운 정책은 이전과 동일한 수수료율을 제공할 것이다. (B) 최근의 경기 침체가 회복된다면, 저희는 어떤 종류의 임금 삭감도 고려하지 않을 것입니다. (D) 수수료율의 변화는 일시적인 것으로 영구적인 것은 아닙니다.

UNIT 8 명사

Before the Step

1. make an alteration
2. alternate lines of yellow and green
3. alternation of generations
4. Alternatively, you can bring your own food.
5. have no alternative

Step 1 PRACTICE

1. (B) 2. (B) 3. (B) 4. (B)

1. Russ Johnson had traveled to New York at his own expense and had 7 to 10 short (B) meetings with finance industry contacts.

   해설 빈칸은 형용사의 수식을 받는 명사 자리이다. 따라서 명사인 (B) meetings가 정답이다.

   해석 루스 존슨은 자비로 뉴욕으로 여행을 하고 금융 산업 종사자와의 7개에서 10개의 짧은 회의를 했다.

2. We would like to thank Mr. Holmes for his (B) contribution and wish him success in his future endeavors.

   해설 전치사와 소유격 이후에 빈칸이 오고 있으므로 이 자리는 전치사의 목적어 역할을 하면서 소유격의 수식을 받는 명사 자리이다. 따라서 명사인 (B) contribution이 정답이다.

   > ● 오답 point!
   > 동명사(contributing)라면 뒤에 contributing to + 명사의 구조로 전치사의 목적어가 와야 한다.

   해석 우리는 홈즈 씨의 공헌에 감사를 드리며, 그의 노력이 끝내 성공하기를 바랍니다.

3. After making my purchase, I would like to offer your readers some (B) advice.

   해설 빈칸은 수량형용사 some 다음에 오고 있으므로 수식의 대상인 명사 자리이다. (A) advise는 동사이므로 나올 수 없다.

   해석 구매를 한 후에, 나는 당신의 독자들에게 약간의 조언을 제공하고 싶습니다.

4. Dealers of office supplies are keeping their prices stable, as raw material (B) prices have gone down worldwide.

   해설 price는 가산명사이다. 뒤에 동사가 have이므로, 복수명사인 prices가 정답이다.

   해석 원자재의 가격이 전세계적으로 내려가고 있기 때문에 사무용품 거래자들은 가격을 유지하고 있다.

Step 2 연습문제

1. 올바른 형태 고르기

(1) 문제 유형   KEY 20   문장에서 명사의 위치

Our recent achievement would never have happened without your contribution.

해설 빈칸이 동사 앞에 있으므로 주어 자리이다. 소유격 + 형용사 다음이므로 수식을 받는 명사 achievement가 와야 한다.

오답 achieve (동사) ~을 이루어 내다, 성취하다

해석 당신의 공헌이 없었다면 우리의 최근 성공은 일어날 수 없었을 것입니다.

(2) 문제 유형   KEY 20   문장에서 명사의 위치

He had established a real estate company specializing in the sale of rental property.

해설 전치사 (in) + 정관사 (the) 뒤이므로 명사 자리이다.

해석 그는 임대 부동산 판매를 전문으로 하는 부동산 회사를 설립하였다.

(3) 문제 유형   KEY 21   가산명사 VS 불가산명사

We or our suppliers won't be liable to collect in any way with regard to such information.

해설 빈칸은 such의 수식을 받는 명사 자리이다. information은 불가산명사이므로 관사 an이 나올 수 없다.

해석 우리 또는 우리 공급자들은 그러한 정보에 관한 수집이 쉽지 않을 것이다.

(4) 문제 유형   KEY 20   문장에서 명사의 위치

ChemiTech takes no responsibility for any injuries caused by its solutions through contact with human skin.

해설 동사 take의 목적어 자리이므로 명사인 responsibility가 정답이다.

해석 케미테크는 피부 접촉을 통해 용액에 의해서 야기되는 어떠한 부상에도 책임이 없습니다.

2. 틀린 부분 찾아 고치기

(1) 문제 유형 KEY 21 가산명사 VS 불가산명사

Many outside observers, though, say this is only a side benefit.

[해설] benefit(혜택)은 가산명사이므로 단수인 경우 단독으로 나올 수 없으므로 관사인 a를 함께 써야 한다. 불가산명사로 혼동하기 쉬우므로, 잘 기억해 두자!

[해석] 그러나, 많은 외부 관찰자들은 이것이 유일한 부수 이익이라고 말한다.

(2) 문제 유형 KEY 21 가산명사 VS 불가산명사

Still, they're front row orchestra seats, and I was lucky to get any tickets at all.

[해설] seat (좌석)은 가산명사이고 seating (좌석)은 불가산명사이다. 따라서, 복수로 쓰고 싶다면 seats가 정답이다. seating에는 s가 붙을 수 없다.

[해석] 여전히 그들은 오케스트라 앞 줄에 있는 좌석이었으며, 나는 어쨌든 운이 좋게도 티켓을 구할 수 있었다.

(3) 문제 유형 KEY 21 가산명사 VS 불가산명사

We are planning to market ourselves as a local alternative to national brand names.

[해설] alternation은 교대(불가산명사), alternative는 대안(가산명사)이다. 따라서, alternation을 alternative로 바꾸어야 한다.

[해석] 우리는 전국적인 브랜드에 대한 지역적 대안으로 우리를 홍보할 계획 중입니다.

(4) 문제 유형 KEY 21 가산명사 VS 불가산명사

Charity Organization is urging people to donate old jumpers, hats, gloves, and other warm clothing.

[해설] clothing은 불가산명사로 복수형으로 사용할 수 없다.

> ● 물질형 집합 명사:
> luggage / baggage, clothing, furniture, machinery, poetry, equipment 등

[해석] 자선 단체는 사람들에게 오래된 점퍼, 모자, 장갑 그리고 따뜻한 옷을 기부하라고 재촉하고 있다.

(5) 문제 유형 KEY 21 가산명사 VS 불가산명사

A new study by Matthew McCarter, a professor of the University of Texas, explores how to increase productivity by stopping using the Internet.

[해설] productivity는 셀 수 없는 불가산명사로 관사 a와 함께 쓸 수 없다.

[해석] 텍사스 대학 교수인 매튜 맥카터에 의한 새로운 연구는 인터넷 사용을 중단함으로써 생산성을 증가시킬 방법을 찾고 있다.

Step 3 실전문제

1. (D) 2. (B) 3. (A) 4. (A) 5. (B) 6. (C) 7. (C)
8. (B) 9. (A) 10. (A) 11. (B) 12. (C) 13. (C)

---

1. 문제 유형 KEY 20 문장에서 명사의 위치

Before hiring another worker, an employer must be convinced that the added (D) productivity will exceed the added cost.

[해설] ① **빈칸 자리 분석:** 정관사 the와 형용사 역할을 하는 과거분사 added 뒤이므로 명사 자리이다.
② **정답 추론:** 따라서 빈칸에 들어갈 수 있는 것은 "생산성"의 뜻을 지닌 명사 (D) productivity가 정답이다.
③ **오답 분석:** 동사인 (A)는 정답에서 제외되고, (B) producer(생산자)는 명사이지만 문맥상 맞지 않다. (추가된 생산자가 추가된 비용을 뛰어넘을 것이다.) (C) producing(동명사)가 나온다면 뒤에 목적어가 있어야 하는데, 없으므로 오답이다.

[해석] 다른 노동자를 고용하기 전에, 고용주는 추가 생산성이 추가 비용을 뛰어넘을 것이라는 것을 전적으로 확신해야 한다.

2. 문제 유형 KEY 20 문장에서 명사의 위치

For information about requesting (B) permission to reproduce or distribute materials from the site, please contact us.

[해설] ① **빈칸 자리 분석:** 빈칸은 동명사 requesting의 목적어 자리이므로, 명사 자리이다.

② **정답 추론:** (A) permit는 동사이므로 정답에서 제외되고, (C) permission은 불가산명사이기 때문에 –s를 붙일 수 없으므로 오답이다. (D) permitting은 동명사인데, 뒤에 목적어가 없으므로 정답이 될 수 없다. 따라서 정답은 불가산명사가 단독으로 쓰인 (B)이다.

해설 사이트에 있는 자료를 복사하거나 배포하는 것에 대한 허락을 요청하고 싶으면, 우리에게 연락하세요.

3. **문제 유형** KEY 20 문장에서 명사의 위치

The new vice president applied his extensive knowledge of the Asian (A) market to focus on developing some promising opportunities.

해설 ① **빈칸 자리 분석:** 빈칸은 the(정관사) + Asian(형용사)의 수식을 받는 명사 자리이다.
② **정답 추론:** 문맥상 '아시아 시장에 대한 광범위한 지식을 적용한다'는 의미가 되어야 하므로 '시장'을 의미하는 명사 (A) market이 정답이다.
③ **오답 분석:** (D) marketed는 과거동사 / 과거분사 형으로 명사의 역할을 할 수 없으므로 정답에서 제외된다. (B) marketer는 명사로 '마케팅 담당자' (C) marketing은 '마케팅'이라는 뜻의 명사이므로, 문맥상 흐름이 어색하다.

해설 새로 온 부사장은 그의 아시아 시장에 대한 폭넓은 지식을 전망이 밝은 기회를 개발하는데 집중하기 위해 사용했다.

4. **문제 유형** KEY 21 가산명사 VS 불가산명사

The client shall grant the contractor (A) access to the yard and its surroundings during regular business hours and other mutually agreeable times.

해설 ① **빈칸 자리 분석:** grant는 4형식 동사이므로 간접목적어와 직접목적어를 필요로 한다. contractor(계약자)가 간접 목적어이므로 빈칸은 직접목적어(명사)가 들어갈 자리이다.
② **정답 추론:** access는 불가산명사이므로 –es를 붙일 수 없다. 그리고 ~로의 접근은 'access to + 명사'가 되어야 하므로 정답은 (A) 이다.
③ **오답 분석:** (D) accessed는 과거동사 / 과거분사의 형태이므로 명사가 될 수 없다.

해설 의뢰인은 계약자에게 정규 근무 시간 및 상호 합의된 시간 동안 마당과 그 주변에 대한 접근권을 제공한다.

5. **문제 유형** KEY 20 문장에서 명사의 위치

To guarantee (B) quality for all clients, the accounting company created task force teams led by senior accountants with over 15 years of experience.

해설 ① **빈칸 자리 분석:** 빈칸 앞에 to부정사인 To guarantee(~하기 위해서)가 있으므로 to부정사의 목적어 역할을 하는 명사가 필요하다.
② **정답 추론:** (A), (C)는 동사 형태이기 때문에, 명사 역할을 할 수 없다. 그리고 (D) 동명사 qualifying은 뒤에 목적어가 없으므로, 정답은 "명사" (B) quality가 된다.

해설 모든 고객들에게 품질을 보장하기 위해서, 회사는 15년 이상의 회계사로 구성된 태스크 포스팀을 꾸렸다.

6. **문제 유형** KEY 20 문장에서 명사의 위치

Sarah needs to know the number of people who will be attending the lunch meeting on Friday, so let's ask people to confirm their (C) attendance by e-mail by Thursday morning.

해설 ① **빈칸 자리 분석:** 소유격의 수식을 받는 명사 자리이다.
② **정답 추론:** 정답은 명사인 (B), (C) 중에 결정이 되는데, 문맥상 그들의 참석을 이메일로 확인한다는 뜻이므로 '참석'을 의미하는 명사 (C)가 정답이다. (B) attendee는 '참석자'라는 의미의 사람 명사이다.
③ **오답 분석:** (A) attend는 동사이므로, 빈칸에 들어갈 수 없으며 (D) attending은 동명사인데, 만약 동명사가 나온다면 뒤에 목적어가 나와야 한다.

해설 사라는 금요일 점심 회의에 참여할 사람의 숫자를 알 필요가 있으니 사람들에게 목요일 아침까지 이메일로 참석여부를 확인해 달라고 요청합시다.

7. **문제 유형** KEY 20 문장에서 명사의 위치

We are planning to market ourselves as a local (C) alternative to better known national brand names.

해설 ① **빈칸 자리 분석:** 빈칸은 a (관사) + local (형용사) 뒤이므로 형용사 local의 수식을 받는 명사 자리이다.

② **정답 추론:** 보기 중 명사는 (A), (C)인데, (A) alternation은 '교대, 교체'라는 의미이며, (C) alternative는 '대안'이라는 뜻이다. 더 잘 알려진 국가 브랜드에 대한 '지역적 대안으로 우리를 광고할 계획이다.'라는 문맥이기 때문에 (C)가 정답이다.

해석 우리는 잘 알려진 국가적 브랜드에 대한 지역적 대안으로 우리 회사를 광고할 계획이다.

8. **문제 유형** KEY 20 문장에서 명사의 위치

In our competitive world, the need for each of us to develop ourselves and maximize our (B) potential on the job is critical.

해설 ① **빈칸 자리 분석:** 빈칸은 our (소유격)의 수식을 받는 명사 자리이다.
② **정답 추론:** 보기 중 명사는 (B) potential(잠재력), (C) potentate(강한 지배자)이다. 문맥상 우리의 '잠재력'을 최대한으로 늘리는 것이므로 정답은 (B)이다.
③ **오답 분석:** (A) potent(힘이 강한)는 형용사이고 (D) potentially(잠재적으로)는 부사이다.

해석 경쟁 사회에서, 우리가 스스로를 개발하고 직업적인 잠재력을 최대화하는 것은 매우 중요하다.

9. **문제 유형** KEY 20 문장에서 명사의 위치

We will continue to use our cash wisely where we can get the best and highest long term (A) returns for our shareholders.

해설 ① **빈칸 자리 분석:** 빈칸은 동사 get의 목적어인 명사 자리이다.
② **정답 추론:** 문맥상 최선의 그리고 가장 높은 장기적 수익을 얻는다는 의미이므로 수익을 의미하는 명사 (A) returns가 정답이다.

해석 우리는 주주들이 최선의 그리고 최대의 장기적 이익을 얻기 위해서 현금을 계속해서 현명하게 사용할 것입니다.

10~13

동료 여러분들께

다음과 같은 초대 편지를 쓰게 되어 감사합니다. 저는 다른 사람들의 10. (A) 지원 덕분에 성공할 수 있었습니다. 다들 아시다시피, 저는 선생님들을 위한 책을 작성하고 있습니다. 이 책의 기본 전제는 선생님으로서 우리가 교육을 할 수 있는 기회가 있으며, 무엇보다 더 중요한 것은 선생님들도 배울 수 있는 영광을 가진다는 것입니다. 만약 우리가 그러한 영광스러운 기회를 인식하기에 직업적으로 그리고 인간성 측면에서 충분하다면, 매일 매일은 우리에게 셀 수 없이 많은 11. (B) 교훈을 선물합니다.
저는 오늘 당신들의 도움을 요청하기 위해서 편지를 씁니다. 이 책은 많은 목소리를 취합한 편집본으로 여겨질 것입니다: 학생들, 선생님들, 선배들, 관리자들 그리고 부모님들. 저는 당신들의 목소리 역시 다른 사람들에게도 12. (C) 전달되기를 겸손하게 요청합니다. www.whatdotheydo.com 사이트에 방문에서 참여 방법을 봐주세요. 이 웹사이트는 2016년 5월 1일부터 6월 30일까지 의견 13. (C) 제출을 위해 열려 있을 것입니다.

저를 위해 여러분들이 해주신 것에 감사드리며
니콜

10. **문제 유형** KEY 20 문장에서 명사의 위치

I am only good at my job because of the (A) support I have from others.

해설 ① **빈칸 자리 분석:** 빈칸은 전치사구인 because of 뒤로 명사가 올 자리이다. 또한, 이 명사는 뒤에서 + (that) + I have from others (목적격 관계대명사절)의 수식을 받고 있다.
② **정답 추론:** 나는 다른 사람들로부터의 '지지자 때문에'가 아니라 나는 다른 사람들의 '지지 덕분에'라는 뜻이므로, 지지, 지원의 의미를 가진 (A) support가 정답이다.
③ **오답 분석:** (D) supporters도 명사이지만 "지지자"라는 뜻이어서, 문맥상 흐름이 어색해 진다. (C) supportive는 형용사이므로, 전치사의 목적어가 될 수 없으며, (B) supporting은 동명사로 뒤에 목적어가 없으므로 정답이 될 수 없다.

11. **문제 유형** KEY 21 가산명사 VS 불가산명사

Each and every day presents us with innumerable (B) lessons if only we are present enough in both our profession and our humanity to recognize them.

해설 ① **빈칸 자리 분석:** 빈칸은 형용사인 innumerable (셀 수 없이 많은)의 수식을 받는 명사이다.

39

② **정답 추론**: innumerable은 "복수명사"와 결합하는 형용사이므로 (B) lessons가 정답이다.
③ **오답 분석**: advice는 불가산명사이므로 -s를 붙일 수 없으므로 (D) advices는 오답이다. innumerable은 셀 수 없이 많다는 의미이므로 (C) advice (불가산명사)와는 결합할 수 없다.

12. **문제 유형**   KEY 17   형용사 역할을 하는 분사

    I humbly request your voice be (C) added to the others.

    해설
    ① **빈칸 자리 분석**: request (that) your voice (should) be 구문이다.
    ② **정답 추론**: 문맥상 "~에 추가되어야만 한다" – 수동의 의미이므로 정답은 (C) added이다.

13. **문제 유형**   KEY 20   문장에서 명사의 위치

    The website will be open for (C) submissions from May 1, 2016 to June 30, 2016.

    해설
    ① **빈칸 자리 분석**: 빈칸은 전치사 for의 목적어인 명사 자리이다.
    ② **정답 추론**: 따라서 정답은 (C), (D)가 될 수 있는데 permission은 불가산명사로, -s가 붙을 수 없으므로 (D)는 정답이 될 수 없다. 따라서, 정답은 (C)이다.

UNIT 9   대명사

Before the Step

1. exercise with regularity
2. eat regular meals
3. regulate the hairstyles of students
4. establish safety regulations
5. have a meeting regularly

Step 1 PRACTICE

1. (A)   2. (B)   3. (A)   4. (A)

1. A manager must assess the capabilities of team members properly and work to develop (A) them to their fullest potential.

   해설 and로 연결된 병렬구조로 문장을 단순화해보면 A manager must assess ~ and work to develop ~이 된다. 주어인 A manager(매니저)가 team members(구성원들)를 assess(평가)하고 develop them(그들을 개발)하는 것이므로 목적격인 them이 올 자리이다.
   오답 주어와 목적어의 대상이 다르므로 재귀대명사 themselves는 정답이 될 수 없다.
   해석 매니저는 팀 구성원들의 능력을 적절히 평가하고 그들의 잠재력을 최대치로 개발하기 위해 일해야 한다.

2. JR Motors Corp has put more effort into an all-electric car instead of expanding (B) its hybrid line-up.

   해설 of(전치사) + expanding(동명사) + 빈칸 + 목적어로, 목적어인 hybrid line-up을 수식할 수 있는 대명사가 와야 한다. 따라서 소유격인 (B)가 정답이다.
   오답 (A) it은 목적격 혹은 주격이므로 명사를 수식할 수 없다.
   해석 JR 모터스사는 하이브리드 라인을 확장하는 것 대신 전기 자동차에 더 많은 노력을 쏟아 부었다.

3. Two Republican candidates attacked each (A) other harshly during the Thursday night's debate at the public library in Conway.

   해설 each other는 '2명이 서로서로'라는 관용 표현이므로 알아두자.

   ● one another: (3명 이상이) 서로서로

   해석 공화당의 두 후보자는 도서관에서 열린 목요일 밤 토론에서 서로를 거칠게 공격했다.

4. If the cars in its (A) other market segments are high-quality, chances are good that its small SUV will also be the same.

   해설 another는 여러 개 중에 또 다른 '하나'를 언급할 때 쓰고, other + 복수명사는 나머지 '여러 가지'를 언급할 때 쓰인다. 뒤에 market segments 복수명사와 같이 나오므로, (A) other가 정답이다.
   오답 another는 단수명사와 결합한다.
   해석 만약 다른 시장 부문에서의 자동차 품질이 좋다면, 그 회사의 소형 SUV 역시 품질이 좋을 가능성이 큽니다.

Step 2 연습문제

1. 올바른 형태 고르기

(1) 문제 유형　KEY 22　대명사의 종류

Any employee who wants to join is welcome regardless of <u>his</u> or her skill level.

- [해설] 전치사 of의 목적어인 명사(skill level)를 수식하는 자리이므로, 소유격 his가 정답이다.
- [해석] 가입을 원하는 직원은 기술 수준에 관계없이 누구든 환영합니다.

(2) 문제 유형　KEY 23　부정대명사

The HR department organized the event to allow new employees to get to know each <u>other</u>.

- [해설] each other는 '(2명이) 서로서로'라는 표현이다.
- [해석] 인력 개발부는 신입 사원들이 서로를 알 수 있는 행사를 기획했다.

(3) 문제 유형　KEY 22　대명사의 종류

We are grateful to all <u>those</u> who worked for the common good.

- [해설] those who는 '~하는 사람들'이라는 표현으로 지시대명사 those는 특정한 사람들을 가리킬 수 있다. 보통 those는 뒤에 who, 현재분사, 과거분사, with를 동반하여 어떤 사람들인지를 설명해 준다.
- [해석] 우리는 공익을 위해 힘써준 모든 사람들에게 감사합니다.

(4) 문제 유형　KEY 23　부정대명사

Most movers only carry your stuff into a truck and drive it from one place to <u>another</u>.

- [해설] 한 장소에서 또 다른 하나의 장소로 옮긴다는 의미이므로 another가 정답이다.
- [오답] 빈칸은 전치사 to의 목적어인 "대명사" 자리이다. other는 대명사로 쓰일 수 없으며, 반드시 뒤에 명사와 결합이 되어야 한다. 반면에 another는 대명사로 쓰일 수 있다.
- [해석] 대부분의 물건을 옮기는 사람들이 당신의 물건을 트럭으로 옮기고, 그것을 다른 장소로 운전해 갑니다.

2. 틀린 부분 찾아 고치기

(1) 문제 유형　KEY 23　부정대명사

He knows when to take the lead and when to follow the instructions of <u>others</u>.

- [해설] 타동사 follow의 목적어 자리이므로, 명사가 들어가야 한다. other는 그 자체로 대명사가 될 수 없고 명사와 결합해야 한다. 반면 others는 'other people'과 같은 의미의 대명사이다. 따라서, the instructions of others(다른 사람들의 지시)라는 문맥을 형성하는 others가 정답이다.
- [해석] 그는 언제 선두에 서고, 언제 다른 사람들의 지시에 따라야 하는지를 알고 있다.

(2) 문제 유형　KEY 22　대명사의 종류

The analyst was talking about the survey results to <u>those</u> who are working on the project.

- [해설] to는 전치사로 '~에게 설명하다'라는 문맥을 형성하고 있으므로 그 이후에는 명사가 필요하다. those who가 '~하는 사람들'이라는 명사로 쓰일 수 있으므로 they가 아닌 those가 와야 한다.
- [해석] 분석가는 프로젝트에 참여하는 사람들에게 설문 조사 결과에 대해 이야기하고 있었다.

(3) 문제 유형　KEY 22　대명사의 종류

He has a wide network of government and corporate contacts that would make <u>him</u> a great asset to your company.

- [해설] 동사 make의 뒤는 동사의 목적어 자리이므로 목적격 대명사인 him이 정답이다.
- [해석] 그는 당신 회사에게 큰 자산이 될 만한 정부측과 기업측에 폭넓은 인맥을 가지고 있습니다.

(4) 문제 유형　KEY 22　대명사의 종류

Ms. Simpson had thought about starting her own business in the past, but it was never something <u>she</u> seriously pursued.

- [해설] something뒤에 목적격 관계대명사가 생략되어 있으므로 절의 "주어"가 와야 한다. 주어 자리에는 주격이 들어가야 하므로 hers를 she로 바꾸어야 한다.

해설 심슨 씨는 과거에는 자신의 사업을 시작할 생각을 했었지만, 진지하게 추진하지는 않았다.

(5) **문제 유형** **KEY 22** 대명사의 종류

In <u>his</u> new role, Mr. Geisler will remain in Houston and will assume full responsibility for all contract and project work in Alaska.

해설 형용사 + 명사 앞에 목적격이 올 수는 없다. 이 자리는 뒤에 오는 명사를 수식할 수 있어야 하므로 소유격인 his가 와야 한다.

해설 가이슬러 씨의 새로운 역할은 휴스턴에 남아서 알래스카의 모든 계약과 프로젝트 업무를 책임지는 것이 될 것이다.

Step 3 실전문제
1. (C) 2. (D) 3. (A) 4. (B) 5. (B) 6. (B) 7. (A)

---

1. **문제 유형** **KEY 22** 대명사의 종류

I called your local service engineer, Mr. Pawar, and explained to (C) <u>him</u> the nature of the problem.

해설 ① **빈칸 자리 분석:** 전치사 to의 목적어 자리이므로 목적격 him이 정답이다.
② **오답 분석:** (A) 주격, (B) 소유격은 전치사의 목적어가 될 수 없고, (D) 재귀대명사는 주어와 목적어가 같을 때 써야 하므로 정답에서 제외된다.

해설 나는 당신의 지역 서비스 기사 파워 씨에게 전화해서 그에게 문제를 설명했다.

2. **문제 유형** **KEY 22** 대명사의 종류

The CEO announced that the new salary plan could impact every level of his organization from (D) <u>himself</u>, down to part-timers.

해설 ① **빈칸 자리 분석:** from A to B는 A부터 B까지 라는 의미로 '자기 자신으로부터, 파트타임 직원들까지'로 해석할 수 있다. 빈칸은 전치사 from의 목적어 자리이다.
② **정답 추론:** 목적격 대명사인 (B) him (D) himself가 정답 후보가 된다. 문맥상 주어인 The CEO가 새로운 임금 정책이 자기자신(The CEO 자신을 의미한)부터 파트타임 노동자들에게까지 영향을 준다고 하였으므로, 주어와 목적어의 대상이 같은 재귀대명사 (D) himself가 정답이다.

해설 CEO는 새로운 임금 정책이 그 자신부터 파트타임 노동자에 이르기까지 조직의 모든 사람들에게 영향을 미칠 수 있다고 발표했다.

3. **문제 유형** **KEY 22** 대명사의 종류

If a domain is not registered after its termination in about 75 days, (A) <u>it</u> will be expired in accordance with our company regulations.

해설 ① **빈칸 자리 분석:** 빈칸은 동사(will be expired) 앞에 나오는 주어 자리이므로 "주격"인 (A), (C), (D)가 정답이 될 수 있다.
② **정답 추론:** 문맥상 '도메인이 종료 후 75 안에 등록되지 않으면, 그것이 만료될 것이다' 라는 문맥이므로, 빈칸은 a domain을 받는 주격의 인칭대명사 "it"이 들어가야 한다.
③ **오답 분석:** (C) 지시대명사 this는 가까이에 있는 대상을 지칭할 때 쓰이며, (D) 부정대명사 one은 정해지지 않은 불특정한 대상을 언급할 때 쓰이는데, 문맥상 그 도메인이 무엇인지 특정할 수 있는 상황이므로 정답은 (A)이다.

해설 도메인이 종료 후 75일 이내로 등록이 되지 않는다면, 회사 내규에 따라 만료될 것입니다.

> ● it VS one
> (1) If you want to buy a ticket, you can get <u>one</u> at the office.
>   (수많은 불특정한 티켓들 중에 하나)
> (2) I bought a ticket and left <u>it</u> in the office.
>   (내가 산 그 티켓 → 특정한 것)

4. **문제 유형** **KEY 22** 대명사의 종류

Mr. Blackford believes that he has a right to know how employees portray (B) <u>their</u> organizations in online social networks.

해설 ① **빈칸 자리 분석:** 빈칸은 동사(portray)의 목적어인 명사(organizations)를 수식하는 소유격 자리이다.
② **정답 추론:** 보기에서 organizations 명사를 수식할 수 있는 대명사는 (B) their 밖에 없다.

해설 블랙포드 씨는 직원들이 온라인 소셜 네트워크에서 그들의 조직을 어떻게 이야기하는 지를 알 권리가 있다고 믿는다.

5~7

재즈 트리오
3월 6일, 오후 4시 15분
노크로포드 센터

크리스 트리오는 2005년에 결성되었다. 크리스 던컨과 닉 존슨은 수년간 함께 연주를 해왔으며, 그들은 그랜트 러셀을 맨체스터 영국북부왕립음악원에서 5.(B) 만났다. 크리스와 닉은 최근에 브래드포드 대학에서 6.(B) 그들의 공부를 마쳤으며, 그랜트 러셀은 대학교 4학년 마지막 학기이다. 이 세 명은 모두 고전적으로 훈련을 받았으며, 힙합, 드럼과 북, 그리고 트립합을 포함한 많은 7.(A) 다른 음악 장르와 재즈에 대한 열정을 공유한다. 이번 공연이 재능 있는 젊은 음악가 세 명의 흥미로운 음악적 결합을 들을 수 있는 좋은 기회가 될 것입니다. 모든 좌석은 미리 예약해야 합니다.

정보: 010-274-2331
이메일: musicbank@chris.com

5. 문제 유형   KEY 02   문장의 동사와 목적어

Chris Duncan and Nick Johnson have been playing together for many years and (B) met Grant Russell at the Royal Northern College of Music in Manchester.

해설 ① 빈칸 자리 분석: 빈칸은 and 병렬구조로 이어지는 "동사 자리"이다.
② 정답 추론: 문맥상 크리스 트리오가 과거 2005년에 형성되었고, 크리스와 닉은 수년간 같이 연주를 해오고 있으며, 그랜트 러셀을 만난 것은 과거의 사실이므로 정답은 과거동사인 (B) met이다.
③ 오답 분석: (C)와 (D)는 동사역할을 할 수 없으므로 정답에서 제외된다. 그리고 (A) meet은 현재 동사인데, 문맥상 지금 만난 것이 아니라, 과거에 만나서 트리오가 형성된 것이므로 "과거동사"가 정답이다.

6. 문제 유형   KEY 22   대명사의 종류

Chris and Nick have recently finished (B) their studies at University of Bradford and Grant Russell is in his fourth and final year at the college.

해설 ① 빈칸 자리 분석: 빈칸은 동사(finish)의 목적어인 studies를 수식하는 소유격 대명사 자리이다.
② 정답 추론: 보기에서 명사를 수식할 수 있는 소유격은 (B) 밖에 없다.

7. 문제 유형   KEY 23   부정대명사

All three are classically trained and share a mutual passion for jazz and many (A) other styles of music including Hip-Hop, Drum & Bass, and Trip-Hop.

해설 ① 빈칸 자리 분석: 빈칸은 뒤에 오는 명사(styles)를 수식하는 형용사 자리이다.
② 정답 추론: (B) others는 대명사로 other styles와 같은 표현이다. (C) another는 단수명사를 수식해야 한다. (D) any는 긍정문에서 쓰이면 '어떤 ~라도'라는 의미가 되어 문맥상 '많은 어떤 스타일이라도 공유했다'는 의미가 되어 어색하므로, '다른 다양한 스타일을 공유했다'의 의미를 가진 (A) other가 정답이다.

UNIT 10   형용사와 부사

Before the Step

1. state and local governments
2. find a location using GPS
3. locate a factory in Rostrevor
4. their headquarters are located in London
5. business trade is done locally

Step 1 PRACTICE

1. (A)   2. (A)   3. (A)   4. (B)   5. (B)   6. (A)
7. (A)   8. (A)

1. Dealers of office supplies are keeping their prices (A) stable, as raw material prices have gone down worldwide.

해설 목적격 보어에 형용사를 취하는 5형식 동사 keep이 쓰인 문장이므로 보어 자리에는 형용사인 (A)가 온다.

해석 사무용품의 원자재 가격이 전세계적으로 내려감에 따라, 상인들은 가격을 안정적으로 유지하고 있다.

2. The anti-GMO movement would have you believe that any food not made in a (A) natural way is inherently bad for you.

   해설 관사 뒤 명사 앞이므로 이 명사를 수식할 수 있는 것은 형용사인 (A)이다.

   해석 유전자 재조합 반대 운동은 자연스러운 방식으로 만들어지지 않는 어떤 음식이라도 본질적으로 나쁘다고 믿도록 한다.

3. Management processes in the company are defined as the function of converting (A) organizational inputs into qualified outputs.

   해설 문장의 본동사가 있고 빈칸이 명사 앞에 있으므로 이를 수식하는 형용사 자리이다.

   해석 회사 내 관리 절차는 조직에서 하는 투자를 그에 걸맞은 산출로 전환하는 기능으로 정의된다.

4. It is very important that managers behave (B) professionally and treat the employees with respect.

   해설 빈칸은 동사 뒤이므로 동사를 수식할 수 있는 부사인 (B)가 와야 한다.

   해석 관리자들이 전문가답게 행동하고 자신들이 관리하는 직원들을 존중해서 대하는 것은 매우 중요한 일이다.

5. You will be paid directly into your bank account on the 25th day of (B) every month.

   해설 가산명사인 month(월) 앞에 올 수 있는 표현을 고르는 문제이다. 급여 지급에 대해 설명하는 문장이므로 명사와 함께 '매달'이라는 의미를 갖는 (B)가 정답이다.

   해석 매달 25일에 은행 계좌로 직접 받게 됩니다.

6. There are only a (A) few revisions necessary and a few typos that need correction.

   해설 빈칸 뒤의 명사에 s가 붙어있으므로 이는 복수 가산명사이므로 (A)가 정답이다.

   해석 몇 가지 수정이 필요하며 정정해야 할 오자가 몇 개 있습니다.

7. There will be a second and final phase of renovations running from early July to (A) late August.

   해설 두 가지 보기 모두 부사로 쓰일 수 있으나 의미가 다르므로 주의해야 한다. (A)는 '늦게', (B)는 '최근에'이다. 8월 말까지 공사를 한다는 문맥이므로 (A)가 정답이다.

   해석 7월 초부터 8월 말까지 두 번째 및 마지막 단계의 수리가 있을 것입니다.

8. Even if your first-years are (A) so intelligent and thoughtful, I can't wait to meet some of the graduate students.

   해설 두 모기 모두 '매우'라는 의미가 있으나 so는 형용사를 수식하며, well은 동사를 수식한다. 빈칸이 형용사 앞에 있으므로 (A)가 정답이다.

   해석 1학년 학생들인데도 그렇게 지적이고 생각이 깊다니, 대학원 학생들도 빨리 만나보고 싶은 심정입니다.

Step 2 **연습문제**

1. 올바른 형태 고르기

(1) 문제 유형   KEY 24   형용사 VS 부사 1

I'd give you some general advice on how to go about constructing the report for grand opening.

해설 빈칸은 명사 앞이므로 이를 수식할 수 있는 형용사 자리이다.

해석 개점 기념행사를 위한 보고서의 구성을 어떻게 할지에 대해서 일반적인 조언 몇 가지를 드리겠습니다.

(2) 문제 유형   KEY 27   주의해야 할 부사

Delegates who have not yet booked their accommodations should send e-mails as soon as possible.

해설 yet과 still은 모두 '아직'이라는 의미로 사용할 수 있으나 문장에서의 위치가 다르다. yet은 부정어인 not 뒤에서, still은 그 앞에서 쓰인다. 빈칸은 not 뒤에 있으므로 yet이 정답이다.

해석 아직 숙박을 예약하지 않은 대표자들께서는 가능한 빨리 이메일을 보내셔야 합니다.

(3) 문제 유형　KEY 27　주의해야 할 부사

The building does not have <u>enough</u> hotel rooms, nor were they designed in a way befitting a five-star hotel.

[해설] 빈칸 뒤에는 명사인 hotel rooms(호텔 객실)가 있으므로 이를 수식할 수 있는 형용사가 올 자리이다. enough는 형용사과 부사의 형태가 같으므로 혼동하지 않도록 주의한다.

> ● 주의!
> enough가 형용사나 부사를 수식할 때는 뒤에서 수식한다.
> ex) I was foolish <u>enough</u> to believe him.

[해석] 그 건물은 호텔 방이 충분하지 않은데다 5성급 호텔에 걸맞게 설계되어 있지도 않았다.

(4) 문제 유형　KEY 24　형용사 VS 부사 1

The CEO announced that the <u>new</u> salary plan could impact every level of his organization from himself, down to part-timers.

[해설] 빈칸은 salary plan "월급 계획" 명사를 수식하는 형용사 자리이므로, 정답은 new이다.

[해석] CEO는 새 급여 제도가 자신부터 비정규직 직원에 이르기까지 사내의 모든 직급에 영향을 줄 수 있다고 발표했다.

---

2. 틀린 부분 찾아 고치기

---

(1) 문제 유형　KEY 24　형용사 VS 부사 1

Employees actually reported a fairly <u>high</u> level of happiness with their working conditions.

[해설] highly는 '높게'라는 의미를 나타내는 부사로 명사를 수식할 수 없다. 명사인 level(수준)을 수식할 수 있는 것은 형용사인 high이다.

[해석] 직원들이 전반적인 근무 조건에 대해서는 꽤 높은 만족도를 보였음을 보고하고 있습니다.

(2) 문제 유형　KEY 24　형용사 VS 부사 1

There will be a second and <u>final</u> phase of renovations running from early July to late August.

[해설] 명사를 수식하는 것은 부사가 아닌 형용사이므로 phase(단계)앞의 finally를 final로 고친다.

[해석] 7월 초부터 8월 말까지 두 번째 및 마지막 단계의 수리가 있을 것입니다.

(3) 문제 유형　KEY 26　수량형용사

Please submit photocopies of <u>all</u> relevant documents to this office ten days prior to your performance review date.

[해설] 명사의 수에 따라 이를 수식할 수 있는 수량형용사가 달라진다. each는 가산명사가 단수로 올 때 이를 수식하는 표현으로 적절하지 않다. 문맥상 관련 있는 모든 서류를 제출하라는 의미이므로 all이 적절하다.

[해석] 성과 검토일 10일 전에 모든 관련 서류의 사본을 이 사무실에 제출하십시오.

(4) 문제 유형　KEY 24　형용사 VS 부사 1

As an entrepreneur for almost two decades, Ms. Rafael brings <u>valuable</u> insight and guidance into each new business sector.

[해설] 동사의 목적어인 명사 insight(통찰력)를 수식하는 자리이므로 형용사가 와야 한다.

[해석] 거의 20년간 사업을 해 온 사람으로서, 라파엘 씨는 각 새로운 사업 영역에서 값진 통찰력과 지도력을 발휘하고 있다.

(5) 문제 유형　KEY 25　형용사 VS 부사 2

It turns out that CEO John Heller was <u>greatly</u> inspired by his mentor at Quickdata Inc., an eccentric programmer named Charles Malloy.

[해설] 형용사는 동사를 수식할 수 없으며 be동사와 동사의 과거분사형 사이에 올 수 없으므로 great를 greatly로 고쳐야 한다.

- **be동사, become 동사 + 형용사**
  단, be동사, become 동사 + 부사 + 형용사의 형태로 출제될 수 있으므로 주의한다.
  (be동사와 형용사 사이에 오는 부사!)

해석 최고경영자인 존 헬러는 그의 스승인 퀵데이터 주식회사의 찰스 멀로이라고 하는 괴짜 프로그래머로부터 크게 영감을 받은 것으로 드러났다.

Step 3 실전문제

1. (A) 2. (C) 3. (A) 4. (D) 5. (B) 6. (C) 7. (D)
8. (C) 9. (A) 10. (B) 11. (D) 12. (B)

1. 문제 유형 KEY 24 형용사 VS 부사 1

Java Global is a (A) leading company engaged in the business of sourcing and processing coffee products.

해설 ① 빈칸 자리 분석: 동사와 명사, 현재분사가 혼합되어 있으므로 알맞은 품사를 고르는 문제이다.
② 정답 추론: 빈칸은 관사 뒤, 명사 앞이므로 형용사 자리이다. 보기 중 형용사 역할을 할 수 있는 것은 현재분사인 (A)이다.

해석 자바 글로벌은 커피 제품의 원료를 공급받아 처리하는 사업에 종사하고 있는 굴지의 회사이다.

2. 문제 유형 KEY 24 형용사 VS 부사 1

Under the agreement, the company has 18 months to plan for construction of an (C) estimated $1 million parking facility.

해설 ① 보기 분석: 동사와 명사, 분사가 혼합되어 있으므로 빈칸에 알맞은 품사를 고른다.
② 빈칸 자리 분석: 빈칸은 관사 뒤, 명사 앞이므로 명사를 수식하는 형용사 자리이다.
③ 정답 추론: 보기 중 형용사 역할을 할 수 있는 것은 분사인 (C)와 (D)인데 백만 달러로 '(추정되는) 견적'이라고 보는 것이 자연스러우므로 (C)가 적절하다.

3. 문제 유형 KEY 24 형용사 VS 부사 1

The city continued to let (A) local businesses follow the architectural guidelines to maintain the city's landscape.

해설 ① 보기 분석: 여러 품사가 혼합되어 있으므로 알맞은 품사를 고르는 문제이다.
② 빈칸 자리 분석: 동사 let의 목적어인 business(기업) 앞에 빈칸이 있으므로 형용사 자리이다. let(사역동사) + local business (목적어) + follow the architectural guidelines ~(목적격 보어)

해석 시에서는 계속해서 현지 기업들이 시의 경관을 유지하도록 건축 지침을 따르게 했다.

4. 문제 유형 KEY 24 형용사 VS 부사 1

If participants cancel their registration one day before the workshop begins, the registration fees are entirely (D) refundable.

해설 ① 보기 분석: 여러 품사가 혼합되어 있으므로 빈칸 자리에 어울리는 품사를 고른다.
② 빈칸 자리 분석: 빈칸은 be동사 뒤이므로 문장의 보어 자리이며 바로 앞의 부사의 수식을 받고 있으므로 형용사인 (D)가 올 자리이다.

- **빈출!**
  be동사 + 부사 + 형용사 구조

해석 참가자가 워크숍이 시작되기 하루 전에 등록을 취소하면, 등록비를 전액 환급 받을 수 있다.

5. 문제 유형 KEY 27 주의해야 할 부사

I'm sorry for taking (B) so long to reply, but I moved out of town thirteen weeks ago after being promoted to district manager at my firm.

해설 ① 보기 분석: 보기가 모두 부사로 사용할 수 있는 어휘들이므로 빈칸 앞뒤를 확인하고 가장 적절한 것을 고른다.
② 문장 분석: 빈칸이 형용사인 long(긴, 오래) 앞에 있으므로 이를 앞에서 강조할 수 있는 부사를 고른다.
③ 정답 추론: (C)는 '유일한'이라는 뜻으로 문맥에 어울리지 않으며 (D)는 '아직'이라는 의미로 주로 부정어구와 함께 사용하므로 적절하지 않다. (A)는 형용사 뒤에서 앞에서는 형용사를 수식할 때 사용하므로 (B)가 정답이다.

해석 답장 드리는 데 시간이 너무 오래 걸려 죄송합니다. 회사에서 지부장으로 승진된 후 13주 전에 다른 도시로 이주해 왔습니다.

6. 문제 유형　KEY 25　형용사 VS 부사 2

   The company will not allow users to see (C) <u>potentially</u> sensitive information in order to protect against data loss and information leaks.

   해설　① **보기 분석:** 여러 품사가 혼합되어 있으므로 빈칸 자리에 어울리는 품사를 고른다.
   ② **빈칸 자리 분석:** 빈칸 뒤에 형용사가 있으므로 이를 수식할 수 있는 부사인 (C)가 정답이다. (A)는 '강한, 센'이라는 의미의 형용사로 다른 보기들과 그 의미가 다른 것에 주의한다.

   해석　그 회사는 자료 손실 및 정보 누수를 막기 위해 이용자들이 민감할 수 있는 정보를 보는 것을 허용하지 않을 것이다.

7. 문제 유형　KEY 27　주의해야 할 부사

   Although labor costs were significantly lower during the last two quarters, the gold mining company (D) <u>still</u> failed to show a profit.

   해설　① **보기 분석:** 보기가 모두 부사로 사용할 수 있는 어휘들로 이루어져 있으므로 빈칸 앞뒤를 확인하고 가장 적절한 것을 고른다.
   ② **빈칸 자리 분석:** 부사절 접속사가 although(~에도 불구하고) 이므로, 상반되는 내용이 와야 한다. 인건비가 내려 갔음에도 불구하고 이윤을 내는 데에 '여전히 실패했다'고 하는 것이 자연스러우므로 이 문맥에 가장 잘 어울리는 것은 (D)이다. (*still은 빈도부사의 위치에 나온다 / 단, 부정어가 있을 경우 부정어 앞에 still이 나온다.)
   ③ **오답 분석:** (A) already '이미'라는 의미의 부사인데, '금광 채굴 회사가 이미 실패했다' 라는 해석은 어색하다. (B) even이 동사를 수식하면 '심지어'라고 해석이 되는데, '심지어 실패했다'도 역시 어색하다. (C) so는 동사가 아닌, 형용사나 부사를 수식하므로 정답에서 제외된다.

   해석　인건비가 지난 2분기 동안 눈에 띄게 낮아졌지만, 금광 채굴 회사는 아직도 이익 실현을 보여 주지 못했다.

8. 문제 유형　KEY 25　형용사 VS 부사 2

   The new device with GPS took minutes to initialize and required a fairly strong signal to work (C) <u>accurately</u>.

   해설　① **보기 분석:** 여러 품사가 혼합되어 있으므로 빈칸 자리에 어울리는 품사를 고른다.
   ② **빈칸 자리 분석:** 빈칸이 문장 맨 뒤이고 바로 앞의 동사를 수식하는 자리이므로 부사인 (C)가 올 자리이다.

   해석　GPS가 달린 새 장치는 초기화하는 데 수 분이 걸렸고, 정밀하게 작동하는 데 상당히 강한 신호가 필요했다.

9. 문제 유형　KEY 27　주의해야 할 부사

   Hopefully, these changes will inspire you to scale to (A) <u>ever</u> greater heights of salesmanship.

   해설　① **보기 분석:** 보기가 모두 부사로 사용할 수 있는 어휘들로 이루어져 있으므로 빈칸 앞뒤를 확인하고 가장 적절한 것을 고른다.
   ② **빈칸 자리 분석:** 빈칸 뒤에 형용사 great(대단한)의 비교급이 있으므로 이를 강조할 수 있는 부사인 (A)가 정답이다. (C), (D)는 빈도 부사이며 (B)는 '아직'이라는 의미로 사용한다.

   해석　이러한 정책 변경으로 여러분이 판매 기술을 유례없이 높은 수준으로 올릴 수 있기를 기대하는 바입니다.

   > ● 빈출!
   > ① 비교급 수식부사 – much, even, ever, still, far, a lot + 비교급er / more
   > ② 최상급 수식부사 – the single / only / very + 최상급 형태

10~13

> 제이테크, 신임 이사 선출
>
> 뉴저지 주, 웨스트 패터슨의 제이테크 주식회사는 오늘 회사 이사회에서 토마스 라벗 씨를 신임 이사로 선출했다고 발표했다.
>
> 라벗 씨는 군 복무 후 1977년 FMC 사(社)에서 10. (B) 업계 경력을 쌓기 시작해서 다양한 운영 리더 직위에 오르다가, 1993년에 FMC 방위 시스템 그룹의 부사장 겸 총무부장이 되었다. 11. (D) 이어 이 회사가 칼라일 그룹에 의해 인수되어 라벗 씨는 이 회사의 사장이자 CEO가 되었다. 라벗 씨는 여러 가지 성공적인 인수뿐 아니라 새 플랫폼의 도입과 함께 회사의 성장을 이끌었다. 2005년에 이 회사는 BAE 시스템즈에 매각되었으며, 라벗 씨는 랜드 그룹의 첫 번째 사장으로 임명되었다.

회장이자 최고경영자인 데이빗 릴리는 "톰이 제이테크의 이사회에 합류하게 되어 매우 기쁘며, 자신의 광범위한 사업 및 경영 지식과 경험을 활용해 제이테크의 성공적인 성장을 이어나가는 데 12.(B) 그가 큰 기여를 할 것으로 기대합니다"라고 말했다.

10. 문제 유형 　KEY 24　형용사 VS 부사 1

Mr. Rabaut, after his military service, started his (B) industrial career with FMC Corporation in 1977 and held a variety of operational leadership positions to become in 1993 the Vice President and General Manager of the FMC Defense Systems Group.

해설
① **보기 분석:** 여러 품사가 혼합되어 있으므로 빈칸 자리에 어울리는 품사를 고른다.
② **문장 분석:** 빈칸 뒤에 명사가 있으므로 이를 수식할 수 있는 형용사인 (B)가 정답이다.
③ **오답 분석:** (C) industrious도 형용사이지만, 의미가 "근면한"이라는 의미이므로, 문맥상 어색하다.

11. 문제 유형 　KEY 25　형용사 VS 부사 2

(D) Subsequently, the business was acquired by the Carlyle Group, and Mr. Rabaut became President and CEO of this business.

해설
① **보기 분석:** 여러 품사가 혼합되어 있으므로 빈칸 자리에 어울리는 품사를 고른다.
② **문장 분석:** 문장 맨 앞에서 문장 전체를 수식하고 있는 자리이므로 부사인 (D)가 정답이다.

12. 문제 유형 　KEY 14　동명사의 역할

"We are delighted that Tom is joining J-Tech's Board of Directors and look forward to his (B) making significant contribution to the continuing successful growth of J-Tech by utilizing his extensive business and operating knowledge and experience."

해설
① **빈칸 자리 분석:** 전치사 to의 목적어 자리이므로 "동명사" 자리이다.
② **정답 추론:** 전치사의 목적어 자리는 "동명사"만 가능하다. (to부정사는 전치사의 목적어가 될 수 없다)

UNIT 11　　명사절 접속사

Before the Step

1. need time to <u>convince</u> them
2. her explanation sounds <u>convincing</u>
3. both groups argued <u>convincingly</u>
4. I'm <u>convinced</u> we can do it.
5. try to <u>convince</u> me <u>of</u> his words

Step 1 PRACTICE

1. (A)　2. (B)　3. (B)　4. (B)

1. There is no doubt on (A) who will be promoted to the managing director in the next quarter.

해설 빈칸은 전치사 뒤이므로 전치사의 목적어 역할을 할 수 있는 명사절이 올 자리이다. 문맥상 '누가' 다음 분기에 상무 이사가 될지 의심의 여지가 없다는 내용이므로 (A)가 정답이다.

● **오답 point!**
명사절 that은 뒤에 완전한 문장이 나온다.

해석 다음 분기에 누가 상무 이사로 승진할 것인지에 대해서는 의심의 여지가 없다.

2. During the flight, cabin crews continuously check on each passenger and ensure (B) that they have everything they need.

해설 동사인 ensure의 목적어 역할을 할 명사절이 필요한 자리이다. 두 보기 모두 명사절을 이끌 수 있지만 빈칸 뒤에 완전한 문장이 나오고 있으므로 (B)가 적절하다.

해석 비행 중, 기내 승무원들은 각 승객을 끊임없이 점검하면서 승객들이 필요한 모든 것을 받도록 한다.

3. The problem is (B) that orders have their own database and computer system.

해설 be동사 is의 뒤이고 빈칸 뒤에 완전한 문장이 나오고 있으므로 문장의 보어 역할을 할 수 있는 명사절 접속사 자리이다. what은 그 이하에 불완전한 문장이 오므로 (B)가 정답이다.

해석 문제는 주문들이 고유의 데이터베이스와 컴퓨터 시스템을 갖고 있다는 것입니다.

4. The company is asking employees for idea on (B) how to improve working conditions and other facilities.

> 해설 빈칸이 전치사 뒤이므로 전치사의 목적어 자리이다. 의문사 + to부정사가 명사처럼 쓰일 수 있다. 문맥상 '~하는 방법'에 대한 아이디어를 묻고 있는 상황이므로 (B)가 더 자연스럽다.

> 해석 회사는 직원들에게 근무 조건과 다른 시설들을 업그레이드하는 방법에 대한 아이디어를 묻고 있다.

Step 2 연습문제

1. 올바른 형태 고르기

(1) 문제 유형 KEY 28 명사절 접속사

Please ensure that any attachments are in proper form.

> 해설 동사 ensure의 목적어 역할을 할 명사절이 올 자리이며 빈칸 뒤에 완전한 문장이 오고 있으므로 that이 적절하다.

> 해석 모든 첨부 문서가 적절한 형태인지 확인해 주세요.

(2) 문제 유형 KEY 28 명사절 접속사

I just wanted to let everyone know that I'll be on vacation.

> 해설 동사 know의 목적어 역할을 할 수 있는 명사절이 올 자리이다. 두 접속사 모두 명사절 접속사로 쓰일 수 있으므로 문맥상 더 자연스러운 것을 고른다. '휴가를 가는 것'을 이라고 하는 것이 '~인지 아닌지'보다 더 자연스럽다. 따라서 that이 정답이다.

> 해석 저는 단지 여러분 모두에게 제가 휴가를 갈 예정이라는 것을 알려드리고 싶습니다.

(3) 문제 유형 KEY 29 주의해야 할 명사절

I'd give you some general advice on how to go about constructing the press release, though.

> 해설 전치사 on의 목적어 자리이다. 의문사 + to부정사가 명사 역할을 할 수 있으므로 '어떻게 ~할지'의 문맥을 이루는 how가 적절하다.

- 오답 point!
  what to + 동사원형: 무엇을 ~할지

> 해석 그렇지만, 저는 그 언론 공개 자료를 어떻게 구성할 것인지에 대해 일반적인 조언을 드리고자 합니다.

(4) 문제 유형 KEY 29 주의해야 할 명사절

The emergency manual explains where you can find oxygen masks in case of fire.

> 해설 산소 마스크를 찾을 수 있는 '곳'이라는 문맥이므로 where가 적절하다.

> 해석 긴급상황 매뉴얼은 화재 시에 사용할 수 있는 산소 마스크가 어디에 있는지 설명한다.

2. 틀린 부분 찾아 고치기

(1) 문제 유형 KEY 29 주의해야 할 명사절

Please let Mr. Hirdesh know whether you could attend the Friday's banquet or not.

> 해설 동사 know의 목적어 역할을 할 명사절을 이끌 수 있는 접속사이자, or not과 결합할 수 있는 것은 whether이다.

> 해석 하데쉬 씨에게 금요일 연회에 참석할 수 있는지 여부를 알려 주세요.

(2) 문제 유형 KEY 28 명사절 접속사

The inspectors need to check if the newly built restaurant requires extra renovations.

> 해설 목적어 역할을 하는 명사절 접속사가 필요하며 추가적인 공사가 '필요한지'의 불확실한 상황을 점검할 필요가 있는 것이므로 if가 적절하다.

> 해석 그 조사관은 새로 지어진 음식점이 추가 보수 공사를 필요로 하는지 확인할 필요가 있다.

(3) 문제 유형 KEY 29 주의해야 할 명사절

The issue of when the new executives takes over their responsibilities will be subject to further discussions.

> 해설 업무를 맡게 되는 것은 특정한 시점이어야 하므로 '언제든지'가 아닌 '언제'라는 의미의 when이 오는 것이 적절하다.

해석 새로운 경영진들이 언제 그들의 업무를 맡게 될 것인지의 문제가 추가 논의의 대상이 될 것이다.

(4) 문제 유형   KEY 26   수량형용사

The senate voted 27-26 to approve the motion, which lets workers choose for themselves <u>whether</u> to join a labor union.

해설 whether는 명사절 접속사로 절을 이끌기도 하지만 to부정사와 결합하기도 한다. if는 그 의미는 동일하지만 to부정사와 결합할 수는 없다.

해석 상원 의원들은 근로자가 노동 조합에 가입할 것인지의 여부를 그들 스스로 선택하게 하는 법안을 27 대 26으로 승인했다.

(5) 문제 유형   KEY 29   주의해야 할 명사절

All of you are required to pay close attention to <u>what</u> to check on the facilities listed below.

해설 조사 대상이 '무엇인지' 특정한 대상에 주의를 기울이는 것이 자연스러우므로 whatever가 아닌 what이 와야 한다.

해석 여러분 모두는 아래에 나열된 시설들에 대해 무엇을 확인할 것인지에 주의를 기울여 주셔야 합니다.

Step 3 실전문제

1. (B)   2. (D)   3. (B)   4. (D)   5. (B)   6. (A)   7. (C)
8. (D)   9. (D)   10. (D)   11. (C)   12. (C)   13. (A)

---

1. 문제 유형   KEY 29   주의해야 할 명사절

Before hiring another worker, an employer must be convinced (B) <u>that</u> the added productivity will exceed the added cost.

해설 ① 보기 분석: 보기가 다양한 접속사로 이루어져 있으므로 빈칸 이후를 확인하여 적절한 것을 고른다.
② 빈칸 자리 분석: 빈칸 이후에 완전한 문장이 오고 있으므로 (A)는 답이 될 수 없다.
③ 정답 추론: 고용하기 전에 '~라는 것을 확신해야' 하는 것이므로 의문사 보다는 (B)가 가장 적절하다.

해석 또 한 명의 직원을 채용하기에 앞서 고용주는 증대되는 생산성이 추가되는 비용을 넘어설 것이라는 확신이 서야 한다.

2. 문제 유형   KEY 29   주의해야 할 명사절

Workers need to be aware of (D) <u>what</u> the company aims for in the end to effectively accomplish tasks that the employer gives them.

해설 ① 보기 분석: 보기가 다양한 접속사로 이루어져 있으므로 빈칸 이후를 확인하여 적절한 것을 고른다.
② 빈칸 자리 분석: 빈칸 이후의 문장이 완전하지 않으므로 이 절을 이끌 수 있는 것은 (D) what뿐이며, '~하는 것'이라고 해석한다.

해석 근로자들은 고용주가 자신들에게 부과한 업무를 효율적으로 수행하기 위해서 회사가 무엇을 목표로 하는지를 알 필요가 있다.

3. 문제 유형   KEY 28   명사절 접속사

We know (B) <u>that</u> your company is one of several local suppliers of fertilizer to the agricultural communities in this state.

해설 ① 보기 분석: 보기가 다양한 접속사와 전치사로 이루어져 있으므로 빈칸 이후를 확인하여 적절한 것을 고른다.
② 빈칸 자리 분석: 빈칸 이후에 주어와 동사를 갖춘 완전한 문장이 오고 있으므로 전치사인 (C)는 답이 될 수 없다. 동사 know의 목적어 역할을 할 수 있는 명사절 자리이므로 부사절 접속사인 (A) while 역시 답이 될 수 없다.
③ 정답 추론: '~라는 것을 알고 있다'는 문장이므로 (B) that이 가장 적절하다.

해석 귀사가 이 주에서 농촌 지역사회에 화학 비료를 제공하는 몇 개의 지역 업체 가운데 하나인 것을 알고 있습니다.

4. 문제 유형   KEY 29   주의해야 할 명사절

If the authorities wish to know (D) <u>where</u> I obtained my information, they could bring great pressure to bear on the entire newspaper if I do not share my sources.

해설 ① 보기 분석: 모두 접속사로 사용할 수 있으므로 빈칸 이후를 확인하여 적절한 것을 고른다.
② 빈칸 자리 분석: 동사 know의 목적어 역할을 할 명사절 자리이다. 빈칸 이하에 완전한 문장이 오고 있으므로 (A)는 답이 될 수 없다.

③ **정답 추론:** 빈칸 이후에 '제가 정보원(취재원)을 공유하지 않으면'이라고 하고 있으므로 정보의 출처가 어디인지를 당국이 알고 싶어한다는 문맥이 가장 자연스럽다. 따라서 정답은 (D)이다.

해석 당국이 제가 정보를 어디서 구했는지 알고 싶어하는 경우 제가 취재원을 공유하지 않으면 신문사 전체에 큰 압력을 가할 수도 있을 것입니다.

5. 문제 유형   KEY 28   명사절 접속사

It is normal that you're going to start taking signals you see and hear about (B) what people think about you.

해설 ① **보기 분석:** 보기가 전치사와 접속사로 이루어져 있으므로 빈칸 이후를 확인하여 가장 적절한 것을 고른다.
② **문장 분석:** 빈칸 앞에 이미 전치사 about이 있으므로 (A)는 답이 될 수 없다. about의 목적절을 이끌 수 있는 (B)가 오는 것이 가장 적절하다.

해석 사람들이 당신을 어떻게 생각하고 있는지에 대해 당신이 보고 듣는 신호들을 신경쓰기 시작하는 것은 자연스러운 일이다.

6. 문제 유형   KEY 28   명사절 접속사

Please let Ms. Singh at the accounting department know (A) if you want a reimbursement or not to proceed with the related process.

해설 ① **보기 분석:** 보기가 다양한 접속사와 전치사로 이루어져 있으므로 빈칸 이후를 확인하여 적절한 것을 고른다.
② **빈칸 자리 분석:** 빈칸 뒤에 완전한 문장이 오고 있으므로 (B)는 적절하지 않다. 빈칸 이후에 or not이 오고 있는 것으로 보아 '~인지 아닌지' 불확실한 상황을 다루고 있으므로 (A)가 정답이다.

해석 관련 과정을 진행하기 위해서 회계 부서의 싱 씨에게 당신이 보상을 원하는지 아닌지를 알려주세요.

7. 문제 유형   KEY 28   명사절 접속사

The director of CS department was in charge of holding the seminar in order to inspect (C) why our guests revealed disappointments consistently.

해설 ① **보기 분석:** 모두 접속사로 사용할 수 있으므로 빈칸 이후를 확인하여 적절한 것을 고른다.
② **빈칸 자리 분석:** 동사 explain의 목적어 역할을 할 수 있는 명사절 자리이다. 고객들이 불만을 드러내는 '이유'를 조사한다고 하는 것이 문맥상 가장 자연스럽다.

해석 고객 서비스 부서의 부장이 왜 우리의 고객들이 지속적으로 불만을 드러내는지를 조사하기 위한 세미나 주최를 담당하고 있다.

8. 문제 유형   KEY 29   주의해야 할 명사절

(D) Whatever the managing director intends you to do will be helpful for your interpersonal relationships as well as for your own career.

해설 ① **보기 분석:** 보기가 모두 '~하든'으로 해석할 수 있는 복합관계대명사로 이루어져 있으므로 빈칸에 가장 알맞은 것을 고른다.
② **빈칸 자리 분석:** 사람 명사는 이미 있고 '어떤 것'을 시키려고 하는 상황이므로 (D) '어떤 것이든'이 가장 자연스럽다.

해석 상무이사가 네게 시키려고 하는 것이 무엇이든 너 자신의 경력뿐만이 아니라 대인 관계에도 도움이 될 것이다.

9. 문제 유형   KEY 28   명사절 접속사

We have to decide (D) whether to comply with their request, or else to tell them we are not prepared to do it unless they are prepared to go over budget.

해설 ① **보기 분석:** 보기는 모두 접속사이므로 문맥상 가장 자연스러운 것을 고른다.
② **빈칸 자리 분석:** 빈칸 이후를 확인하여 적절한 것을 고른다. 보기 모두 to부정사와 결합할 수 있으므로 문맥상 가장 자연스러운 것을 고른다.
③ **정답 추론:** 동사 decide(결정하다)의 목적어 역할을 하는 명사절이고, '~인지 아닌지'를 결정해야 한다는 문맥인 (D)가 적절하다.

해석 그들의 요청에 응해야 할지, 아니면 그들이 예산을 검토해 볼 준비가 되어 있지 않으면 우리도 그것을 할 준비가 되어 있지 않다고 말해 줘야 할지 결정해야 합니다.

10~13

온천 코디네이터(책임자) 구함

바스의 더마 온천은 코디네이터 자리를 맡을 매우 의욕적인 사람을 구하고 있습니다. 저희는 시설에 방문하시는 각각의 모든 고객 여러분들에게 질 높은 배려를 제공하며 특급의 고객 서비스를 제공하고 있는 10. (D) 저희 스스로를 자랑스럽게 여깁니다.
예약 일정을 조정과 출납을 담당하는 업무 외에, 이 직책은 고객들과 온천의 기술자들을 11. (C) 도움으로써 온천의 일일 운영을 감독하는 것을 포함하고 있습니다. 이는 안내 데스크에서 근무하는 것과, 온천의 제품들의 재고 관리, 궁금해하는 고객들에게 온천 제품의 안내를 제공하는 것을 포함하고 있습니다. 코디네이터는 고객들에게 제공할 수 있는 모든 제품과 서비스뿐 아니라 온천 내 컴퓨터 소프트웨어에 대해 이해하고 있을 12. (C) 책임이 있습니다.
자격을 갖춘 후보 여러분들은 이력서와 연봉 요구 조건을 therma@spa bath.com로 이메일을 보내 주십시오. 13. (A) 언제 연락이 가능한지 표시하는 것을 잊지 마세요.

10. 문제 유형 KEY 22 대명사의 종류

We pride (D) ourselves in delivering 5-star customer service and quality care to each and every client who enters our facility.

해설
① 보기 분석: 보기가 다양한 격의 대명사로 이루어져 있으므로 문장을 확인하여 빈칸에 어떤 대명사가 필요한지를 확인한다.
② 빈칸 자리 분석: 빈칸은 문장의 목적어 자리인데, 주어와 목적어가 그 대상이 같으므로 재귀대명사인 (D)가 정답이다.

11. 문제 유형 KEY 14 동명사의 역할

Beyond the responsibility of scheduling appointments and cashiering, the position also entails overseeing the day-to-day operations of the spa by (C) assisting clients and spa technicians.

해설
① 보기 분석: 보기가 다양한 품사로 이루어져 있으므로 문장을 확인하여 적절한 품사를 고른다.
② 문장 분석: 빈칸은 전치사 뒤이므로 전치사의 목적어 역할을 할 수 있는 동명사 (C)가 정답이다.

12. 문제 유형 KEY 24 형용사 VS 부사 1

The coordinator is (C) responsible for obtaining a complete understanding of the spa's computer software, as well as all products and services available to clients.

해설
① 문장 분석: 보기가 다양한 품사로 이루어져 있으므로 문장을 확인하여 적절한 품사를 고른다.
② 빈칸 자리 분석: 빈칸은 be동사 뒤이므로 형용사 자리이다.
③ 정답 추론: 보기 중 전치사는 (C)와 (D)가 있는데 빈칸 뒤의 전치사와 함께 'be responsible for (~에 책임이 있다) 구문이므로 정답은 (C)이다.

13. 문제 유형 KEY 28 명사절 접속사

Do not forget to indicate (A) when you're available for contact.

해설
① 보기 분석: 보기는 접속사와 복합관계대명사로 이루어져 있으므로 문장을 확인하여 가장 적절한 것을 고른다.
② 문장 분석: 빈칸 뒤에 '연락이 가능한'이라고 하고 있으므로 어느 시점에 연락이 가능한지를 알려달라는 내용이 오는 것이 자연스럽다. 따라서 정답은 (A)이다.

UNIT 12 부사절 접속사

Before the Step

1. this restaurant's specialty
2. a specialist in international law
3. a special case
4. specialize in repairing vehicles
5. specially designed for pets

Step 1 PRACTICE

1. (A)　2. (A)　3. (A)　4. (B)

1. Our policy is to offer refunds to customers (A) if the item is not damaged and is returned within 30 days of the purchase.

해설 빈칸 앞에서 방침을 설명하고 있고, 뒤에서는 손상되지 않고 30일 이내에 반환되는 등의 조건이 나오고 있으므로 if(~라면)이 정답이다.

해석 상품이 손상되지 않았고 구매한 지 30일 이내에 반환되는 것이라면 고객들에게 환불해 주는 것이 우리의 방침이다.

2. Robots could conduct research in space much more efficiently, (A) as they do not need life-support systems or to return home.

해설 빈칸 앞에서 로봇이 사람보다 더 일을 잘 할 수 있다고 하였고, 그 이후에는 로봇은 집에 돌아갈 필요가 없다고 '이유'를 설명하고 있으므로 (A)가 정답이다.

해석 로봇들은 생명 유지를 위한 시스템이 필요하거나 집에 돌아갈 필요가 없기 때문에 우주에서 훨씬 더 효과적으로 조사 작업을 할 수 있을 것이다.

3. Roberta got the promotion (A) because she did the wonderful work in the advertising department.

해설 접속사와 전치사를 비교하는 문제로 빈칸 이후가 주어와 동사를 갖춘 완전한 문장이므로 접속사인 (A)가 정답이다.

해석 로베르타는 광고부에서 업무를 훌륭하게 수행했기 때문에 승진하게 된 것입니다.

4. The new plane has a detachable cabin which can be separated from the aircraft (B) in case of an emergency.

해설 접속사와 전치사를 비교하는 문제로 빈칸 이후에 명사가 있으므로 전치사인 (B)가 정답이다.

해석 분리가 가능한 객실이 있는 새로운 비행기는 위급 상황에 기체로부터 분리될 수 있다.

Step 2 연습문제

1. 올바른 형태 고르기

(1) 문제 유형   KEY 30   부사절 접속사

We advise you to repeat your work routine until you fully comprehend it.

해설 접속사의 앞뒤에 나오는 절의 관계에 따라 접속사를 선택한다. 완전히 이해한다면, 반복할 필요가 없어지므로 if는 적절하지 않다. 완전히 이해할 때까지, 반복하라는 문맥을 이루는 until이 적절하다.

해석 완전히 이해할 때까지, 업무 일정을 반복하실 것을 권고해 드립니다.

(2) 문제 유형   KEY 30   부사절 접속사

Please finish your paperwork by the time the agent arrives to review it.

해설 직원이 도착해서 리뷰를 하기 전까지 끝내야 하는 것이므로 while(~하는 동안, 반면에)보다는 by the time(~할 때까지는)이 적절하다.

해석 직원이 도착해서 검토할 때까지는 서류 작업을 끝내주십시오.

(3) 문제 유형   KEY 30   부사절 접속사

When our staff had confirmed the details of your online orders, we found out your shipping address was not valid.

해설 직원이 확인을 해서, 문제를 발견한 상황이므로 when(~할 때)이 적절하다. Once는 '일단 ~하면'이라는 의미로 문맥에 어울리지 않는다.

해석 저희 직원들이 귀하의 온라인 주문 내역을 확인하였을 때, 저희는 귀하의 배송 주소가 올바르지 않다는 것을 발견했습니다.

(4) 문제 유형   KEY 31   접속사와 다른 품사

As soon as a brief introduction is over, go on to discuss the commercial aspects of the business.

해설 접속사와 전치사 자리를 구분하는 문제로, 빈칸 이후에 주어와 동사가 있는 완전한 절이 오고 있으므로 접속사인 as soon as가 올 자리이다.

해석 간단한 소개가 끝나자마자 사업의 상업적인 측면에 대한 논의를 진행해 주세요.

2. 틀린 부분 찾아 고치기

(1) 문제 유형   KEY 31   접속사와 다른 품사

The date of shipment has been delayed since one of the items was out of stock.

해설 전치사는 명사나 명사구 앞에, 접속사는 주어와 동사가 있는 절 앞에 사용한다. due to(~때문에)는 전치사구이므로 유사한 의미인 since, as, 혹은 because가 적절하다.

해석 제품 중 하나가 재고가 없기 때문에 배송이 미뤄지고 있습니다.

(2) 문제 유형 KEY 30 부사절 접속사

Even though one of our employees reported errors on his pay slip, his employer ignored it.

해설 콤마(,) 기준으로 두 개의 절의 내용이 상반되어 있으므로, '~에도 불구하고'라는 의미의 양보의 접속사인 even though, though, although 등이 와야 한다.

해석 직원 중 한 명이 그의 급여 명세서에 오류가 있다고 보고했음에도 불구하고 그의 상사는 이를 무시했다.

(3) 문제 유형 KEY 31 접속사와 다른 품사

All workers record their daily performances in detail <u>so that</u> they get bonuses for their extra achievements.

해설 두 절은 서로 행동과 그 원인이라고 볼 수 있으므로 '~하기 위해서'라는 의미인 so that, in order that이 적절하다.

해석 모든 직원들은 초과 성과에 대해 보너스를 받기 위해 그들의 일일 업무를 자세하게 기록한다.

(4) 문제 유형 KEY 30 부사절 접속사

The executives intend to approve of the research proposal, <u>whereas</u> CEO wants to reject it due to over budget.

해설 두 절의 내용이 상반되므로 '반면에'라는 의미를 갖는 whereas, while 등이 오는 것이 알맞다.

해석 경영진들은 그 연구 계획서를 승인할 의도였으나 최고 경영자는 예산 초과를 이유로 이를 거절했다.

(5) 문제 유형 KEY 31 접속사와 다른 품사

<u>Because of</u> the remodeling in the airport, passengers are advised to arrive early for flights in anticipation of possible crowds.

해설 앞뒤의 내용이 서로 인과 관계이므로 because of, due to, 혹은 owing to가 오는 것이 알맞다.

해석 공항의 개축 작업으로 인해, 승객들은 사람이 많을 것을 예상하여 비행기 탑승을 위해 일찍 도착하는 것이 좋다.

Step 3 실전문제

1. (B) 2. (C) 3. (D) 4. (B) 5. (B) 6. (C) 7. (C)
8. (A) 9. (D) 10. (C) 11. (B) 12. (D)

---

1. 문제 유형 KEY 31 접속사와 다른 품사

(B) **Though** his prior experience qualifies him for the position, his reputation among colleagues is also crucial in the promotion.

해설 ① 보기 분석: 보기에 접속사와 전치사가 혼합되어 있으므로 문장을 확인하여 빈칸에 적절한 품사가 무엇인지 찾는다.
② 빈칸 자리 분석: 빈칸 이후에 주어, 동사를 갖춘 절이 오고 있으므로 접속사 자리이다. 따라서 전치사인 (A) '~에도 불구하고'와 (D) '~때문에'는 답이 될 수 없다.
③ 문맥 확인: 두 문장을 인과관계라고 보기는 어려우므로 (C) '~때문에'는 답이 될 수 없고 (B) '~이기는 하지만'이 오는 것이 가장 자연스럽다.

● (A)와 (B)처럼 의미가 유사하지만 품사가 다른 보기들에 주의해야 한다.

해석 그의 이전 경력은 그 직책에 적합하지만, 그에 대한 동료들의 평판 또한 승진에 있어서 중요하다.

2. 문제 유형 KEY 30 부사절 접속사

When you receive your order, do not throw away packing materials and an attached receipt (C) <u>in case</u> you wish to return or exchange an item.

해설 ① 보기 분석: 보기가 모두 접속사이므로 문맥을 확인하여 가장 자연스러운 것을 고른다.
② 문맥 확인: 포장지를 버리지 말라는 주의 사항은, 교환이나 환불을 원하게 될 '경우에'라고 하는 것이 가장 자연스럽다. 따라서 (C) '~할 경우를 대비하여'가 정답이다.

오답 (A) 마치 ~처럼 (B) 반면에 (D) ~하지 않으면

해석 주문한 상품을 받으실 때에는 교환하거나 환불을 원하시게 될 것에 대비하여 포장재와 영수증을 버리지 마세요.

3. **문제 유형 KEY 31 접속사와 다른 품사**

(D) Even though the company faced financial difficulties, it did not stop creative attempts to develop new products.

해설
① **보기 분석:** 보기에 접속사와 전치사가 혼합되어 있으므로 문장을 확인하여 빈칸에 적절한 품사가 무엇인지 찾는다.
② **문장 분석:** 빈칸 이후에 주어, 동사를 갖춘 절이 오고 있으므로 접속사 자리이다. 따라서 전치사인 (A) '~을 제외하고'와 (C) '~하자마자'는 답이 될 수 없다.
③ **문맥 확인:** 재정 위기에도 불구하고 계속해서 창의적인 시도를 하고 있다는 문맥이 되어야 하므로 (D) '~에도 불구하고'가 정답이다.

오답 (B) ~하는 한
해석 회사는 재정적인 어려움에도 불구하고, 새로운 제품을 개발하기 위한 창의적인 시도를 멈추지 않았다.

4. **문제 유형 KEY 30 부사절 접속사**

(B) Because her health issues were complex, the CEO announced her decision to turn the position over to Mr. Martinez.

해설
① **보기 분석:** 보기가 모두 접속사이므로 문맥을 확인하여 가장 자연스러운 것을 고른다.
② **문맥 확인:** 건강 문제가 심각한 것은 그녀가 자리를 다른 사람에게 넘기는 이유가 될 수 있으므로 (B) '~때문에'가 정답이다.

해석 그녀의 건강 문제가 복잡했기 때문에, 그 최고 경영자는 자리를 마르티네즈에게 넘기겠다고 발표했다.

5. **문제 유형 KEY 31 접속사와 다른 품사**

The company decided to waive its legal rights (B) since it planned to receive funds from the government to avoid bankruptcy.

해설
① **보기 분석:** 보기에 접속사와 전치사가 혼합되어 있으므로 문장을 확인하여 빈칸에 적절한 품사가 무엇인지 찾는다.
② **문장 분석:** 빈칸 이후에 주어, 동사를 갖춘 절이 오고 있으므로 접속사 자리이다. 따라서, 전치사인 (A) '~때문에'와 (D) '~에 관련하여'는 답이 될 수 없다.
③ **문맥 확인:** 접속사인 (B)와 (C)가 답이 될 수 있다. 법적인 권리를 포기하기로 한 이유가 빈칸 이후에 나오고 있으므로 (B) '~때문에'가 정답이다.

오답 (C) ~인 경우에
해석 회사는 법적인 권리를 포기하기로 결정했는데 이는 파산하는 것을 피하기 위해 정부로 부터 지원금을 받기로 했기 때문이다.

6. **문제 유형 KEY 31 접속사와 다른 품사**

(C) During the seminar, the company's specialists led several mini-workshops to demonstrate advances in today's farm management technology.

해설
① **보기 분석:** 보기에 접속사와 전치사가 혼합되어 있으므로 문장을 확인하여 빈칸에 적절한 품사가 무엇인지 찾는다.
② **문장 분석:** 빈칸 이후에는 명사만 있으므로 접속사가 아닌 전치사 자리이다. 따라서 접속사인 (A) '반면에'와 (B) '~한다면'은 답이 될 수 없다.
③ **문맥 확인:** 빈칸 뒤에 오는 명사가 '세미나'이므로 (C) '~하는 동안'이 가장 적절하다.

오답 (D) ~일자로
해석 세미나는 하는 동안, 회사의 전문가들이 오늘날 농장 관리 기술의 발전을 보여주기 위한 소규모 워크샵을 이끌었다.

7. **문제 유형 KEY 31 접속사와 다른 품사**

(C) Although labor costs were significantly lower during the last two quarters, the gold mining company still failed to show a profit.

해설
① **보기 분석:** 보기에 접속사와 전치사가 혼합되어 있으므로 문장을 확인하여 빈칸에 적절한 품사가 무엇인지 찾는다.
② **빈칸 자리 분석:** 빈칸 이후에 주어, 동사를 갖춘 절이 오고 있으므로 접속사 자리이다. 전치사인 (B) '~없이'나 (D) '~에도 불구하고'는 답이 될 수 없다.
③ **문맥 확인:** 고용 비용 감소에도 불구하고 이윤을 내지 못했다고 보는 것이 자연스러우므로 (C) '~에도 불구하고'가 정답이다.

● (C)와 (D)처럼 의미가 유사하지만 품사가 다른 보기들에 주의해야 한다.

오답 (A) ~을 제외하면
해설 지난 2분기 동안 고용비용이 현저하게 감소했음에도 불구하고 금광 회사는 여전히 이윤을 내지 못하고 있다.

8. **문제 유형** KEY 31 접속사와 다른 품사

(A) Once completed, the world's first vertical cable car will transport passengers over 100m up, making it the world's highest observation platform.

해설 ① **보기 분석**: 보기에 접속사와 전치사가 혼합되어 있으므로 문장을 확인하여 빈칸에 적절한 품사가 무엇인지 찾는다.
② **빈칸 자리 분석**: 빈칸 이후에 있는 completed는 명사가 아닌 분사로 접속사가 생략되지 않고 남아있는 형태의 분사구문이다.
③ **문맥 확인**: (A)는 '일단 ~하고 나면'이라는 의미가 되고 (B)는 '~때문에'이다. 문맥상 (A)가 오는 것이 더 자연스럽다.

오답 (C) (전치사) ~에 관해   (D) (전치사) ~이상, 지나
해설 일단 완공되고 나면, 세계 최초의 수직 케이블카는 100m 이상의 높이로 승객들을 나르게 될 것이고, 이는 세계에서 가장 높은 전망대가 될 것이다.

9. **문제 유형** KEY 31 접속사와 다른 품사

All products will be refunded within 15 days of purchase (D) unless their original cases have been removed.

해설 ① **보기 분석**: 보기에 접속사와 전치사가 혼합되어 있으므로 문장을 확인하여 빈칸에 적절한 품사가 무엇인지 찾는다.
② **빈칸 자리 분석**: 빈칸 이후에 주어, 동사를 갖춘 절이 오고 있으므로 접속사 자리이다. 전치사인 (A) '~대신에'는 답이 될 수 없다. 접속부사인 (B) '그렇지 않으면'도 답이 아니다.
③ **문맥 확인**: 케이스가 제거되지 않은 경우에 환불을 해준다고 하는 것이 자연스러우므로 정답은 (D) '~하지 않는 한'이다.

오답 (C) ~하는 경우에만
해설 구매 15일 이내의 모든 상품들은 원래의 포장이 제거되지 않았다면 환불될 것이다.

10~12

발신: 마사 로빈슨
제목: 네트워크 폐쇄

여러분 모두에게,

오크 빌딩에 공급되는 컴퓨터 네트워크 서비스의 필요한 수리 10. (C) 로 인해 건물 내 모든 네트워크 서비스가 일시 중단될 것입니다. 11. (B) 그러므로, 이로 인해 이메일, 인터넷, 그리고 개인 또는 공유 네트워크 공간에의 접속이 포함되는 컴퓨터 연결에 영향을 미치게 됩니다. 이번 중단으로 인해 IP 전화도 영향을 받게 될지는 현재로서는 아직 모릅니다. 따라서 전화 서비스 또한 중단될 수 있음을 알고 계시기 바랍니다. 예정된 중지 기간이 지난 후, 모든 네트워크 연결이 복구되도록 컴퓨터를 다시 시작해 보도록 하십시오. 서비스 중단은 3월 28일 오전 8시에 시작해서 오후 5시에 끝납니다.
12. (D) 이런 상황으로 인해 불편을 끼쳐 드려 유감입니다. 더 자세한 정보를 원하시면 시설 관리부 운영부장 안드레 아일원에게 398-8192로 연락하십시오.

마사 로빈슨
유지 관리 책임자
시설 관리 개발부

10. **문제 유형** KEY 31 접속사와 다른 품사

(C) Due to necessary repairs to the computer network service fed to Oak Building, all network services in the building will be temporarily shut down.

해설 ① **보기 분석**: 보기에 접속사와 전치사가 혼합되어 있으므로 문장을 확인하여 빈칸에 적절한 품사가 무엇인지 찾는다.
② **빈칸 자리 분석**: 빈칸 이후가 주어, 동사를 갖추고 있지 않으므로 전치사 자리이다. 접속사인 (A) '~하기 위해서'는 답이 될 수 없다.
③ **문맥 확인**: 주절의 내용인 네트워크 서비스 중단이 필요한 수리(necessary repairs) 때문에 발생하는 것이므로 (C) '~때문에'가 정답이다.

11. **문제 유형** KEY 31 접속사와 다른 품사

(B) Therefore, this will affect computer connectivity in the building which will include access to: e-mail, Internet and personal and/or shared network spaces.

해설 ① 보기 분석: 보기에 접속사와 접속부사가 혼합되어 있으므로 빈칸에 적절한 품사가 무엇인지 확인한다.
② 빈칸 자리 분석: 앞뒤 문장을 보면 한 문장 내에서 두 개의 절을 이어주는 것이 아니라, 마침표로 끝난 문장 뒤에서 앞 문장의 내용을 이어주는 것이므로 접속부사 자리이다.
③ 문맥 확인: 접속부사는 (A)와 (B)인데, 앞의 내용에 이어서 수리 때문에 발생하는 문제들을 설명하고 있으므로 (B) '그러므로'가 정답이다.

오답 (A) 그러나 (C) ~하기 위해서 (D) ~을 고려하면

12. 문제 유형 빈칸에 알맞은 문장 넣기
(D) We regret the inconvenience this situation may cause.

해설 ① 문맥 확인: 예정된 수리가 있을 것임을 알리면서 이로 인해 발생할 수 있는 불편 사항들을 설명하고 있는 글이다. 빈칸은 글의 마지막 부분이므로 이러한 불편에 대해 사과하는 내용으로 마무리하는 것이 가장 적절하므로 (D)가 정답이다.

오답 (A) 귀하에게 곧 연락을 하겠습니다. (B) 거기에서 귀하를 뵙기를 고대하겠습니다. (C) 로빈슨 씨 같은 그런 능력 있는 젊은 인재를 채용하신 점을 칭찬해 드리고 싶습니다.

UNIT 13 형용사절 접속사

Before the Step

1. the number of attendees
2. attend lectures everyday
3. mandatory attendance
4. attentive to detail
5. listened to the question attentively

Step 1 PRACTICE

1. (A) 2. (B) 3. (A) 4. (A) 5. (B) 6. (A)

1. You may also wish to contact Bill Buckley, John's manager, (A) who I know thinks as highly of him as I do.

해설 관계사 앞에 콤마가 있으므로 계속적 용법임을 알 수 있다. 이 경우에는 관계절이 없어도 문장의 의미가 변하지 않는다. 빈칸 뒤에 (I know)가 삽입절이고, 그 이후에 동사구인 thinks highly of him이 나왔다. 동사 + 목적어는 있지만, 주어가 없으므로 "주격 관계대명사" who가 들어갈 자리이다.

- think highly of him을 비교급으로 표현해서 → thinks as highly of him as I do가 된 것이다.
- think highly of him: ~을 높이 평가하다.

해설 존의 매니저인 빌 버클리와 만나보는 것도 좋을 겁니다. 빌은 저처럼 존을 높게 평가하죠.

● **관계사절의 계속적 용법**
첫째, 관계절이 전달하는 정보가 문장에서 핵심적인 역할을 하는 경우다. (관계절이 없으면 문장의 내용이 바뀐다.) 주로 '대조', 다른 것들이 아닌 바로 그 무엇이라고 선행사를 한정할 때 사용한다. 이 경우에는 정보를 둘로 나눌 필요가 없으므로 콤마를 사용하지 않는다.
둘째, 관계절이 전달하는 정보가 부가적인 경우다. 한국어로 옮기면 '근데' 정도가 되겠다. 이 경우에는 반드시 콤마를 써서 정보를 둘로 나누어야 한다.

● **콤마(쉼표)의 사용**
콤마(쉼표)는 기본적으로 글의 흐름을 끊기 위해 사용한다. 마침표처럼 앞과 뒤를 개별적인 생각 단위로 분리하지는 못하지만, 흐름을 끊어 뒤에 오는 정보를 의식하게 하고 새로운 생각 단위가 나타날 것을 예고한다. (세미콜론처럼 접속사 역할을 하지는 못한다.) 콤마는 주절보다 종속절이 먼저 나오는 경우나 동격 명사를 삽입할 때 사용한다. 문두에 부사나 부사구가 나오면 그 뒤에, 문장 중간에 삽입되면 앞뒤에 콤마를 찍는다. 콤마는 문장의 topic을 제시하는 역할도 한다. 이 경우에는 쓰임새가 조사 '은 / 는'과 유사하다.

2. Applicants (B) who are unable to save their résumé in that format may paste their résumé into the body of their covering e-mail.

| 해설 | 뒤에 바로 동사가 나왔으므로 주격 관계대명사 "who"자리이다. 선행사 applicants는 사람이므로 which는 오답이다.

| 해석 | 이력서를 그 포맷으로 저장할 수 없는 지원자들은 자기소개서 본문에 이력서를 붙여도 됩니다.

> ● **관계사절의 한정적 용법**
> 앞에서 설명했듯 한정적 용법을 쓸지 계속적 용법을 쓸지는 관계절의 정보가 문장에 필수적인 정보인가 아닌가로 결정되는데, 이는 선행사와 깊은 관련이 있다. 윗문장이 한정적 용법을 사용한 이유는 선행사 Applicants가 특정 대상이 아닌 '지원자들'을 두루뭉술하게 통칭하기 때문이다. 한정적 용법은 선행사를 구체적으로 한정하고 규정할 필요가 있을 때 사용한다. 관계절 who are unable to save their résumé in that format은 '어떤 지원자' 인지를 구체적으로 한정해주므로 문장에서 꼭 필요한 정보다.

> ● **예외**
> 선행사가 구체적인 경우에는 한정적 용법을 사용할 필요가 없다.
> 예를 들어 Mr. Spector and Ms. Pierson, who are unable to save their résumé in that format, paste ~ 이란 문장을 보자.
> 스펙터 씨와 피어슨 씨는 이미 구체적인 대상이므로 따로 규정할 필요가 없다. 이런 경우에는 계속적 용법을 사용한다. (물론 스펙터 씨와 피어슨 씨가 여럿인 경우에는 한정적 용법을 써야 한다.)

3. All consumers could visit www.Oprah.com (A) <u>where</u> they were supposed to be able to download a coupon for a free meal.

| 해설 | 절이 두 개이므로 빈칸에는 접속사 역할을 할 수 있는 단어가 와야 한다. 또한 뒤에 따라오는 절이 완전하므로 빈칸에는 관계부사가 와야 하며 문맥상 장소를 뜻하는 where가 답이다.

| 해석 | 모든 소비자들은 무료 식사 쿠폰을 다운받을 수 있는 www.Oprah.com에 방문할 수 있다.

4. Cinemas present the opposite problem, in (A) <u>which</u> cellphone conversations must be avoided to preserve the silence of the audience.

| 해설 | 절이 두 개이므로 빈칸에는 접속사 역할을 할 수 있는 단어가 와야 한다. 문맥상 '극장에서는' 이라는 내용이 되어야 하므로, 접속사 역할과 선행사 역할을 할 수 있는 관계대명사 which가 답이다.

> ● **전치사 + 관계대명사 용법**
> 원래 문장은, cellphone conversations must be avoided to preserve the silence of the audience in Cinemas.
> ⋯→ which Cellphone conversations must be avoided to preserve the silence of the audience in.
> ⋯→ in which Cellphone conversations must be avoided to preserve the silence of the audience.
> : in which는 관계부사 where과 바꾸어 사용할 수 있다.

| 해설 | 극장은 정반대의 문제를 보여주는데, 이는 극장에서는 관객들이 휴대폰으로 통화하는 것을 금지해야 조용한 분위기를 유지할 수 있다는 것이다.

5. Tiger Motors picked California as a launching state because it is a large auto market in (B) <u>which</u> the company would like to improve its performance.

| 해설 | 빈칸 뒤에 완전한 문장이 왔으므로 절과 절 사이에 관계부사가 와야 한다. 하지만 앞에 전치사 in이 있으므로 빈칸에는 관계대명사 which를 쓰면 된다.

> ● **주의!**
> 전치사 + 관계대명사 that은 결합할 수 없다.

> ● **전치사 + 관계대명사의 용법**
> The company would like to improve its performance in a large auto market.
> ⋯→ which the company would like to improve its performance in.
> ⋯→ in which the company would like to improve its performance.

해설 타이거 모터스는 캘리포니아 주를 신상품을 론칭할 장소로 골랐는데 이는 캘리포니아 주는 회사가 실적을 올리기를 바라는 큰 자동차 시장이기 때문이다.

6. Reservations are free, (A) <u>which</u> means that you don't pay us anything.

해설 뒤에 따라오는 문장이 불완전하므로 빈칸에는 관계대명사가 와야 한다. 본문에서 설명했듯 관계대명사 that은 한정적 용법에만 사용하므로 답은 which다. (콤마가 있으므로 계속적 용법이다.)

> ● that / which 구분하기
> that / which를 구분하는 가장 쉬운 방법은 관계사 뒤의 정보가 문장에 필수적인지 아닌지를 따지는 것이다. 뒤에 따라오는 정보가 문장에 필수적이면 한정적 용법이므로 that / which 모두 가능하며 필수적이지 않으면 계속적 용법이므로 which만 가능하다.

해설 예약은 공짜입니다. 즉, 돈을 지불하지 않아도 됩니다.

Step 2 연습문제

1. 올바른 형태 고르기

(1) 문제 유형 **KEY 32** 관계대명사

Applicants <u>who</u> passed job interviews gave individual presentations afterwards.

해설 뒤에 따라오는 절에 주어가 없으므로 빈칸에는 주격 관계대명사가 와야 한다.

해설 인터뷰에 통과한 지원자들은 그 후 개별적으로 프리젠테이션을 했다.

(2) 문제 유형 **KEY 32** 관계대명사

The plan <u>which</u> he rejected faced a huge success in the end.

해설 빈칸 뒤의 절을 보면 reject의 목적어가 없다. 따라서 빈칸에는 목적격 관계대명사가 와야 한다. (원래 문장으로 복구를 시키면 he rejected the plan이다.) 그리고 선행사가 사람이 아니기 때문에 who는 정답이 될 수 없다.

해설 그가 거부했던 그 계획은 결국 큰 성공을 거두었다.

(3) 문제 유형 **KEY 32** 관계대명사

Mr. Bison is looking for an employee <u>whom</u> he will trust.

해설 빈칸 뒤의 절을 보면 trust의 목적어가 없다. 따라서 빈칸에는 목적격 관계대명사가 와야 한다.

해설 비손 씨는 그가 믿을 수 있는 직원을 찾고 있다.

(4) 문제 유형 **KEY 32** 관계대명사

I have recently also earned my B.Ed., <u>which</u> qualifies me to work as a teacher at any school in the nation.

해설 콤마가 있으므로 계속적 용법이다. 따라서 한정적 용법으로만 사용하는 that은 오답이다.

해설 나는 최근에 교육학 학사 학위도 받았는데, 이 학위를 받으면 이 나라에 있는 모든 학교에서 선생님으로 일할 자격이 생긴다.

2. 틀린 부분 찾아 고치기

(1) 문제 유형 **KEY 33** 관계부사

Please visit our office, <u>where</u> our clerks will be waiting to assist you during business hours.

해설 which 뒤에 따라오는 절이 완전하므로 관계대명사 which가 아닌 관계부사를 사용해야 한다. 선행사인 사무실은 장소이므로 where를 쓴다.

해설 업무 시간 중에 우리 사무실을 방문해 주세요. 우리 직원들은 당신을 돕기 위해 기다리고 있습니다.

(2) 문제 유형 **KEY 34** 주의해야 할 관계사

This party is to honor Mr. Collins, <u>to whom</u> I express my gratitude for his long years of hard work.

해설 who 뒤에 따라오는 절을 해석해보면, '나는 감사를 표한다'는 뜻이다. 문맥상 감사의 대상인 목적격이 와야 하므로 접속사 역할과 대명사 역할을 할 수 있는 목적격 관계대명사가 답이다. 또한 ~에게 감사를 표하고 있으므로 전치사 to를 함께 써야 한다.

- **전치사 + 관계대명사 용법**
  문장을 복구하면
  ~, I express my gratitude for his long years of hard work to Mr. Collins.
  … , whom I express my gratitude for his long years of hard work to.
  … , to whom I express my gratitude for his long years of hard work.

[해석] 이 파티는 콜린스 씨를 기리기 위해 열렸습니다. 콜린스 씨가 오랫동안 열심히 일해준 것에 감사드립니다.

(3) 문제 유형 KEY 32 관계대명사

The annual shareholders' meeting that / which takes place on Monday covers some sensitive agendas.

[해설] where 이하에 불완전한 문장이 오고 있으므로 관계부사 where가 아닌 관계대명사 자리이다. 선행사인 '연례 주주 총회'는 대상을 구체적으로 지칭하지 못하므로 한정적 용법을 사용해 '어떤' 연례 주주 총회인지 구분해줄 필요가 있다. 한정적 용법을 쓸 때 관계사는 that / which를 사용한다.

- **that / which 구분**
  일상 대화에서는 that, 공식적인 자리에서는 which를 주로 쓴다.

[해석] 월요일에 열린 연례 주주 총회는 민감한 의제들을 다루었다.

(4) 문제 유형 KEY 32 관계대명사

The tobacco company which / that launched a campaign appealing to under 18 crowd met harsh criticism from the public.

[해설] 선행사가 있으므로 what은 올 수 없다. 선행사인 tobacco company는 특정 회사를 구체적으로 지칭하지 못한다. 이 문장에서 말하는 담배회사는 '18세 미만에게 어필하는 캠페인을 시작한 바로 그 담배회사'이므로 한정적 용법으로 which / that을 써야 한다. 그리고 뒤에 launched 동사로 시작되므로 "주격 관계대명사" 자리이다.

[해석] 18세 미만 청소년에게 어필하는 캠페인을 시작한 그 담배회사는 여론의 거센 질타를 받았다.

(5) 문제 유형 KEY 34 주의해야 할 관계사

The organization asserted that the government should raise the age at which individuals are allowed to buy alcohol from 18 to 20.

[해설] the age는 특정 나이를 구체적으로 지칭하지 않는다. 문맥상 정부가 올려야 하는 것은 '술을 구매할 수 있도록 허용된 나이'이므로 한정적 용법을 사용해야 한다. 또한 뒤에 따라오는 문장이 완전하므로 빈칸에는 관계부사나 전치사 + 관계대명사를 써야 한다.

- **전치사 + 관계대명사 용법**
  원래 문장으로 복구시키면
  raise the age from 18 to 20 + individuals are allowed to buy alcohol at the age
  … raise the age which individuals are allowed to buy alcohol from 18 to 20 at.
  … raise the age at which individuals are allowed to buy alcohol from 18 to 20.

- 관계부사와 전치사 + 관계대명사는 상호보완적으로 쓰인다. 윗문장은 언급하는 시간이 '특정 시점'이므로 전치사 at을 써서 한 순간임을 강조했다. 반면 관계부사 when은 언급되는 시간이 '기간'인 경우에 사용한다.

[해석] 그 단체는 정부가 술을 구매할 수 있는 연령을 18세에서 20세로 올려야 한다고 강력히 주장했다.

Step 3 실전문제

1. (B) 2. (C) 3. (A) 4. (D) 5. (A) 6. (D) 7. (A)
8. (B) 9. (A) 10. (D) 11. (B)

1. 문제 유형 KEY 32 관계대명사

Sarah needs to know the number of people (B) who will be attending the lunch meeting on Friday, so let's ask people to confirm their attendance by e-mail by Thursday morning.

[해설] ① 보기 분석: 관계대명사인지 관계부사인지 묻는 문제이다.
② 빈칸 자리 분석: 뒤에 따라오는 절에 주어가 없으며 선행사가 사람이므로 빈칸에는 주격 관계대명사 who가 와야 한다.

해석 사라가 금요일 점심 모임에 참석하는 사람의 수를 알아야 하니 사람들에게 참석 여부를 목요일 오전까지 이메일로 확정해달라고 부탁하자.

2. **문제 유형**　KEY 33　관계부사

After working several years in the consulting industry, he felt that (C) whatever advice he was giving clients, it was more inclined to generate business for him.

해설 ① 보기 분석: 알맞은 복합관계대명사 또는 복합관계부사를 선택하는 문제다.
② 빈칸 자리 분석: 복합관계대명사 문제는 해석을 해보면 쉽게 풀 수 있다. 문맥상 '고객에게 무슨 조언을 해주든, 그 조언은 사업을 자신을 위한 방향으로 만드는 데 기울어져 있다.'이므로 빈칸에는 whatever가 와야 한다.

해설 컨설팅 업계에서 여러 해 일한 후에 그는 고객에게 어떤 조언을 해주든 그 조언이 사업을 그 자신을 위한 방향으로 만드는데 더 기울어져 있다고 느꼈다.

● [　] + 명사 + 주어 + 동사
빈칸에 들어갈 복합관계사는 "명사"와 결합해야 하는데, 명사와 결합할 수 있는 것은 의문사 what, which, whose 그리고 whatever, whichever, whosoever가 있다.

3. **문제 유형**　KEY 32　관계대명사

The thermal power plant (A) which provided power to the entire city threatened the health of citizens.

해설 ① 보기 분석: 알맞은 관계대명사 또는 관계부사를 고르는 문제다.
② 빈칸 자리 분석: 뒤에 따라오는 절에 주어가 없으므로 빈칸에는 주격 관계대명사가 와야 한다.

해설 도시 전체에 전력을 공급하던 그 화력 발전소는 시민들의 건강을 위협했다.

4. **문제 유형**　KEY 32　관계대명사

The board members (D) whose consensus is required to initiate our new marketing project are all opposed to its implementation.

해설 ① 보기 분석: 알맞은 관계대명사를 고르는 문제다.
② 빈칸 자리 분석: 문장의 주어(board members)가 구체적인 대상을 지칭하지 못하므로 뒤에 오는 관계절이 '어떤' board members인지를 구체적으로 언급해 주어야 한다. 뒤에 따라오는 절이 완전하므로 빈칸에는 소유격 관계대명사 whose가 오면 된다. (members 선행사와 – consensus 명사의 관계다 '~의' 로 해석되어야 하는데, '이사회 임원들의 합의' 이므로 소유격 관계대명사가 정답이다.)

해설 우리가 새로운 마케팅 프로젝트를 시작하려면 이사회 임원들이 합의를 해주어야 하는데, 임원들이 모두 프로젝트 실행에 반대하고 있다.

5. **문제 유형**　KEY 32　관계대명사

The speech that the president gave on the 5-year business plan impressed most employees, many of (A) whom have ambitions to contribute positively toward great success.

해설 ① 보기 분석: 알맞은 관계대명사 또는 인칭대명사를 선택하는 문제다.
② 빈칸 자리 분석: 접속사 역할과 전치사의 목적어 역할을 모두 해야 하므로, 빈칸에는 목적격 관계대명사가 와야 한다.
ex) , and most of them have ~
→ most of whom have ~.

● 오답 point!
(D) them이 답이 되려면 접속사가 필요하다.

해설 5개년 사업 계획에 대한 회장의 연설을 듣고 직원들은 깊은 감명을 받았으며, 그들 중 많은 수가 회사가 크게 성공하는데 긍정적으로 기여하겠다는 포부를 갖게 되었다.

6. **문제 유형**　KEY 32　관계대명사

You can leave early as long as you submit a note of excuse to the person (D) whose duty is to oversee employees' work performance.

해설 ① 보기 분석: 알맞은 관계대명사를 고르는 문제다.
② 빈칸 자리 분석: 접속사 역할과 선행사를 한정하는 관계절의 역할을 동시에 해야 한다. 빈칸 뒤에 완전한 문장이 왔지만 선행사 the person과 관계사 뒤의 명사 duty가 '그 사람의 의무는 직원들의 근무실적을 관리하는 것이다'라고 연결되므로 소유격 관계대명사가 정답임을 알 수 있다.

해석 직원들의 근무실적을 관리하는 책임자에게 사유서를 제출하면 일찍 퇴근할 수 있습니다.

7. 문제 유형 KEY 32 관계대명사

Mr. Atherton is expected to be relocated to the headquarters, (A) where he will take over the managerial position vacant due to a recent retiring of an executive.

해설 ① 보기 분석: 알맞은 관계대명사 또는 관계부사를 고르는 문제다.
② 빈칸 자리 분석: 뒤에 따라오는 문장이 완벽하므로 빈칸에는 관계부사가 와야 하며, 선행사가 장소와 관련되어 있으므로 답은 where가 되야 한다.

해석 애서턴 씨는 본사로 전근될 예정이며, 최근 임원이 퇴직하면서 공석이 된 관리직을 인계할 것이다.

8. 문제 유형 KEY 33 관계부사

(B) Whenever the CEO delivers a welcoming speech, all employees are asked to wait untill the end to ask questions about company policy.

해설 ① 보기 분석: 알맞은 복합관계대명사 또는 복합관계부사를 고르는 문제다.
② 빈칸 자리 분석: 문맥상 'CEO가 환영사를 할 때마다'라는 의미가 되어야 하므로 답은 Whenever다.

해석 CEO가 환영사를 할 때마다 전직원은 연설이 끝날 때까지 기다리고 회사 정책에 대해 질문하라는 요청을 받는다.

9~10

올해 여름, 유럽으로 오세요!
올해 고등학교를 졸업하시나요? 축하드립니다! 해내셨군요!
대학생이신가요? 자, 뭘 기다리고 계신가요?
대학을 졸업했는데 9. (A) 아직 첫 직장을 찾지 못하셨나요? 그럼, 잠깐 휴식을 취하는 건 어떠세요! 젊은층 사이에서 가장 인기 있는 배낭여행지가 유럽인 데는 10. (D) 이유가 있습니다.
젊음도 한때입니다. 돌볼 아이가 생기면 짐 싸서 떠나기도 훨씬 힘들어지죠. 지금이 떠날 때입니다! 자유롭게 돌아다닐 수 있는 기회입니다!
우리 호스텔은 나이가 18세에서 35세인 배낭여행객에 한해, 학생 요금을 여름 내내 11. (B) 제공할 예정입니다.
유럽에서 뵙겠습니다!

9. 문제 유형 KEY 32 관계대명사

Are you a college graduate (A) still looking for that first job?

해설 ① 보기 분석: 보기가 다양한 부사로 이루어져 있으므로 문맥상 가장 적절한 것을 고른다.
② 문맥 확인: 문맥상 여전히 첫 직장을 찾는다는 내용이므로 답은 still이다.

해석 대학을 졸업하셨는데 아직 첫 직장을 찾지 못하셨나요?

10. 문제 유형 KEY 33 관계부사

There is a reason (D) why Europe is the favorite backpacking destination for youngsters.

해설 ① 문장 분석: 완전한 절이 두 개이므로 빈칸에는 관계부사가 와야 한다.
② 문맥 확인: 문맥상 이유에 대해 설명하고 있고 선행사가 the reason이므로 빈칸에는 why가 와야 한다.

해석 젊은층 사이에서 가장 인기 있는 배낭여행지가 유럽인 데는 이유가 있습니다.

11. 문제 유형 KEY 10 시제 일치의 예외

If you're a backpacker between the age of 18 and 35, our hostels (B) will offer you the student rate throughout the summer!

해설 ① 문장 분석: If 조건문이다.
② 문맥 확인: 조건절에서 현재 / 미래에 일어날 가능성이 높은 조건에 대해 말하고 있으므로, 주절의 동사는 미래시제인 (B)이다.

해석 나이가 18세에서 35세 사이인 배낭여행객에게 우리 호스텔은 학생 요금을 여름 내내 제공할 예정입니다.

UNIT 14 가정법과 특수구문

Before the Step

1. secure a network against hackers
2. a secure job
3. secured transaction
4. financial security
5. securely hidden

Step 1 PRACTICE
1. (B)　2. (B)　3. (A)　4. (B)　5. (A)　6. (B)

1. If you could make the changes I've suggested by Friday, that (B) would be outstanding.

   해설 If절을 보면 '힘들겠지만 만약 바꿀수 있다면~'이라고 가정을 하고 있다. 희망사항을 가정하고 있으므로 주절의 동사 자리에는 would + 동사원형 형태가 와야 한다.

   해설 제가 제안한 대로 금요일까지 바꿀 수만 있다면 정말 인상적일 텐데요.

2. If you had created a new database, that would (B) have gone a long way towards improving the system.

   해설 If절의 동사가 had created이므로 시제가 과거완료임을 알 수 있다. 이 경우 주절의 시제는 would + have + 과거분사 형태가 와야 한다.

   해설 새 데이터베이스를 만들었었다면 시스템을 개선하는 데 큰 도움이 되었을 텐데요.

3. He will not leave his job simply because he is offered more money or a fancier title, (A) nor will he respond to flattery.

   해설 빈칸에는 절과 절을 연결하는 접속사가 와야 한다. 또한 빈칸 뒤에서 주어와 조동사가 도치되어 있으므로 부정어 nor가 정답이다.

   해설 그는 더 많은 돈이나 더 멋진 직함을 제안받는다고 해서 직장을 옮기지 않을 것이며, 달콤한 말에도 반응하지 않을 것이다.

4. Only in emergency situations can employees (B) be granted sick leave without six week's advance notice stated on terms of agreement.

   해설 도치가 일어나기 전의 어순은 employees can + 빈칸 + granted sick leave가 된다. 조동사 뒤에는 동사원형이 와야 하므로 빈칸에는 동사원형 be가 정답이다.

   해설 위급 상황 시에는 계약조건에 명시된 6주전 사전 통지 없이도 병가를 인정받는다.

5. Wide Air's solution is considered (A) more expensive than those of the three other companies that operate in the field.

   해설 알맞은 비교급 형태를 고르는 문제이다. 빈칸 뒤에 than이 있으므로 최상급인 (B)는 답이 될수 없다. more ~ than의 형태로 쓰이는 (A)가 답으로 적절하다.

   해설 와이드 에어의 솔루션은 그 분야에서 운영되는 다른 3개 회사의 솔루션보다 더 비싼 것으로 간주되고 있다.

6. West Hotel is equipping hotel employees with wireless handhelds to enable them to serve guests more (B) promptly.

   해설 빈칸 앞에 more가 있고 뒤에는 아무것도 없이 문장이 끝나고 있다. 따라서 비교급이 되어 to부정사의 동사 serve를 수식해줄 수 있는 부사 (B)가 빈칸에 들어가기에 알맞다.

   해설 웨스트 호텔은 호텔 직원들이 손님들에게 좀 더 신속하게 서비스할 수 있도록 손에 소형 무선 장비를 지니도록 하고 있다.

Step 2 연습문제
1. 올바른 형태 고르기

(1) 문제 유형　KEY 35　가정법

If you were worried about mileage, you wouldn't be buying an SUV at all.

해설 뉘앙스를 살려 문장을 해석해 보면 '(당신이 연비에 대해 걱정한다는 건 비현실적인 일이지만) 만약 걱정한다면 지금 SUV를 사는 일은 절대 없을 텐데요'가 된다. 주절에 would be를 보면 가정법이므로 are는 오답이다. were가 와야 가정법이 된다.

> ● Tip!
> 가정법에서 would + be + ~ing는 if절과 주절이 동시에 일어나는 경우에 사용한다.
> Would + have + been + ~ing는 사건이 과거의 특정 순간이나 기간에 발생하는 경우에 사용한다.

해설 당신이 만약 연비에 대해 걱정한다면 SUV는 절대 사지 않으실 텐데요.

(2) 문제 유형 KEY 35 가정법

I would have promoted him to a division head if my company had grown rapidly.

해설 주절의 동사 형태가 would + have + 과거분사이므로 과거의 일어나지 않은 사실을 가정하고 있음을 알 수 있다. 또한 문맥상 If절이 주절에 선행해야 하므로 동사는 had + 과거분사 형태가 되어야 한다.

해석 회사가 빠르게 성장했다면 그를 부장으로 승진시켰을 겁니다.

(3) 문제 유형 KEY 35 가정법

If new and reliable cars were provided to our salesmen, sales would increase due to increased mobility.

해설 If절의 동사가 were가 오고 있으므로 가정법 과거 문장이다. 따라서 주절에는, would + 동사원형이 와야 한다.

해석 영업사원에게 튼튼한 새 차를 제공하면 더 많이 돌아다닐 수 있어 매출이 늘어날텐데요.

● 조건문과 가정법

If절 동사 자리에 were가 왔다고 해서 반드시 가정법 과거인 것은 아니다.

예를 들어 If I had a day off, I usually went camping. (어쩌다 하루 휴가를 얻으면 보통 캠핑을 갔다.)는 if절에 동사 과거형이 왔지만 과거에 있었던 사실에 대한 조건문이지 가정법이 아니다.

조건문에는 크게 두 종류가 있다. 실현가능한 내용이나 실제 사실에 대한 조건문과 비현실적인 내용이나 사실이 아닌 것을 가정하는 조건문이다. (편의상 전자를 조건문, 후자를 가정법이라 부르겠다.)

(3)번 문장이 만약 조건문이라면 '영업사원에게 튼튼한 새 차를 주면, 더 많이 돌아다녀서 매출이 증가했었지'라는 의미가 된다. (이제는 튼튼한 새 차를 영업사원에게 주어도 매출이 늘지 않는다는 뉘앙스가 있다.)

반면 가정법이라면 '영업사원에게 튼튼한 새 차를 제공한다면, 더 많이 돌아다닐 수 있어서 매출이 늘어날텐데'라는 뜻이 된다. (실제로는 튼튼한 새 차를 제공하지 않았다.)

(4) 문제 유형 KEY 35 가정법

If you had traveled to New York Trade Fair at your own expense, you could have claimed that as a business expense.

해설 주절의 동사가 could have claimed이므로 과거에 일어나지 않은 사실을 가정하고 있다. 지시대명사 that(그것)과 문맥으로 보아 If절이 주절에 선행해야 하므로 빈칸에는 had 과거분사가 와야 한다.

해석 뉴욕 무역박람회에 자비로 갔었다면 그것을 업무비로 요청할 수 있었을 텐데.

2. 틀린 부분 찾아 고치기

(1) 문제 유형 KEY 35 가정법

If Mr. Chung is relocated to another region, he will be forced to lose his job.

해설 가정법 과거로 만들면 if절의 내용이 비현실적일 정도로 가능성이 없다는 말이 된다. 조건문이 되면 실현 가능성이 아주 높다는 뜻이다. 두 경우 모두 가능하지만, would를 will로 바꾸어 조건문으로 해석하는 것이 더 자연스럽다.

● 조건문 / 가정법 구분

ex) Even if the car has a catastrophic failure, I'll be fine.
차가 갑자기 고장나도 난 괜찮을 거야.

실현 가능한 사실에 대해 말하고 있으므로 조건문으로 쓰면 된다. 만약 if the car had a catastrophic failure라고 쓰면 '(그럴 일은 절대 없겠지만) 차가 갑자기 고장난다 해도'라는 의미가 된다.

ex) Even if I knew, it'd be too risky to hook components directly to power.
설령 내가 알았다 해도 부품을 전원에 직접 연결하는 건 너무 위험했을 거야.

실제로는 알지 못했으므로 사실과 반대되는 상황을 가정하는 가정법을 써야 한다.

해석 정 씨가 다른 지역으로 전근가게 되면(가능성이 아주 높다) 직장을 그만두어야만 할 겁니다.

(2) 문제 유형　**KEY 36　도치**

Were Ms. Moore the employer, she would take more responsibilities.

해설　가정법 과거 도치 구문이다. 주절을 해석하면 '그녀가 책임을 더 많이 지게 될 텐데 (현재 / 미래)'가 된다. 문맥상 종속절이 주절에 선행해야 하므로 종속절의 동사는 were(현재 / 미래)나 had been(과거)가 되야 한다. 의미적으로 보면 were가 더 자연스럽다.

해석　무어 씨가 사장이라면 더 많은 것을 책임 질텐데.

(3) 문제 유형　**KEY 36　도치**

Not only can you add information to the database, but Keep in Touch will also update your database.

해설　not only A, but also B 구문은 A 하자마자 B 한다는 뜻을 가진다. Not이 부정어이기 때문에 문두에 오면 어순이 조동사 + 주어 + 동사원형으로 바뀌어야 한다.

해석　데이터베이스에 정보를 추가할 수 있을뿐 아니라, 킵인터치는 데이터베이스를 업데이트하기도 합니다.

(4) 문제 유형　**KEY 35　가정법**

If the errors were corrected earlier, the company would not be accused of environmental crimes.

해설　주절의 동사가 would be라는 점과 문맥을 고려하면 윗문장이 가정법임을 알 수 있다. 따라서 빈칸에는 be동사 과거형이 와야 한다.

해석　잘못을 더 빨리 바로잡았으면 회사가 환경범죄로 고발되지 않을 텐데.

(5) 문제 유형　**KEY 36　도치**

Not only did Mr. Chow prepare meetings on the agenda, but he also arranged extra inquiries.

해설　부정어가 문두에 오면 어순이 '주어 + 동사'에서 '조동사 + 주어 + 동사원형'로 도치된다. 윗문장에서는 Not + only + 조동사가 문두에 왔으므로 주어 뒤에는 동사원형이 와야 한다.

해석　차우 씨는 그 의제에 대한 회의를 준비했을뿐 아니라 질의응답 시간도 마련했다.

Step 3 **실전문제**

1. (B)　2. (A)　3. (C)　4. (A)　5. (A)　6. (D)　7. (B)
8. (D)　9. (B)　10. (C)　11. (C)　12. (A)

1. 문제 유형　**KEY 35　가정법**

If Ms. Raynolds were in charge of the project to launch new anti-virus online banking service, the proceeds (B) would be far more successful.

해설　① 보기 분석: 동사의 형태와 시제를 묻는 문제이다.
② 문장 분석: 문장을 살펴보면 사실이 아닌 것을 가정하는 가정법임을 알 수 있다.
③ 정답 추론: 가정법 과거시제이므로 정답은 (B)이다.

해석　레이놀드 씨가 온라인 뱅킹 서비스를 위한 안티 바이러스 프로그램을 개발하는 프로젝트의 책임자가 된다면, 더 많은 수익을 올릴 수 있을 텐데요.

2. 문제 유형　**KEY 36　도치**

(A) Attached to the document is a copy of the sales report, individual performance review, and future suggestions.

해설　① 보기 분석: attach의 형태를 묻는 문제다.
② 빈칸 자리 분석: 문장의 어순을 바꾸면 A copy of the sales report, individual performance review, and future suggestions is + 빈칸 + to the document가 된다.
③ 정답 추론: 문장에 동사 is가 있으므로 동사원형인 (C) Attach는 답이 아니다. 또한 판매보고서 등은 문서에 첨부되어야 하므로 수동태를 완성하는 과거분사 (A)가 정답이다.

해석　판매 보고서, 인사고과, 제안서 사본이 문서에 첨부되어 있습니다.

3. 문제 유형　**KEY 37　비교급과 최상급**

The major wine retailer, Murphy House, is currently selling some wines for $1.99 a bottle, which is (C) cheaper than some bottled water.

해설　① 보기 분석: 형용사 cheap이 다양한 형태로 제시되고 있으므로 문장을 확인하여 어떤 것이 적절한지 고른다.

② **빈칸 자리 분석**: 빈칸 뒤에 than이 있으므로 비교급 자리이다.
③ **정답 추론**: 형용사 cheap의 비교급은 (C)이다.

해석 큰 와인 소매업체인 머피 하우스는 현재 일부 와인을 한 병에 1.99 달러에 팔고 있는데 이는 생수보다 싸다.

4. **문제 유형**　**KEY 05**　수식어 거품이 있는 주어

When purchasing less than three items from the vendor, customers should (A) pay the full price for shipping and handling.

해설 ① **보기 분석**: 동사의 형태를 묻는 문제다.
② **빈칸 자리 분석**: 앞에 조동사가 있으므로 빈칸에는 동사원형이 와야 하며, 뒤에 목적어가 있으므로 타동사 역할을 해야 한다.

- **when과 if 비교하기**
  시간에 대해 말하거나 질문하는 경우를 제외하면 when과 if는 거의 같은 용도로 쓰인다. when은 빈번하게 발생하는 사건이나, 앞으로 100% 발생하지만 언제 일어날지 모르는 경우에 사용한다. 반면 if는 드물게 발생하는 사건이나, 앞으로 일어날지 안 일어날지 확실하지 않은 경우에 사용한다. 세 개 이하의 물품을 사는 것은 빈번하게 발생하는 사실이므로 if가 아니라 when을 쓴다.

해석 판매자에게 물품을 세 개 이하로 구매하면 발송 제경비를 포함해 전액을 지불해야 합니다.

5. **문제 유형**　**KEY 35**　가정법

If the local committee were able to secure a budget, they would not (A) refuse the project to construct a night shelter for homeless.

해설 ① **보기 분석**: 동사의 형태와 시제를 묻는 문제다.
② **문장 분석**: if절의 시제로 보아 가정법 과거시제이므로 주절에는 would + 동사원형이 와야 한다.
③ **오답 분석**: 그들이 프로젝트를 거부하는 것이므로 동사 형태는 능동이 되어야 하므로 (B)와 (D)는 답이 될 수 없다.

해석 예산을 확보하는 게 가능하다면, 지방 위원회가 노숙자를 위해 야간 쉼터를 건설하는 프로젝트를 거부하지 않았을 것이다.

6. **문제 유형**　**KEY 35**　가정법

The CEO will know that the sudden layoffs will not (D) help stabilize the company's work process if he considers how many people are actually involved in decision-making.

해설 ① **보기 분석**: 동사의 형태를 묻는 문제다.
② **빈칸 자리 분석**: 앞에 조동사 will이 있으므로 빈칸에는 동사원형이 와야 한다.

- **문장 속의 If절 분석**
  If절을 해석하면 '결정을 내리는 과정에 얼마나 많은 사람이 실제로 관련되어 있는지 고려한다면'이 된다. 이것은 실현이 불가능하거나 사실에 반대되는 상황을 가정하는 것이 아니므로, 조건문이다.
  만약 가정법으로 If he considered how many ~라고 쓰면 '~를 고려하는 게 비현실적일 정도로 어렵다'는 뜻이 된다.

해석 결정 과정에 얼마나 많은 사람이 실제로 참여하고 있는지 고려하면 갑작스런 해고가 업무 진행을 안정화하는데 도움이 안된다는 걸 CEO도 알 텐데요.

7. **문제 유형**　**KEY 36**　도치

No sooner had they (B) crossed the street and entered the restaurant than they witnessed a black sedan crashed into the wall next to the restaurant.

해설 ① **보기 분석**: 동사의 형태를 묻는 문제다.
② **빈칸 자리 분석**: 그들이 길을 건너는 것이므로 동사의 형태는 능동이 되어야 하며, 그들이 길을 건넌 직후에 목격한 것이므로 목격한 것보다 하나 앞선 시제인 had + 과거분사가 필요하다. had는 they 앞에 이미 있으므로 과거분사인 (B)가 정답이다.

- **No sooner A than B**
  이 구문은 A라는 사건이 발생하자 곧 B가 일어나는 경우에 사용한다. No가 문두에 나오면 어순이 '조동사 + 주어 + 동사원형'으로 바뀐다는 사실도 기억해 두자.

해석 길을 건너 레스토랑에 들어가자마자 그들은 검은 세단이 레스토랑 옆 벽에 충돌하는 것을 목격했다.

8. **문제 유형**   KEY 35   가정법

If Jeremy Keith had detected a few financial irregularities, his employees' embezzlement would (D) have been revealed.

해설
① **보기 분석**: 동사의 형태와 시제를 묻는 문제이다.
② **문장 분석**: if절 동사형태가 had + 과거분사이므로 과거에 일어나지 않은 일을 가정하는 가정법 과거완료 구문이다.
③ **정답 추론**: 이 경우 주절의 동사 형태로는 would + 동사원형, would + have + 과거분사가 가능하다. 또한 횡령은 폭로되어야 하므로 동사 형태는 수동이 되어야 한다.

해석 제레미 키스가 회계 부정행위를 알아차렸었다면 직원들의 횡령은 밝혀졌을 텐데.

9. **문제 유형**   KEY 36   도치

(B) Should you have any questions about registration process, please do not hesitate to contact your local community center.

해설
① **보기 분석**: (A), (B)는 조동사이고 (C), (D)는 접속사다.
② **빈칸 자리 분석**: 두 개의 절로 이루어진 문장이므로 일반적으로 빈칸에는 접속사가 와야 한다. 하지만 접속사가 생략되거나 어순이 도치되는 경우도 있으므로 보기에서 조동사 (A), (B)를 지우기 전에 문맥을 따져봐야 한다.
③ **정답 추론**: 문장을 해석해보면 등록 과정에 대해 질문이 있다면 연락을 하라는 것으로 질문이 있는 것은 충분히 가능한 사실이므로 이 문장은 조건절에서 If가 생략된 도치 구문임을 알 수 있다.
④ **오답 분석**: 접속사인 (C), (D)가 형태적으로는 답이 될 수 있지만 문맥을 고려할 때 오답임을 알 수 있다. 주어인 you 뒤에 조동사의 원형인 have가 있는 것으로 보아 (A)는 답이 될 수 없다.

● **If절과 should**
1. If you have any questions ~
2. If you should have any questions ~
3. Should you have any questions ~

세 문장은 같은 뜻이다. 하지만 should가 가능성/미래의 뜻을 가지기 때문에 약간의 차이가 있다.

차이점을 강조해서 세 문장을 해석하면
1번 질문이 있으시면 (아마 있을 거다) ~
2번 만약 질문이 있으시면 (없을 수도 있지만 만약 있다면) ~
3번 혹시 질문이 있으시다면 (그럴 일은 없겠지만 혹시라도 질문이 있다면) ~

● 영어는 영국, 미국 등 개인주의가 발달한 나라에서 사용하는 언어다. 때문에 타인에게 명령하거나 타인의 생각을 재단하는 표현을 꺼리는 경향이 있다. 이런 맥락을 알면 원어민들이 왜 should, would, think, suppose 등 가능성을 열어두는 표현을 자주 사용하는지 알 수 있다.

해석 등록 과정에 질문이 있으시다면 주저하지 마시고 지역 커뮤니티 센터에 연락하세요.

10~12

모니카 벡 씨에게

안녕하세요 모니카 씨. 데일리 파이낸셜 모니터에서 인사드립니다.

데일리 파이낸셜 모니터에 지속적으로 관심을 가져주셔서 감사합니다. 구독자 분들께 메일을 보낼 수 있어 정말 영광이었습니다.

안타깝게도, 올해 회사 경영 사정이 어려워져서 더 이상 구독자분들께 일일 금융 업데이트를 제공하지 못하게 되었습니다. 구독비는[10.] (B) 구독 기간에 비례해서 분할 환불될 예정입니다. 고객님의 사업계획에 불편을 끼치게 된 점 사과드립니다. 하지만 주간 보고서는 중단되지 않습니다. 주간 보고서로 구독을 변경하기를 원하신[11.] (C) 다면 주저 말고 연락 주시기 바랍니다.

그동안 구독해주셔서 감사합니다. 주간 보고서를[12.] (A) 구독하시기를 기대하고 있겠습니다.

제프 레이놀드 올림
고객 & 구독 서비스 부서, 부서장
데일리 파이낸셜 모니터

10. 문제 유형　KEY 07　능동과 수동 구분하기

Your subscription fee will (C) be prorated and refunded to you.

해설　① **문장 분석:** 앞에 조동사가 있으므로 빈칸에는 동사원형이 와야 한다.
　　② **문맥 확인:** 문맥상 구독비는 구독 기간에 비례해 분할되어야 하므로 동사의 형태는 수동이 되어야 한다.

11. 문제 유형　KEY 36　도치

(C) Should you wish to change your subscription to our weekly reports, please do not hesitate to contact us.

해설　① **문장 분석:** 절이 두 개이므로 빈칸에는 접속사가 와야 한다.
　　② **문맥 확인:** 문맥상 '~한다면 ~해달라'는 조건문이다. 빈칸에는 If나 Should가 올 수 있다.
　　*9번 설명 참조

12. 문제 유형　KEY 03　문장의 보어

We hope to have you (A) subscribe to our weekly reports.

해설　have(사역동사) + 목적어 + 동사원형 구문이므로 동사원형인 (A)가 정답이다.

ONE MORE STEP

UNIT 1 — Key Point

1. **(1) 주어**
   ① 명사 ② 대명사 ③ 명사구(동명사구, to부정사구) ④ 명사절(that, whether, 의문사절)
   (2) 동사
   ① 일반동사 ② 조동사 + 동사원형
   (3) 목적어
   ① 명사 ② 대명사(목적격) ③ 명사구 (to부정사, 동명사구) ④ 명사절(that절, whether절, 의문사절)
   (4) 보어
   ① 명사 ② 형용사 ③ to부정사 ④ 동사원형 ⑤ 과거분사 ⑥ 현재분사

2. (1) deliver (2) delivered

3. **(1) 자동사**
   apologize [to], proceed [in], result [in], benefit [from], object [to], consist [of], specialize [in]
   (2) 타동사
   approach, comprise, attend

UNIT 2 — Key Point

1.
	be동사	일반동사
단수주어	am / is / was	동사원형 –s/-es
복수주어	are / were	동사원형

2. (1) were (2) is

3. **(1) 단수**
   each part, one of the subjects, every month, one group, an angle, a man
   (2) 복수
   three opinions, a lot of people, all colors, a few pencils

UNIT 3 — Key Point

1. (1) The company will notify them of inevitable downsizing.
   (2) The boss will credit him with sales figures that skyrocketed.

2. (1) The decision is made by the boss.
   (2) They ask residents to keep their cars off the street.

3. (1) with (2) into (3) in (4) on (5) with

UNIT 4 — Key Point

1. (1) regularly (2) always

2. (1) Last (2) ago
3. (1) shortly (2) in
4. (1) already (2) since

UNIT 5 — Key Point

1. (1) swear (2) deserves (3) decided (4) would like (5) hesitated
2. (1) takes (2) too (3) enough (4) about to

UNIT 6 — Key Point

1. (1) forgot (2) admit (3) commence (4) regrets (5) enjoys
2. (1) feel like
   (2) having trouble / having difficulty / having a hard time / having a difficult time
   (3) devoted / dedicated / committed
   (4) cannot but / have no other way but to / cannot choose but

UNIT 7 — Key Point

1. (1) compared with (2) Speaking of (3) based on (4) depending on (5) Frankly speaking
2. (1) annoyed (2) alarmed (3) attracting (4) interesting

UNIT 8 — Key Point

1. **(1) 가산명사**
   account, alternative, certificate, estimate, permit, product
   (2) 불가산명사
   estimation, permission, merchandise, alternation, certification, accounting

2.
survey	surveys	a survey	the survey	the surveys
x	o	o	o	o
description	descriptions	a description	the description	the descriptions
x	o	o	o	o
approach	approaches	an approach	the approach	the approaches
x	o	o	o	o
potential	potentials	a potential	the potential	the potentials
o	x	x	o	x

UNIT 9 — Key Point

1. (1) some (2) any (3) Some (4) any (5) Any

2.
주어	목적어	소유격	소유대명사
I	me	my	mine
you	you	your	yours
we	us	our	ours
he	him	his	his
she	her	her	hers
they	them	their	theirs
It	it	its	-

UNIT 10 — Key Point

1. (1) a couple of (2) Each
   (3) Quite a few (4) an amount of
2. (1) scarcely (2) frequently
   (3) never (4) rarely

UNIT 11 — Key Point

1. (1) what (2) that (3) what
   (4) that (5) what
2. (1) If (2) whether (3) Whichever (4) When

UNIT 12 — Key Point

1. **(1) 전치사**
   during, despite, in case of, except, without
   (2) 접속사
   because, while, although, unless
2. (1) as if (2) since (3) once (4) before

UNIT 13 — Key Point

1.
선행사	주격	목적격	소유격
사람	who	whom	whose
사물	which	which	
사람 / 사물	that	that	

2. (1) whenever (2) No matter how
   (3) Wherever (4) Whatever

UNIT 14 — Key Point

1. (1) must (2) might (3) cannot (4) can
2. (1) had, would (2) were, would (3) were, would

정답 해설

VOCABULARY

UNIT 1　동사 1

KEY 01　동사 + 목적어

Step 2 연습문제

| 1. (A) | 2. (A) | 3. (A) | 4. (A) | 5. (B) |

1. Our staff will make every effort to (A) accommodate your request.
   - 해설: 요청을 ~하는 데 필요한 노력을 하겠다는 문맥이므로 (A) '수용하다'가 자연스럽다.
   - 오답: (B) (일, 현상 등이) 동반되다
   - 해석: 저희 직원들은 귀하의 요구를 수용하기 위해 모든 노력을 기울일 것입니다.

2. Mr. Han (A) conducted the board meeting on the scheduled date.
   - 해설: 빈칸 뒤의 목적어가 '회의'이므로 '실시하다 혹은 주관하다'라는 의미를 갖는 (A)가 적절하다.
   - 오답: (B) 닮았다, 비슷했다
   - ●유사 어휘 assemble: 모으다, 집합시키다
   - 해석: 한 씨는 예정된 날짜에 이사회 회의를 실시했다.

3. All guests are invited to (A) attend an informal reception following the conference.
   - 해설: 연회에 '참석'하는 것이므로 (A)가 적절하다.
   - 오답: (B) 찬성하다, 승인하다
   - 해석: 모든 손님들은 회의 후에 열리는 비공식 연회에 참여하도록 초대되었다.

4. Our annual meeting will (A) explore various topics related to welfare.
   - 해설: 회의에서 다양한 주제들을 '다루다, 탐구하다'라고 하는 것이 자연스럽다.
   - 오답: (B) 터지다, 폭발하다
   - 해석: 저희 연례 회의는 복지와 관련된 다양한 주제들을 다룰 것입니다.

5. We need someone to (B) anticipate changes and respond to them.
   - 해설: 빈칸 앞의 someone을 수식하는 부분으로 변화를 '예측하고 이에 대응할' 사람이라고 하는 것이 적절하다.
   - 오답: (A) 칭찬하다
   - ●유사 어휘 command: 명령, 지시하다
   - 해석: 우리는 변화를 예측하고 그것들에 대응할 누군가가 필요하다.

KEY 02　동사 + 목적어 + 전치사

Step 2 연습문제

| 1. (B) | 2. (A) | 3. (A) | 4. (A) | 5. (A) |

1. He (B) added an item to the Tuesday meeting agenda.
   - 해설: 빈칸 뒤에 명사 item이 있고 전치사 to가 있으므로 '~을 ~에 추가하다'는 문맥이 되는 (B)가 정답이다.
   - 오답: (A) (손해 등을) 초래했다, (비용을) 발생시켰다
   - 해석: 그는 화요일 회의 의제에 한 가지 항목을 추가했다.

2. The notice (A) informed members of new publications.
   - 해설: 빈칸 뒤에 전치사 of가 있으므로 inform A of B (A에게 B를 알리다)의 구문임을 알 수 있다.
   - 오답: (B) 금지했다 (prohibit A from –ing: (A가 ~하는 것을 하지 못하게 하다)
   - 해석: 공지사항은 회원들에게 출간 소식을 알려주었다.

3. The board of directors has (A) appointed him as an interim director.
   - 해설: 빈칸 뒤에 바로 him이라는 목적어가 있고 전치사 as가 있으므로 appoint A as B (A를 B로 임명하다) 구문이다.
   - 오답: (B) 축하했다
   - 해석: 이사회는 그를 임시 부서장으로 임명했다.

4. The supervisor (A) provides interns with feedback and support.
   - 해설: 빈칸 뒤의 전치사 with가 단서가 된다. provide A with B (A에게 B를 제공하다) 구문임을 알 수 있다.
   - 오답: (B) 시행하다
   - 해석: 감독관은 인턴들에게 피드백과 도움을 제공한다.

5. Mr. Spencer (A) transferred ownership of his firm to his colleagues.
   - 해설: transfer A to B (A를 B에게 넘겨주다) 구문이므로 (A)가 정답이다.

오답 (B) 배상했다, 변제했다
해석 스펜서 씨는 그의 회사의 소유권을 그의 동료들에게 넘겨 주었다.

> **Step 3 실전문제**
> 1. (D) 2. (B) 3. (B) 4. (C) 5. (A) 6. (C)
> 7. (D) 8. (D) 9. (A) 10. (A)

1. 문제 유형 **KEY 02 동사 + 목적어 + 전치사**

Everett sent his colleagues an e-mail saying that he intended to (D) add an item to the Tuesday meeting agenda.

해설 ① 보기 분석: 보기가 모두 동사원형이므로 문맥에 맞는 어휘를 고른다.
② 문장 분석: 동사 A to B (A를 B에 ~하다) 구조로 한 가지 항목을 '추가'하는 것이 문맥상 자연스럽다.
오답 (A) 옮기다   (B) 알리다   (C) 참석하다
해석 에버렛은 동료들에게 화요일 회의 의제에 한 가지 항목을 추가할 작정이라는 내용의 이메일을 보냈다.

2. 문제 유형 **KEY 01 동사 + 목적어**

Motorists should (B) renew their current driver's license online by the end of this year.

해설 ① 보기 분석: 비슷한 철자로 시작하는 어휘들이 보기로 이루어져 있으므로 의미를 혼동하지 않도록 유의한다.
② 문장 분석: 목적어인 운전 면허증(driver's license)에 어울리는 동사는 renew(갱신하다)이다.
오답 (A) 검토하다   (C) ~에 이르다   (D) 복구하다
해석 운전자들은 현재의 면허증을 올해 말까지 갱신해야 한다.

3. 문제 유형 **KEY 01 동사 + 목적어**

Our annual meeting will (B) explore various topics related to the safety, health, and welfare of employees throughout two weeks.

해설 ① 보기 분석: 비슷한 철자로 시작하는 어휘들이 보기로 이루어져 있으므로 의미를 혼동하지 않도록 유의한다.
② 문장 분석: 목적어인 다양한 주제(topics)와 가장 잘 어울리는 동사는 (B) '다루다, 탐구하다'이다.
오답 (A) 드러내다   (C) 확장시키다   (D) 예상하다

해석 연례 회의는 2주에 걸쳐 직원들의 안전, 건강 그리고 복지에 관한 다양한 주제들을 다룰 것이다.

4. 문제 유형 **KEY 01 동사 + 목적어**

Do not (C) prioritize tasks by listing them in order of importance; the relative importance depends on the circumstances.

해설 목적어인 업무(tasks)와 가장 잘 어울리는 것은 (C) '우선순위를 매기다'이다.
오답 (A) 향상시키다   (B) 얻다   (D) 협력하다
해석 상대적인 중요성은 상황에 따라 다르기 때문에 중요성에 따라 업무의 우선순위를 매기지 말아라.

5. 문제 유형 **KEY 01 동사 + 목적어**

The government have already announced the plan to (A) implement new monetary policies to restore growth of national economy.

해설 목적어인 정책(policy)과 가장 잘 어울리는 동사는 (A) '시행하다'이다. 빈칸 앞과 함께 정책을 시행할 계획이라는 의미로 자연스러운 문맥이 된다.
오답 (B) 소비하다   (C) 가치를 낮추다
(D) 집합시키다, 모으다
해석 정부는 이미 국가 경제 성장을 회복하기 위해 새로운 통화 정책을 실시할 계획을 발표했다.

6. 문제 유형 **KEY 01 동사 + 목적어**

If the authorities wish to know where I (C) obtained my information, they will bring great pressure to bear on the entire newspaper.

해설 목적어인 정보와 가장 잘 어울리는 단어는 (C) '얻었다, 획득했다'이다.
오답 (A) 운영했다   (B) 보존했다   (D) 배상했다
해석 만일 정부가 제가 정보를 어디에서 얻었는지를 알고 싶어 한다면, 신문사 전체에 압력을 행사할 수도 있습니다.

7. 문제 유형 **KEY 01 동사 + 목적어**

We are currently expanding our business and therefore looking for a professional advisor to (D) anticipate major changes and respond to them.

해설	목적어인 중요한 변화들(major changes)에 가장 잘 어울리는 동사를 찾는다. 그 이후에 변화에 대응한다는 내용이 있으므로 변화를 (D) '예측하다'가 적절하다. (A)는 전치사 to와 함께 '~에 동의하다'라는 의미로 쓰인다.
오답	(A) 동의하다 (B) 복제하다 (C) 분배하다
해석	저희는 현재 사업을 확장하고 있기 때문에 중요한 변화들을 예측하고 이에 대응할 수 있는 전문 자문인이 필요합니다.

8. **문제 유형**   KEY 01   동사 + 목적어

Mr. Writtle has (D) assembled high-powered attorneys to resolve legal disputes through official channels and to try to rebuild his reputation.

해설	① **보기분석**: 보기가 비슷한 철자로 시작하는 어휘들로 이루어져 있으므로 의미를 혼동하지 않도록 유의한다. ② **문장 분석**: 해석을 통해 문맥에 맞는 것을 고른다. 법적인 분쟁을 해결하기 위해 변호사들을 (D) '모았다, 집합시켰다'가 가장 자연스럽다.
오답	(A) 장담했다 (B) 평가했다 (C) 연관지었다
해석	리틀 씨는 공식적인 경로로 법적인 분쟁을 해결하고 그의 평판을 회복하기 위해 권위있는 변호사들을 모았다.

9. **문제 유형**   KEY 02   동사 + 목적어 + 전치사

HugeCorp has (A) appointed Pauline Redding to act as an interim division director to oversee the transition.

해설	① **보기분석**: 비슷한 철자로 시작하는 단어와 의미적으로 관련 있는 어휘들이 포함되어 있으므로 유의한다. ② **문장 분석**: 빈칸 뒤의 목적어 뒤에 to act as(~의 역할을 할)이 있으므로 (A) '임명했다'가 가장 적절하다. (D) '해임했다'는 주로 전치사 from과 함께 쓰인다.
오답	(B) 접근했다 (C) 방해했다 (D) 해임했다
해석	휴즈코프사는 과도기를 감독하기 위해 폴린 레딩을 임시 부서장 역할을 하도록 임명했다.

10. **문제 유형**   KEY 02   동사 + 목적어 + 전치사

Chevmort's CEO Charles Anderson (A) attributes Chevmort's success to its decision to focus on producing affordable cars instead of the expensive SUVs.

해설	① **보기분석**: 빈칸 뒤의 목적어만으로는 어떤 어휘가 가장 잘 어울리는지 알 수 없다. ② **문장 분석**: 목적어인 '성공' 뒤에 전치사 to가 있는 것으로 보아 attribute A to B (A를 B 덕분으로 여기다) 구문임을 알 수 있다.
오답	(B) 칭찬하다 (C) 조사하다 (D) 기여하다
해석	쉐브모트의 CEO인 찰스 앤더슨은 쉐브모트의 성공이 값비싼 SUV 대신 저렴한 차를 생산하는 것에 집중하기로 한 결정 덕분이라고 한다.

UNIT 2   동사 2

 KEY 03 동사 + 전치사

Step 2 연습문제

1. (A)	2. (A)	3. (A)	4. (B)	5. (A)

1. The new vice president applied his extensive knowledge to (A) focus on promising opportunities for the company.

해설	빈칸 뒤의 전치사 on과 함께 쓰이면서 문맥에도 잘 어울리는 것은 (A)이다.
오답	(B) 모으다, 집합시키다
해석	신임 부사장은 회사에 좋은 기회에 집중하기 위해 자신의 해박한 지식을 활용했다.

2. All employees must (A) comply with the new safety rules issued by the top officials.

해설	(A)와 (B) 모두 빈칸 뒤 with를 동반하므로, 뒤따르는 새로운 안전규정(the new safety rules)과 잘 어울리는 어휘를 찾아야 한다. 따라서, 정답은 (A)이다.
오답	(B) 경쟁하다, (시험, 경기 등에서) 겨루다
해석	전 직원은 고위관계자들이 발표한 신규 안전규정을 준수하여야 한다.

3. The number of residents (A) enrolled in private health insurance is nearly 36 thousand.

해설	빈칸 뒤의 in과 함께 쓰일 수 있는 동사는 (A)이다. enroll in은 '~에 등록하다'라는 의미이다.
오답	(B) 반응하다, (질문, 부름 등에) '대답하다'라는 의미로, 전치사 to와 함께 쓰인다.

해석 민간 의료 건강보험에 가입한 거주민들의 수는 거의 36,000명이다.

4. **The discussion on launching a new line of running shoes is expected to (B) resume on January 10.**

해설 빈칸 뒤의 시기를 나타내는 전치사 on과 어울리면서, 문맥상 의미에도 어울리는 어휘는 (B)이다.

오답 (A) (난관 등을) '극복하다'라는 의미로, 뒤에 항상 with가 따르므로 정답이 아니다.

해석 새 러닝화 제품을 출시하는 것에 관한 논의는 1월 10일에 재개될 것으로 예상된다.

5. **Those who receive high marks in English tend to (A) excel in other foreign languages.**

해설 빈칸 뒤에 과목명이 뒤따르고 있고, 전치사 in이 놓여 있으므로, 이에 모두 어울리는 어휘는 (A)이다.

오답 (B) '뒤따르다, 이해하다, 따라잡다'라는 의미로, 전치사 in과 함께 쓰이지 않는다.

해석 영어에서 높은 점수를 받은 학생들은 다른 외국어에도 뛰어난 경향이 있다.

KEY 04 동사 + that

Step 2 연습문제

| 1. (A) | 2. (B) | 3. (A) | 4. (A) | 5. (A) |

1. **Please (A) note that the deadline for all applications is May 1.**

해설 명사절 접속사 that을 동반할 수 있고, that 이하 명사절의 사실을 강조할 수 있는 어휘는 (A) '주목하다, 유념하다'이다.

오답 (B) 조언하다, 충고하다

해석 모든 지원공고의 마감일은 5월 1일임을 유념하시기 바랍니다.

2. **The surveys (B) indicated that vehicles made by Rover are more reliable.**

해설 (A)와 (B) 중 that 이하 명사절을 목적어로 삼을 수 있고, 빈칸 앞 주어와도 잘 어울리는 어휘는 (B) '나타냈다'이다.

오답 (A) 지시했다, 방향을 가리켰다

해석 설문조사는 Rover에서 만든 차량이 더 믿을만하다는 것을 나타냈다.

3. **Corporate trainers have (A) remarked that time management is the most important aspect.**

해설 명사절 접속사 that이나 that 이하 명사절과 자연스럽게 같이 쓰일 수 있는 어휘는 (A) '언급했다'이다.

오답 (B) 의도했다

해석 기업체 교육담당자들은 시간 관리가 가장 중요한 측면임을 언급하였다.

4. **The agent (A) assured me that my Internet would be up and running by the end of the day.**

해설 빈칸 뒤에 명사절 접속사 that과 명사절을 동반할 수 있고, 간접 목적어 me 또한 동반할 수 있는 어휘는 (A)이다.

오답 (B) 안내했다, 이끌었다

해석 직원은 내 인터넷이 그 날이 끝날 무렵에는 작동될 것이라고 장담했다.

5. **Kafed Consulting is pleased to (A) announce that Mr. Chan has become the newest member.**

해설 that 이하 명사절을 목적어로 삼을 수 있고 문맥상 더 자연스러운 것은 (A)이다.

오답 (B) 등록하다

해석 카페드 컨설팅은 챈 씨가 가장 최근의 신규 사원이 되었음을 알리게 되어 기쁩니다.

Step 3 실전문제

1. (A)	2. (B)	3. (D)	4. (A)	5. (C)	6. (C)
7. (A)	8. (B)	9. (A)	10. (A)	11. (C)	12. (A)
13. (C)	14. (A)	15. (A)	16. (B)	17. (C)	18. (C)

1. 문제 유형 **KEY 03 동사 + 전치사**

It did not take long for the interviewers to (A) decide on the candidate that would best fit the position.

해설 ① 보기 분석: (A)와 (B) 모두 전치사 on과 함께 쓰일 수 있으므로, 문맥에 맞는 어휘를 고를 수 있도록 한다.
② 문장 분석: 빈칸 뒤의 전치사 on을 동반할 수 있고, 빈칸 앞 주절의 interviewers와 뒤 목적절의 candidate을 이어줄 수 있는 어휘는 (A) '결정하다'뿐이다.

오답 (B) 문의하다　(C) 조립하다, 모으다
(D) 수용하다, 인정하다

해석 면접관들이 해당 직무의 최적임자를 결정하는 데에는 오랜 시간이 걸리지 않았다.

2. **문제 유형**　**KEY 03**　**동사 + 전치사**

   The 30-year-old company has about 40 percent of the domestic package-delivery market, (B) followed by Fast Post Corp's 30 percent.

   해설 ① 보기 분석: 보기 모두 전치사 by와 함께 쓰여 빈칸에 위치하는 것이 가능하므로, 문맥의 의미에 어울리는 어휘를 찾는다.
   ② 문장 분석: 빈칸을 포함한 분사구가 주어 The 30-year-old company를 부연 설명하고 있다. 문맥상 빈칸 다음의 회사가 주어보다 시장점유율에 있어 후발주자라는 의미를 나타내므로, 정답은 (B)이다.

   오답 (A) 앞선, 선진의　(C) 미뤄진, 지연된
   (D) 진행되는, 이어나가는

   해석 30년 역사의 그 회사는 대략 40% 가량의 택배업계 점유율을 보이는데, 패스트 포스트사의 점유율인 30%가 이를 뒤따른다.

3. **문제 유형**　**KEY 03**　**동사 + 전치사**

   The manager sent an e-mail to Mr. Mendes regarding the financial issue, but he never (D) replied to it.

   해설 ① 보기 분석: 보기 중 빈칸 뒤의 to를 함께 쓸 수 있는 답안은 하나 뿐이므로 비교적 난이도가 낮다.
   ② 문장 분석: 빈칸 뒤의 전치사 to를 함께 쓸 수 있으면서 접속사 but 앞에 제시된 상황과도 어울리는 어휘는 (D) 뿐이다.

   오답 (A) 감지했다, 발견했다　(B) 만났다, 충족했다
   (C) 선발했다, 선택했다

   해석 관리자는 자금 문제에 관하여 멘데스 씨에게 이메일을 보냈지만 그는 절대 이에 답장하지 않았다.

4. **문제 유형**　**KEY 03**　**동사 + 전치사**

   Researchers indicate that students tend to (A) excel in mathematics if they receive high marks in science.

   해설 ① 보기 분석: 빈칸 뒤의 전치사 in을 동반 가능한 동사가 두 개이므로, 문맥의 의미를 잘 따져보도록 한다.

   ② 문장 분석: 빈칸에는 in을 함께 쓸 수 있는 (A)와 (D)가 모두 가능하나, if 이하 조건절의 의미로 보아 뛰어난 실력을 보인다는 의미의 (A)가 오는 것이 바람직하다.

   오답 (B) 올리다, 올라가다
   (C) (일정, 위치 등을) 정하다, 정렬하다
   (D) (굴하지 않고) 고집하다, 고수하다

   해석 연구자들은 학생들이 과학에서도 고득점하면 수학에서 뛰어난 실력을 발휘하는 경향이 있음을 지적한다.

5. **문제 유형**　**KEY 03**　**동사 + 전치사**

   It is imperative for all employees working at all operational facilities to (C) abide by all safety regulations.

   해설 ① 보기 분석: 보기 중 빈칸 뒤의 전치사 by를 동반 가능한 어휘는 하나 뿐이므로, 실수 없이 정답을 고르도록 한다.
   ② 문장 분석: 빈칸 뒤의 전치사 by를 동반 가능하며, 주어인 all employees와 목적어 all safety regulations을 연결하는 어휘는 (C) 뿐이다.

   오답 (A) 관찰하다, 준수하다　(B) 순응하다, 따르다
   (D) 들러붙다, 충실히 고수하다

   해석 모든 작업 시설에서 일하는 직원들은 모든 안전규정을 지키는 것이 반드시 필요하다.

6. **문제 유형**　**KEY 03**　**동사 + 전치사**

   With such technology, levels of background noise would no longer (C) interfere with the ability to carry on cellphone conversations.

   해설 ① 보기 분석: 보기 중 전치사 with를 동반할 수 있는 어휘를 고른다.
   ② 문장 분석: 빈칸 뒤의 전치사 with와 문장 중반 no longer(더 이상 ~하지 않는)와 문맥상 어울리는 것은 (C)이다. interfere with는 '~을 방해하다'라는 의미이다.

   오답 (A) (어떤 사실을) 표시하다, 나타내다
   (B) 용기를 주다, 장려하다
   (D) 허용하다, 가능하게 하다

   해석 그러한 기술이 도입되면, 배경소음의 강도는 더 이상 휴대전화 상의 대화를 이어갈 능력을 방해하지 못하게 된다.

7. 문제 유형   KEY 04   동사 + that

Corporate trainers have (A) remarked that time management is the most important aspect to maximize productivity at workplaces.

해설 ① **보기 분석:** 보기 중 that 이하 명사절을 목적어로 삼을 수 있는 어휘를 고른다.
② **문장 분석:** 보기 중 (A)와 (D)는 모두 that 이하 명사절을 목적어로 삼을 수 있다. 설득을 한다는 의미의 (D)는 설득의 대상인 간접 목적어가 제시되어야 하므로 정답에서 제외한다. 따라서, 정답은 '언급했다, 지적했다'라는 의미의 (A)가 된다.

오답 (B) 자기복제를 했다, 복사본을 만들었다
(C) 중단했다, 끊었다   (D) 설득했다

해석 기업체의 교육담당자들은 시간 관리가 일터에서의 생산성을 극대화하는 가장 중요한 측면임을 언급하였다.

8. 문제 유형   KEY 03   동사 + 전치사

Engineers are (B) looking into the causes of the virus as well as radical measures that can be given to their clients.

해설 ① **보기 분석:** 보기 중 빈칸 뒤의 전치사 into와 함께 쓰일 수 있는 어휘는 (B) 뿐이다.
② **문장 분석:** 주어인 Engineers가 into 이하의 목적어를 '~하다'라는 의미이므로, into를 동반할 수 있는 어휘를 찾으면 정답은 (B)이다.

오답 (A) 따라가는, 지키는   (C) 결정하는
(D) 다루는, 취급하는

해석 기술자들은 그들의 고객들에게 주어질 수 있는 철저한 대책뿐 아니라 바이러스를 야기하는 원인에 대해서도 조사 중이다.

9. 문제 유형   KEY 03   동사 + 전치사

The commission rate has been lowered to help (A) cope with increased expenses in accounting.

해설 ① **보기분석:** 빈칸 뒤의 전치사 with와 함께 사용할 수 있는 어휘는 (A), (D)이다.
② **문장 분석:** 증가한 비용(increased expenses)이 목적어이므로, 정답은 (A) (문제 등에) '대처하다'가 된다.

오답 (B) 안내하다, 이끌다   (C) ~을 준수하다
(D) (시험, 경기 등에서) 경쟁하다

해석 수수료률은 회계업무 처리에 있어 증가한 비용을 대처하는 것을 돕기 위해 인하된 상태이다.

10. 문제 유형   KEY 03   동사 + 전치사

The board members (A) agreed upon the new proposal to open overseas branch offices in the next five years.

해설 ① **보기 분석:** 전치사 upon과 함께 쓸 수 있는 것을 고른다.
② **문장 분석:** 보기 중 전치사 upon을 동반할 수 있으며 목적어 the new proposal을 자연스럽게 연결하는 어휘는 (A)이다.

오답 (B) 제안했다   (C) 반대했다   (D) 집중했다

해설 이사회는 향후 5년간 해외지사 사무실을 개업하는 내용의 신규 제안에 동의하였다.

11-14

담당자님께,

우리는 다음 달, 아시아 신기술에 관심이 많은 여러분과 임원분들을 만나기 위해 샌프란시스코를 방문할 계획입니다. 우리 하딩 컨설팅이 소중한 기회를 여러분께 ^{11.} (C) 마련해 드릴 수 있다고 생각합니다. 하딩 컨설팅은 급속히 성장하고 있는 아시아 주식 시장에 투자하려는 기업들을 돕는 데에 ^{12.} (A) 뛰어납니다. ^{13.} (C) 함께 일하는 각 회사의 목표 실현에 전념함으로써 하딩 컨설팅은 주식 시장에서 중요한 협력업체임을 입증해 왔습니다. ^{14.} (A) 여러분과 만날 기회를 고대하고 있겠습니다.

제임스 하시모토 올림
하딩 컨설팅

11. 문제 유형   KEY 02   동사 + 목적어 + 전치사

We feel that Harding Consulting could (C) provide you with a valuable opportunity.

해설 ① **문장 분석:** 목적어인 you 뒤에 전치사 with가 있는 것으로 보아 동사 A with B 구조임을 알 수 있다.
② **문맥 확인:** 이 구조를 가지면서 문맥에 가장 어울리는 것은 (C)이다. (D)는 주로 compete with(~와 경쟁하다) 구조로 쓰인다.

오답 (A) 주저하다   (B) 자격을 얻다   (D) 경쟁하다

80

12. 문제 유형 **KEY 03** 동사 + 전치사

Harding Consulting (A) excels in assisting companies investing in the rapidly growing Asian stock market.

해설 ① 문장 분석: 빈칸 뒤에 전치사 in이 있으므로 어울리는 동사를 고른다.
② 문맥 확인: 전치사 in과 함께 쓰이면서 그 이후의 문맥에 가장 잘 어울리는 것은 (A)이다.

오답 (B) 진행하다 (C) 칭찬하다 (D) 조사하다

13. 문제 유형 **KEY 03** 동사 + 전치사

Through a commitment to realizing the goals of each individual company we (C) collaborate with, Harding Consulting has proven itself a valuable ally in the stock market.

해설 ① 문장 분석: 빈칸 뒤에 전치사 with가 있으므로 이와 잘 어울리는 동사를 찾는다.
② 문맥 확인: with와 함께 쓰이면서 문맥에 가장 어울리는 것은 (C)이다. (D) accompany는 with와 '~와 동행하다'라는 의미이므로 적절하지 않다.

오답 (A) 예측하다 (B) 수용하다 (D) 동행하다

14. 문제 유형 빈칸에 알맞은 문장 넣기

(A) I look forward to the prospect of meeting with you.

해설 편지의 마지막 문장이므로 새로운 정보를 제공하기 보다는 앞으로 만날 날을 기대한다는 (A)가 가장 적절하다.

오답 (B) 저는 앞으로의 결과를 보증할 수 있습니다. (C) 저는 이 정보가 귀하의 호기심을 충족시키기를 바랍니다. (D) 저희는 지역 농업 사회에 많은 투자를 하고자 합니다.

15-18

공지

제3차 연례 피터슨 앤 스미스 호스맨의 세미나가 오살라 힐튼에서 11월 18일과 19일, 토요일과 일요일에 열리게 됨을 15. (A) 알려 드리게 되어 기쁘기 그지없습니다.
지난 2년간 열린 1, 2차 세미나에 이어, 3명의 저명한 초청 연사와 피터슨 앤 스미스의 수의사들에게 각자 16. (B) 전문으로 하는 분야의 최신 정보에 대해 발표해달라고 초청했습니다. 다시 한 번, 우리 연사들은 갖고 계신 지식을 함께 나누며 말 주인들에게 유익한 것들을 배울 기회를 17. (C) 제공할 것입니다. 등록 기한은 11월 3일 금요일입니다. 등록비는 1일에 60달러, 이틀간은 100달러입니다. 18. (C) 그곳에서 만나 뵙기를 고대하겠습니다.

15. 문제 유형 **KEY 04** 동사 + that

We are pleased to (A) inform you that the Third Annual Peterson & Smith Horseman's Seminar will be held on Saturday and Sunday, November 18 & 19, at the Ocala Hilton.

해설 ① 문장 분석: 빈칸 뒤에 목적어가 있고 그 이후에 명사절 접속사 that이 이끄는 목적절이 나오고 있다.
② 문맥 확인: that 이하를 알리게 되어 기쁘다고 하는 것이 가장 자연스러우므로 정답은 (A)이다.

오답 (B) 허용하다 (C) 따르다 (D) 충고하다

16. 문제 유형 **KEY 03** 동사 + 전치사

We have invited three renowned guest speakers and our veterinarians at Peterson & Smith to present the latest information in their respective fields they (B) specialize in.

해설 ① 문장 분석: 빈칸 뒤에 전치사 in이 있으므로 어울리는 동사를 고른다.
② 문맥 확인: 전치사 in과 앞에 있는 명사인 각자의 영역(respective fields)를 수식할 수 있는 것은 (B) '~을 전문으로 하다'이다.

오답 (A) enroll in: ~에 등록하다
(C) cope with: ~에 대처하다
(D) interfere with: ~을 방해하다

17. 문제 유형 **KEY 01** 동사 + 목적어

Our speakers will share their insights and (C) provide an educational opportunity for horse owners.

해설 ① 문장 분석: 빈칸 뒤에 동사의 목적어인 기회 (opportunity)가 있으므로 이와 가장 잘 어울리는 동사를 고른다.
② 문맥 확인: 기회를 '제공하다'라는 문맥을 이루는 (C)가 가장 적절하다.

오답 (A) 진행하다 (B) 구성하다 (D) 비교하다

81

18. 문제유형 빈칸에 알맞은 문장 넣기

(C) We are looking forward to meeting you there.

해설 편지의 마지막 문장이므로 새로운 정보를 제공하기보다는 앞으로 만날 날을 기대한다는 (C)가 가장 적절하다.

오답 (A) 당신이 세미나에 참석하지 못해서 아쉽습니다. (B) 신속하고도 사려 깊은 조치에 감사 드립니다. (D) 저희는 어떤 종류의 식사나 음료도 제공하지 않습니다.

UNIT 3 명사

KEY 05 문맥에 어울리는 명사

Step 2 연습문제
1. (A) 2. (B) 3. (B) 4. (A) 5. (A)

1. The plant expansion will allow a significant increase in production (A) capability.

해설 빈칸 앞 명사 production과 함께 복합명사로 쓰일 수 있는 어휘는 생산능력을 뜻하는 (A)이다.
오답 (B) 권한, 권위
해석 공장 확장은 생산능력의 확연한 증대를 가능하게 할 것이다.

2. Several mini-workshops demonstrate (B) advances in technology.

해설 빈칸 앞에 동사가 위치한 것으로 보아 목적어인 명사가 필요한 상황이다. 보기 중 빈칸 뒤의 in technology와 어울릴 수 있는 단어는 기술의 발전을 뜻하는 (B)이다.
오답 (A) 자원
해석 몇 개의 소규모 워크숍은 기술의 발전을 설명한다.

3. Edelman is looking for a chance to take our marketing (B) initiatives to the next level.

해설 marketing과 함께 복합명사를 이룰 수 있는 어휘는 주도권을 뜻하는 (B)가 적절하다.
오답 (A) 시설, 설비
해석 에델먼은 마케팅을 다음 단계로 이끄는 주도적인 역할을 할 기회를 찾고 있다.

4. After successful (A) completion of this temporary contract, the company may decide to offer you a permanent contract.

해설 빈칸 앞에 형용사가 위치하고 있으므로, 빈칸에는 수식 대상인 명사가 필요하다. 성공적이어야 하는 것은 계약의 만료이므로, 정답은 (A)이다.
오답 (B) (정기간행물의) 정기구독
해석 이번 임시 계약을 성공적으로 만료한 후에는 회사가 당신에게 영구적 계약을 제안하기로 결정할 수도 있습니다.

5. A tax expert will respond to any (A) concerns you may have about the recent changes in the law.

해설 빈칸 앞의 any가 대명사로서 형용사적 역할을 하고 있으므로, 수식의 대상인 명사가 필요한 상황이다. 빈칸 뒤의 you have로 보아 문맥에 상통하는 정답은 (A)이다.
오답 (B) 점검, (결함을 발견하기 위한) 조사
해석 세무 전문가가 최근의 법 개정에 관해 당신이 가지고 있는 그 어떤 관심사항에든 응답할 것입니다.

KEY 06 의미나 형태가 유사한 명사

Step 2 연습문제
1. (A) 2. (A) 3. (A) 4. (A) 5. (A)

1. The company will discuss the (A) distribution of last year's profit.

해설 빈칸 앞에 정관사가 위치하고 있으므로, 명사가 필요한 상황이다. 보기 중 빈칸 뒤 작년의 이윤과 어울리는 어휘는 (A)이다.
오답 (B) 가입, 입장
해석 회사는 작년에 발생한 이윤의 배분을 논할 것이다.

2. Insurance companies change the policy at the time of (A) renewal without consent of the insured.

해설 문맥상 보험은 갱신의 대상이므로, 정답은 (A)이다.
오답 (B) 승인
해석 보험회사는 피보험자의 동의 없이 갱신시점에 정책을 변경한다.

3. William Potts will lead a (A) discussion on how the energy industry can become more environmentally friendly.

해설 문장의 의미상 주어가 주도하는 것은 on 이하의 주제에 대한 논의인 것이 더 자연스러우므로, 정답은 (A)이다.

오답 (B) 결정

해석 윌리엄 포츠는 에너지 업계가 어떻게 더 환경친화적이 될 수 있는지에 관한 논의를 주도할 것이다.

4. The company decided to increase its (A) dividends to shareholders next year.

해설 보기의 상당히 유사한 두 명사 중 빈칸 뒤의 주주라는 단어와 어울리는 명사는 이익의 배당금을 뜻하는 (A)이다.

오답 (B) 분할, (조직의) 부서

해석 회사는 내년에 주주에게 돌아가는 배당금의 액수를 늘리기로 결정하였다.

5. This schedule will be very helpful on future business (A) transactions with clients.

해설 빈칸 앞 형용사 역할을 하는 business가 수식할 명사가 필요한 상황에서, 문맥상 고객과는 사업거래를 하는 것이 자연스러우므로 정답은 (A)이다.

오답 (B) (다른 상태로의) 이행, 전환

해석 이 일정은 앞으로 있을 고객과의 사업거래에 매우 도움이 될 것입니다.

Step 3 실전문제

1. (B) 2. (A) 3. (C) 4. (D) 5. (B) 6. (A)
7. (C) 8. (B) 9. (A) 10. (A) 11. (A) 12. (D)
13. (B) 14. (B) 15. (D) 16. (B)

---

1. 문제 유형 **KEY 05** 문맥에 어울리는 명사

The city continued to let local businesses follow the architectural (B) guidelines to maintain the city's landscape.

해설 ① **보기 분석**: 문맥을 고려하여 가장 적절한 어휘를 고른다.
② **문장 분석**: 문맥상 도시 내의 사업체들이 지켜야 하는 것은 건축 상의 (B) '안내 지침'이다.

오답 (A) 권리   (C) 이용료   (D) 제한사항

해석 시(市)는 시의 조경을 유지하기 위해 계속해서 지역 사업체들이 건축 지침을 따르게 하였다.

2. 문제 유형 **KEY 05** 문맥에 어울리는 명사

Our company takes every (A) measure to protect your personal information by slowing down order processing if there is any chance of personal identity theft.

해설 ① **보기 분석**: 빈칸 이후의 문맥을 고려하여 가장 자연스러운 것을 고른다.
② **문장 분석**: 빈칸 이후를 보면 빈칸에 해당하는 명사는 개인정보를 지키기 위해 할 수 있는 것이므로, 정답은 (A) '조치'이다.

오답 (B) 능력   (C) 대체물   (D) 대안

해석 우리 회사는 개인의 신원이 도용될 그 어떤 여지라도 있다면 주문처리를 늦춤으로써 귀하의 개인정보를 보호하기 위한 모든 조치를 취합니다.

3. 문제 유형 **KEY 05** 문맥에 어울리는 명사

A tax expert will visit our company to respond to any (C) concerns you may have about the recent changes in the law.

해설 ① **보기 분석**: 빈칸 앞 any의 수식을 받으면서 문맥상 가장 자연스러운 것을 고른다.
② **문장 분석**: 최근의 법 개정에 대해 가질 수 있는 것은 '관심사항'이므로 정답은 (C)이다.

오답 (A) 중요성   (B) 조건, 여건   (D) 탐험, 원정

해석 최근의 법 개정에 관해 당신이 가지고 있는 그 어떤 관심사항에든 응답하기 위해 세무 전문가가 우리 회사에 내방할 것입니다.

4. 문제 유형 **KEY 06** 의미나 형태가 유사한 명사

The Safety Administration will conduct (D) inspections on commercial buses and trucks to assure full compliance with federal regulations.

해설 ① **보기 분석**: 빈칸 전후의 문맥에 유의해 정확한 어휘를 정답으로 고른다.
② **문장 분석**: 버스와 트럭을 대상으로 실시할 수 있으며 동사 conduct와도 어울리는 것은 (D) '조사'이다.

오답 (A) 약속, 책무, 헌신   (B) 설문조사   (C) 증언

해석 안전부는 연방법규의 온전한 준수를 확고히 하기 위해 상용 버스와 트럭의 점검을 실시할 것이다.

5. 문제 유형　**KEY 05**　문맥에 어울리는 명사

Active duty and retired military personnel will get free (B) admission to this year's World Golf Championship that will be held from Aug 4 to 9 at the Green Country Club.

해설
① 보기 분석: 빈칸 앞의 형용사인 무료의(free)와 가장 잘 어울리는 명사를 고른다.
② 문장 분석: 문맥상 빈칸 뒤의 챔피언쉽 대회에 '입장권'을 무료로 얻는 것이 가장 자연스러우므로 (B)가 정답이다.

오답 (A) 발명, 창조　(C) 위치　(D) 수집품, 소장품

해석 현역 및 은퇴한 군 인사들은 그린 컨트리클럽에서 8월 4일부터 9일까지 개최될 금년 세계 골프 챔피언쉽 대회에 무료입장권을 얻게 될 것입니다.

6. 문제 유형　**KEY 05**　문맥에 어울리는 명사

Our (A) policy is to offer refunds to customers if the item is not damaged and is returned within 30 days of the purchase.

해설
① 보기 분석: 빈칸 이후의 문맥을 고려하여 가장 자연스러운 것을 고른다.
② 문장 분석: 문맥의 흐름상 환불기준이 빈칸 뒤에 뒤따르고 있으므로, 이를 잘 대변할 수 있는 어휘는 정책이라는 의미의 (A)이다.

오답 (B) 입양　(C) 전시회, 전시품　(D) 관심, 고려

해석 우리의 정책은 물품이 손상되지 않고 구입일로부터 30일 이내에 반품된다면 환불을 제공해드리는 것입니다.

7. 문제 유형　**KEY 06**　의미나 형태가 유사한 명사

After gaining his (C) authority and resolving the company's personnel issues, the new president started to diversify the product line.

해설
① 보기 분석: 의미가 유사한 어휘가 있으므로 문맥에 가장 잘 어울리는 어휘를 고른다.
② 문장 분석: 문맥의 흐름상, 신임 사장이 손에 넣을 수 있고, 회사의 문제를 해결하기 위해 필요한 것은 권한을 의미하는 (C)이다.

오답 (A) 허가, 용돈　(B) (정치, 종교적) 소속
(D) 의견의 만장일치
● 어휘 affiliate: 계열사, 자회사

해석 그의 권한을 얻고 회사의 인사문제를 해결한 후, 신임 사장은 회사의 제품군을 다양화하기 시작했다.

8. 문제 유형　**KEY 05**　문맥에 어울리는 명사

Although it does not apply in every situation, I found this schedule very helpful and plan to use it on future business (B) transactions with clients.

해설
① 보기 분석: 문맥을 고려하여 가장 적절한 어휘를 고른다.
② 문장 분석: 빈칸 앞의 business와 함께 복합명사로서 사용할 수 있는 어휘는 거래라는 의미의 (B)이다.

오답 (A) 복잡함, 합병증　(C) 양, 치수
(D) 성명서, 진술서

해석 이것이 모든 상황에 적용되는 것은 아님에도 불구하고, 저는 이 일정이 매우 도움이 됨을 알았고 고객과의 향후 사업거래에 사용할 계획입니다.

9. 문제 유형　**KEY 06**　의미나 형태가 유사한 명사

The service includes cleaning inside and outside of the building and (A) removal of trash from interior trash containers to the outdoor dumpster.

해설
① 보기 분석: 제시된 어휘들 모두 그 의미가 유사하므로 문맥상 가장 자연스러운 것을 고른다.
② 문장 분석: 문맥상 빈칸 뒤를 보면 내부의 쓰레기를 ~하여 외부로 옮긴다는 내용이 제시되어 있으므로, 해당 의미를 대변하기에 적합한 어휘는 (A)이다. (C)와 (D)는 동사원형이므로 답이 될 수 없다.

오답 (B) 철회　(C) 해고, 일축하다
(D) 폐기처분, 정리하다

해석 서비스는 건물 내, 외부 청소와 내부 쓰레기통으로부터 외부 쓰레기 용기로 쓰레기를 제거하는 것을 포함합니다.

10. 문제 유형　**KEY 06**　의미나 형태가 유사한 명사

After successful (A) completion of this temporary contract, the company may decide to offer you a permanent contract.

해설
① 보기 분석: 문맥을 고려하여 가장 적절한 어휘를 고른다.

② 문장 분석: 문장 후반부에 회사가 영구적 계약을 제안한다는 내용이 나와있으므로, 문맥의 의미상 이 제의의 전제조건은 임시 계약기한을 만료하는 것이 된다. 따라서, 정답은 (A)이다.

오답 (B) 보완물 (C) 복잡성 (D) (법규 등의) 준수

해석 이번 임시 계약기한을 성공적으로 만료한 후에는 회사가 당신에게 영구적 계약을 제안하기로 결정할 수도 있습니다.

11-13

동료들께,

여러분께 현재 제 5회 국제 전복 학술토론회 참가자가 200명 이상에 달하게 되었음을 알려드리게 되어 매우 기쁩니다. 이에 따라, 여러분께 특별 할인가에 황하이 호텔 11. (A) 숙박 요금을 드릴 수 있게 되었습니다. 객실 종류에 따른 더 저렴한 신규 요금은 아래와 같습니다.

표준 객실: 객실당 일 40달러, 5달러 할인.
특호실: 객실당 일 120달러, 15달러 할인.
VIP 특호실: 객실당 일 250달러, 50달러 할인.

선발단 중 아직 숙박예약을 하지 않은 분들은 숙박예약 12. (D) 양식과 납부금을 가능한 한 빠르게 보내주셔야 합니다. 선발단 중 숙박요금을 이미 납부해주신 13. (B) 대표 분들은 등록 시점에 할인액을 돌려받으실 것입니다.

크리스 장 올림

11. 문제 유형 KEY 05 문맥에 어울리는 명사

Hence, we are able to get bargain (A) accommodation rates for you in the Huanghai Hotel.

해설 ① 문장 분석: 빈칸 뒤의 명사 rates와 복합명사를 이룰 수 있는 명사를 고르는 문제이다.
② 문맥 확인: 빈칸 뒤에 '요금'을 뜻하는 rates가 있으므로, (A)와 함께 '숙박요금'이라고 하는 것이 적절하다.

오답 (B) 대체, 교체 (C) 생산성
(D) (정기간행물의) 구독

12. 문제 유형 KEY 06 의미나 형태가 유사한 명사

Delegates who have not yet booked their accommodations should send the accommodation booking (D) forms and payments as soon as possible.

해설 ① 문장 분석: 빈칸 앞의 예약(booking)이라는 명사와 함께 복합명사를 이루는 명사를 찾는다.
② 문맥 확인: 이것을 보내고 요금을 지불해야 한다고 하고 있으므로 '예약 양식'이라는 문맥을 이루는 (D)가 가장 적절하다.

오답 (A) 정책 (B) 조치 (C) 계약서

13. 문제 유형 KEY 06 의미나 형태가 유사한 명사

In the case of (B) delegates who have already made payments for their accommodations, they will get the discount back when they register.

해설 ① 문장 분석: 빈칸 뒤에 관계대명사 who이하에서 이 명사를 부연 설명하고 있으므로 빈칸에는 사람을 가리키는 명사가 와야 한다.
② 문맥 확인: 사람 명사는 (A)와 (B)인데, 앞 문장에서 아직 예약하지 않은 delegates(대표들)라고 하고 있으므로 이 문장에서 숙박료를 이미 납부한 delegates(대표들)이 오는 것이 가장 자연스럽다.

오답 (A) 후보들 (C) 완성하다, 완료하다
(D) 조정하다, 조직화하다

14-16

레이몬드 윌리엄스 씨에게,

귀하의 민원 서신 690428번에 대해 말씀드립니다. 저희는 상품을 14. (B) 점검했고 배송 과정에서 이것이 손상을 입은 사실이 발견되었습니다. 손상 물품의 교체품이 2일 후에 우편으로 배송되거나, 15. (D) 대안으로 전액 환불을 받으실 수 있습니다. 불편을 끼쳐드린 점에 대해 진심을 다해 사과의 말씀을 드립니다. 16. (B) 추후의 모든 주문건이 안전하게 도착할 수 있도록 보장해드리기 위해 필요한 모든 조치를 취해드리고 있습니다. 이것이 귀하께서 온전히 만족하실 수 있도록 해당 문제를 해결하고 귀하의 추후 주문건에 대해 저희가 최상의 주의를 기울인다는 것을 확인해드릴 수 있기를 바랍니다.

고객서비스부 대니 콜린스 올림

14. 문제 유형　KEY 05　문맥에 어울리는 명사

We conducted the (B) inspection of the product and found that it was damaged during the delivery process.

해설
① 문장 분석: 동사 conduct와 어울리는 명사를 고른다.
② 문맥 확인: 민원에 대응해 제품을 점검하였다는 의미이므로, 정답은 (B)이다.

오답　(A) 설문조사　(C) 설문지　(D) 면접

15. 문제 유형　KEY 06　의미나 형태가 유사한 명사

A replacement for the damaged goods will be sent by post in two days, or you could be given a full refund as an (D) alternative.

해설
① 문장 분석: 빈칸 앞 부정관사로 보아 빈칸은 명사의 자리임을 알 수 있다. 제시된 어휘의 형태는 유사하나 그 의미는 조금씩 차이가 있으므로, 해석에 유의하여 정답을 고른다.
② 문맥 확인: 환불이 문제 해결을 위한 하나의 대안으로 제시되고 있으므로 정답은 (D)이다.

오답　(A) 변경, 개조　(B) 번갈아 생기는
　　　(C) 교류 발전기

16. 문제 유형　빈칸에 알맞은 문장 넣기

(B) We are taking all necessary measures to ensure the safe arrival of all future orders.

해설　문제의 해결책이 모두 제시된 후의 문장이므로 해당 내용으로는 추후 주문건에 대해 논하고 있는 (B)가 자연스럽다.

오답　(A) 그녀가 귀하와의 용무로 복귀할 수 있도록 이메일로 귀하께서 자리에 계신지의 여부를 알려주시기 바랍니다. (C) 저는 당신이 보여주신 노고와 헌신을 대단히 높이 삽니다. (D) 저는 귀하의 물품이 가능한 한 빨리 반송되는 것에 관심이 있으신 걸로 여겼습니다.

UNIT 4　형용사 1

KEY 07　문맥에 어울리는 형용사 1

Step 2 연습문제

| 1. (A) | 2. (B) | 3. (A) | 4. (B) | 5. (A) |

1. If a shipment arrives at your door with (A) obvious shipping damage, please call us immediately.

해설　운송 중 손상이라는 명사를 수식하기에 더 적절한 것은 (A) '분명한'이다.
오답　(B) 효율적인
해석　제품이 배송 중에 명백히 손상된 채로 도착한다면 즉시 저희에게 연락 주십시오.

2. The new marketing campaign received (B) favorable reviews, which led to increased sales.

해설　판매가 증가했다는 문맥을 고려할 때 긍정적인 평가를 받았음을 알 수 있으므로 정답은 (B)이다.
오답　(A) 잠정적인
해석　새로운 마케팅 캠페인은 호의적인 평가를 받았고, 이는 판매 증가로 이어졌다.

3. This is an (A) exclusive offer for our loyal customers and is valid for a limited time only.

해설　단골 고객들에게만 주어지는 제안이라고 하고 있으므로 (A)가 정답이다.
오답　(B) 예상되는
해석　이는 저희 단골 고객분들을 위한 독점적인 제안이며 제한된 시간 동안에만 유효합니다.

4. The new technology aims at saving roughly $250 billion in (B) operational costs for automakers.

해설　빈칸 뒤 비용이라는 명사를 자연스럽게 수식할 수 있는 것은 (B)이다.
오답　(A) 기밀의
해석　새로운 기술은 자동차 제조 업체들이 2,500억 달러 정도의 운영비용을 절약하게 해 주려는 목표를 갖고 있다.

5. Your prior training and experience were (A) impressive, which made you a strong candidate.

해설　경력을 설명할 수 있는 보어로서는 '인상적인'이 더 적절하다.
오답　(B) 설득력 있는
해석　당신의 이전 연수와 경력은 인상적이었으며, 당신을 유력한 후보자로 만들었습니다.

KEY 08 문맥에 어울리는 형용사 2

Step 2 연습문제
1. (B) 2. (B) 3. (A) 4. (A) 5. (A)

1. We are still in the (B) preliminary stages of planning the layout of the offices.
   - 해설: 여전히 '~한 단계에 있다'는 문맥에 어울리는 것은 (B)이다. (A)는 주로 사람을 수식하는 데 쓰인다.
   - 오답: (A) 믿을 수 있는
   - 해석: 우리는 여전히 사무실의 배치를 계획하는 예비 단계에 있다.

2. Canterbury has been named as one of the most (B) desirable places to live in the country.
   - 해설: 장소 혹은 특정 지역을 수식하는 자리이므로 (B)가 더 적절하다.
   - 오답: (A) 가격이 알맞은
   - 해석: 켄터베리는 그 나라에서 가장 살기 좋은 곳 중 하나로 알려져 있다.

3. It is mandatory that manufacturers offer repair services for any (A) defective items at no cost.
   - 해설: 제조업자들이 무료로 서비스를 제공해야 하는 조건이므로 (A)가 적절하다.
   - 오답: (B) 결정적인
   - 해석: 결함이 있는 제품에 대해 무료 수리를 해 주는 것은 제조업자들의 의무이다.

4. Wildlife advocates reached a (A) tentative agreement with the government.
   - 해설: 합의 혹은 동의를 나타내는 명사를 수식할 수 있는 것은 (A)이다.
   - 오답: (B) 주의를 기울이는
   - 해석: 야생동물 보호론자들은 정부와 잠정적인 합의에 도달했다.

5. Please submit photocopies of all (A) relevant documents to this office.
   - 해설: 서류 제출을 요구하고 있는 문장이므로 (A)가 더 적절하다. (B)는 '능숙한'이라는 의미로 주로 전치사 at과 함께 쓰인다.
   - 오답: (B) 능숙한
   - 해석: 모든 관련 서류의 복사본을 이 사무실로 제출해 주십시오.

Step 3 실전문제
1. (B) 2. (B) 3. (C) 4. (D) 5. (B) 6. (A)
7. (C) 8. (A) 9. (A) 10. (B)

1. 문제 유형 KEY 08 문맥에 어울리는 형용사 1

   It is (B) mandatory for all employees to turn in their time cards by this Wednesday, or else you will have to wait until next Wednesday to receive your checks.
   - 해설:
     ① 보기 분석: 보기가 모두 형용사로 이루어져 있으므로 문맥상 가장 잘 어울리는 것을 고른다.
     ② 문맥 확인: 타임카드를 제출하지 않으면 다음 주 수요일까지 급여를 받을 수 없다는 내용이므로 (B)가 정답이다.
   - 오답: (A) 가격이 알맞은   (C) (현금, 상품과) 교환할 수 있는   (D) 동시대의
   - 해석: 모든 직원은 근무 시간 기록표를 이번 주 수요일까지 제출해야 하며, 그렇지 않으면 급여 수표를 받기 위해 다음 주 수요일까지 기다려야 한다.

2. 문제 유형 KEY 07 문맥에 어울리는 형용사 1

   If a shipment arrives at your door with (B) obvious shipping damage, please refuse the delivery and call us immediately.
   - 해설:
     ① 보기 분석: 문맥상 가장 적절한 형용사를 고른다.
     ② 문장 분석: 제품의 손상이라는 명사를 가장 자연스럽게 수식할 수 있는 것은 (B)이다.
   - 오답: (A) 교환할 수 있는   (C) 정기 간행의   (D) 주의를 기울이는
   - 해석: 화물이 운송 과정상 손상이 생긴 상태로 집에 도착한 게 분명하면, 인수를 거부하시고 즉시 저희에게 전화 주십시오.

3. 문제 유형 KEY 07 문맥에 어울리는 형용사 1

   We are still in the (C) preliminary stages of planning and have not even begun to discuss the layout of the offices and cubicles.

87

해설
① 보기 분석: 품사는 모두 동일하고 의미가 다른 형용사이므로 문맥상 가장 잘 어울리는 것을 고른다.
② 문맥 확인: 빈칸 앞에 '아직'이라는 부사가 있고 and 이하에서 배치에 대한 논의는 시작도 하지 않았다고 하였으므로 가장 잘 어울리는 것은 (C) '예비의'이다.

오답 (A) 넓은   (B) 완벽한   (D) 의식하는

해석 우리는 아직 기획 전 단계에 있으며, 사무실과 칸막이 배치에 관한 논의조차도 시작하지 않았다.

4. 문제 유형   KEY 07   문맥에 어울리는 형용사 1

Our laboratory has already invented the first anti-virus smartphone software (D) compatible with both Android phones and Apple iPhones.

해설
① 보기 분석: 보기가 모두 형용사이므로 문맥상 가장 자연스러운 것을 고른다.
② 문장 분석: 빈칸 뒤의 전치사 with와 함께 쓰일 수 있는 것은 (D)이다.

오답 (A) 관대한   (B) 추가의   (C) 가능한

해석 저희 연구실은 이미 안드로이드와 아이폰 모두에 호환이 가능한 첫 번째 바이러스를 예방하는 스마트폰 소프트웨어를 발명했습니다.

5. 문제 유형   KEY 07   문맥에 어울리는 형용사 1

The new Hamilton store will provide steady employment for more than fifty citizens, and generate an (B) additional two hundred jobs in the delivery and manufacturing sectors.

해설
① 보기 분석: 보기가 모두 형용사이므로 문맥상 가장 자연스러운 것을 고른다.
② 문맥 확인: 빈칸 앞에 일자리를 제공한다는 내용이 이미 있으므로 '추가의, 부가적인'의 의미를 갖는 (B)가 적절하다.

오답 (A) 무료의   (C) 의무적인   (D) 운영상의

해석 새로운 해밀턴 상점은 50명 이상의 시민들에게 안정적인 일자리를 제공할 것이며, 추가적인 200개의 안정적인 일자리를 만들 것이다.

6. 문제 유형   KEY 08   문맥에 어울리는 형용사 2

We have called upon three renowned guest speakers to present the latest information in their (A) respective fields of expertise.

해설
① 보기 분석: 보기가 모두 형용사이므로 문맥상 가장 자연스러운 것을 고른다.
② 문맥 확인: 3명의 연사들이 각자의 분야에 대해 발표를 하는 상황이므로 (A)가 더 적절하다.

오답 (B) 연속적인   (C) 다양한   (D) 비교할 만한

해석 저희는 세 명의 초청 연사들에게 그들 각자의 전문 분야에 대한 최신 정보를 발표해 줄 것을 요청했습니다.

7. 문제 유형   KEY 08   문맥에 어울리는 형용사 2

After some considerable market growth, we can now afford to offer employees a (C) comprehensive welfare package.

해설
① 보기 분석: 어미가 동일한 형용사들로 이루어져 있으므로 의미에 유의하며 가장 적절한 것을 고른다.
② 문맥 확인: 빈칸 뒤의 명사인 복지를 가장 자연스럽게 수식할 수 있는 것은 (C) '종합적인'이다.

오답 (A) 진보적인   (B) 표현력이 있는
(D) 분열을 초래하는

해석 시장의 상당한 성장 이후에, 우리는 이제 직원들에게 종합적인 복지를 제공할 수 있게 되었습니다.

8. 문제 유형   KEY 08   문맥에 어울리는 형용사 2

(A) Effective immediately, all call center employees will spend no more than five to ten minutes helping a single customer.

해설
① 보기 분석: 형태가 다양하지만 모두 형용사이므로 문맥에 맞는 것을 고른다.
② 문맥 확인: 빈칸 이후를 보면 회사 내 정책에 대한 이야기임을 알 수 있으므로 (A)가 적절하다. effective는 '효과적인'이라는 의미도 있지만 정책과 관련해서는 '유효한'이라는 의미도 있다.

오답 (B) 임박한   (C) 열렬한   (D) 불확실한

해석 즉시 발효되는 정보로, 이제 모든 콜센터 직원들은 한 명의 고객을 응대하는 데 5-10분의 시간만 사용할 수 있습니다.

9. 문제 유형   KEY 08   문맥에 어울리는 형용사 2

After three (A) successive years of unprecedented failure, the board of directors suggested that the company needed a change of leadership.

해설
① 보기 분석: 형태가 다양하지만 모두 형용사이므로 문맥에 맞는 것을 고른다.

88

② **문장 분석**: 빈칸이 숫자 뒤에 있으므로 숫자와 함께 가장 자연스러운 문맥을 형성하는 (A)가 가장 적절하다.

오답 (B) 전체의 (C) 다양한 (D) 점진적인

해석 삼 년 연속의 큰 실패 후에, 이사회는 회사에 리더쉽의 변화가 필요하다는 것을 제안했다.

10. **문제 유형** **KEY 07** 문맥에 어울리는 형용사 1

Chevmort CEO said in a recent interview, "One key to the company's success was its decision to focus on producing (B) affordable cars instead of the expensive SUVs."

해설 ① **보기 분석**: 형태가 다양하지만 모두 형용사이므로 문맥에 맞는 것을 고른다.
② **문장 분석**: 빈칸 뒤에서 비싼 차 대신이라고 하고 있으므로 이와 대조적인 (B)가 적절하다.

오답 (A) 지나친 (C) 창의적인 (D) 끈질긴

해석 쉐브모트사의 CEO는 회사의 성공이 비싼 SUV 대신에 저렴한 차를 생산하기로 한 결정 덕분이라고 하였다.

UNIT 5   형용사 2

KEY 09 형용사 역할을 하는 분사

Step 2 연습문제
1. (B)   2. (A)   3. (A)   4. (A)   5. (B)

1. Office supplies can only be purchased with (B) written permission.

해설 보기는 모두 어미가 동일한 과거분사이지만 '허가'라는 명사와 잘 어울리는 것은 (B)이다.

오답 (A) 잊은, 잊혀진

해석 사무용품들은 서면 허가가 있을 때에만 구매될 수 있습니다.

2. Founded ten years ago, KBM has become the (A) leading broadcasting company.

해설 보기는 모두 현재분사로 빈칸 뒤의 명사와 어울리는 것은 (A)이다.

오답 (B) 지속적인

해석 10년 전에 설립된, KBM은 선두적인 방송사가 되었다.

3. The new president focused on developing some (A) promising opportunities.

해설 보기는 모두 현재분사로 '기회'를 자연스럽게 수식할 수 있는 것은 (A)이다.

오답 (B) 평판을 떨어뜨리는

해석 새로운 사장은 유망한 기회들을 개발하는 데에 초점을 두었다.

4. The computer is run by a different (A) operating system from the other two computers.

해설 보기는 둘 다 현재분사로 빈칸 뒤의 명사인 '체제'와 어울리는 것은 (A)이다. (B)는 주로 전치사 of와 함께 쓰인다.

오답 (B) 구성되는

해석 그 컴퓨터는 다른 두 컴퓨터와는 다른 운영 체제에 의해 운영 되어진다.

5. He will take over the day-to-day oversight of our (B) ongoing projects.

해설 두 현재분사 중에서 빈칸 뒤 명사인 프로젝트와 어울리는 것을 고른다.

오답 (A) 편안한

해석 그는 진행 중인 프로젝트의 일일 감독을 맡을 것이다.

KEY 10 형용사를 포함하는 숙어

Step 2 연습문제
1. (A)   2. (A)   3. (A)   4. (A)   5. (B)

1. Organizers of the conference were (A) delighted to see that 200 individuals had pre-registered.

해설 두 보기 모두 사람의 감정을 나타내는 현재분사로 많은 사람들이 사전 등록을 한 것에 대한 반응으로는 (A) '기뻐하는'이 자연스럽다.

오답 (B) 확신하는

해석 회의 주최자들은 200명 이상의 사람들이 사전 등록을 한 것을 보고 기뻐했다.

2. The company has been (A) aware of the problem and has updated its software promptly so that it will not happen again.

해설 빈칸 뒤 전치사 of가 있으므로 be aware of(~을 알고 있다) 구문이다. (B)는 be limited to로 '~으로 제한되다'라는 의미로 쓰인다.
오답 (B) 제한된
해석 회사는 문제를 알고 있었고 다시 문제가 발생하는 것을 막기 위해 소프트웨어를 즉시 업그레이드 했다.

3. He has become (A) concerned about the recent move to cut back on benefits.
해설 전치사 about이 있는 것으로 보아 be concerned about(~을 걱정하다) 구문이다.
오답 (B) 작성한
해석 그는 혜택을 줄이려는 최근의 조치를 걱정하고 있다.

4. Regular members are (A) entitled to select two coupons redeemable for cash.
해설 빈칸 뒤 전치사 to와 함께 be entitled to (~할 자격이 있다)의 구문이다. faced는 with와 함께 be faced with (~에 직면하다)로 쓰인다.
오답 (B) 작성한
해석 정회원들은 현금으로 교환이 가능한 두 개의 쿠폰을 고를 자격이 있습니다.

5. The recently implemented service has proven (B) superior to the previous one.
해설 뒤의 전치사 to와 함께 '~보다 뛰어난'이라는 의미로 쓰인다. familiar는 with와 함께 '~에 익숙한'이라는 의미이다.
오답 (A) 익숙한
해석 최근에 실시된 서비스는 이전의 것보다 더 뛰어난 것으로 드러났다.

Step 3 실전문제

1. (A) 2. (B) 3. (D) 4. (A) 5. (D) 6. (A)
7. (C) 8. (B) 9. (A) 10. (B) 11. (C) 12. (D)
13. (A) 14. (A) 15. (C) 16. (C) 17. (C) 18. (A)

---

1. 문제 유형 **KEY 09 형용사 역할을 하는 분사**

There is lots of new housing in this area that is fairly competitive compared to the (A) existing housing on the market.

해설 ① 보기 분석: 보기는 모두 형용사 역할을 하는 분사이다.
② 문장 분석: be compared to (~와 비교하여)를 중심으로 그 앞에 new(새로운)가 있으므로 이와 상반되는 (A)가 적절하다.
오답 (B) 지속적인   (C) 편안한   (D) 제한된
해석 주택 시장의 기존 주택과 비교하여 상당히 경쟁력 있는 신규 주택 공급이 이 지역에서 많이 이루어지고 있다.

2. 문제 유형 **KEY 09 형용사 역할을 하는 분사**

He will primarily be responsible for taking over the day-to-day oversight of our (B) ongoing projects with the Department of Education and Training.

해설 ① 보기 분석: 보기가 모두 명사를 수식할 수 있는 현재분사이다.
② 문장 분석: 프로젝트를 가장 자연스럽게 수식할 수 있는 것은 (B)이다.
오답 (A) 근무하는   (C) 의사소통을 하는   (D) 팽창하는
해석 그는 주로 교육 및 연수부서와 함께 진행 중인 프로젝트의 일일 감독을 맡을 것이다.

3. 문제 유형 **KEY 10 형용사를 포함하는 숙어**

All workers in the Sales Department are (D) eligible for membership at the fitness club beginning next week.

해설 ① 보기 분석: 보기는 모두 형용사이므로 문맥에 가장 잘 어울리는 것을 고른다.
② 문장 분석: 빈칸 뒤 전치사 for와 어울리는 것은 (D)로 be eligible for (~할 자격이 있다) 구문으로 쓰인다. (B)는 주로 전치사 of와 함께 '~할 수 있는'이라는 의미로 쓰인다.
오답 (A) 자신 있는   (B) 할 수 있는   (C) 호의적인
해석 판매 부서의 모든 직원들은 다음 주에 시작하는 피트니스 클럽의 회원 자격이 있다.

4. 문제 유형 **KEY 10 형용사를 포함하는 숙어**

Those who are contacted will be expected to be (A) available for interviews on Thursday.

해설 ① 보기 분석: 어미가 모두 동일한 형용사이므로 의미에 주의하여 가장 잘 어울리는 것을 고른다.

② **문장 분석**: 빈칸 뒤 전치사 for와 함께 be available for(~을 할 수 있는) 구문을 이루는 (A)가 정답이다.

오답 (B) 바람직한 (C) 안정적인 (D) 감당할 수 있는

해석 연락을 받은 사람들은 목요일에 면접을 볼 수 있을 것이라고 기대된다.

5. **문제 유형**   **KEY 09**   형용사 역할을 하는 분사

The new vice president applied his extensive knowledge of the Asian market to focus on developing some (D) promising opportunities for the company.

해설 ① **보기 분석**: 모두 현재분사로 빈칸 뒤 명사를 수식하기에 가장 알맞은 것을 고른다.
② **문장 분석**: 기회라는 명사와 가장 잘 어울리는 형용사는 (D) '유망한'이다.

오답 (A) 보호하는 (B) 평판을 떨어뜨리는 (C) 마감하는

해석 신임 부사장은 회사에 좋은 기회를 개발하는 데 집중하기 위해 아시아 시장에 관한 자신의 해박한 지식을 활용했다.

6. **문제 유형**   **KEY 10**   형용사를 포함하는 숙어

If for any reason other than exceptional circumstances you need to be (A) absent from work, you are required to contact the company before 8:30 a.m.

해설 ① **보기 분석**: 분사와 일반 형태의 형용사가 혼합되어 있다.
② **문장 분석**: 빈칸 뒤 전치사 from과 함께 '~에 결석한'이라는 의미로 쓰이는 (A)가 적절하다.

오답 (B) 알고 있는 (C) 없어진 (D) 방지된

해석 출근하지 못하는 예외적인 상황 외 어떤 이유에 대해서든, 오전 8시 30분 전에 회사에 연락을 취해야 합니다.

7. **문제 유형**   **KEY 10**   형용사를 포함하는 숙어

All staff in our company are (C) responsible for performing all work assigned to them to the best of their ability.

해설 ① **보기 분석**: 어미가 모두 동일한 형용사 중 가장 적절한 것을 고른다.

② **문장 분석**: 빈칸 뒤 전치사 for가 있으므로 (C)와 함께 '~할 책임이 있다'가 적절하다. (A)는 주로 전치사 with와 함께 쓰인다.

오답 (A) 호환이 가능한 (B) 가치 있는
(D) 가격이 알맞은

해석 우리 회사의 전 직원은 자신들에게 부여된 모든 업무를 최대한 능력껏 수행할 책임이 있다.

8. **문제 유형**   **KEY 10**   형용사를 포함하는 숙어

It lacks any of the traits necessary to make it sentient, however, and has no control over any combat robots (B) capable of actually harming people.

해설 ① **보기 분석**: 주어진 형용사 중 문맥에 가장 잘 어울리는 것을 고른다.
② **문장 분석**: 빈칸 뒤 전치사 of와 함께 '~할 수 있는'이라는 의미의 (B)가 정답이다.

오답 (A) 통근할 수 있는 (C) 편안한 (D) 알고 있는

해석 그러나 감각이 있도록 만드는 데 필요한 특질이 없고, 실제로 사람을 해칠 수 있는 전투 로봇을 조종할 능력은 없다.

9. **문제 유형**   **KEY 09**   형용사 역할을 하는 분사

We are offering a 20% discount for all groups of ten or more, as well as free passes for the (A) guided tours through the nearby nature preserve.

해설 ① **보기 분석**: 보기는 명사를 수식할 수 있는 분사형 형용사이다.
② **문장 분석**: '가이드가 안내하는'이라는 의미의 (A)가 가장 적절하다.

오답 (B) 끝나는 (C) 첨부된 (D) 선두의

해석 저희는 10명 이상의 모든 단체 손님들께 부근의 자연 보호구역을 구경하시는 가이드 동반 관광에 대해 무료 입장권뿐 아니라 20퍼센트 할인도 해 드립니다.

10. **문제 유형**   **KEY 09**   형용사 역할을 하는 분사

This is an exclusive offer for our loyal customers and is valid for (B) limited time only.

해설 ① **보기 분석**: 보기는 모두 명사를 수식할 수 있는 과거분사이다.
② **문장 분석**: 빈칸 뒤 명사인 시간과 가장 잘 어울리는 분사는 (B)이다.

오답 (A) 복잡한 (C) 평가된 (D) 허가 받은

해석 이는 단골 고객들만을 위한 독점적인 제안이며 제한된 시간 동안에만 유효합니다.

11-14

헝가리 부다페스트의 호텔 예약

부다페스트 호텔 서비스는 온라인 호텔 예약 서비스입니다. 부다페스트에 있는 별 2개에서 5개까지의 호텔, 시 중심가 아파트와 펜션 등 엄선된 11. (C) 다양한 숙박 시설을 제공하고 있습니다. 저희의 12. (D) 목적은 여러분을 만족시켜 드리는 것입니다. 그래서 저희는 가장 13. (A) 유리한 조건과 패키지 가격의 부다페스트 호텔과 아파트를 아주 많이 모아 정리하려고 노력하고 있습니다.

저희는 모든 카테고리에서 어떤 필요 사항에든 맞춘 고품격의 숙박 시설을 적절한 가격에 제공하려고 합니다. 예약은 14. (A) 무료입니다. 따라서 아무것도 지불하지 않으셔도 되며, 여러분께서는 통상적으로 하시듯이, 단지 방을 예약하시고 즐겁게 체류하시면서 호텔 방값을 지급하시면 됩니다.

11. 문제 유형 KEY 10 형용사를 포함하는 숙어

It provides a (C) wide range of carefully selected accommodations in Budapest: rooms in 2 to 5 star hotels, city center apartments and pensions.

해설 ① 보기 분석: 보기는 모두 명사를 수식할 수 있는 형용사이다.
② 문맥 확인: 빈칸 앞뒤의 a range of (다양한)과 함께 쓰일 수 있는 것은 (C)이다. a wide range of (광범위한)으로 사용된다.

오답 (A) 정확한 (B) 분명한 (D) 유효한

12. 문제 유형 KEY 06 의미나 형태가 유사한 명사

Our (D) goal is to satisfy you.

해설 ① 문장 분석: 보기는 유사한 의미를 갖는 명사들로 이루어져 있다.
② 문맥 확인: 우리(호텔)의 '이것'은 귀하를 만족시키는 것이라고 하고 있으므로 (D) '목적'이 가장 적절하다.

오답 (A) 정책 (B) 지침 (C) 자원

13. 문제 유형 KEY 08 문맥에 어울리는 형용사 2

We strive to compile a great selection of Budapest hotels and apartments with the most (A) favorable terms and package deals.

해설 ① 문장 분석: 어미가 동일한 형용사들이므로 의미 유의하여 가장 잘 어울리는 것을 고른다.
② 문맥 확인: 빈칸 뒤 명사인 '조건'과 가장 잘 어울리는 것은 (A)이다. (A)는 '호의적인'이라는 뜻도 있지만 '유리한'이라는 의미로도 쓰인다.

오답 (B) 할 수 있는 (C) 이용할 수 있는 (D) 편안한

14. 문제 유형 KEY 08 문맥에 어울리는 형용사 2

Reservations are (A) free, which means that you don't pay us anything.

해설 ① 보기 분석: 다양한 형태의 형용사 중 문맥에 가장 잘 어울리는 것을 고른다.
② 문맥 확인: 빈칸 뒤에서 어떤 것도 지불할 필요가 없다고 하고 있으므로 (A) '무료의'가 적절하다.

오답 (B) 익숙한 (C) 연속적인 (D) 자격이 있는

15-18

뉴욕 시 사무직 근로자들을 대상으로 한 최근 조사에서 대부분은 초까지 정확하게 손목시계를 맞추는 반면, 어떤 사람들은 스스로 15. (C) 여유 시간을 갖기 위해 1, 2분을 앞당겨 맞추는 것으로 나타났다.

주요 손목시계 제조업체에 의해 실시된 이번 조사에서 또한, 뉴욕 여성들은 남성보다 시간 엄수에 대해 더 16. (C) 신경을 쓰는 것으로 나타났다. 뉴욕 시계 회사는 뉴욕의 사무직 750명을 대상으로 여론 조사를 했는데, 그 가운데 54퍼센트는 시계를 초까지 맞춘다고 말했으며, 41퍼센트는 최소 2분 정도 빠르게 맞춘다고 말했다. 17. (C) 여자는 남자보다 약간 더 시간을 원하는 경향이 있다. 조사를 받은 여성의 51퍼센트는 시계를 평균 3분 정도 앞으로 당겨 놓는다고 말한 반면 남성은 35퍼센트가 똑같이 시계를 앞으로 당겨 맞춘다고 말했다. 조사에서 또한 18. (A) 전형적인 사무직 직원들은 평균 3.2개의 손목시계를 소유하고 있는 것으로 나타났다.

15. 문제 유형 KEY 08 문맥에 어울리는 형용사 2

Others set their watches a minute or two ahead to give them (C) extra time.

해설 ① 문장 분석: 다양한 형태의 형용사 중 문맥에 가장 잘 어울리는 것을 고른다.
② 문맥 확인: 1, 2분 시간을 앞당긴다는 문맥에 어울리는 것은 (C) '추가의, 가외의'라는 의미이다.
오답 (A) 원래의 (B) 일반적인 (D) 견적의, 추측의

16. 문제 유형 KEY 09 형용사 역할을 하는 분사

The survey, conducted by a major watchmaker, also suggested that women in New York are even more (C) concerned than men about punctuality.

해설 ① 문장 분석: 보기 모두 과거분사로 감정을 나타낼 수 있다.
② 문맥 확인: 여자가 남자보다 더 ~한다는 문맥으로 다음 문장을 보면 더 많은 비중의 여자들이 시간을 앞당겨 맞춘다고 하고 있으므로 여자들이 시간 엄수에 더 신경을 쓴다고 하는 (C)가 정답이다.
오답 (A) 확신하는 (B) 선호하는 (D) 편안한

17. 문제 유형 빈칸에 알맞은 문장 넣기

(C) Women were more likely to want a little more time than men.

해설 빈칸 다음 문장을 보면 더 많은 비중의 여자들이 시간을 앞당겨 맞춰 놓는다고 하면서 여자와 남자를 비교하고 있으므로 (C)가 가장 자연스럽다.
오답 (A) 많은 여자들은 시간 엄수가 중요한 요인이라고 강하게 믿는다. (B) 여자들은 실험에 대해 진심으로 고마워 하는 것으로 보인다. (D) 남자와 여자 모두 그 실험들에 대해서는 별로 신경 쓰지 않는다.

18. 문제 유형 KEY 08 문맥에 어울리는 형용사 2

The survey also found that a (A) typical office worker in New York owns an average of 3.2 watches.

해설 ① 보기 분석: 형태가 다양한 형용사들로 의미상 가장 적절한 것을 고른다.
② 문맥 확인: 빈칸 뒤 명사인 사무실 직원들을 수식할 수 있는 보기를 고른다. (D)도 이를 수식할 수는 있지만 글 전체가 평균적인 여자와 남자 회사원들을 비교하고 있으므로 (A)가 더 적절하다.
오답 (B) 유익한 (C) 제한된 (D) 경쟁력 있는

UNIT 6   부사 1

 KEY 11 문맥에 어울리는 부사

Step 2 연습문제
1. (B)   2. (A)   3. (B)   4. (A)   5. (A)

1. The latest hearing aids actually work by bypassing the ear to reach (B) directly into the brain.
   해설 빈칸 앞 동사인 reach (도달하다)를 수식하는 부사이므로 (B) '직접'이 적절하다.
   오답 (A) 전체적으로
   해석 최근의 보청기는 실제로는 귀를 건너뛰고 뇌에 직접 도달하는 식으로 작동합니다.

2. My experience with the subsequent models I purchased has been (A) equally satisfying.
   해설 빈칸 뒤에는 감정을 나타내는 분사인 '만족스러운'이 있으므로 이와 잘 어울리는 것은 (A)이다.
   오답 (B) 정확하게
   해석 제가 구입했던 후속 모델을 사용한 경험도 똑같이 좋았습니다.

3. Robots could conduct research in space much more (B) efficiently than man.
   해설 문장의 동사인 conduct(수행하다)를 수식하는 부사이며, 사람과 로봇의 능력을 비교하는 문맥에 더 적절한 것은 (B)이다.
   오답 (A) 주로
   해석 로봇은 우주에서 사람보다 훨씬 더 효율적으로 연구를 할 수 있다.

4. This should result in a (A) roughly equal take-home pay for all sales staff.
   해설 빈칸 뒤 형용사인 equal(동등한)을 수식하는 부사 자리로 '대략 동등한'의 문맥을 이루는 (A)가 적절하다.
   오답 (B) 매우, 극단적으로
   해석 전 영업 직원의 실소득은 대략 비슷한 수준이 될 것입니다.

5. All employees were rated (A) individually and as a team on everything.

해설 빈칸 뒤에 and가 있고, 팀으로 평가된다고 하고 있으므로 이와 동등하게 '개별적으로' 평가를 받는다고 하는 것이 자연스럽다.

오답 (B) 중요하게

해석 모든 직원들은 개인적으로, 그리고 팀 단위로도 평가되었다.

KEY 12 정도를 나타내는 부사

Step 2 연습문제

1. (B) 2. (A) 3. (A) 4. (A) 5. (B)

1. The technical specs are accurate enough, but the claims about its quality are (B) clearly exaggerated.

   해설 과장의 정도를 설명해 주는 (B)가 더 자연스럽다.

   오답 (A) 적절하게

   해석 기술 사양은 정확한 편이지만, 품질에 관한 주장은 분명 과장되어 있다.

2. The company is large (A) enough that I need to be able to analyze market trends.

   해설 빈칸 앞의 형용사 large(큰)를 수식할 수 있는 부사는 (A)이다. (B)는 주로 진행 시제나 완료 시제와 함께 쓰인다.

   오답 (B) 점점 더

   해석 회사는 충분히 커서 시장 추세를 분석할 필요가 있다.

3. This change would (A) certainly result in more motivated employees.

   해설 빈칸 뒤의 result in (~의 결과를 가져오다)를 수식할 수 있는 것은 (A) '분명'이다.

   오답 (B) 밀접하게

   해석 이 변화는 분명 직원들을 더 동기부여 시킬 것이다.

4. The driver (A) suddenly lost control just before the accident due to panic.

   해설 사고 원인을 설명하는 문장이므로 '갑자기' 통제를 잃었다고 보는 것이 자연스럽다.

   오답 (B) 지속적으로

   해석 그 차량의 운전자는 사고 직전에 당황해서 갑작스레 통제를 잃었다.

5. There is (B) considerably more space available downtown.

   해설 시내에 이용 가능한 공간의 정도를 설명하는 부사이므로 (B)가 적절하다.

   오답 (A) 신중하게

   해석 시내에 상당한 양의 이용 가능한 공간이 있다.

Step 3 실전문제

1. (B) 2. (A) 3. (D) 4. (A) 5. (D) 6. (A)
7. (C) 8. (A) 9. (D) 10. (B)

1. 문제 유형 **KEY 12 정도를 나타내는 부사**

   If your skin comes into contact with the solution, wash (B) thoroughly with soap and water.

   해설 ① 보기 분석: 보기가 모두 부사이므로 문맥상 가장 적절한 것을 고른다.
   ② 문맥 확인: 빈칸 앞 동사인 wash(씻다)와 가장 잘 어울리는 것은 (B)이다.

   오답 (A) 점점 더 (C) 각각 (D) 전문적으로

   해설 피부에 용액이 닿으면 비누와 물로 완전히 씻어 내십시오.

2. 문제 유형 **KEY 11 문맥에 어울리는 부사**

   That should help counter some of the negative press we'll (A) inevitably receive from our critics simply for being such a large company.

   해설 ① 보기 분석: 보기가 모두 부사이므로 문맥상 가장 적절한 것을 고른다.
   ② 문장 분석: 빈칸 뒤에서 '단지 대형 회사이기 때문에 받는다'고 하고 있으므로 (A) '불가피하게, 어쩔 수 없이'가 적절하다.

   오답 (B) 명백하게 (C) 정기적으로 (D) 조심스럽게

   해설 그것은 단지 대형 회사라서 비평가들로부터 불가피하게 받게 될 부정적인 보도에 대응하는 데 도움이 될 것입니다.

3. 문제 유형 **KEY 11 문맥에 어울리는 부사**

   Police officers found that the driver of the vehicle had (D) suddenly lost control just before the accident due to panic.

- 해설
  - ① **보기 분석:** 보기는 모두 부사이므로 문맥상 가장 적절한 것을 고른다.
  - ② **문맥 확인:** 사고 직전에 통제를 잃은 상황을 설명하는 부사이므로 (D)가 정답이다.
- 오답 (A) 역으로 (B) 이전에 (C) 양심적으로
- 해석 경찰은 그 운전자가 당황해서 사고 직전에 갑자기 통제를 잃었다는 것을 발견했다.

4. 문제 유형 KEY 12 정도를 나타내는 부사

The table structures for each database are also (A) slightly different, which will make merging them more difficult.

- 해설
  - ① **보기 분석:** 보기는 모두 부사이므로 문맥상 가장 적절한 것을 고른다.
  - ② **문장 분석:** 빈칸 뒤 형용사인 '다른'을 수식할 수 있는 것은 정도를 나타내는 부사인 (A)이다.
- 오답 (B) 의식적으로 (C) 아마 (D) 양립할 수 있게
- 해석 각 데이터베이스의 표 구조 또한 약간 달라서, 통합을 더 어렵게 한다.

5. 문제 유형 KEY 11 문맥에 어울리는 부사

In his new job, he will (D) primarily be responsible for taking over the day-to-day oversight of our ongoing projects with the Department of Education and Training.

- 해설
  - ① **보기 분석:** 보기가 모두 부사이므로 문맥상 가장 적절한 것을 고른다.
  - ② **문맥 확인:** 빈칸 뒤 형용사인 '책임이 있는'을 수식할 수 있는 부사는 (D)이다.
- 오답 (A) 효율적으로 (B) 게다가 (C) 개별적으로
- 해석 새로운 일로, 그는 주로 교육 연수부와 함께 진행하고 있는 프로젝트의 일일 감독을 맡게 될 것입니다.

6. 문제 유형 KEY 12 정도를 나타내는 부사

Harding Consulting is an organization committed to assisting companies to invest in the (A) rapidly growing Asian stock market.

- 해설
  - ① **보기 분석:** 보기는 모두 부사이므로 문맥상 가장 적절한 것을 고른다.
  - ② **문맥 확인:** 빈칸 뒤 분사인 growing(성장하고 있는)을 수식하는 부사 자리이다. 성장의 속도를 나타내는 (A)가 자연스럽다.
- 오답 (B) 직접적으로 (C) 적절하게 (D) 거의
- 해석 하딩 컨설팅은 급속히 성장하고 있는 아시아 주식 시장에 투자하려는 기업들을 돕는 조직입니다.

7. 문제 유형 KEY 11 문맥에 어울리는 부사

It is very important that managers behave (C) professionally and treat the employees they supervise with respect.

- 해설
  - ① **보기 분석:** 보기는 모두 부사이므로 문맥상 가장 적절한 것을 고른다.
  - ② **문맥 확인:** 빈칸 앞 동사인 '행동하다'를 수식하는 부사 자리이므로 (C)가 정답이다.
- 오답 (A) 부정적으로 (B) 수동적으로 (D) 독점적으로
- 해석 관리자들이 전문가답게 행동하는 한편으로 자신들이 관리하는 직원들을 존중해서 대하는 것은 매우 중요한 일이다.

8. 문제 유형 KEY 11 문맥에 어울리는 부사

Whenever we ship the handmade candles, we handle them (A) extremely carefully to make sure that they will arrive in the best condition.

- 해설
  - ① **보기 분석:** 보기는 모두 부사이므로 문맥상 가장 적절한 것을 고른다.
  - ② **문맥 확인:** 빈칸 뒤의 carefully(조심스럽게)와 함께 앞의 동사인 handle(다루다)을 수식하는 부사이므로 (A)가 정답이다.
- 오답 (B) 쉽게 (C) 열정적으로 (D) 즉시
- 해석 우리는 수제 양초를 발송할 때마다 최상의 상태로 도착하도록 하기 위해 아주 조심해서 취급한다.

9. 문제 유형 KEY 12 정도를 나타내는 부사

The incentive program promotes customer service and sales performance throughout the (D) approximately 550 Rally's branded restaurants nationwide.

- 해설
  - ① **보기분석:** 보기는 모두 부사이므로 문맥상 가장 적절한 것을 고른다.
  - ② **문장 분석:** 숫자와 함께 '대략, 약'이라는 의미로 쓰이는 (D)가 정답이다.
- 오답 (A) 상당히 (B) 역으로 (C) 시험적으로
- 해석 인센티브 프로그램으로 전국적으로 약 550개 정도의 랠리 브랜드가 붙은 식당들 사이에 고객 서비스 및 영업 성과가 증진되고 있다.

10. 문제 유형　KEY 11　문맥에 어울리는 부사

Patch O'Brien left Old Globe Theatre (B) unexpectedly for an offer he couldn't resist and became director of Manhattan Theatre Club in New York.

해설　① 보기분석: 보기는 모두 부사이므로 문맥상 가장 적절한 것을 고른다.
② 문장 분석: 빈칸 앞 동사인 left(떠났다)를 수식하는 부사 자리이므로 (B)가 적절하다.

오답　(A) 무의식적으로   (C) 비인습적으로
(D) 만장일치로

해설　새 오페라를 만드는 것으로 유명했던 패치 오브라이언이 거부할 수 없었던 제안 때문에 예상치 않게 올드 글로브 극장을 떠나 뉴욕 맨해튼 극장 클럽의 극장이 되었다.

UNIT 7 　 부사와 전치사구

KEY 13　혼동하기 쉬운 부사

Step 2 연습문제

| 1. (A) | 2. (B) | 3. (A) | 4. (B) | 5. (A) |

1. The routine for students attending the program is (A) quite strict.

해설　빈칸 뒤의 형용사를 강조하는 부사 자리로 (A)가 적절하다, (B)는 주로 비교급을 강조하는 데에 쓰인다.

오답　(B) 매우, 훨씬, 심지어

해설　프로그램을 듣는 학생들의 일정은 상당히 엄격합니다.

2. The (B) recently added coffee business has exceeded expectations.

해설　빈칸 뒤 분사인 '추가된'을 수식하는 부사로 (B)가 더 자연스럽다.

오답　(A) 곧

해설　최근에 추가된 커피 사업은 예상을 뛰어넘었다.

3. The tourism business has slowed down (A) lately due to the nasty weather.

해설　late는 부사로 '늦게'라는 의미이고, lately는 '최근에'라는 의미이므로 혼동하지 않도록 주의한다.

오답　(B) 늦게

해설　관광 산업은 최근에 궂은 날씨 때문에 성장이 둔화되었다.

4. Delegates who have not (B) yet booked should send the booking form as soon as possible.

해설　둘 다 '아직'이라는 의미로 쓰이지만 yet은 not 뒤에, still은 not 앞에 쓰이는 것에 주의한다.

오답　(A) 아직

해설　아직 예약을 하지 않은 대표자들께서는 가능한 한 빨리 예약 양식을 보내 주십시오.

5. Hopefully, these changes will inspire you to scale to (A) ever greater heights of salesmanship.

해설　비교급 앞에서 이를 강조하는 표현은 (A)이다.

오답　(B) 잘

해설　이러한 정책 변경으로 여러분이 판매 기술을 유례없이 높은 수준으로 올릴 수 있기를 기대하는 바입니다.

KEY 14　문맥에 어울리는 전치사구

Step 2 연습문제

| 1. (B) | 2. (A) | 3. (B) | 4. (A) | 5. (B) |

1. Any employee who wants to join is welcome (B) regardless of his or her skill level.

해설　빈칸 앞에서 어떤 직원이든 환영한다고 하고 있으므로 실력, 기술 수준과는 '관련없이'라고 하는 것이 자연스럽다. 따라서 정답은 (B)이다.

오답　(A) ~일자로

해설　합류하고 싶은 직원은 기술 수준에 관계없이 누구나 환영입니다.

2. The play shows every weeknight at 8:00 P.M., (A) except for Friday, when it opens at 7:00 P.M.

해설　평일 저녁 8시에 시작하는데 금요일은 7시에 시작한다고 하고 있으므로 (A) '~을 제외하고'가 적절하다.

오답　(B) ~에 관해서

해설　공연은 오후 7시에 시작하는 금요일을 제외하고는 평일 저녁 8시에 열립니다.

3. (B) Aside from the high-tech innovations, the Blueberry has a premium design.

해설　기술적 혁신과 고급 디자인을 모두 갖추고 있다는 문맥이므로 (B)가 적절하다.

- 오답 (A) ~에 따르면
- 해석 기술적 혁신뿐 아니라, 블루베리는 고급 디자인을 갖추고 있습니다.

4. **This is (A) in response to your application for the post of ESL teacher at Champion Classroom.**
- 해설 지원에 대한 답장이라는 문맥이 되는 (A)가 적절하다.
- 오답 (B) 게다가
- 해석 이는 챔피언 클래스룸의 ESL 교사직에 대한 귀하의 지원에 대한 답장입니다.

5. **JR Motors has put more effort into electric cars (B) instead of expanding its hybrid lineup.**
- 해설 하이브리드와 전기차라는 대등한 두 종류가 나열되고 있으므로 (B) '~대신에'가 들어가는 것이 자연스럽다.
- 오답 (A) ~라는 면에서
- 해석 JR 모터즈 주식회사는 자사의 하이브리드 제품을 확대시키는 대신 완전히 전기만으로 작동하는 자동차에 더 많은 노력을 기울여 왔다.

Step 3 실전문제
1. (B) 2. (C) 3. (C) 4. (D) 5. (B) 6. (B) 7. (A) 8. (D) 9. (C) 10. (D) 11. (A) 12. (C) 13. (C) 14. (D) 15. (D) 16. (C) 17. (A)

1. 문제 유형 **KEY 13 혼동하기 쉬운 부사**

   Mark Jackson became the vice president of South Gate Co., (B) just a week after announcing his resignation from Bay Motors Co.
   - 해설 ① 보기 분석: 보기가 모두 부사이므로 각각의 의미에 유의한다.
     ② 문장 분석: 일주일 사이에 다른 회사의 사장이 되었으므로 after와 함께 '바로 ~후에'라는 의미의 (B)가 적절하다.
   - 오답 (A) 혼자 (C) 그런 (D) 너무
   - 해석 마크 잭슨은 베이 모터스 사에서 사임을 발표하고 나서 바로 일주일 후에 사우스 게이트 사의 부사장이 되었다.

2. 문제 유형 **KEY 13 혼동하기 쉬운 부사**

   It can indeed hold three gigabytes worth of songs, for instance, but the playback quality is (C) hardly stereo quality.
   - 해설 ① 보기 분석: 보기가 모두 부사이므로 각각의 의미에 유의한다.
     ② 문장 분석: but 앞에서는 정말로 저장할 수 있다고 하고 있으므로, 그 다음에는 부정적인 내용이 오는 것이 자연스럽다. 따라서, (C) '거의 ~이 아닌'이 정답이다.
   - 오답 (A) 거의 (B) 곧 (D) 최근에
   - 해석 예를 들면, 3기가 바이트의 곡들을 정말로 저장할 수는 있지만, 재생 품질은 결코 스테레오 품질이 아니다.

3. 문제 유형 **KEY 14 문맥에 어울리는 전치사구**

   Accordingly, I hereby tender my resignation, effective (C) as of 30 days from your receipt of this letter.
   - 해설 ① 보기 분석: 보기가 모두 전치사구이므로 문맥에 가장 잘 어울리는 것을 고른다.
     ② 문장 분석: 빈칸 뒤가 날짜/기간과 관련되어 있으므로 (C) '~일자로'가 정답이다.
   - 오답 (A) ~을 제외하고는 (B) ~대신에 (D) ~면에서
   - 해석 따라서 저는 이에 이 편지를 받으시는 날로부터 30일 후의 일자로 유효한 사직서를 제출합니다.

4. 문제 유형 **KEY 13 혼동하기 쉬운 부사**

   To prevent carbon monoxide gas from entering the living areas, the heating system should be professionally checked (D) regularly.
   - 해설 ① 보기 분석: 보기가 모두 부사이므로 각각의 의미에 유의한다.
     ② 문장 분석: 동사인 check(확인, 점검하다)와 어울리는 것은 (D)이다.
   - 오답 (A) 호의적으로 (B) 현재 (C) 최근에
   - 해석 일산화탄소가 주거 공간으로 들어가지 못하도록 하기 위해서는, 난방 시스템이 전문가에 의해 정기적으로 점검되어야 한다.

5. 문제 유형 **KEY 14 문맥에 어울리는 전치사구**

   James McCoy will be able to get a better job next year than he could have found this year, (B) owing to the possibility that the economy will be stronger.
   - 해설 ① 보기 분석: 보기가 모두 전치사구이므로 문맥에 가장 잘 어울리는 것을 고른다.

② **문장 분석**: 빈칸을 기준으로 원인과 결과로 나눌 수 있으므로 (B)가 적절하다.

오답 (A) ~보다는 (C) ~에도 불구하고 (D) ~하는 한

해석 경제가 더 좋아질 가능성 때문에, 제임스 맥코이는 올해 찾을 수 있었던 것보다 내년에 더 나은 일자리를 구할 수 있을 것이다.

6. 문제 유형 KEY 14 문맥에 어울리는 전치사구

Many of the participants complained the meeting was uninteresting and ineffective (B) due to lack of planning and organization.

해설 ① **보기 분석**: 보기가 모두 전치사구이므로 문맥에 가장 잘 어울리는 것을 고른다.
② **문장 분석**: 빈칸을 기준으로 원인과 결과로 나눌 수 있으므로 (B)가 적절하다.

오답 (A) ~처럼, ~로서 (C) ~이외의 (D) ~하도록

해석 많은 참가자가 회의가 기획과 구성이 부족하여 지루하고 비효율적이었다고 불평했다.

7. 문제 유형 KEY 14 문맥에 어울리는 전치사구

I know you wanted the promotion to marketing director, so it must be difficult to see Roberta get the job (A) ahead of you.

해설 ① **보기 분석**: 보기가 모두 전치사구이므로 문맥에 가장 잘 어울리는 것을 고른다.
② **문장 분석**: 문맥상 로베르타가 먼저 승진한 상황이므로 (A) '~ 보다 빨리'가 정답이다.

오답 (B) ~의 안에 (C) ~와 교환하여 (D) ~에 관해

해석 저는 귀하께서 마케팅 부장으로 승진하기를 원하셨던 것을 알고 있기 때문에 당신보다 앞서 로베르타가 그 자리를 맡게 된 것을 보는 게 분명 어려울 것입니다.

8. 문제 유형 KEY 14 문맥에 어울리는 전치사구

The numbers in the report are based on the most conclusive data available and are always reviewed (D) in advance of the meetings.

해설 ① **보기 분석**: 보기가 모두 전치사로 이루어져 있다.
② **문장 분석**: 문맥상 (D) '미리, 먼저' 검토 된다고 하는 것이 자연스럽다.

오답 (A) ~대신에 (B) ~에 답하여 (C) ~에 대해

해석 보고서의 수치는 입수 가능한 가장 확실한 자료에 근거한 것이며, 항상 회의 이전에 미리 검토된다.

9. 문제 유형 KEY 13 혼동하기 쉬운 부사

As Chief Executive of a leading software provider, you will be (C) well aware that the International Trade Fair is a unique opportunity for Europe's businesses.

해설 ① **보기 분석**: 보기가 모두 부사이므로 각각의 의미에 유의한다.
② **문장 분석**: 빈칸 뒤의 형용사 aware(알고 있는)를 수식하는 자리이므로 (C)가 적절하다.

오답 (A) 아직 (B) 한 번 (D) 아직

해석 굴지의 소프트웨어 공급업체의 최고 경영자로서 귀하는 국제 무역 박람회가 유럽의 사업에 흔치 않은 기회임을 잘 아실 것입니다.

10. 문제 유형 KEY 14 문맥에 어울리는 전치사구

Based on the successful results of the pilot campaign, the communication service provider will expand the availability of mini laptops (D) throughout the country.

해설 ① **보기 분석**: 보기가 모두 전치사이므로 문맥상 자연스러운 것을 고른다.
② **문장 분석**: 빈칸 뒤 명사가 the country(나라)이므로 (D)와 함께 '전국에, 나라 곳곳에'라고 하는 것이 가장 자연스럽다.

오답 (A) 사이에 (B) 제외하고는 (C) ~이외의

해석 시험 캠페인의 성공적인 결과에 기초하여 커뮤니케이션 서비스 제공업체는 전국에 미니 노트북의 유용성(판매로)을 확대할 것이다.

11-14

담당자님께,

저는 30년 넘게 가드레지 냉장고를 소유한 것에 대해 자부심을 가져왔습니다. 제가 샀던 첫 모델로 저는 귀사 냉장고의 품질에 대해 확신하게 되었습니다. 제가 구입했던 후속 모델을 사용한 경험도 11. (A) 똑같이 좋았습니다.
1년도 더 전에 저는 귀사의 최신 투도어 모델을 구입했습니다. 최근에 냉장고가 12. (C) 잘 작동하지 않아 저는 당혹스러웠습니다. 저는 귀사의 지역 서비스 기사인 파워르 씨에게 전화해서 문제점의 본질에 대해 그에게 설명했습니다. 제가 전화한 지 두어 시간 만에 파워르 씨가 13. (C) 신속하게 제 집으로 와서 냉장고가 작동하도록 수리해 주었습니다. 큰 문제는 없었지만, 냉장고 제어

장치에 미세 조정이 필요했습니다. 저는 파워르 씨가 보여준 서비스와 프로 정신에 14. (D) 크게 감동을 받았습니다.

제시 수마트라 올림

11. 문제 유형 KEY 12 정도를 표현하는 부사

My experience with the subsequent models I purchased has been (A) equally good.

해설 ① 보기 분석: 보기는 부사로 이루어져 있다.
② 문맥 확인: 빈칸 뒤의 형용사 good을 수식하는 자리이며, 30년간 사용해 왔고, 그 후속 모델도 마음에 들었다는 문맥이므로 (A)가 가장 적절하다.

오답 (B) 확실히   (C) 거의   (D) 끊임없이

12. 문제 유형 KEY 13 혼동하기 쉬운 부사

Recently the unit was not working (C) well and I was upset.

해설 ① 문장 분석: 보기는 모두 부사들이며 그 쓰임을 혼동하기 쉬운 것들이므로 주의한다.
② 문맥 확인: 빈칸 앞 동사인 work(작동하다)를 수식하는 자리이므로 (C)가 가장 적절하다.

오답 (A) 꽤   (B) 더   (D) 가장 ~한

13. 문제 유형 KEY 11 문맥에 어울리는 부사

Within couple of hours of my call, Mr. Pawar (C) promptly came over to my house and set the unit working.

해설 ① 문장 분석: 어미가 동일한 부사들이므로 그 의미에 유의하여 가장 잘 어울리는 것을 고른다.
② 문맥 확인: 전화한 지 두어 시간만에 방문했다고 하고 있으므로 (C)가 적절하다.

오답 (A) 새롭게   (B) 최근에   (D) 최근에

14. 문제 유형 KEY 13 혼동하기 쉬운 부사

I am (D) highly impressed by the service and professionalism shown by Mr. Pawar.

해설 ① 보기 분석: 형태가 유사하며 부사들이므로 그 의미에 유의한다.
② 문맥 확인: 빈칸 뒤 과거분사인 impressed(인상 깊은)을 강조하는 부사 자리이므로 (D) '매우'가 적절하다.

오답 (A) 높이   (B) 열심히   (C) 거의 ~아니다

15-17

반품 정책

저희는 100퍼센트 만족을 보증해 드립니다. 구입품에 완전히 만족하시지 않거나 어떤 이유에서든 보석류가 기대에 미치지 못하면, 주문품이 발송된 날로부터 15일 15. (D) 이내인 경우에 한하여 기꺼이 교환해 드리거나 환불해 드립니다. 보석류를 반품하시려면 16. (C) 먼저 이메일로 저희에게 연락을 주십시오. 보석류를 반품하실 때, 앞으로 저희 매장을 더 낫게 개선할 수 있도록 반품 사유를 알려 주시면 감사하겠습니다. 반품을 받은 후, 손상 및 착용한 흔적에 대한 검사를 한 후 귀하의 계정에 환불될 것입니다. 손상됐으면 환불이 되지 않을 것입니다. 착용하셨으면 일부 17. (A) 만 환불될 수도 있습니다. 전액 환불을 받으시기 위해서는 주문품이 발송된 15일 이내에 받으신 상태와 같은 상태인 최초 포장 상태로 보석류가 반품되어야 합니다. 보석류를 계속 갖고 계실지 여부를 확실히 하실 때까지 포장을 버리지 마십시오.

15. 문제 유형 KEY 14 문맥에 어울리는 전치사구

We will be glad to either exchange the jewelry, or refund your money, as long as it's (D) within 15 days after the date of your order being shipped out.

해설 ① 보기 분석: 다양한 형태의 전치사와 전치사구로 이루어져 있다.
② 문맥 확인: 환불 조건에 대한 내용이므로 배송일로부터 15일 '이내에' 가능하다고 보는 것이 자연스럽다.

오답 (A) ~후에, ~하자마자   (B) ~ 때문에   (C) ~에 앞서

16. 문제 유형 KEY 14 문맥에 어울리는 전치사구

To return any jewelry to us, please contact us via e-mail (C) in advance.

해설 ① 문장 분석: 보기는 전치사구와 부사구로 이루어져 있다.
② 문맥 확인: 빈칸은 문장 맨 뒤이므로 부사구인 (C)가 적절하다.

오답 (A) ~대신   (B) ~을 제외하고   (D) ~에 답하여

17. 문제 유형 KEY 13 혼동하기 쉬운 부사

If worn, then (A) only a partial refund may be offered.

[해설] ① **문장 분석:** 보기가 모두 부사로, 그 의미를 혼동하기 쉬운 것들로 이루어져 있으므로 주의가 필요하다.
② **문맥 확인:** 이미 착용한 경우에는 '부분적으로만' 환불이 가능하다고 하는 것이 자연스러우므로 (A)가 정답이다.

[오답] (B) 아직 (C) 훨씬, 심지어 (D) 가장 ~한

ONE MORE STEP

UNIT 1 동사1

B
1. finished
2. sponsor
3. managed
4. research
5. forbidden
6. predict

C
1. reject
2. permit
3. notify
4. be present
5. adjust
6. research
7. advance
8. extend

UNIT 2 동사2

B
1. responded
2. imply
3. determine
4. manage
5. concentrated
6. declare

C
1. view
2. be superior
3. cooperate
4. disagree
5. plan
6. attract
7. handle
8. guide

UNIT 3 명사

B
1. instructions
2. debate
3. procedure
4. interests
5. improvements
6. abdication

C
1. ability
2. membership fee
3. capital
4. allocation
5. cost
6. accomplishment
7. administrator
8. request

UNIT 4 형용사1

B
1. various
2. individual
3. free
4. imperfect
5. private
6. instructive

C
1. considerable
2. commensurate
3. unique
4. more
5. barren
6. consecutive
7. definite
8. accomplished

UNIT 5 형용사2

B
1. continuous
2. engaged
3. certain
4. proper
5. pleased
6. qualified

C
1. in charge of
2. present
3. dependent
4. able
5. extinct
6. restricted
7. documented
8. principal

UNIT 6 부사

B
1. constantly
2. definitely
3. very
4. abruptly
5. accurately
6. quickly

C
1. about
2. surprisingly
3. right away
4. ultimately
5. together
6. a little
7. more and more
8. greatly

UNIT 7 부사와 전치사구

B
1. much
2. rather than
3. fairly
4. before
5. soon
6. as a result of

C
1. so far
2. sole
3. not long ago
4. fully
5. apart from
6. because of
7. before
8. concerning

新TOEIC Part 5&6
Actual Test 1
답안

Actual Test 1

101. (D)	102. (A)	103. (C)	104. (B)
105. (C)	106. (C)	107. (B)	108. (B)
109. (B)	110. (C)	111. (C)	112. (B)
113. (A)	114. (A)	115. (A)	116. (D)
117. (C)	118. (B)	119. (C)	120. (B)
121. (B)	122. (A)	123. (C)	124. (B)
125. (A)	126. (B)	127. (B)	128. (B)
129. (B)	130. (C)	131. (B)	132. (A)
133. (A)	134. (A)	135. (C)	136. (B)
137. (C)	138. (B)	139. (C)	140. (B)
141. (C)	142. (B)	143. (C)	144. (D)
145. (A)	146. (C)		

101. 어휘 KEY 03 동사 + 전치사

Check this manual to obtain the information you need to (D) comply with all applicable state, tribal, or local requirements.

해설
① 보기 분석: 보기가 모두 동사원형이므로 문맥에 가장 잘 어울리는 것을 고른다.
② 문맥 확인: 빈칸 이후의 목적어가 요구 조건이므로 이와 가장 잘 어울리는 동사이면서 전치사 with와 함께 쓰일 수 있는 것은 comply with (~을 따르다)이다.
③ 오답 분석: 다른 동사들도 전치사와 함께 쓰일 수 있으므로 전치사와 함께 그 의미를 알아두는 것이 좋다.

오답
(A) show off: ~을 과시하다, 자랑하다
(B) compete with: ~와 경쟁하다
(C) account for: ~을 설명하다

해석 이 설명서를 확인하면 모든 주와, 부족, 지역의 요구 조건들을 따르기 위해 필요한 정보를 얻을 수 있습니다.

102. 어휘 KEY 14 문맥에 어울리는 전치사구

(A) Given the condition of the engine, an experienced car racer drove faster than expectations.

해설
① 보기 분석: 보기가 모두 전치사로 이루어져 있으므로 문맥을 확인하여 가장 잘 어울리는 것을 고른다.
② 문맥 확인: 예상보다 더 빠르게 달렸다는 주절의 문장과 가장 자연스러운 문맥을 만드는 것은 (A) '~을 고려하면'이다.

오답 (B) ~을 제외하고 (C) ~에 이어 (D) ~처럼

해석 엔진의 상태를 고려하면, 노련한 카레이서는 예상보다 더 빠르게 달렸다.

103. 문법 KEY 01 문장의 주어

The (C) provision of free basic health care will be a great help for economically disadvantaged people.

해설
① 보기 분석: 보기가 서로 다른 품사로 이루어져 있으므로 문장을 분석하여 빈칸에 어느 품사가 필요한지를 확인한다.
② 빈칸 자리 분석: 빈칸은 관사와 전치사 사이이며, 문장의 동사 will be가 빈칸 이후에 있으므로 문장의 주어 자리이다.
③ 정답 추론: 명사인 (B)와 (C)가 모두 주어 자리에 올 수 있지만 문맥상 사람 명사인 (B)는 어색하므로 (C)가 정답이다.

오답
(A) (동사) 제공하다 (B) (명사) 제공자
(D) (형용사) 임시의, 일시적인

해석 무료 기본 건강 보험의 제공은 경제적으로 취약한 사람들에게 큰 도움이 될 것이다.

104. 어휘 KEY 07-08 문맥에 어울리는 형용사

Our university's library and Internet services are only (B) accessible to current university students.

해설
① 보기 분석: 보기가 모두 형용사로 이루어져 있으므로 문맥에 가장 잘 어울리는 것을 고른다.
② 문맥 확인: 빈칸 뒤의 전치사 to와 함께 쓰이면서 문맥에 어울리는 보기는 (B) '접근, 이용할 수 있는'이다.

오답
(A) 예상할 수 있는 (C) 믿을 수 있는
(D) 반환 가능한

해석 저희 대학 도서관과 인터넷 서비스는 현재 재학중인 학생들만이 이용할 수 있습니다.

105. 문법 KEY 15 to부정사 VS 동명사

One obstacle to (C) covering the sales decline in the financial sector is the lack of reliable official statistics and insightful research reports.

해설
① 보기 분석: 보기가 서로 다른 품사들로 이루어져 있으므로 문장을 분석하여 빈칸에 적절한 품사를 찾는다.
② 빈칸 자리 분석: 빈칸 앞의 obstacle to는 '~하는데 있어서 장애물'이라는 구문으로 to는 전치사 to이다.
③ 정답 추론: 전치사의 목적어 자리에 올 수 있는 것은 동명사인 (C)이다.

오답 (A) (동사) 덮다 (B) (형용사) ~이 덮인
(D) (수동태) 덮이다

해석 회계 분야에서의 매출 감소를 다루는 데에 있어서 한 가지 어려운 점은 믿을 만한 공식적 통계와 통찰력 있는 연구 보고서가 없다는 점이다.

106. 어휘   KEY 01   동사 + 목적어

Local and state government would require the restaurants to allocate resources to (C) inspect food facilities, imported food, and so forth according to known safety risks.

해설
① 보기 분석: 보기가 모두 동사원형이므로 문맥을 확인하고 가장 잘 어울리는 것을 고른다.
② 문맥 확인: 빈칸 이후에 바로 목적어가 나오고 있으므로 이 목적어와 가장 자연스러운 문맥을 이루는 동사를 찾는다. 조리 시설과 수입 식품을 '조사하다'라고 하는 것이 가장 자연스럽다.

오답 (A) (잘못된 일을) 저지르다 (B) 연습하다
(D) (특정 활동을) 하다

해석 지방과 주 정부는 안전상의 위험으로 알려진 조리 시설과 수입 식품 등등을 조사할 인력을 배치할 것을 음식점들에게 요청했다.

107. 어휘   KEY 07-08   문맥에 어울리는 형용사

Brand collaboration has become increasingly popular in the fashion industry as the companies earned (B) substantial profits.

해설
① 보기 분석: 보기가 모두 형용사이므로 문맥을 확인하여 가장 잘 어울리는 것을 고른다.
② 문맥 확인: 빈칸 뒤에 오는 명사인 profits(이익, 이윤)을 수식할 수 있으면서 문맥에 어울리는 것은 (B) '상당한'이다.

오답 (A) 필수적인 (C) 유익한 (D) 기밀의

해석 회사들이 상당한 이익을 벌어들이게 되면서, 브랜드 간 협력은 패션 업계에서 점점 더 인기를 얻고 있다.

108. 문법   KEY 25   형용사 VS 부사 2

It was estimated that (B) approximately 75 percent of comfort women died and surviving victims are still suffering from serious physical and mental diseases.

해설
① 보기 분석: 보기가 서로 다른 품사로 이루어져 있으므로 문장을 분석하여 빈칸에 어느 품사가 필요한 지를 확인한다.
② 정답 추론: 빈칸이 숫자 앞에 있으므로 숫자와 함께 '대략'이라는 의미를 나타내는 (B)가 정답이다.

오답 (A) (동사) 비슷하다 (C) (명사) 근사치
(D) (형용사) 인접한

해석 대략 75 퍼센트의 위안부 여성들이 죽었고, 살아남은 희생자들은 여전히 심각한 신체적, 심리적 질병으로 고통받고 있다고 추정되고 있다.

109. 문법   KEY 20   문장에서 명사의 위치

The number one (B) contributor to all those added sugar calories for people aged 7 to 18 years old is soft drinks.

해설
① 보기 분석: 보기가 서로 다른 품사들로 이루어져 있으므로 빈칸에 알맞은 품사가 무엇인지 찾는다.
② 빈칸 자리 분석: 빈칸 뒤에 문장의 동사인 is가 있으므로 문장의 주어 자리이다.
③ 정답 추론: 주어 자리에 올 수 있는 것은 명사인 (A), (B)이다. 문맥상 여러 제품들 중에서 '가장 큰 원인이 되는 것'이 올 자리이므로 (A) '기여'보다는 (B) '원인 제공자'가 적절하다.

오답 (A) (명사) 기여 (C) (과거분사) 기여한
(D) (현재분사) 기여하는

해석 7세에서 18세 사이 인구의 전체 설탕 첨가물 섭취에 가장 큰 기여를 하는 것은 청량 음료이다.

110. 어휘   KEY 14   문맥에 어울리는 전치사구

The iPhone was one of the most innovative products (C) among many other products released by Apple Inc.

해설
① 보기 분석: 보기가 모두 전치사이므로 문맥에 가장 적절한 것을 고른다.
② 문맥 확인: '~중에 가장 ~한'이라는 문맥이므로 (C)가 가장 적절하다. (B)는 대상이 두 개일 때 사용하는 전치사이다.

오답 (A) 도처에, 내내 (D) ~후에

해설 | 아이폰은 애플에서 출시한 많은 다른 제품들 중에서 가장 혁신적인 제품이었다.

111.
문법 KEY 07 능동과 수동 구분하기
문법 KEY 09 시제를 나타내는 단서

Business based on the cloud computing is rapidly (C) evolving to accommodate higher expectations for growth, consolidation, and security.

해설
① 보기 분석: 보기가 서로 다른 품사들로 이루어져 있으므로 문장을 분석하여 적절한 품사를 고른다.
② 정답 추론: 주어인 클라우드 컴퓨팅 산업은 '발전하는' 것이며 수동으로 볼 수 있는 단서가 전혀 없으므로 능동의 관계이다. 따라서 능동, 현재 진행 시제인 (C)가 정답이다.
③ 오답 분석: 빈칸 앞에 be동사 is가 있으므로 동사인 (A)는 답이 될 수 없다. 명사인 (D)는 '혁명이다'가 되면서 문맥상 부자연스럽다.

해설 | 클라우드 컴퓨팅에 기반을 둔 사업은 성장과 강화 그리고 보안에 대해 더 높아지고 있는 기대에 부응하기 위해 빠르게 진화하고 있다.

112.
어휘 KEY 01 동사 + 목적어

For example, managers might consider providing a pudding free of charge or (B) accommodating a customer's extra needs.

해설
① 보기 분석: 보기가 모두 동명사이므로 문맥을 고려하여 가장 잘 어울리는 것을 고른다.
② 문맥 확인: 빈칸 뒤의 목적어인 '고객들의 추가 요청 사항'과 가장 잘 어울리는 것은 (B) '수용하는' 이다. (B)는 건물이나 시설을 '수용하다' 혹은 '공간을 제공하다'라는 의미로도 쓰인다.

오답 | (A) 초과하는   (C) 시작하는   (D) 확인하는
해설 | 예를 들어, 관리자들은 무료로 푸딩을 제공하거나 고객들의 추가 요청 사항을 수용할 것을 고려할 것이다.

113.
문법 KEY 23 부정대명사

In competitive society, people compete for rank and status, are less focused on public interests, and tend to share less information with each (A) other.

해설
① 보기 분석: 보기가 모두 부정대명사로 이루어져 있으므로 빈칸 앞뒤를 확인하여 가장 적절한 것을 고른다.
② 빈칸 자리 분석: 빈칸 앞에 each가 있는데 이는 other와 함께 '서로'라는 의미를 나타내며 문맥과도 잘 어울린다.

해설 | 경쟁이 심한 사회에서 순위와 지위를 다투는 사람들은 공익에 관심을 덜 두고, 서로 더 적은 정보를 공유하는 경향이 있다.

114.
문법 KEY 05 문맥에 어울리는 명사

The FairPhone is expected to sport a new look with (A) features such as an active display, a double tab to wake and fast charging.

해설
① 보기 분석: 보기가 모두 명사이므로 문맥을 고려하여 가장 잘 어울리는 것을 고른다.
② 문맥 확인: 빈칸 다음에 여러 기능들을 나열하고 있으므로 이를 가장 잘 나타낼 수 있는 명사는 (A)이다.

오답 | (B) 필요   (C) 규칙   (D) 행사
해설 | 페어폰은 액티브 디스플레이, 잠금 해제를 위한 더블 탭 그리고 빠른 충전과 같은 새로운 특징들을 자랑스럽게 선보일 것으로 기대되고 있다.

115.
문법 KEY 27 주의해야 할 부사

According to the study by Mr. Siegler, the previous prediction went dramatically wrong and we spent our second consecutive year committing the (A) very same blunder.

해설
① 보기 분석: 보기가 모두 '매우, 너무'라는 의미를 나타낼 수 있는 부사이다.
② 문장 분석: 빈칸 뒤에 오고 있는 same(같은)을 강조하면서 수식할 수 있는 것은 (A) very이다.

해설 | 시글러 씨의 연구에 따르면 이전의 예측은 완전히 틀렸으며 우리는 다음 두 번째 해에도 정확히 똑같은 실수를 저질렀다.

116.
어휘 KEY 14 문맥에 어울리는 전치사구

Ms. Corbo held a meeting with the marketing department (D) in regard to the selection of their brand's main model.

| 해설 | ① 보기 분석: 보기가 모두 전치사구이므로 문맥에 가장 잘 어울리는 것을 고른다.
② 문맥 확인: 주어인 코보 씨가 주최한 회의가 어떤 회의인지 설명하는 것이므로 (D)가 가장 적절하다. |
|---|---|
| 오답 | (A) ~에도 불구하고 (B) ~의 앞에 (C) ~다음의 |
| 해석 | 코보 씨는 브랜드의 주 모델 선정과 관련하여 마케팅 부서와 회의를 열었다. |

117. 어휘 KEY 11 문맥에 어울리는 부사

According to statistics, the world population is (C) roughly 7 billion and is expected to keep growing.

| 해설 | ① 보기 분석: 보기가 모두 부사이므로 문맥에 가장 잘 어울리는 것을 고른다.
② 문맥 확인: 숫자 앞에서 근사치임을 설명할 수 있는 것은 (C) '대략'이다. |
|---|---|
| 오답 | (A) 적절하게 (B) 전체적으로 (D) 역으로 |
| 해석 | 통계에 따르면, 세계 인구는 대략 70억이며 계속 증가할 것으로 예측되고 있다. |

118. 어휘 KEY 01 동사 + 목적어

The government can have no legal right to permanently or temporarily block up or (B) obstruct a street, except where it necessarily does so in the proper use of its road.

| 해설 | ① 보기 분석: 보기가 모두 동사이므로 문맥에 가장 잘 어울리는 것을 고른다.
② 문맥 확인: 빈칸 앞을 보면 block up or (차단하거나)라는 표현이 있으므로 이와 유사한 표현이 와야 하므로 (B)가 정답이다. |
|---|---|
| 오답 | (A) (관심을) 끌다 (C) 얻어내다 (D) 공개하다 |
| 해석 | 정부는 도로의 적절한 사용을 위해 필요한 경우를 제외하고는 임시적으로나, 영구적으로 도로를 막거나 통행을 방해할 법적인 권리가 없다. |

119. 문법 KEY 14 동명사의 역할

The salesperson recommended customers to read instructions carefully before (C) using their merchandise.

| 해설 | ① 보기 분석: 보기가 서로 다른 품사들로 이루어져 있으므로 빈칸에 적절한 품사를 찾는다.
② 문장 분석: 빈칸 앞에 명사가 있고 그 이후에 구가 있으므로 before (~하기 전에)가 전치사로 쓰였음을 알 수 있다.
③ 정답 추론: 빈칸 뒤에 명사가 있으므로 명사를 목적어로 취할 수 있는 동명사가 올 자리이다. 따라서 (C)가 정답이다. |
|---|---|
| 오답 | (A) (동사) 사용하다 (B) (과거분사) 사용한
(D) (형용사) 유용한 |
| 해석 | 판매 사원은 고객들에게 상품을 사용하기 전에 설명서를 주의 깊게 읽을 것을 추천하였다. |

120. 어휘 KEY 20 문장에서 명사의 위치

In advance of putting a business plan into (B) operation, a founder of a business should face up to reality.

| 해설 | ① 보기 분석: 보기가 서로 다른 품사들로 이루어져 있으므로 빈칸에 적절한 품사를 찾는다.
② 문장 분석: 빈칸 앞에 전치사가 오고 있으므로 명사가 올 자리이다.
③ 정답 추론: 문맥상 사업 계획을 '실행'에 옮기는 것이므로 사람 명사인 (D)가 아닌 (B) '운영, 작동'이 정답이다. |
|---|---|
| 오답 | (A) (동사) 운영하다 (C) (형용사) 운영상의
(D) (명사) 운영자 |
| 해석 | 사업 계획을 실행하기 전에 창업주는 현실을 직면해야 한다. |

121. 문법 KEY 17 형용사 역할을 하는 분사

(B) Consulting firms have argued that the debts behind these major purchases will lead the $2 trillion industry into alliances among major corporations such as Maer Moeller and MST.

| 해설 | ① 보기 분석: 보기가 서로 다른 품사들로 이루어져 있으므로 빈칸에 적절한 품사를 찾는다.
② 빈칸 자리 분석: 빈칸은 바로 뒤에 나오는 명사인 firm(회사)를 수식하는 자리이므로 형용사 역할을 하는 분사 자리이다.
③ 정답 추론: (B), (C)가 모두 분사이지만 컨설팅을 '하는' 기업이므로 능동의 관계이고 따라서 현재분사인 (B)가 정답이다. |
|---|---|

| 해석 | 컨설팅 회사는 이 주요 매입의 배후에 있는 빚 때문에 2조원에 이르는 업계에서 메이어 몰러와 MST와 같은 주요 기업들이 제휴를 맺게 될 것이라고 주장했다. |

122. 어휘　KEY 07-08　문맥에 어울리는 형용사

Although the pathway has significantly improved, there is a concern that, during summer or wet weather, the road conditions are not (A) conducive to foot traffic.

| 해설 | ① 보기 분석: 보기가 모두 형용사이므로 문맥에 가장 잘 어울리는 것을 고른다.
② 문맥 확인: 빈칸 이후에 to foot traffic (도보를 하기에)라는 표현이 있으므로 이와 가장 잘 어울리는 형용사는 (A) '~에 좋은'이다. |
| 오답 | (B) 독점적인　(C) ~을 나타내는　(D) 설득력 있는 |
| 해석 | 도로 상태가 비약적으로 나아졌음에도 불구하고 여름이나 비 오는 날에는 도로의 상태가 도보를 하기에 좋지 않을 것이라는 걱정이 있다. |

123. 어휘　KEY 11　문맥에 어울리는 부사

Between 2010 and 2014, ADT and Nicoza Inc. poured 31% and 28% more into research and development (C) respectively.

| 해설 | ① 보기 분석: 보기가 모두 부사이므로 문맥에 가장 잘 어울리는 것을 고른다.
② 문맥 확인: 두 회사가 '각각' 얼만큼의 금액을 투자했는지 설명하고 있으므로 (C)가 가장 적절하다. |
| 오답 | (A) 의도적으로　(B) 서로　(D) 이전에 |
| 해석 | 2010년과 2014년 사이에 ADT와 니코자 주식회사는 연구 개발 분야에 각각 31%와 28%를 더 쏟아부었다. |

124. 문법　KEY 32　관계대명사

Mr. Howard has confronted strong opposition by executives worried about a potential drop in sales, and some of (B) them insisted that he should remain politically neutral.

| 해설 | ① 보기 분석: 관계대명사와 대명사가 보기에 혼합되어 있으므로 문장을 확인하여 적절한 것을 고른다.
② 문장 분석: 빈칸이 some of(~의 일부) 뒤에 위치해 있고 그 앞에는 접속사 and가 오고 있으므로 관계대명사가 아닌 대명사 자리이다.
③ 정답 추론: 전치사 of의 목적어이므로 (A)가 아닌 (B)가 정답이다. |
| 해석 | 하워드 씨는 매출의 잠재적인 하락을 걱정하는 경영진들의 반대에 직면했으며, 그들 중 일부는 그가 정치적으로 중립을 유지해야 한다고 주장했다. |

125. 문법　KEY 20　문장에서 명사의 위치

Posta has a big advantage in the service sector because of its technical (A) advances over the last two decades, but Lebana still holds a slight lead in service expertise.

| 해설 | ① 보기 분석: 보기가 서로 다른 품사들로 이루어져 있으므로 빈칸에 적절한 품사를 찾는다.
② 빈칸 자리 분석: 빈칸이 형용사 뒤에 있으므로 이 형용사의 수식을 받을 수 있는 명사 자리이다. |
| 오답 | (B) 선진의　(C) 나이가 들어도　(D) 불리한 |
| 해석 | 지난 20년간의 기술인 발전 덕분에 포스타가 서비스 분야에서 큰 이점을 가지고 있지만, 레베나사가 여전히 서비스의 전문적 기술에서는 약간 더 우위를 점하고 있다. |

126. 문법　KEY 31　접속사와 다른 품사

The one feature that had the best odds of getting users was complete viewer control, or the ability to select any movie, music video or documentary they want, (B) whenever they want.

| 해설 | ① 보기 분석: 부사절 접속사와 복합관계부사가 혼합되어 있다.
② 문장 분석: 콤마(,) 뒤에서 완전한 두 문장을 연결하고 있다.
③ 문맥 확인: 문맥상 '원할 때마다' 선택할 수 있게 해 주는 능력이라고 보는 것이 자연스러우므로 (B)가 정답이다. |
| 오답 | (A) 반면에　(C) ~하지 않으면　(D) ~라고 가정하면 |
| 해석 | 사용자를 확보할 수 있는 가능성이 가장 높은 기능은 시청자들에게 완벽한 통제력, 즉 언제든 원하는 시간에 원하는 영화는 뮤직 비디오 또는 다큐멘터리를 선택할 수 있는 능력을 주는 것이다. |

127. 어휘   KEY 03   동사 + 전치사

The chain has pushed out a number of initiatives designed to make its latest products **(B) appeal to** health-conscious and sustainability-minded consumers.

해설
① **보기 분석:** 보기가 모두 '동사+전치사' 형태의 구동사로 이루어져 있으므로 문맥상 가장 적절한 것을 고른다.
② **문맥 확인:** 소비자들에게 ~할 수 있도록 하는 계획이라는 문맥이므로 (B) '~에 호소하다'가 가장 자연스러운 문맥이 된다.

오답 (A) ~에 기여하다   (C) ~의 상태가 되게 하다
(D) ~에 관련되다

해석 그 체인은 건강을 염려하고 지속 가능성에 관심이 많은 소비자들에게 최신 상품을 어필하도록 설계된 많은 계획들을 밀어붙였다.

128. 문법   KEY 09   시제를 나타내는 단서

One analysis of relocation trends in South Korea from the National Economic Research found that the rate of intercity relocations for jobs in 2012 **(B) had dropped** 48% from its 1989-2005 average.

해설
① **보기 분석:** 보기에 여러 시제가 혼합되어 있으므로 문장을 분석하여 적절한 시제를 알려주는 단서가 있는지 확인한다.
② **문장 분석:** 주절의 동사인 found(과거)보다 재배치 비율이 떨어진 것이 먼저 일어난 것이므로 과거완료시제인 (B)가 정답이다.

오답 (A) 과거   (C) 과거수동   (D) 과거진행

해석 국립 경제 연구소는 한국의 재배치 경향에 대해 분석했고, 2012년 업무 때문에 발생하는 도시간 재배치 비율이 1989년부터 2005년까지의 평균보다 48% 떨어졌다는 것을 발견했다.

129. 문법   KEY 22   대명사의 종류

The revised outlook for GDP growth of China in 2014 is a "feeble" 2 percent, and even **(B) that** includes the assumption of increased fiscal stimulus.

해설
① **보기 분석:** 보기가 모두 대명사로 이루어져 있으므로 빈칸 앞 문장을 분석하여 이 대명사가 지칭하는 것이 무엇인지 찾는다.
② **문장 분석:** 빈칸이 지칭하고 있는 것은 "outlook (전망)"이므로 단수여야 한다. 따라서 (B)가 정답이다.

해석 2014년에 중국의 GDP 성장에 대해 수정된 전망은 "아주 미약한" 2퍼센트였으며, 심지어 그것은 재정 부양책 증가에 대한 가정을 포함하고 있었다.

130. 어휘   KEY 05   문맥에 어울리는 명사

Taking the **(C) perspective** of a lasting alliance evokes the best in both companies instead of relying on superficial constructs for loyalty and productivity.

해설
① **보기 분석:** 보기가 모두 명사로 이루어져 있으므로 문맥상 가장 자연스러운 것을 고른다.
② **문맥 확인:** A instead of B (B대신에 A)의 구문이므로 A와 B에는 서로 상반되는 내용이 들어가게 된다.
③ **정답 추론:** superficial(피상적인)과 lasting alliance(영속적인 동맹)으로 상반되는 형용사가 쓰이고 있으므로 각 형용사의 수식을 받는 명사를 서로 유사해야 한다. 따라서 빈칸에는 construct(생각)과 유사한 표현인 (C)가 온다.

오답 (A) 약속   (B) 규정   (D) 대체물

해석 충성심이나 생산성을 위해 피상적으로 쌓아 올린 관계에 의존하는 대신 제휴가 오랫동안 지속될 것이라는 관점을 가지면 두 회사 모두 최상의 결과를 얻을 수 있다.

131~134

주목: 모든 직원들

회사 전체의 연례 청소와 보수 공사가 오늘 오후 6시부터 시작하여 주말 **131. (B) 내내** 이루어질 것입니다. 3층의 사무용 가구들은 교체될 것입니다. 1층, 2층 그리고 4층의 가구들도 역시 청소하는 동안 제거될 것입니다. 서랍이나 책상에 개인적인 물건들을 남겨두지 말아 주십시오. 오늘 사무실을 떠나시기 전에 서랍을 정리하고 책상을 비워주십시오. 복도는 말끔히 청소하고 왁스로 윤을 내고 보호제를 바를 것입니다. 천장과 벽, 문도 다시 칠해질 것입니다. 또한, 일부 창문들도 **132. (A) 교체될** 것입니다. 엘리베이터 또한 철저한 안전 점검을 받을 것이며, **133. (A) 그러**

므로 이 기간 동안 사용이 중지될 것입니다. 주말 동안에 사무실에 오지 말아 주십시오. 건물 안으로 들어오실 수 없을 것입니다. **134.** (A) 모든 직원들은 월요일에 집에서 일하도록 요청받을 것입니다. 화요일에 한 시간이나 두 시간 정도 여러분의 책상을 설치하도록 해 주십시오.

131. 어휘   KEY 14   문맥에 어울리는 전치사구

Starting from 6pm today, the companywide annual cleaning and renovation will take place all (B) throughout the weekend.

해설
① 보기 분석: 다양한 형태의 전치사로 이루어져 있다.
② 문맥 확인: 빈칸 뒤에 기간을 나타내는 주말이 있으므로 (B) '(~동안) 내내'가 적절하다.

오답 (A) ~사이에   (C) 지불해야 하는
(D) (기간) 이내에

132. 어휘   KEY 03   동사 + 전치사

Also, some of the windows will be (A) replaced.

해설
① 보기 분석: 시제가 동일한 동사의 과거분사들로 이루어져 있다.
② 문맥 확인: 앞 문장들에서 사무용 가구들을 청소하거나 교체할 것이라는 이야기를 하고 있으므로 창문 역시 '교체될' 것이라고 하는 (A)가 적절하다.

오답 (B) (기업, 근로자 등이) 이동하다   (C) 계속 ~이다
(D) 지시하다

133. 문법   KEY 31   접속사와 다른 품사

The elevators will also be undergoing a thorough safety inspection and (A) therefore will be out of service during this time.

해설
① 보기 분석: 보기에 접속사와 접속부사가 혼합되어 있다.
② 빈칸 자리 분석: 빈칸 앞에 이미 and가 있으므로 접속사보다는 접속부사인 (A)와 (C) 중에 답이 있다.
③ 문맥 확인: 안전 점검을 할 것이고, 이 때문에 이용이 중단되는 것이므로 (A) '그러므로'가 적절하다.

오답 (B) 아직   (C) 그러나   (D) ~라는 점에서

134. 문제 유형   빈칸에 알맞은 문장 넣기

(A) All employees are excused to work from home on Monday.

해설 빈칸 앞에서 주말까지 건물 출입이 통제될 것이라고 하고 있고, 빈칸 이후에는 화요일 일정에 대해 이야기하고 있으므로 월요일에 대해 이야기하는 (A)가 정답이다.

오답 (B) 모든 직원들은 기술 수준에 관계없이 환영받습니다. (C) 보고서를 스스로 검토할 것을 조언 드립니다. (D) 개인적인 물건들을 가져 오지 않으시기를 강력하게 요청드립니다.

135~138

담당자분께

시티 리얼 에스테이트에서 안부 인사드립니다. 저희는 국내에서 가장 큰 부동산 잡지 중 하나로 전문적인 조언을 드리는 최고의 부동산 전문가들의 기사를 **135.** (C) 다루고 있습니다. 저희는 현재 신규 **136.** (B) 독자분들을 위한 판촉 행사를 진행하고 있습니다. 오늘 구독하시면, 시티 리얼 에스테이트 1년치를 뉴스 가판대의 절반 가격으로 보실 수 있을 뿐 아니라, 27달러짜리 부동산 소프트웨어 프로그램 CD **137.** (C) 또한 무료로 받으실 수 있습니다. 이 모든 것이 단 돈 15.99달러입니다. **138.** (B) 아래 구독 링크를 누르시고 오늘 등록하세요. 위에 제시된 가격에 이용하시려면 이 이메일 오른쪽 상단 코너에 있는 쿠폰 코드를 입력하세요.

여러분에게 다음 호 시티 리얼 에스테이트를 보내드리기를 고대하겠습니다. 여러분의 관심에 감사 드립니다.

좋은 하루 되십시오.

톰 캘러한
구독 서비스부서

135. 어휘   KEY 01   동사 + 목적어

We are one of the largest real estate magazines in the country (C) featuring articles by some of the top real estate experts giving insider tips.

해설
① 보기 분석: 다양한 의미의 현재분사들이므로 문맥에 맞는 것을 고른다.
② 문맥 확인: 주어인 We는 잡지사이며 빈칸 뒤의 목적어인 articles(기사)에 어울리는 것은 (C) '(특집 기사로) 다루는'이다.
③ 오답 확인: 다른 동사들은 주로 전치사와 함께 쓰이는 동사들이므로 동사 + 전치사의 형태로 알아두는 것이 좋다.

오답
(A) coping with: ~에 대처하는
(B) conforming to: ~에 순응하는
(D) following by: ~에 뒤이어

136. 어휘 KEY 03 문맥에 어울리는 명사

We're currently having a promotion for our new (B) subscribers.

해설
① 보기 분석: 다양한 의미의 명사들이므로 문맥에 맞는 것을 고른다.
② 문맥 확인: 주어인 We는 잡지사이며 이들이 진행하고 있는 판촉행사는 새로운 (B) '구독자들'이라고 보는 것이 자연스럽다.

오답
(A) 제조업자들 (C) 기고자들
(D) 배급 / 유통업자들

137. 문법 KEY 31 접속사와 다른 품사

If you subscribe today, you will not only get a year's worth of City Real Estate at half the newsstand price, (C) but you'll also get a free real estate software program CD priced at 27 dollars.

해설
① 보기 분석: 모두 접속사로 쓰일 수 있는 어휘들이므로 문장을 확인한다.
② 문장 분석: 구독 신청을 할 경우 어떤 혜택들이 있는지 설명하는 문장으로 not only A but (also) B구조로 빈칸에 올 것은 (C)이다.

오답
(A) 그리고 (B) 혹은 (D) 어느 하나라도

138. 문법 KEY 31 접속사와 다른 품사

(B) Sign up today by clicking on the subscription link below.

해설
빈칸 앞에서 가격 안내를 하였고, 이후에는 쿠폰 번호를 입력할 것을 안내하고 있으므로, 구독 방법을 알려주는 (B)가 오는 것이 가장 자연스럽다.

오답
(A) 이메일에 첨부된 가격표를 참조하세요. (C) 저희 서비스를 가입하시는 데에 일시적인 장애가 있습니다. (D) 이는 완전히 무료이며 단골 고객 분들에게만 독점적으로 제공하는 것입니다.

139~142

케네디 씨에게

안녕하세요, 저는 케플러, 헤르난데즈, 로스사의 상무 이사인 제프리 케플러입니다. 우리는 뉴욕 재무 회의에서 주최한 사교 저녁 모임에서 139. (C) 만나, 명함을 교환했었습니다.

저는 귀하께서 제게 장기간 동업자 관계를 시작할 믿을 만한 회계 법인이 필요하다고 말씀하신 것을 기억하며, 제가 다시 연락드릴 것을 약속 드렸습니다. 저희의 명성이 140. (B) 먼저 알려진 대로, 저희는 뉴욕 사무실에서만 900명 이상의 공인 회계사들이 일하고 있는 국내에서 가장 큰 회계 법인입니다. 저희는 기업의 재무 실무와 투명성 점수에서 141. (C) 빈번하게 최고의 회계 법인 회사로 순위에 오르고 있습니다.

142. (B) 저는 이 문제에 대해 더 자세히 논의하기 위해 적절한 회의 날짜를 정하고자 합니다.

어떤 질문이 있으시든 주저하지 마시고 제게 연락 주십시오.

감사합니다.
제프리 케플러

139. 문법 KEY 09 시제를 나타내는 단서

We (C) met during the networking dinner hosted by the New York Finance Convention and exchanged cards.

해설
① 보기 분석: 동사 meet가 다양한 시제로 제시 되어있다.
② 문장 분석: 등위접속사 and 뒤에 동사의 과거형인 exchanged가 있는 것으로 보아, 과거시제의 문장이므로 (C)가 정답이다.

오답
(A) (동사) 만나다 (C) (미래) 만날 것이다
(D) (현재진행) 만나고 있다

140. 어휘 | KEY 01 동사 + 목적어

As our reputation (B) precedes us, we are the largest accounting firm in the country with over 900 CPAs working in our New York office alone.

해설
① 보기 분석: 비슷한 철자로 구성된 동사들이므로 의미에 유의하여 적절한 것을 고른다.
② 문맥 확인: 주어가 reputation(명성)이므로 이것과 가장 잘 어울리는 동사는 (B)이다.

오답 (A) 진행하다 (C) 촉진하다 (D) 선호하다

141. 문법 | KEY 11 문맥에 어울리는 부사

We are (C) frequently ranked as the top accounting firm in corporate finance practice and transparency scores.

해설
① 보기 분석: -ly로 끝나는 다양한 의미를 지닌 부사들이므로 문맥에 알맞은 것을 고른다.
② 정답 추론: 빈칸에 들어갈 부사는 바로 뒤의 동사인 rank (순위를 차지하다)를 수식하는 것으로 이와 어울리는 것은 (C)이다.

오답 (A) 일시적으로 (B) 거의 ~하지 않는 (D) 관례대로

142. 문제 유형 | 빈칸에 알맞은 문장 넣기

(B) I'd like to set up a proper meeting with you to discuss the matter further.

해설 빈칸은 이메일의 마지막 부분으로 글을 마무리하면서 앞으로의 계획을 이야기하는 부분이다. 자신의 회사를 홍보하는 내용이 본문에 오고 있으므로 만나서 자세한 이야기를 나누자고 하는 (B)가 적절하다.

오답 (A) 저는 모든 직원들과 직접 얼굴을 보고 만나는 것을 계획하고 있습니다. (C) 저는 이것이 귀하의 궁금증을 해소하고 저희를 미래의 계약자로서 고려하시는 데에 도움이 되기를 바랍니다. (D) 저는 이것이 저를 귀 회계 법인의 그 직책에 완벽한 후보로 만들어 준다고 믿습니다.

143~146

킹스 마을 축제

그 때가 올해도 다시 돌아왔습니다. 연례 킹스 마을 축제는 바로 코 앞으로 다가왔고, 올 해에는 143. (C) 심지어 더 멋질 것입니다. (만일 그게 가능하다면!)

킹스 마을 축제는 1992년 처음 시작된 이래로 우리 지역 사회의 전통으로 144. (D) 자리잡고 있습니다. 매년 가을, 10월 한달 145. (A) 내내, 콘월 리버사이드 공원은 가족과 친구들이 소풍을 나오고 관람차나 회전목마를 타러 나오는 즐거움으로 가득한 장소가 됩니다.

146. (C) 지역의 음식점들은 음식과 음료를 제공하기 위해 그들의 트럭을 가지고 옵니다. 여러분은 시내에서 최고로 맛있는 타코, 부리토, 그리고 핫도그를 발견할 수 있습니다.

그러니 아이들을 데리고 나오세요! 축제 기간 동안 공원 입장료는 완전히 무료입니다!

143. 어휘 | KEY 13 혼동하기 쉬운 부사

The annual Kings County Fair is just around the corner and this year will be (C) even better.

해설
① 보기 분석: 보기는 모두 부사를 사용할 수 있는 어휘들이다.
② 문장 분석: 빈칸이 비교급 앞에 있으므로 비교급을 강조할 수 있는 (C)가 정답이다.

오답 (A) 매우 (B) 꽤 (D) 거의

144. 문법 | KEY 09 시제를 나타내는 단서

Kings County Fair (D) has become our community tradition since it first started in 1992.

해설
① 보기 분석: become이 다양한 시제로 나타나 있다.
② 문장 분석: 시간을 나타내는 접속사인 since (~이래로)가 있으므로 현재완료시제 문장임을 알 수 있다.

오답 (A) (현재) ~이 되다 (C) (과거) ~이 되었다
(D) (미래) ~이 될 것이다.

145. 문법 | KEY 24 형용사 VS 부사 1

Every fall, for the (A) entire month of October, the Cornwall Riverside Park is a fun-packed place for families and friends to come out for a picnic and ride in the Ferris wheel or Merry-go-round.

| 해설 | ① **보기 분석:** 여러 품사들이 제시되어 있으므로 빈칸에 적절한 품사를 고른다.
② **빈칸 자리 분석:** 빈칸은 정관사 뒤, 명사 앞이므로 형용사 자리이다. entire는 기간인 month 앞에서 '~내내'라는 의미로 쓰인다.

| 오답 | (B) 전체적으로   (C) 전체   (D) 온전함

146. 문제 유형   빈칸에 알맞은 문장 넣기

(C) Local dinners will bring out their trucks to serve food and drinks.

| 해설 | 빈칸 이후에 지역에서 최고의 음식들을 축제 장소에서 찾을 수 있을 것이라고 하고 있으므로 (C)가 가장 자연스럽다.

| 오답 | (A) 건물 안에 음식을 가지고 들어오실 수 없습니다. (B) 지역 농업 공동체들은 다양한 종류의 대체 음식들을 제공할 준비가 되어 있습니다. (D) 지역의 근사한 레스토랑들은 손님들을 접대할 능숙한 직원을 찾고 있습니다.

新TOEIC Part 5&6
Actual Test 2
답안

Actual Test 2

101. (C)	102. (C)	103. (C)	104. (D)
105. (C)	106. (B)	107. (B)	108. (C)
109. (B)	110. (C)	111. (B)	112. (A)
113. (B)	114. (A)	115. (C)	116. (D)
117. (B)	118. (B)	119. (B)	120. (A)
121. (D)	122. (B)	123. (D)	124. (B)
125. (A)	126. (A)	127. (B)	128. (A)
129. (B)	130. (C)	131. (B)	132. (D)
133. (A)	134. (A)	135. (A)	136. (B)
137. (C)	138. (A)	139. (C)	140. (A)
141. (B)	142. (B)	143. (A)	144. (B)
145. (B)	146. (D)		

101. 문법 KEY 17 형용사 역할을 하는 분사

Many gun control activists argue that the American government must prohibit **(C) existing** gun rights for the safety of citizens.

해설
① 보기 분석: 여러 품사들이 제시되어 있으므로 빈칸에 적절한 품사를 고른다.
② 빈칸 자리 분석: 빈칸 뒤에 명사가 있으므로 이를 수식할 수 있는 형용사 역할을 하는 분사가 답이 될 수 있다.
③ 정답 추론: (B)와 (C)가 모두 분사인데, '현재 존재하고 있는' 권리이므로 능동이며, 따라서 현재분사인 (C)가 답이다.

> • exist는 자동사이므로 현재분사의 형태로만 명사를 수식할 수 있다. ex) existing law

해설 많은 총기 규제법 활동가들은 시민들의 안전을 위해 미국 정부가 현존하는 총기 소유권을 금지해야 한다고 주장한다.

102. 어휘 KEY 01 동사 + 목적어

During the presidential campaign in 2008, it was a big issue that Oprah Winfrey **(C) endorsed** Barak Obama over Hilary Clinton.

해설
① 보기 분석: 보기가 모두 동사이므로 문맥을 확인하여 가장 잘 어울리는 것을 고른다.
② 문맥 확인: 문맥상 목적어인 버락 오바마를 '공개 지지했다'가 되는 것이 가장 자연스럽다.

오답 (A) 폐기했다 (B) ~에 두었다 (D) 촉진시켰다

해설 2008년 대선 기간 중에 오프라 윈프리가 힐러리 클린턴이 아닌 버락 오바마를 공개 지지한 것이 큰 화제였다.

103. 어휘 KEY 11 문맥에 어울리는 부사

Meanwhile, the CEO was kept **(C) minutely** informed by successive mailings of international marketing negotiations and other updates.

해설
① 보기 분석: 보기가 모두 부사이므로 문맥에 가장 잘 어울리는 것을 고른다.
② 문맥 확인: 동사인 지속적으로 보고를 받는다는 내용을 수식할 수 있는 것은 (C) '자세하게'이다. (A)는 주로 현재시제나 현재완료시제와 함께 쓰인다.

오답 (A) 현재 (B) 예외적으로 (D) 예전에

해설 그동안 CEO는 국제적인 마케팅 협상과 다른 최신 정보들에 대해 이메일로 계속해서 자세하게 보고 받고 있었다.

104. 문법 KEY 09 시제를 나타내는 단서

Now that global temperatures keep rising, the ice caps and glaciers **(D) will keep** melting and the sea level will keep rising.

해설
① 보기 분석: 보기가 다양한 시제들로 이루어져 있으므로 문장을 분석하여 시제를 알려주는 단서가 있는지 확인한다.
② 문장 분석: 이유를 제시하고 있는 부사절이 현재시제이므로, 이로 인해 일어날 일을 설명하는 주절은 미래시제여야 한다. 빈칸 뒤 등위접속사 and 이후의 will keep(미래시제)도 미래시제임을 알려주는 단서가 된다.

오답 (A) (현재) ~을 계속하다 (B) (과거) ~을 계속했다 (C) (현재완료) ~을 계속해 오고 있다

해설 전세계 온도가 지속적으로 오르고 있기 때문에, 만년설과 빙하가 계속해서 녹고 해수면이 상승할 것이다.

105. 문법 KEY 29 주의해야 할 명사절

Many foreigners still doesn't know **(C) the fact that** Japanese government distorted history and Dokdo Island belongs to Korea.

| 해설 | ① **보기 분석:** 보기는 모두 절을 이끌 수 있는 접속사로 이루어져 있으므로 문맥을 확인한다.
② **문장 분석:** 동사 know의 목적어 역할을 할 명사절을 이끄는 접속사여야 한다.
③ **정답 추론:** know의 목적어가 되기에 가장 자연스러운 것은 (C)이다. 나머지 보기는 모두 부사절이기 때문에 명사절자리에는 적합하지 못하다. |

● the fact that S + V: 동격의 that 구문이다

| 오답 | (A) ~하기 위해서 (B) 그런 경우에는 (D) 그밖에 |
| 해석 | 많은 외국인들은 여전히 일본 정부가 역사를 왜곡했고 독도가 한국의 영토라는 사실을 모르고 있다. |

106. 어휘 KEY 07 문맥에 어울리는 명사

According to a 2013 Business report, the debt-burdened commercial banks ultimately collapsed under the (B) strain of the worldwide credit crunch.

| 해설 | ① **보기 분석:** 보기가 모두 명사로 이루어져 있으므로 문맥에 어울리는 것을 고른다.
② **문맥 확인:** 은행들이 '이것' 때문에 무너진 것인데 전치사 of이하를 보면 '전세계적인 신용규제'라는 표현이 있다. 이 규제와 함께 쓰일 수 있는 것은 (B) '압박, 중압감'이다. |
| 오답 | (A) 범위 (C) 전략 (D) 방법 |
| 해석 | 2013년 비즈니스 레포트에 따르면 빚에 허덕이던 상업 은행들은 궁극적으로는 전세계적인 신용 규제의 압박 하에서 무너졌다. |

107. 어휘 KEY 07–08 문맥에 어울리는 형용사

Mr. Darcy enjoys doing any physical activities (B) pertaining to extreme sports, such as wingsuit sky diving, snowboarding, rock climbing, and surfing.

| 해설 | ① **보기 분석:** 보기가 모두 전치사구로 이루어져 있으므로 문맥에 가장 잘 어울리는 것을 고른다.
② **문맥 확인:** 신체 활동과 익스트림 스포츠 사이에 쓰일 수 있는 것은 '~와 관련 있는, ~에 속하는'이라는 의미로 쓰일 수 있는 (B)이다. |
| 해석 | 다아시 씨는 익스트림 스포츠에 속하는 윙슈트 스카이 다이빙, 스노우보딩, 암벽 등반, 파도타기 등과 같은 신체활동을 즐겨한다. |

| 오답 | (A) ~에 의존하는 (C) ~에 따르면
(D) 그 결과 ~이 되는 |

108. 문법 KEY 02 문장의 동사와 목적어

Last month, the retailer in Europe (C) lowered its sales forecast for the year based on the record high household debt.

| 해설 | ① **보기 분석:** 보기가 다양한 품사로 이루어져 있으므로 문장을 분석하여 빈칸에 적절한 품사를 고른다.
② **빈칸 자리 분석:** 빈칸은 동사가 올 자리이므로 형용사인 (A)와 분사인 (D)는 답이 될 수 없다.
③ **정답 추론:** '지난 달'이라는 표현이 있으므로 현재시제인 (B)도 답이 될 수 없다. 이와 일치하는 과거 동사인 (C)가 정답이다. |
| 해석 | 지난 달에 유럽의 소매업자들은 기록적인 가계부채를 근거로 올해 매출 예상액을 낮추었다. |

109. 어휘 KEY 07–08 문맥에 어울리는 형용사

South Korea has been pursuing oil and gas exploration around the globe in order to be less (B) reliant on oil producing nations in the unstable Middle East.

| 해설 | ① **보기 분석:** 보기가 모두 형용사이므로 문맥에 가장 잘 어울리는 것을 고른다.
② **문맥 확인:** 문맥에 어울리면서 빈칸 뒤의 전치사 on과 함께 쓰이는 형용사를 고른다.
③ **정답 추론:** reliant는 전치사 on과 함께 '~에 의존하는'이라는 의미로 쓰이므로 가장 자연스러운 문맥이 된다. |

● prone to : 하는 경향이 있는, ~하기 쉬운
● cautious about /of : ~을 조심하는
● compatible with : ~와 양립할 수 있는

| 오답 | (A) ~하기 쉬운 (C) 조심스러운
(D) 양립할 수 있는 |
| 해석 | 한국은 불안정한 중동의 석유 생산 국가들에 덜 의존하기 위해서 전 세계에서 석유와 가스 탐사를 진행해 오고 있다. |

110. 어휘　KEY 14　문맥에 어울리는 전치사구

To apply for the job, please fill out the attached application form and submit it by email **(C) before** the deadline.

해설
① 보기 분석: 보기는 모두 전치사로 이루어져 있으므로 문맥에 가장 잘 어울리는 것을 고른다.
② 문맥 확인: 마감일 보다 '먼저' 제출해야 하므로 (D)는 답이 될 수 없다. (A), (B), (C)가 답이 될 수 있으므로 그 쓰임을 비교해 보아야 한다.
③ 정답 추론: (A) ahead는 전치사 of와 함께 쓰이면 '~보다 먼저'라는 의미가 있다. (B) prior는 전치사 to와 함께 명사 앞에 쓰이면 '~보다 먼저'라는 의미가 된다. before는 별도의 전치사 없이도 명사 앞에 올 수 있으므로 정답은 (C)이다.

해석 일자리에 지원하려면, 첨부된 지원서를 작성하시고 마감일 전에 이메일로 제출해 주세요.

111. 어휘　KEY 20　문장에서 명사의 위치

The medical appliance **(B) manufacturer** waited for the doctors' response after letting them know the sales price.

해설
① 보기 분석: 보기가 다양한 품사로 이루어져 있으므로 문장을 분석하여 빈칸에 적절한 품사를 고른다.
② 빈칸 자리 분석: 빈칸 이후에 동사인 wait for (~을 기다리다)가 있으므로 빈칸은 주어가 올 자리이다.
③ 정답 추론: 동사인 (A), 분사인 (C), (D)는 답이 될 수 없다. 명사 (B) '제조업체'가 정답이다.

해석 의료기기 제조업체는 의사들에게 판매가를 알려준 후에 그들의 답변을 기다렸다.

112. 문법　KEY 22　대명사의 종류

Police requested forensic investigation of glass fragments and bloodstains **(A) they** discovered at a crime scene.

해설
① 보기 분석: 보기가 모두 대명사로 이루어져 있으므로 빈칸 앞 문장을 분석하여 이 대명사가 지칭하는 것이 무엇인지 찾는다.
② 문장 분석: 빈칸이 지칭하고 있는 것은 주어인 '경찰'이면서 바로 앞의 명사인 bloodstains(핏자국)를 수식하는 목적격 관계대명사가 생략된 구문이다. 목적격 관계대명사 뒤에는 주어 + 동사가 나와야하므로 주격 대명사인 they가 정답이다.

오답 (B) (소유격) 그들의　(C) (목적격) 그들에게　(D) (재귀대명사) 그들

해석 경찰은 범죄 현장에서 그들이 발견한 유리 조각과 핏자국에 대한 범죄 과학 수사를 요청했다.

113. 문법/어휘　KEY 27　주의해야 할 부사

The reason why this shopping mall succeeded is because one of their business strategies was to treat all customers **(B) alike** regardless of their purchasing power.

해설
① 보기 분석: 보기는 부사로 사용할 수 있는 것과 형용사가 혼합되어 있다.
② 문장 분석: 동사인 treat을 수식하는 자리이므로 품사는 부사여야 하므로 부사로 쓰일 수 없는 (D)는 답이 될 수 없다.
③ 정답 추론: (A), (B), (C)가 모두 부사로 쓰일 수 있는데 그 의미가 각각 다르므로 주의해야 한다. 모든 고객을 '동등하게' 다루었다는 의미인 (B)가 가장 적절하다.

오답 (A) ~같이, 처럼　(C) 아마　(D) 마음에 드는

해석 이 쇼핑몰이 성공한 것은 그들의 사업 전략 중 하나가 구매력과 상관없이 모든 고객들을 동등하게 대했기 때문이다.

114. 문법/어휘　KEY 18　감정을 나타내는 분사

About 19 years after the murder, the court was finally **(A) convinced** that Patterson was the murderer in the Itaewon murder case.

해설
① 보기 분석: 보기가 모두 감정을 나타내는 과거분사로 이루어져 있으므로 문맥을 확인한다.
② 문맥 확인: 사건의 범인을 '확신하는'의 의미가 되는 (A)가 가장 적절하다.

오답 (B) 관심이 있는　(C) 불안해 하는　(D) 매료된

해석 살인 사건 19년 후, 법원은 마침내 패터슨이 이태원 살인사건의 살인범이라고 확신했다.

115. 문법/어휘　KEY 27　주의해야 할 부사

During the Christmas shopping season, you will get 25 percent **(C) off** for full-priced items using the discount code on our online shop.

| 해설 | ① **보기 분석**: 보기는 부사로 사용할 수 있는 어휘들이므로 문장을 확인하여 가장 적절한 것을 고른다.
② **정답 추론**: 할인의 정도를 나타내는 25% 뒤에 사용할 수 있는 것은 (C) off (할인하여)이다. |
|---|---|
| 오답 | (A) ~아래에, ~미만으로 (B) 낮게 (D) ~밑에 |
| 해석 | 크리스마스 쇼핑 시즌 동안 온라인 매장의 할인 코드를 사용하시면 정가에서 25% 할인하여 구매하실 수 있습니다. |

116. 문법 KEY 19 분사구문

KOSPI index made a slight gain in a session on Friday as Healthcare stocks closed more than 2 percent higher, (D) <u>boosting</u> the positive mood ahead of the Christmas break.

| 해설 | ① **보기 분석**: 보기가 다양한 품사로 이루어져 있으므로 문장을 분석하여 빈칸에 적절한 품사를 고른다.
② **문장 분석**: 콤마(,)이후는 완전한 문장을 수식하는 거품에 해당하는 "부사"자리이다. 부사 역할을 할 수 있는 분사구문인 (C), (D)가 답이 될 수 있다.
③ **정답 추론**: 금요일에 약간 상승을 보인 것이 긍정적인 분위기를 '촉진하는' 것으로 능동의 의미이므로 현재분사인 (D)가 정답이 된다. |
|---|---|

> ● 오답 point!
> (B) to부정사도 부사적 용법으로 "목적"(~하기 위하여)으로 해석될 수 있는데, 문맥상 목적의 의미가 아니므로 정답이 될 수 없다.

| 오답 | (A) (동사원형) 촉진시키다
(B) (to부정사) 촉진시키키 위해
(C) (과거분사) 촉진시켰다 |
|---|---|
| 해석 | 헬스 케어의 주식이 2퍼센트 높은 가격에 마감하면서 코스피 지수가 금요일에 약간 상승했는데, 이는 크리스마스 전의 밝은 분위기를 더욱 북돋았다. |

117. 문법 KEY 07 능동과 수동 구분하기
문법 KEY 09 시제를 나타내는 단서

Starting a blog requires little initial investment in terms of cost or training, because posts (B) <u>are organized</u> chronologically without additional operations.

| 해설 | ① **보기 분석**: 보기가 다양한 시제와 태로 구성되어 있으므로 문장을 분석하여 단서를 찾는다.
② **문장 분석**: (1) 수 일치: posts는 복수주어이다. (2) 태: 게시글(posts) 시간 순서대로 정렬되는 것이므로 "수동태"를 써야한다. 보기 중에서 수동태는 (B)밖에 없으므로 정답은 (B)이다.
③ **정답 추론**: 주어인 게시글(posts)는 행동의 주체가 될 수 없으므로 수동이어야 한다.
*또한 뒤에 목적어 없이 부사구가 나왔기 때문에 "수동태"라는 것을 추론할 수 있다. |
|---|---|

목적어 존재	능동태
목적어 없이 부사구 / 전치사구가 나오면	수동태

해석	블로그를 시작하는 것은 비용이나 훈련이라는 측면에서 적은 양의 초기 투자를 필요로 하는데, 이는 게시글이 추가 조작 없이도 시간 순서대로 정렬되기 때문이다.

118. 어휘 KEY 06 의미나 형태가 유사한 명사

Some welfare benefits of the United Arab Emirates airline are housing for the cabin crews, and providing basic salaries with transport (B) <u>allowances</u>.

| 해설 | ① **보기 분석**: 보기가 모두 돈, 요금과 관련된 명사이므로 문맥에 가장 잘 어울리는 보기를 고른다.
② **정답 추론**: 각 보기의 의미를 비교해 보아야 하는데 (A) balance는 '잔액'이라는 의미이므로 적절하지 않다. (C) fee는 서비스에 대한 수수료나 회비, 가입비이므로 역시 답이 될 수 없다. (D) due는 회비, 요금이므로 역시 답이 될 수 없다. (B) allowance는 특정 목적을 위한 수당이라는 의미로 가장 적절하다. |
|---|---|
| 해석 | 아랍에미레이트 연합 항공사의 복지 정책은 객실 승무원들에게 거처를 제공하고 대중 교통 수당과 함께 기본급을 제공한다. |

119. 어휘 KEY 03 동사 + 전치사

In 2006, when Granza decided to stop selling the Fairphone brand in Europe, a market that (B) <u>accounted for</u> more than 20% of Granza's production disappeared almost overnight.

해설
① 보기 분석: 보기가 모두 '동사 + 전치사' 구조인 구동사로 문맥을 고려하여 가장 적절한 것을 고른다.
② 문맥 확인: 빈칸 이후의 20% 이상이라는 목적어와 가장 잘 어울리는 것은 (B) '~을 차지했다, 설명했다'이다.

오답 (A) ~을 생각했다 (C) ~에 투표했다
(D) ~을 계속 진행했다

해석 2006년에, 그란자가 유럽에서 페어폰을 판매하는 것을 중단하기로 결정했을 때, 그란자사 생산의 20프로 이상을 차지하고 있었던 시장이 거의 하룻밤 만에 사라졌다.

120. 문법 KEY 28 명사절 접속사

In this lesson, we highlight the study of Ross, as well as Zane and Litt to explain how progress (A) influences our motivation to work.

해설
① 보기 분석: 보기가 다양한 품사로 이루어져 있으므로 문장을 분석하여 빈칸에 적절한 품사를 고른다.
② 문장 분석: how progress 이하는 동사인 explain(설명하다)의 목적어 역할을 하는 명사절인 간접의문문이다.
③ 정답 추론: 간접의문문의 어순은 의문사 + 주어 + 동사인데, 빈칸은 동사 자리이므로 (A), (B)가 답이 될 수 있다. 본동사가 현재시제이고 과거시제를 알려주는 별개의 단서가 없고, 진보가 우리의 동기에 무슨 영향을 주는지에 대한 일반적인 사실을 언급하고 있으므로 현재시제인 (A)가 정답이다.

오답 (B) (과거분사) 영향을 미친
(C) (현재분사) 영향을 미치고 있는
(D) (형용사) 영향력 있는

해석 이 수업에서 우리는 진보가 우리의 근로 의욕에 어떤 영향을 미치는지를 설명하기 위해 제인과 리트의 연구뿐 아니라 로스의 연구를 강조하겠습니다.

121. 문법 KEY 32 관계대명사

Safena Music, which (D) had launched in January with comparable audio quality to UAL Corporation, had 1.5 million paying subscribers and 2.8 non-paying users by September.

해설
① 보기 분석: 보기가 다양한 품사로 이루어져 있으므로 문장을 분석하여 빈칸에 적절한 품사를 고른다.
② 문장 분석: which 이하는 그 앞의 명사인 사페나 뮤직을 수식하는 형용사절이다. which가 주격 관계대명사이므로 빈칸은 동사 자리이므로 (B)와 (D)가 답이 될 수 있다. (A)는 동사이기는 하지만 선행사가 Safena Music으로 단수이기 때문에 정답에서 제외된다.
③ 정답 추론: 9월에 확보한 것의 시제가 과거이고 회사가 설립된 것은 더 먼저 일어난 사건이므로 과거완료인 (D)가 정답이다.

오답 (A) (동사의 현재형) 시작하다
(B) (동사의 과거형) 시작했다
(C) (현재분사) 시작하는

해석 1월에 UAL사에 비견할 만한 오디오 품질과 함께 시작된 사페나 뮤직은 9월경에 150만명의 유료 구독자와 280만명의 무료 구독자를 확보했다.

122. 어휘 KEY 07-08 문맥에 어울리는 형용사

Some employees believe Xeron got a plum deal in South Korea and that current tax laws leave it in a (B) favorable position.

해설
① 보기 분석: 보기는 모두 형용사로 이루어져 있으므로 문맥에 가장 잘 어울리는 것을 고른다.
② 문맥 확인: 빈칸 앞에서 좋은 계약을 했다고 믿고 있다는 내용이 있으므로 이와 일관성을 갖기 위해서는 (B) '유리한'이 가장 적절하다.

오답 (A) 이용할 수 있는 (C) 양도할 수 있는 (D) 저렴한

해석 일부 직원들은 제론사가 한국에서 알짜 계약을 맺었다고 믿으며 현재 세금법이 제론사를 유리한 위치에 있다고 생각한다.

123. 어휘 KEY 14 문맥에 어울리는 전치사구

Not only are some substandard drugs sold in South Korea, but they are also bought and distributed (D) throughout the world as a part of Loyd Pharmaceutical Company's initiative.

해설
① 보기 분석: 보기는 모두 전치사로 이루어져 있으므로 문맥에 가장 잘 어울리는 것을 고른다.
② 문맥 확인: 한국에서만이 아니라 세계 곳곳에서 팔리고 있다는 문맥이 되어야 하므로 (D)가 정답이다.

오답	(A) ~을 제외하고 (B) ~와 달리 (C) ~에 반대하여
해석	로이드 제약 회사의 계획에 따라 한국에서 기준 미달의 약이 팔리고 있을 뿐 아니라 이것들은 세계 곳곳에서 구매되고 배포되고 있다.

124. 문법 KEY 30 부사절 접속사

Mr. Litz made it clear that scholarships should be large enough to pay for all living expenses **(D) in order that** the students would concentrate only on learning.

해설	① 보기 분석: 보기는 부사절 접속사로 이루어져 있으므로 문맥을 확인하여 가장 잘 어울리는 것을 고른다. ② 문맥 확인: 빈칸 앞에 리츠 씨의 의견이 나오고 있고 그 이후는 그 근거라고 볼 수 있으므로 (D) '~하기 위해서'가 정답이다.
오답	(A) ~한다면 (B) ~할 때쯤에 (C) ~이든 아니든 관계없이
해석	리츠 씨는 학생들이 배우는 것에만 집중할 수 있도록 장학금은 모든 생활비를 지불할 수 있을 만큼 충분히 많아야 한다는 것을 분명히 했다.

125. 어휘 KEY 06 의미나 형태가 유사한 명사

Generally, companies that make and sell basics like diapers, soaps, and groceries can sustain their sales **(A) margins** regardless of the economy's ups and downs.

해설	① 보기 분석: 보기가 유사한 의미를 갖는 명사들로 이루어져 있으므로 문맥에 가장 잘 어울리는 것을 고른다. ② 문맥 확인: 기본적인 물건을 만드는 회사들이 경제의 부침과 관계없이 유지할 수 있는 '것'이 빈칸에 올 명사로 (A) '이윤, 수익금'이 가장 적절하다.
오답	(B) 빈방, 결원 (C) 넓은 공터 (D) 공간
해석	일반적으로 기저귀, 비누, 식료품과 같은 필수품을 만들고 판매하는 회사들은 경제의 기복에 관계없이 그들의 이윤을 유지할 수 있다.

126. 문법 KEY 34 주의해야 할 관계사

(A) Whatever the future progress of the construction will be, it seems certain that nothing will be more rapid or more general than in the past.

해설	① 보기 분석: 보기가 접속사와 복합관계사로 이루어져 있으므로 문장을 확인하여 빈칸에 적절한 것을 고른다. ② 빈칸 자리 분석: 빈칸 뒤에 주어 동사로 시작하는 두 개의 절이 오고 있으므로 명사절 접속사인 (D)는 답이 될 수 없다. 접속부사인 (B)는 문장 맨 앞에 쓰이기 위해서는 콤마가 필요하다. ③ 정답 추론: (A)와 (C) 중에서 문맥상 어울리는 것은 (A)이다.
오답	(B) 그러나 (C) 누가 ~하든 (D) ~이든
해석	건축에서의 미래 발전이 어떤 것이 되든지, 과거보다 더 빠르고 더 일반적인 것이지는 않을 것이라는 것이 확실하다.

127. 문법 KEY 23 부정대명사

Baxta International has struggled lately, as foot traffic has fallen and competition from **(B) other** outlets such as e-commerce has increased.

해설	① 보기 분석: 보기가 부정대명사들로 이루어져 있으므로 빈칸 앞뒤를 확인하여 가장 적절한 것을 고른다. ② 문장 분석: '다른' 판매점들과의 경쟁이라는 문맥이 되어야 하므로 (B)가 가장 적절하다. ③ 오답 분석: (C)와 (D)는 하나의 대상을 지칭하므로 복수의 명사 앞에 올 수 없다. (A)는 '어떤 ~라도'라는 의미가 되어 의미가 불분명하므로 적절하지 않다. 다른 판매점들이 증가했다는 의미이므로 other가 정답이다.
해석	벡스타 인터내셔널은 유동인구가 줄어들고 이-커머스와 같은 다른 판매점들이 증가하며 최근 어려움을 겪고 있다.

128. 어휘 KEY 11 문맥에 어울리는 부사

According to psychologists, couples should be **(A) closely** connected and pay attention to each other in order to have a long lasting relationship.

해설	① 보기 분석: 보기가 모두 부사로 이루어져 있으므로 문맥에 가장 잘 어울리는 것을 고른다. ② 문맥 확인: 연인들이 어떻게 관련되어 있어야 하는지의 문맥이므로 가장 적절한 것은 (A) '밀접하게'이다.
오답	(B) 거의 ~하지 않는 (C) 손으로 (D) 드물게

해석 심리학자들에 따르면 연인들이 관계를 오래 지속하려면 밀접하게 연결되어 있으며, 서로에게 관심을 가져야 한다.

129. 문법 KEY 31 접속사와 다른 품사

The government keeps all the pieces moving in harmony, not just by removing the excessive blocks of bureaucracy, (B) but also by providing access to resources that help companies enter new markets.

해설
① 보기 분석: 보기는 전치사와 전치사가 아닌 것으로 이루어져 있는데 보다 명확한 판단을 위해서는 문장 구조를 살펴보아야 한다.
② 문장 분석: 문장을 보면 not A but also B의 구조로 정부가 A뿐 아니라 B도 제공한다는 문맥이므로 (B)가 정답이다. 문장이 길기 때문에 문장을 끊어 분석하는 것이 중요하다.
③ 오답 분석: 다른 보기들은 모두 전치사구이다. (A)는 '~까지', (C)는 '~에 관해서', (D)는 '~은 고사하고'라는 의미이다.

해설 정부는 관료체제의 지나친 방해를 없앨 뿐 아니라 기업들이 새로운 시장에 진입할 수 있도록 도와주는 자원으로의 접근을 제공하여 모두와 조화롭게 일하도록 한다.

130. 어휘 KEY 07-08 문맥에 어울리는 형용사

Though Belk Energy and Ashland Group signed a (C) tentative deal last year to supply $10 billion worth of gas to facilities in USA, the prospects of that happening seemed to recede.

해설
① 보기 분석: 보기가 모두 형용사로 이루어져 있으므로 문맥에 가장 잘 어울리는 것을 고른다.
② 문맥 확인: 작년에 맺은 계약이 실제로 일어날 가능성이 줄어들고 있다는 문맥이다. 일어날 가능성을 언급한 것으로 보아 확정적인 계약이 아니었을 것이므로 (C) '잠정적인'이 정답이다.

오답 (A) 분명한 (B) 반드시 해야 하는 (D) 독특한

해설 벨크 에너지와 애쉬랜드 그룹은 작년에 백억 달러가량의 가스를 미국의 시설에 공급하기로 잠정적인 계약을 체결했지만, 그것이 실제로 일어날 가능성이 사라지고 있다.

131~134

2016 대학 연합 물리학 학회

2016 대학 연합 물리학 학회가 3월 7일 월요일부터 3월 11일 금요일까지 허드슨 물리학 협회에서 열립니다.

131. (B) 공인된 교육기관의 현재 재학 중인 학생이어야만 학회에 참석할 자격이 있습니다. 학부생, 대학원생 모두 참석할 자격이 있지만 물리학을 132. (D) 전공하는 학생들만이 그들의 연구를 발표할 자격이 있습니다.

연구 133. (A) 초록은 2016 대학 연합 물리학 협회에 의해서만 수령되며 1월 31일 일요일보다 늦어서는 안됩니다. 134. (A) 발표를 할 학생들은 논문 전체를 2월말 보다 늦지 않게 제출할 것을 요구 받게 됩니다.

더 많은 정보를 위해서는 여러분의 대학 물리학과에 연락하세요.

131. 문법 KEY 14 형용사 역할을 하는 분사

You must be a current student at an (B) accredited institution to be eligible to attend the conference.

해설
① 보기 분석: 다양한 형태의 품사로 이루어져 있으므로 빈칸에 적합한 품사를 고른다.
② 빈칸 자리 확인: 빈칸 뒤에 명사가 있으므로 이를 수식할 수 있는 것은 분사인 (B) 혹은 (C)이다.
③ 문맥 고려: 수식을 받는 대상인 교육기관은 공인을 '받는' 것이므로 과거분사인 (B)가 정답이다.

오답 (A) (동사) 승인하다 (C) (현재분사) 승인하는 (D) (명사) 승인

132. 어휘 KEY 03 동사 + 전치사

Both undergraduate and graduate students are eligible to attend the conference but only the students (D) majoring in the field of physics are eligible to give a presentation of their research.

해설
① 보기 분석: 다양한 구동사가 제시되어 있으므로 문맥상 적절한 것을 고른다.
② 문맥 고려: 물리학을 ~하는 학생들만이 발표를 할 자격이 있다는 문장이므로 (D) '~을 전공하는'이 가장 자연스럽다.

오답 (A) ~에 집중하는 (B) ~에 지원하는 (C) ~을 따르는

122

133. 어휘   KEY 05   문맥에 어울리는 명사

Your research (A) abstract must be received by only the 2016 Intercollegiate Physics Conference Committee by no later than January 31 (Sunday).

해설
① 보기 분석: 다양한 의미의 명사 중 문맥상 자연스러운 것을 고른다.
② 문맥 고려: 빈칸 앞에 이미 명사인 research가 있으므로 이 단어와 함께 복합명사로 쓰일 것이다. 이 단어와 가장 잘 어울리는 것은 (A) '초록, 개요'이다.

오답 (B) (시스템의) 작동   (C) 장비   (D) 제약

134. 문제 유형   빈칸에 알맞은 문장 넣기

(A) The students to give presentations will be required to submit their complete papers no later than the end of February.

해설 빈칸 이전에 초록(개요) 제출 기한이 제시되어 있으므로 그 이후에는 논문 전체의 제출 기한이 제시될 것이다.

해석 (B) 면접 대상자로 선정된 사람들은 곧 연락을 받을 것입니다. (C) 그 연구 코스에 지원을 하고자 하는 학생들은 모든 관련 서류를 제출해 주셔야 합니다. (D) 저희 위원회는 오직 한 명의 학생만을 조교로 고려할 것이다.

135~138

미시건 일보, 레이첼 킴 기자

라즈 킴멜 교수는 매우 다문화적인 환경에서 자랐습니다. 그의 미국인 아버지와 그의 인도인 어머니는 두 사람이 탄자니아에서 현장 연구를 하던 때에 만났습니다. 그들은 둘 다 135. (A) 유명한 수의사입니다.

탄자니아에서 한 학기를 보낸 후에, 그들은 그 나라를 136. (B) 너무 사랑하게 되어서 그곳에 연구 기관을 세웠고 킴멜 교수는 그곳에서 태어났습니다.

그렇기 때문에 그가 젊은 나이에 동물 연구에 관심을 갖게 된 것은 놀라운 일이 아닙니다. 동물 행동과 생리학에 대한 그의 이해는 타고난 것입니다. 그가 이곳 미시건에서 대학원에 재학 중인 137. (C) 동안, 그의 논문은 세계에서 가장 권위 있는 학회지에 실리게 되었습니다.

지난 6월 그는 감금된 상태에서의 동물의 심리학적인 변화에 대한 연구로 국가 과학자 훈장을 받았습니다. 138. (A) 그는 수상 직후에 아홉 개의 다른 대학들로부터 종신 교수직을 제안 받았습니다. 그는 이곳 미시건에서의 제안을 수락했습니다.

135. 문법   KEY 14   형용사 역할을 하는 분사

They are both (A) renowned veterinarians.

해설
① 보기 분석: 형용사 역할을 할 수 있는 과거분사와 -tive어휘를 갖는 형용사가 혼합되어 있다.
② 문맥 고려: 빈칸 뒤의 명사인 수의사를 수식할 수 있는 것은 (A) '유명한'이다.

오답 (B) 갱신된   (C) 각각의   (D) 회고의

136. 문법   KEY 27   주의해야 할 부사

They loved the country (B) so much that they founded a research institute there and Professor Kimmel was born there.

해설
① 보기 분석: 보기가 모두 부사 역할을 할 수 있는 어휘들이므로 문장을 확인한다.
② 문장 분석: much 앞에서 이를 강조할 수 있는 것은 (B) so이다.

오답 (A) 적은   (C) 훨씬   (D) 더

137. 문법   KEY 31   접속사와 다른 품사

(C) While he was still at graduate school here in Michigan, his papers appeared on some of the world's most reputable publications.

해설
① 보기 분석: 보기에는 접속사와 전치사가 혼합되어 있으므로 빈칸에 어떤 품사가 적절한 지를 먼저 판단한다.
② 빈칸 자리 분석: 빈칸 뒤에 주어, 동사가 있는 완전한 문장이 오고 있으므로 접속사인 (B), (C) 중에 답이 있다.
③ 문맥 고려: 그가 대학원생인 동안, 그의 논문이 학회지에 실렸다고 보는 것이 자연스러우므로 정답은 (C)이다.

오답 (A) (전치사) ~동안   (B) (전치사&접속사) ~까지
(D) (전치사) ~로, ~와 함께

138. 문제 유형 빈칸에 알맞은 문장 넣기

(A) He was offered a tenure professorship at nine different universities following the award.

해설 빈칸 이후에 그가 미시건에서의 제안을 수락했다고 하고 있으므로 빈칸에서는 그가 받은 제안들에 대해 언급해야 한다.

해석 (B) 그의 뛰어난 업적을 기리기 위한 시상식이 시청에서 열릴 것이다. (C) 그의 연구는 뛰어나다고 여겨졌고, 이는 그의 성공으로 이어졌다. (D) 동물학을 연구하는 모든 학생들은 동물 행동에 대해 연구하는 그와 함께 연구하고 싶어한다.

139~142

시 정부 공지:

도시 지하철 시스템에 대한 새로운 계획

우리 대도시 지하철 시스템을 이용하는 승객들의 수가 엄청나기 때문에, 시 정부에서는 지하철 노선을 확장하기로 결정했습니다. 올해 말까지 7개의 지하철역이 기존 지하철 노선에 139. (C) 추가될 것이며, 12개의 새 지하철이 다음달 안에 운행을 시작할 것입니다.

올해 착수될 가장 크고 140. (A) 야심찬 계획은 새로운 지하철 노선인 11호선을 건설하는 것입니다. 정확한 역의 위치는 141. (B) 아직 결정되지 않았지만 새로운 노선은 중앙 기차역과 도심을 연결하게 될 것입니다. 142. (B) 이 건설은 2년 반 동안 지속될 계획입니다.

139. 문법 KEY 07 능동과 수동 구분하기
문법 KEY 09 시제를 나타내는 단서

Seven different new subway stations (C) will be added to our existing subway lines by the end of this year and a dozen new subway trains will be put into service within the next month.

해설 ① 보기 분석: 시제와 능동/수동 여부를 모두 고려해야 하므로 문장을 확인한다.
② 문장 분석: (1) 수 일치는 문제가 되지 않는다. (2) 태: 주어인 '새로운 지하철 노선'은 '추가 되는' 것이므로 수동이어야 한다. (3) 시제: and 이하를 보면 미래시제임을 확인할 수 있으므로 미래시제이면서 수동태인 (C)가 정답이다.

오답 (A) (현재 / 능동) 추가하다
(B) (미래 / 능동) 추가할 것이다
(D) (과거 / 수동) 추가되었다

140. 어휘 KEY 07-08 문맥에 어울리는 형용사

The biggest and most (A) ambitious project to be undertaken this year will be the construction of a whole new subway line, our 11th line.

해설 ① 보기 분석: 다양한 의미의 형용사이므로 문맥을 확인한다.
② 문맥 확인: 빈칸 뒤의 명사인 project(계획)를 수식할 수 있는 형용사로 이 계획이란 지하철 노선을 새로 짓는 것이므로 (A)가 가장 자연스럽다.

오답 (B) 공격적인 (C) 평균의 (D) 민감한

141. 어휘 KEY 13 혼동하기 쉬운 부사
문법 KEY 27 주의해야 할 부사

The exact station spots have not been decided (B) yet but it will connect the Main Train station to the City Center.

해설 ① 보기 분석: 보기가 모두 부사이므로 문장을 확인한다.
② 문장 분석: 아직 결정하지 않았다는 문맥으로 (A)와 (B)가 모두 가능하다.
③ 정답 추론: '아직 ~하지 않았다'는 의미로 사용할 때 still은 not보다 앞에서 사용한다. 반면 yet은 not 뒤에 오거나 문장 뒤에 나올 수 있다. 빈칸 앞에 not이 있으므로 still이 아니라 yet이 정답이다.

오답 (A) 아직 (C) 오직 (D) 매우

142. 문제 유형 빈칸에 알맞은 문장 넣기

(B) This construction is projected to last about two and a half years.

해설 공지사항에서 어떤 계획인지와, 계획의 목적, 범위 등을 밝히고 있으므로 아직 나오지 않은 것은 공사 기간이다.

해석 (A) 오른쪽 건물의 확장공사는 대부분의 주주들이 반대한다면 취소될 것입니다. (C) 그 계획의 개요는 기밀이므로 어떤 세부사항도 허가 없이 공개되어서는 안됩니다. (D) 최근의 경기 침체에 대응하기 위해 구조조정이 시행될 것입니다.

143~146

제목: 1년차 사원 여러분

143. (A) 올해 고용된 모든 1년차 사원 여러분들과 작년 직원 교육 캠프 이후로 고용되신 2년차 사원들은 내일 오전 8시 2016 직원 교육 캠프 참석을 144. (B) 요청 받으셨습니다.

주말 동안의 캠프는 회사의 145. (B) 경영진과 임원들을 만나고 동료들과 뜻 깊은 시간을 보낼 기회가 될 것입니다. 기술 교육 세미나도 있을 예정이지만 캠프의 전체적인 목표는 여러분이 우리 회사의 문화에 익숙해지고 즐기실 수 있게 하는 것입니다.

146. (D) 회사 주차장에 여러분을 태울 버스가 오전 8시에 있을 것입니다. 늦지 마세요.

무엇: 2016 직원 교육 세미나
누구: 2016 신입 사원, 2015년에 입사하였으나 작년 캠프에 참석하지 않은 사원
언제: 10일 금요일 ~ 12일 토요일

* 세면도구를 가져오세요.

---

143. 문법 KEY 22 대명사의 종류

All first year associates hired (A) this year and the second year associates who were hired after last year's Employee Training Camp~.

해설
① **보기 분석**: 보기가 모두 대명사이므로 문장을 확인한다.
② **문장 분석**: 빈칸 뒤의 명사가 year(연, 해)로 단수명사이므로 복수 앞에 붙는 (D)는 올 수 없으며 소유격인 (B)도 적절하지 않다.
③ **정답 추론**: 접속사 and 이하를 보면 last year(작년)라는 표현이 나오고 있으므로 빈칸에는 이와 대응하는 '올해'라는 표현이 필요하다. 따라서 (A)가 정답이다.

오답 (B) 그들의 (C) 그, 저 (D) 그들

---

144. 문법 KEY 07 능동과 수동 구분하기
문법 KEY 09 시제를 나타내는 단서

All first year associates hired this year and the second year associates who were hired after last year's Employee Training Camp (B) are required to report to the 2016 Employee Training Camp tomorrow at 8AM.

해설
① **보기 분석**: 시제와 능동 / 수동 여부를 모두 고려해야 하므로 문장을 확인한다.
② **문장 분석**: (1) 수 일치: all first year associates and the second year associates이므로 복수 주어이다. (2) 태: 주어인 '직원들'은 캠프 참석을 '요청 받은' 것이므로 수동이어야 하므로 (B)와 (D) 중에 답이 있다. (3) 시제: 현재시제 VS 과거시제를 판단해야 한다.
③ **정답 추론**: 내일로 예정되어 있는 캠프이므로 현재시제인 (B)가 적절하다.

오답
(A) (현재 / 능동) 요구하다
(C) (미래 / 능동) 요구할 것이다
(D) (과거 / 수동) 요구받았다

---

145. 어휘 KEY 06 의미나 형태가 유사한 명사

The weekend-long camp will be your opportunity to meet the company's (B) executives and directors and spend some quality time with your coworkers and colleagues.

해설
① **보기 분석**: 세 개의 보기가 –tive로 끝나는 명사이므로 그 의미에 주의하여 답을 고른다.
② **문맥 확인**: 빈칸 뒤에 and directors(~와 임원들)이라고 하고 있으므로 이에 대등한 사람 명사를 골라야 한다.
③ **정답 추론**: 이에 가장 잘 어울리는 것은 (B) '경영진'이다.

오답 (A) 대안들 (C) (형용사) 법인의 (D) 기업가들

---

146. 문법 KEY 14 형용사 역할을 하는 분사

(D) There will be a bus waiting to pick you up at the company parking lot at 8 AM tomorrow.

해설 빈칸 뒤에 늦지 말라는 언급이 있는 것으로 보아 캠프 참석을 위한 집합 시간을 안내하는 (D)가 가장 적절하다.

해석 (A) 도착하도록 권고되는 정확한 시간은 없습니다. (B) 도심에서 교외까지 운행하는 모든 대중 교통은 자정까지 운영됩니다. (C) 저희는 늦게 제출하는 것은 고려하지 않을 것이며 예외는 없을 것입니다.

RC PART 5·6

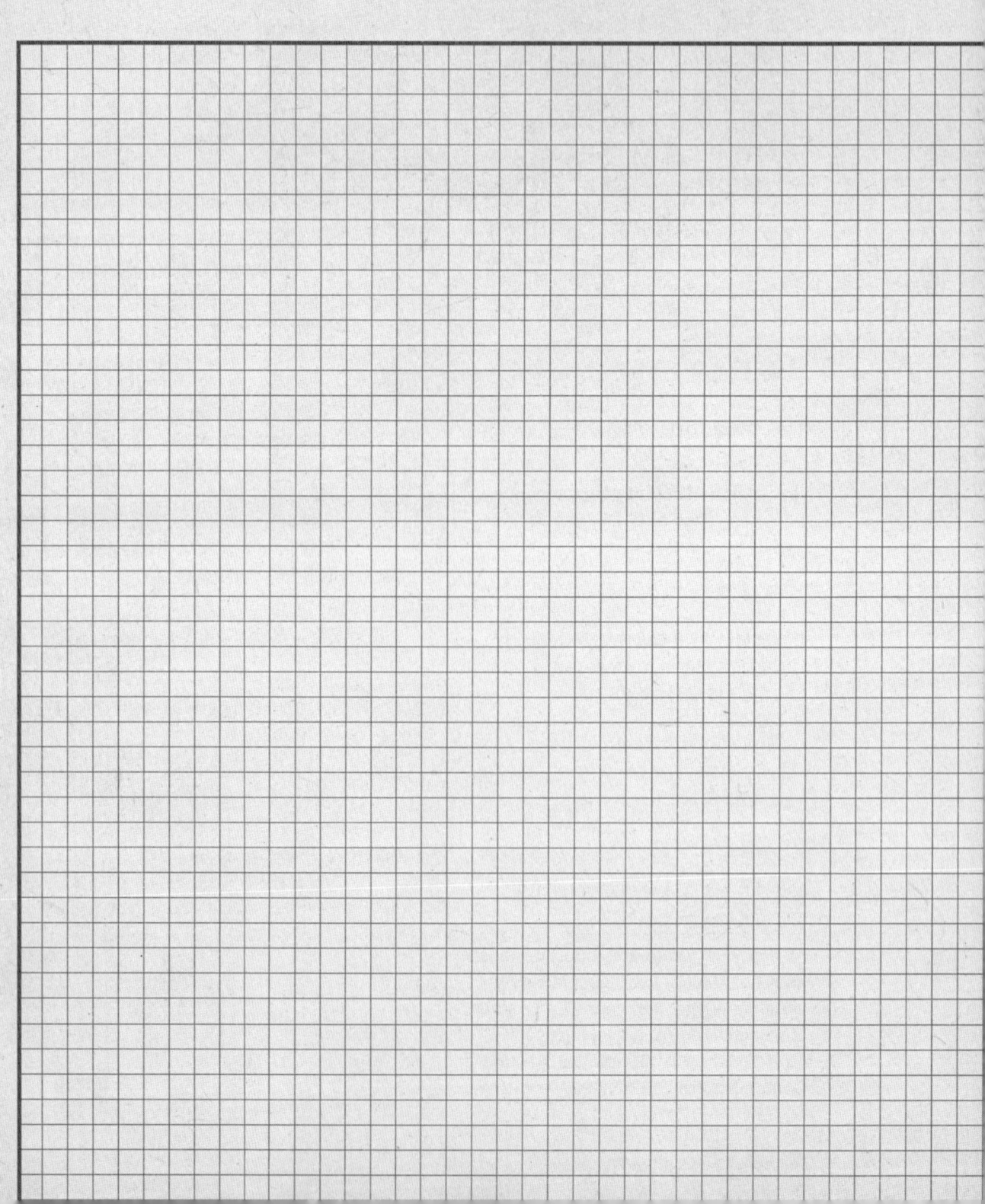